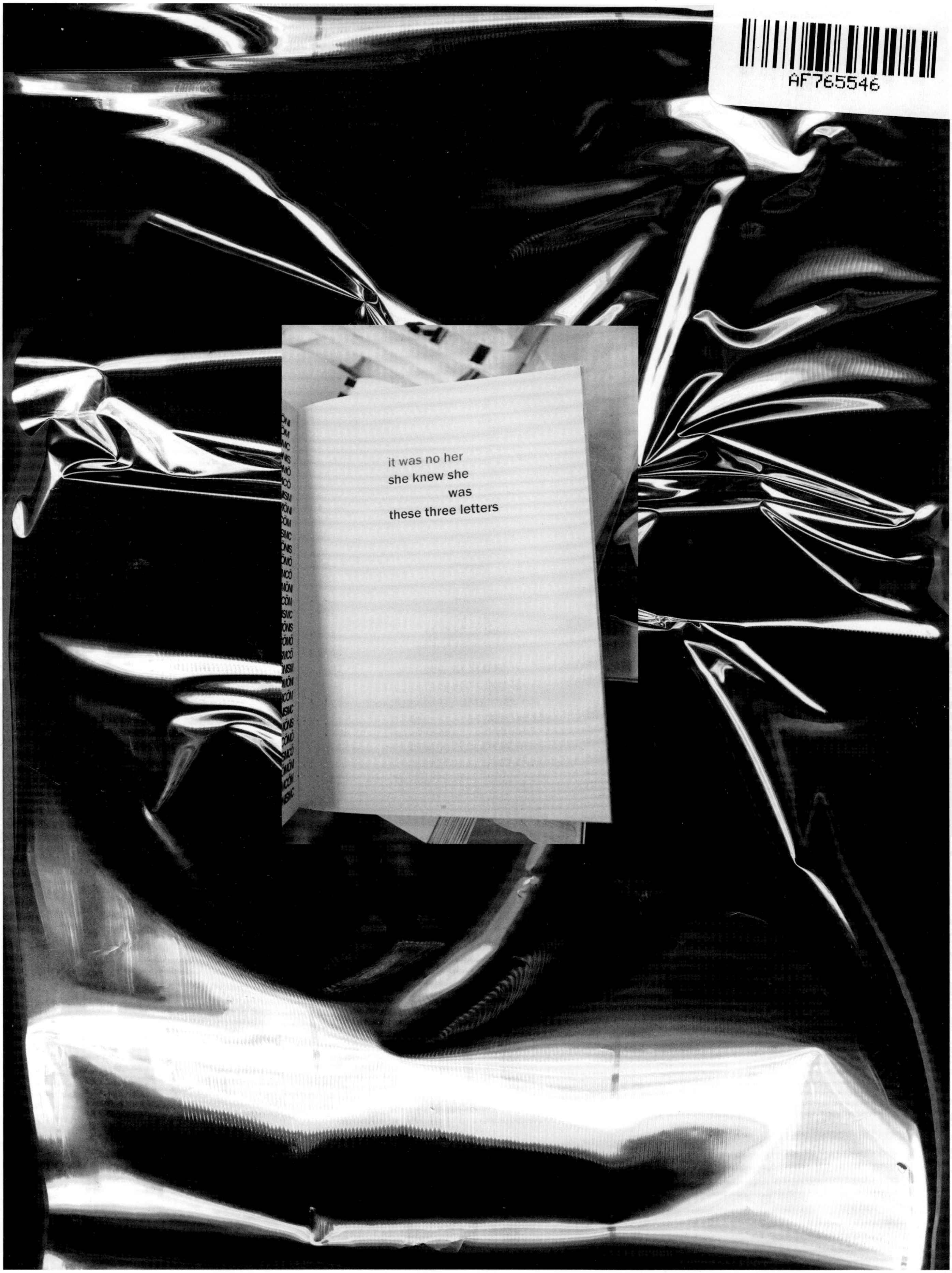

AF765546

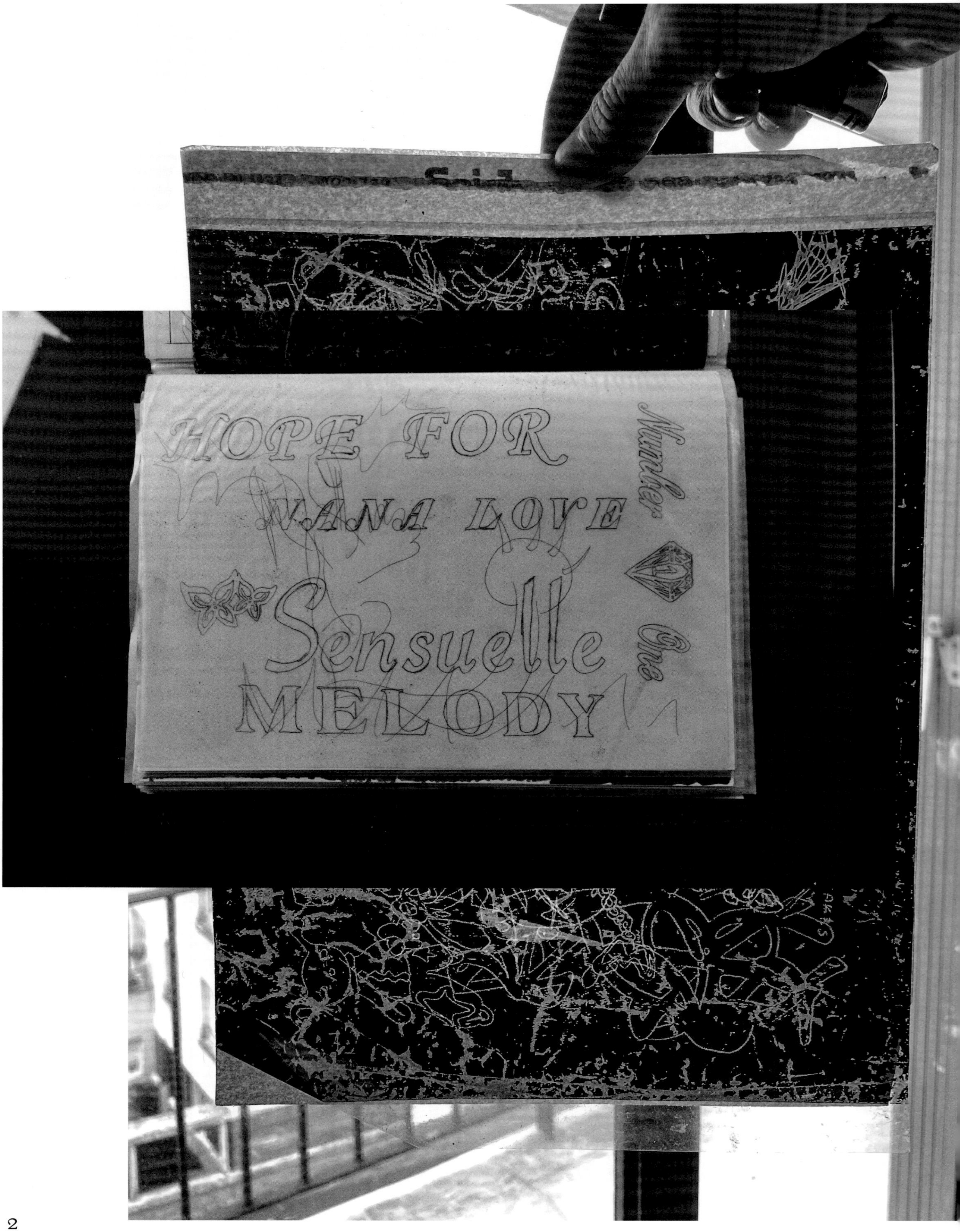
HOPE FOR
NANA LOVE
Sensuelle
MELODY
Number
One

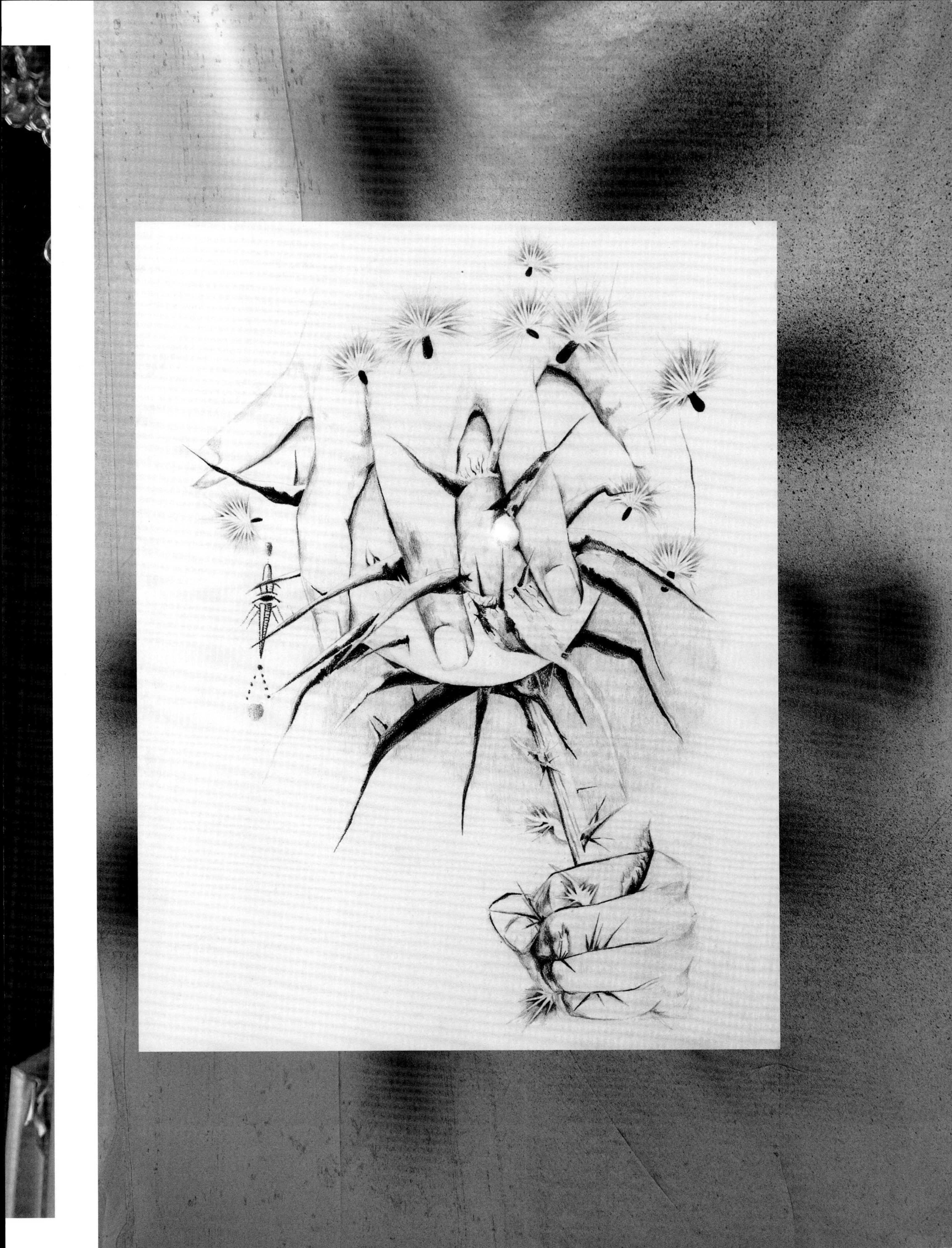

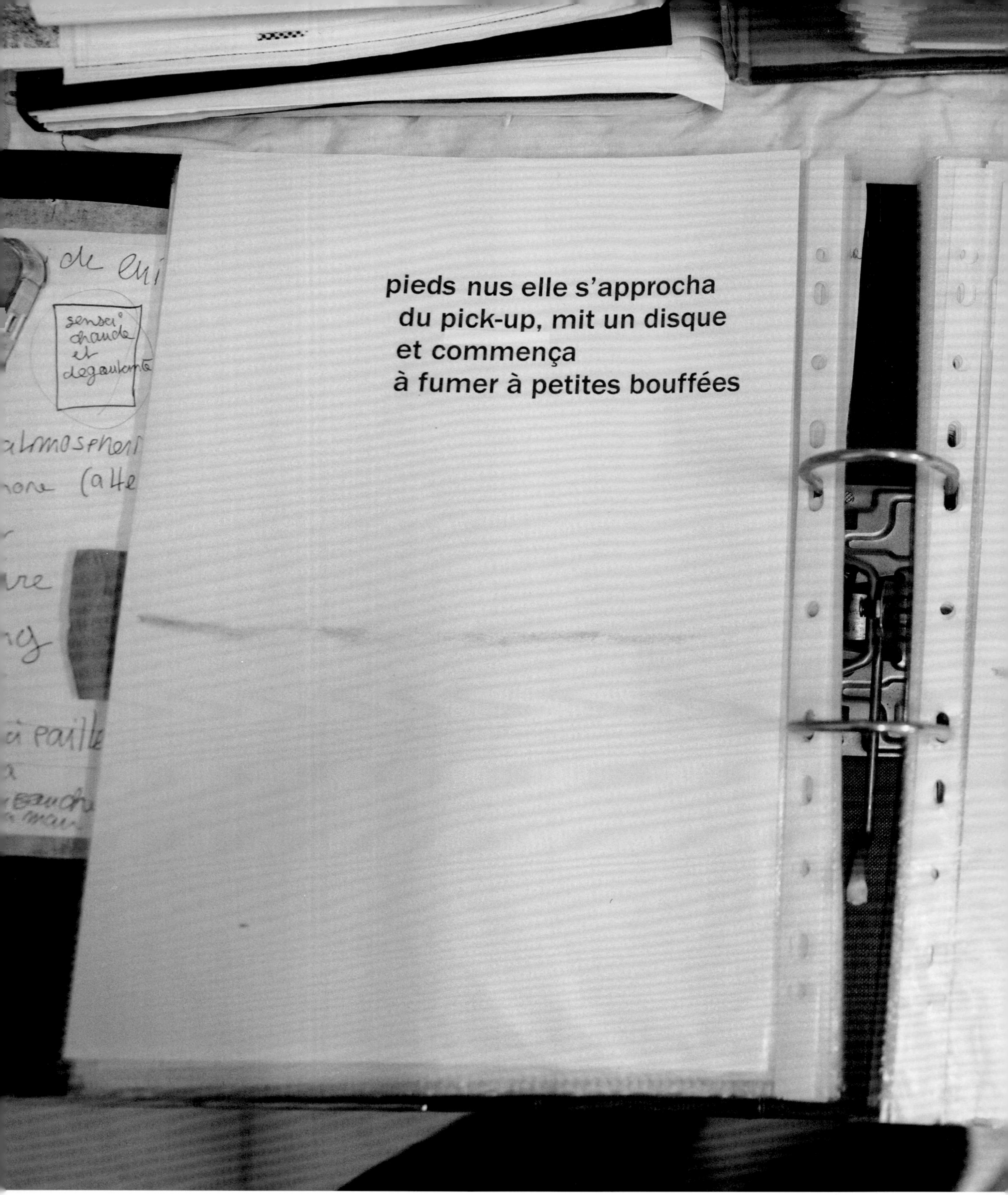
pieds nus elle s’approcha
du pick-up, mit un disque
et commença
à fumer à petites bouffées

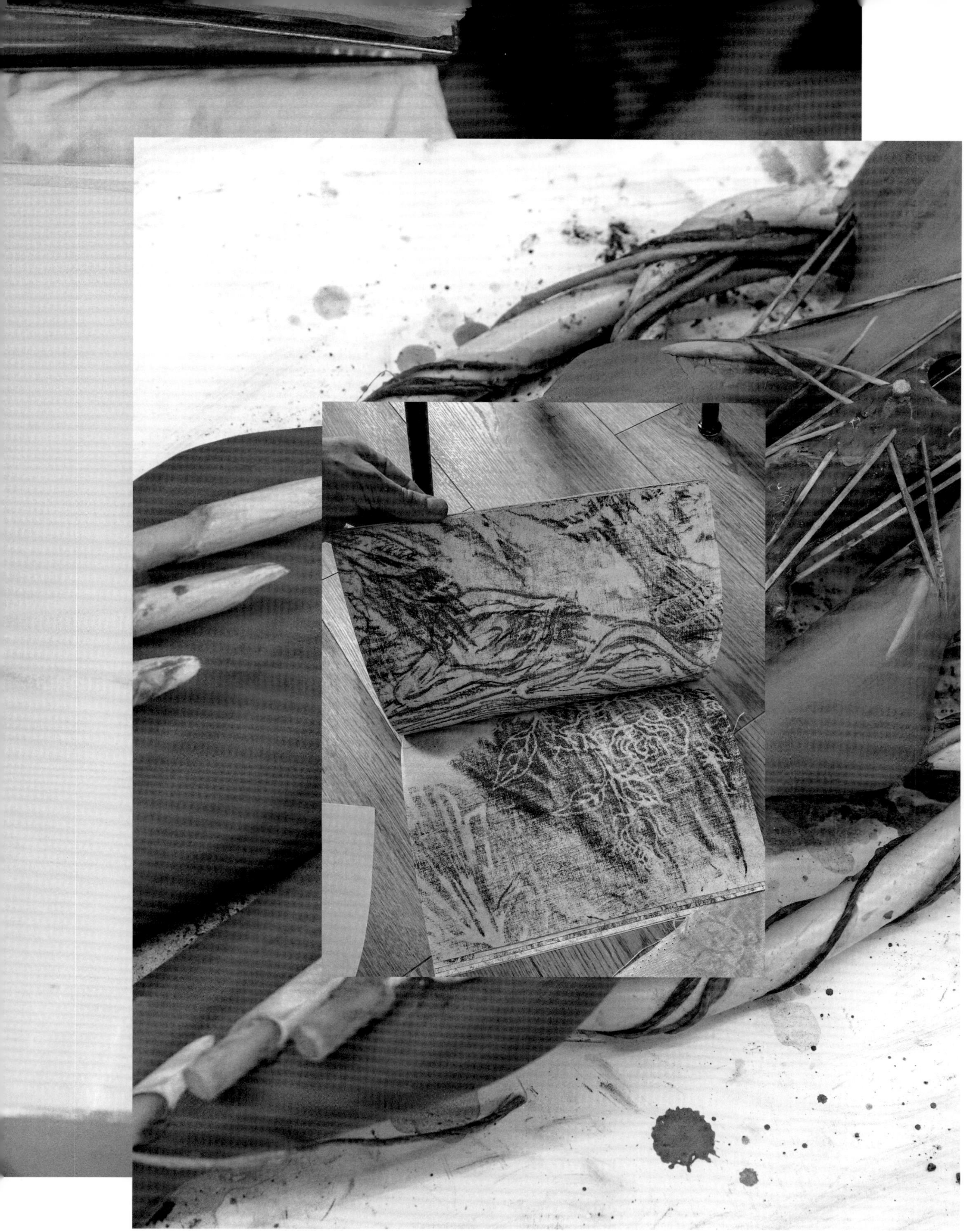

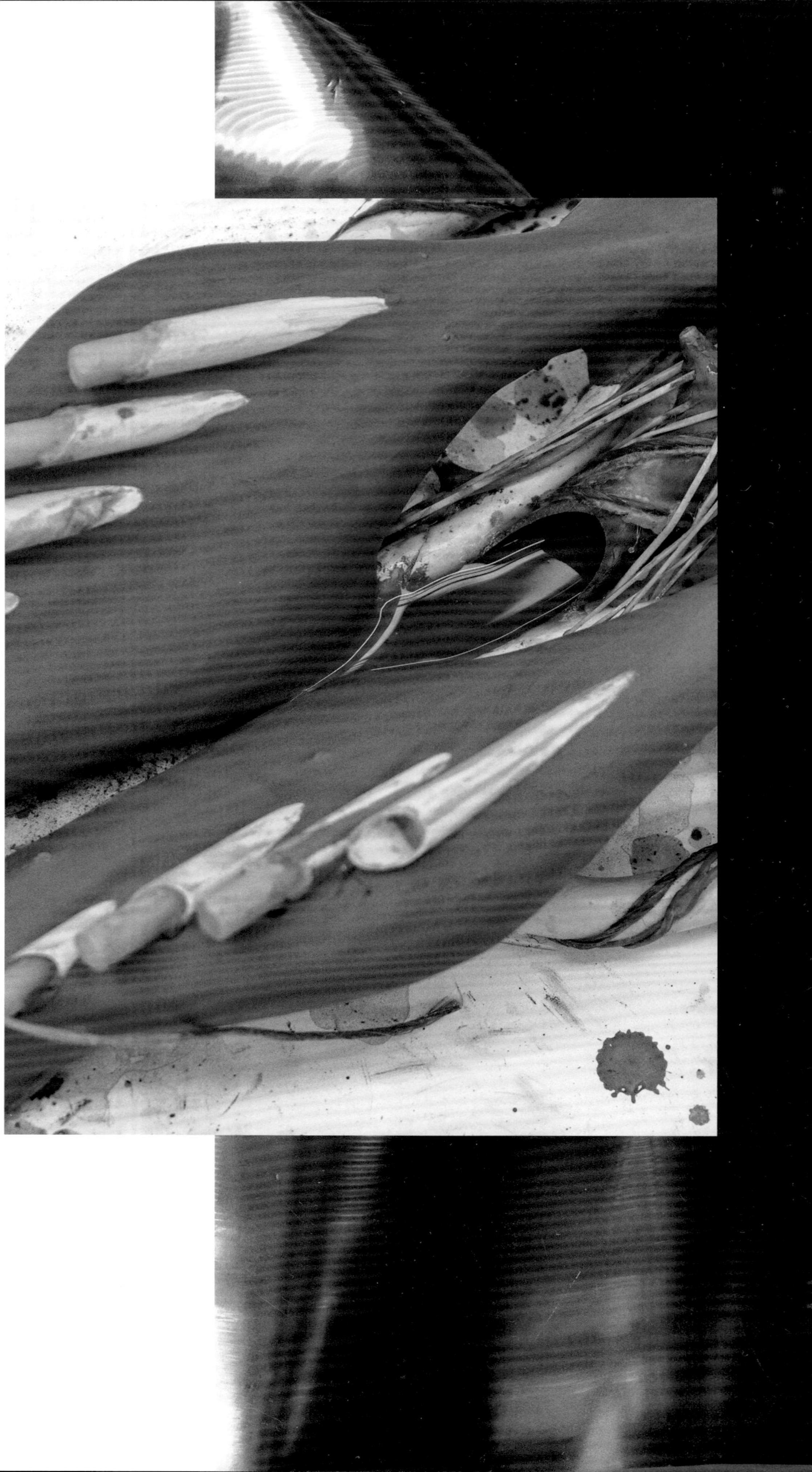

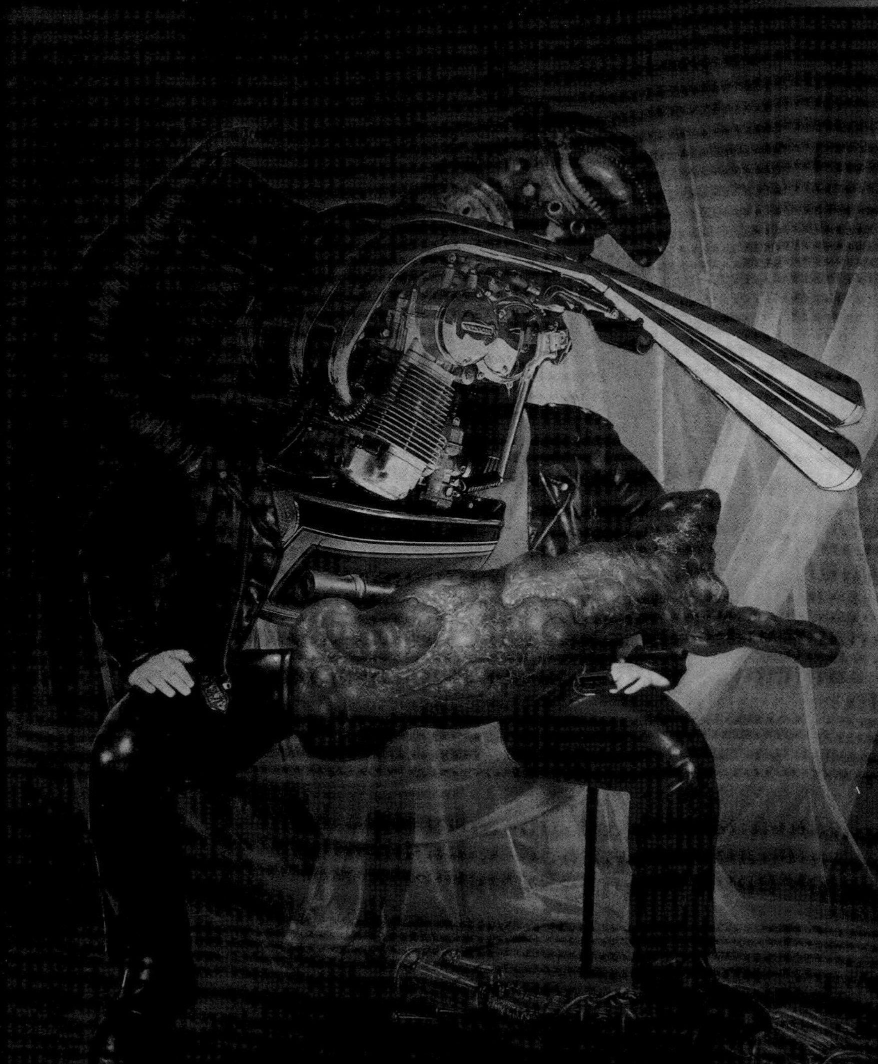

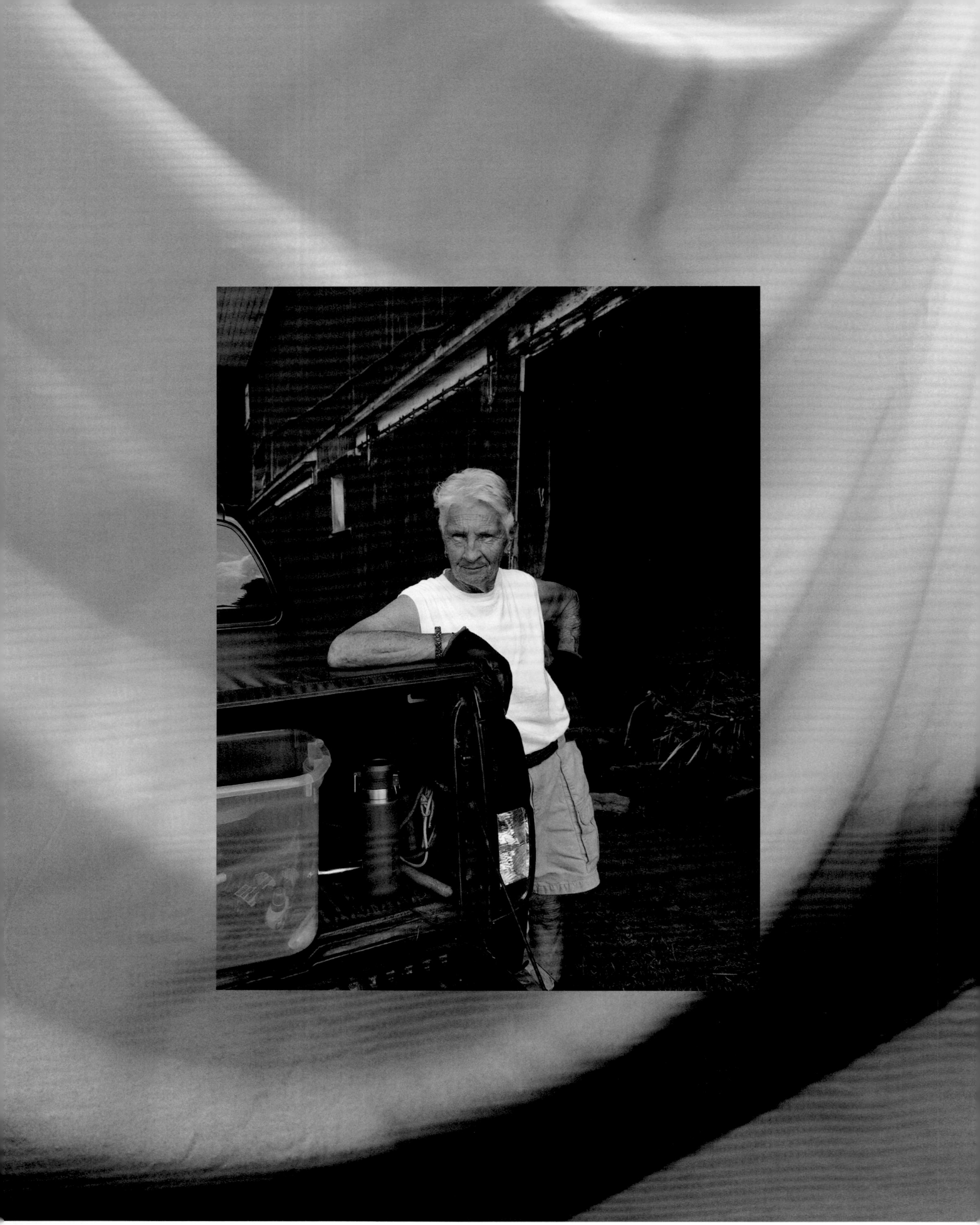

Mathilde Belouali

Scorpionne moirée, velours courant, cuir légitimé

La mauvaise prononciation d'une liaison par addition d'un \z\ s'appelle un « velours » ; celle par addition d'un \t\ s'appelle un « cuir ». *Parler avec des cuirs* ou *faire des velours* consiste à « lier les mots sans raison » par ces sons superflus. On a de la tolérance pour certaines erreurs : « donne-moi-z-en » est un *velours courant*, « pied-t-à-terre » est même un *cuir légitimé*. Ce lien entre sonorités, défauts charmants et matières textiles donne envie de continuer la liste et de nommer les autres : l'addition à l'oral d'un \x\ pour le genre neutre pourrait être un « taffetas » ; l'allongement des mots, contenant le masculin et le féminin, une « dentelle ». On rêve à quand dire « les amoureuxses » serait une *dentelle obligatoire*, et « toutxs pareillxs » un *taffetas encouragé*. Toute une gamme de virelangues et de formes épicènes et inclusives à inventer deviendrait, par l'usage de nos langues, les viscoses, les résilles et les nylons. En attendant, là où on en est, là d'où on parle, on se lie volontiers « sans raison » les unxs aux autres, avec nos accents et nos cheveux sur la langue. On fait fourcher nos mots, nos pronoms, nos adverbes, nos figures de style et nos liaisons, on les écarte et on les agrandit, ils sont minuscules par rapport à ce qu'on est vastes, il faut s'y faufiler pour qu'ils nous accommodent.

Penser et faire une exposition, y convier des artistes autour de soi, comme le fait Jagna Ciuchta, c'est créer toute une galaxie de liens sans raison autre que l'envie d'être ensemble, la curiosité, l'admiration et la confiance ; c'est *cuirer* et *velourer* toutes les œuvres et les présences — ou *queerer* et *velouter* ? Accepter, c'est se fier à son intuition, emménager dans une nouvelle ville ou dans une coloc sans connaître personne, tisser des liens de sympathie puis se laisser aller à la promiscuité, l'enivrement, l'engloutissement, la mastication, la déglutition, la fausse route ou la miction. On prend part à un corps hors des limites de nos corps, on se fait incorporer. Jagna, Inc., mais sans capital, profits ni dividendes.

De tout ça, il reste des photographies. On aimerait se faire voyeureux mais on ne sait pas ce qu'on regarde. Des portraits d'étonnantes familles, avec des couleurs qui vrombissent, des reflets qui s'irisent, des fourrures qui ronronnent. Des photos hublots sur des murs écrans, des sculptures boutons sur des socles machines. Des perdues-de-vue et des paréidolies, une scorpion qui surgit de plis moirés, une chardon duveteuse.

Dans ces pages, nous sommes toutes deux hôtes, chacune d'un côté du miroir. C'est une invitation, un passage de relais pour continuer la course, une pièce transformée en chambre. Ça n'est pas grave de ne pas savoir ce qui s'y passe. Mais quand même, sans trajet, sans température, sans horaire d'ouverture, sans montage, est-ce encore une expo ? Est-ce que l'odeur de l'encre et le grain du papier suffisent ? Est-ce que quelqu'unx est encore là ? Est-ce que ça a aucune espèce d'importance ?

Il nous manque l'échelle, la promenade, le froid ou la moiteur, mais ici on peut venir à n'importe quelle heure, rester chez soi, toucher, fermer, revenir, s'attarder. Et une fois le livre clos et rangé, on peut imaginer dans le creux des pages les œuvres qui chuchotent, s'effleurent, se palpent, se reniflent, se montent dessus, s'imbibent et se contaminent ; ou d'ailleurs s'engueulent, se boudent et se tournent le dos.

Romain Grateau

Au fil des lectures et des conversations, dans les chansons, les émissions et les pubs, Romain Grateau collecte des bribes de texte et de paroles, les transcrit de mémoire, les traduit parfois. Ces fragments rejoignent un chutier, qui fait office de pense-bête, d'estomac et de table de mixage, duquel ils sont ensuite imprimés, découpés, scannés, réassemblés. Tout se passe avec une imprimante noir et blanc, du papier photocopie, des pochettes plastiques et du scotch cristal, dans une économie de moyen que rappelle aussi le nom de la série, les « formats papiers ». Elle va de pair avec une épure dans le choix des mots et des phrases, souvent nostalgiques et sentimentales, qui laissent apparaître des rôles genrés et des codes sociaux implicites, rappelant que les façons dont on manie le langage, les sous-entendus et les allusions sont nos principaux modes de reconnaissance, de séduction ou d'exclusion. On se trahit généralement en peu de mots. Certains mots s'échappent parfois pour rejoindre les sculptures de l'artiste : ils prennent alors place sur des linteaux de pierre, des rubans de métal ou des assemblages de béton.

Melody Lu

Melody Lu est graveuse sur pierre. Dans les cimetières humains et animaliers, avant que les nouvellxs occupantxs ne prennent place, elle les présente au marbre neuf ou aux vieux caveaux : un prénom, un nom et deux dates, parfois une épitaphe, des roses ou des oiseaux. Lieux de travail, lieux de présences : c'est de cet environnement dont elle s'imprègne dans sa pratique intuitive et protéiforme, où se mêlent photo, 3D, volume et poésie. Elle décalque les pierres tombales par frottage aux pastels de couleurs sur de larges chutes de tissus ensuite cousues entre elles. L'ensemble forme des sortes de patchworks sans noms, où les motifs apparaissent en réserve, là où la couleur n'a pas pénétré. Les bouquets et les colombes y sont juxtaposés et démultipliés, les épitaphes y sont mêlées et psalmodiées. Celle de Dustan, formidable, « J'ai toujours été pour tout être », revient souvent. Une autre aussi, plus impersonnelle, mais évocatrice : « Je me suis envolée. » Quand elle ne grave pas, Melody Lu travaille le marbre blanc en ronde-bosse jusqu'à obtenir des figures de peluches, doudous et autres objets mous et enfantins imprégnés d'affection, qu'elle restitue dans des postures hiératiques proches de celles des dragons gardiennes de tombes des traditions asiatiques. Quel que soit le médium, Melody Lu pose avec délicatesse et retenue la question du temps que l'on passe avec celleux qu'on aime, nos semblables et nos espèces compagnes, même quand la mort nous sépare, et des rituels qui ravivent la mémoire affective individuelle et collective.

Avel Plégat

Une tige trait et un cercle pistil entouré de languettes pétales : croquer une fleur est sans doute l'un des premiers gestes de dessin. Dans le domaine de l'art, la nature morte a longtemps été l'apanage des peintres de « choses », des femmes, des petites mains d'atelier et des amateurixs. Pourtant, les nombreux chardons peints par Barbara Regina Dietzsch, peintre allemande du XVIIIe siècle, prennent l'espace de la toile comme une figure humaine : difficile de dire que ces toiles graphiques, sur fond monochrome sombre, n'ont rien du portrait. Les chardons d'Avel Plégat s'étalent eux sur le blanc de la feuille laissé en réserve, ou débordent sur la peau de celleux qu'il tatoue. Ils ont l'expressivité de l'eau-forte et l'immédiateté de la BD, et servent d'héroïnes dans des histoires muettes et d'écrin à des gestes de plaisir. Les « adventices » : c'est le nom agronomique des herbes considérées comme « mauvaises » ou « folles », en tête desquelles arrive souvent le chardon, qui prolifère volontiers là où l'on voudrait pouvoir se balader jambes nues sans entrave. Que l'étymologie soit commune ou pas, ça ressemble à l'aventure. Chez Avel Plégat, la piqûre de l'épine est inséparable de la douceur de la caresse ; les mains et les sexes saignent et perlent ensemble, dans des combinaisons toujours différentes.

Roy Köhnke

Il y a cette citation de *La Tempête* de Shakespeare, devenue un adage, « nous sommes faits de l'étoffe dont les rêves sont faits », qui me fait me demander : de quelle étoffe sont faites les sculptures de Roy Köhnke ? Il y a du cauchemar là-dedans, de la carcasse et de l'écorché, de la boucherie et des *ribs*. Impossible de dire quel genre d'animal ce serait, mais c'est une forme d'altérité qui coupe l'appétit ; ça ne régale pas, ça inquiète. *Ça* se trouve actuellement dans un état intermédiaire, entre la table d'opération, la chaise longue et le linceul, et ça n'a pas l'air d'avoir tout à fait terminé de trouver sa forme. C'est en train de prendre corps : de devenir corps, ou de s'adjoindre à un corps pour se fondre avec lui. De fondre tout court peut-être, d'ailleurs. Ces machineries incomplètes, entre le gibier et la prothèse, posent la question de l'opacité : ce qui affleure à la surface et ce qui est dessous, et par extension, ce qu'on a composé et qui ne nous appartient déjà plus, qui continue sa vie propre, qu'on s'étonne d'avoir fait. À y réfléchir, elles sont de l'étoffe des rêves où nos anatomies dépassent les possibles limitants, les canons et les binarités ; où on est investixs du pouvoir de faire muter son corps à sa guise, avec une peau translucide, des veines ficelles et des tendons élastiques.

Sibylle Ruppert

De la vie de Sibylle Ruppert (1942-2011), on sait peu de choses. Née en Allemagne une nuit de bombardements, elle se destine d'abord à la danse, qu'elle étudie et pratique, avant d'embrasser le dessin, auquel elle se consacre après avoir déménagé à Paris. Si elle expose dans quelques galeries, sa reconnaissance institutionnelle reste limitée ; elle illustre des éditions de Sade, Lautréamont et Bataille, tout en enseignant l'art dans les prisons, hôpitaux psychiatriques et centres de désintoxication. Ses vastes dessins, inspirés du surréalisme, sont proches de ceux de H. R. Giger, avec qui Ruppert entretient une longue amitié. Si le père de l'univers graphique d'*Alien* de Ridley Scott, est, selon l'historiographie traditionnelle, l'initiateur de ce style nommé « biomécanique » devenu depuis indissociable de la science-fiction et de l'heroic fantasy, des figures comme Sibylle Ruppert permettent de replacer son œuvre dans un mouvement plus vaste d'artistes qui, dans les années 1970, déconstruisent la figuration humaine pour l'incorporer à un univers technologique proche du cinéma, des comics, et jamais très loin du *pulp* et de l'érotisme. Loin du formalisme qui domine à cette période, cette histoire est encore à faire, et les généalogies de femmes qui l'ont composée et inspirée restent à convoquer. Les collages de Sibylle Ruppert présentent des créatures-machines, des cyborgs s'adonnant au SM ; héritiers d'Hannah Höch et Remedios Varo, ils sont contemporains des têtes cagoulées de cuir de la sculptrice étasunienne Nancy Grossman, et des coulées et torsions moulées en plomb de Lynda Benglis.

Donna Gottschalk

"Here is Jeri Dann, in all her magnificent glory!"

Commentée ainsi par son autrice, cette superbe image de 2023 marque, pour Donna Gottschalk, un retour à la photographie après des années de pause dans sa pratique. Née en 1949 à New York dans le quartier d'Alphabet City, Donna Gottschalk, photographe lesbienne, produit un portrait bouleversant des minorités queer de l'Amérique populaire. En étant tour à tour conductrice de calèche à Central Park, serveuse dans un bar de strip-tease, chauffeuse de taxi à San Francisco, tireuse photo, puis aide-soignante pour gagner sa vie, Donna Gottschalk photographie sa famille, ses voisinxs, ses amixs et amantes de la fin des années 1960 jusqu'aux années 1990. Dans ce moment de luttes pour les droits civiques qui caractérise les années 1970, elle documente le quotidien de ses proches. Son travail concerne avant tout son cercle intime, des personnes qu'elle photographie à plusieurs reprises, et pendant des années, comme sa sœur Myla, une femme trans dont elle fait le portrait pendant quarante ans, ou Marlene, « la plus belle butch [qu'elle ait] jamais vue ».

Des corps, on ne voit rien. Il pourrait y avoir unx scaphandrièrx, unx skieureux, une pietà, unx chirurgiennx. Elle est trop large pour rentrer dans le cadre, mais elle a bien assez de chevales sous le capot pour te faire décoller. Les boyaux amènent le combustible, les tuyaux luisent autant que le latex. Les poumons sont un ventilateur encrassé, les bras évacuent la soufflerie. Peu importe à vrai dire qu'on soit dans une chambre ou un garage, un cimetière ou une *backroom*. Quand j'ai voulu t'empoigner, des milliers d'aiguilles me sont entrées dans la paume. J'ai essayé de t'effleurer avec l'autre main, il s'est passé la même chose. Elle est écrasée, je suis fracassée, on est décharnées, mais on ne s'est jamais senties aussi bien, franchement. On a laissé nos corps électriques court-circuiter, deux, trois doigts dans ta prise. Il y a encore cette forme bleutée et tremblotante sur le haut de ta cuisse, toujours pas nette mais tenace. Concession, collective, perpétuelle. Concession collective perpétuelle. Topaze et ambrée, de mauvais goût, qui rend terriblement mélancolique. Je me suis envolée. Mais d'abord j'ai tapé quelques mots en bas de casse, avec des retours ligne, la feuille n'était pas blanche, c'était un torchon froissé, un écran sale, du verre brisé. Un coin de bitume où je t'écris mal et à la craie. Maintenant le frisson part de la nuque et se propage le long de la colonne, du moteur à la courroie, du tube cathodique aux cristaux. Le courant se répand, de la paume à l'interrupteur, de la hanche à l'ampoule, bientôt l'impulsion gagne la chaîne, la cuisse, le moyeu, puis la taille. Un essaim de langues qui claquent, chuintent et sifflent, c'est diffus mais ça se rapproche.

Ça va commencer.

Mathilde Belouali

Iridescent She-Scorpion, Common Velvet,

Legitimate Leather

In French, a hypercorrect liaison through the addition of a \z\ is called a *velours* [velvet]; and one through the addition of a \t\ is called a *cuir* [leather]. *Parler avec des cuirs* [speaking with leathers] or *faire des velours* [making velvets] involves "linking words for no reason" with these superfluous sounds. Some such errors are tolerated: "donnez-moi-z-en (*sic*)" [give me some] is a *velours courant* [a common leather]; and "pied-t-à-terre" is a *cuir légitimé* [a legitimate leather]. This link between sounds, charming linguistic errors, and textiles makes us want to keep adding to the list: the addition of an \x\ to designate gender neutrality [as in "Latinx"] could be called a *taffetas*; the elongation of words to contain both the masculine and feminine genders of French words could be a *dentelle* [lace]. Wouldn't it be great to say that "les amoureuxses" [the lovers] is a *dentelle obligatoire* [an obligatory lace], or that "toutxs pareillxs" [all the same] is a *taffetas encouragé* [an encouraged taffeta]. A whole gamut of tongue twisters and newly imagined epicene and inclusive forms could become, through common usage, viscose, nettings, and nylons.
In the meantime, in our current speech, we willingly connect ourselves to one another "for no reason," with our accents and linguistic stumbles. We trip on our words, pronouns, adverbs, figures of speech, and liaisons, we spread them out and make them grow, they are tiny compared to our largeness. We must sneak through them to make them accommodate us.

Conceiving and preparing an exhibition, inviting other artists to take part, as Jagna Ciuchta does, means creating an entire galaxy of links for no reason, other than the desire to be together, curiosity, admiration, and trust; it means to *cuir* [to leather] and to *velours* [to velvet] every piece and every person—or is that to *queer*[1] it and make it *velvety*? To accept means to trust one's intuition, to relocate to a new city or move in with new, unknown roommates, forging common ties and giving in to promiscuity, inebriation, devouring, masticating, swallowing, going off course, urinating. We take part in a body beyond the limits of our own, we become incorporated. Jagna Inc., but without the capital, profits, or dividends.

From all of that, we're left with photographs. We'd like to be a voyeur but we're not sure what we're looking at. Pictures of surprising families, with colors that thrum, rainbow-colored reflections, purring furs. Porthole photographs on wall screens, button sculptures on machine pedestals. Out of sights and pareidolias, a female scorpion emerges from iridescent folds, a downy thistle.

In these pages, Jagna Ciuchta and I are both hosts, standing on either side of the mirror. This is an invitation, a hand-off to continue the race, a space transformed into a room. It's OK to be confused. But hold on—with no route, no temperature, no opening schedule, no installation, is it still an exhibition? Are the smell of ink and the grain of paper enough? Is there still someone there? Does it even really matter?

We have no scale, no walk, no cold or dampness, but we can come here any time, stay home, touch the book, close it, come back, linger. Once the book has been closed and shelved, we can imagine that, in the fold of each page, the works whisper, touch, palpate, sniff, mount, imbibe, and contaminate one another; or else fight, sulk, and turn their backs on each other.

Romain Grateau

Romain Grateau collects bits of text and lyrics from books, conversations, songs, shows and ads, transcribes them from memory, sometimes translates them. These fragments fall into a trim bin that acts as a reminder, a stomach, and a mixing table, and from there they are printed, cut up, scanned, and reassembled. This is all done with a black and white printer, photocopy paper, plastic sleeves, and crystal clear tape in an economy of means that also reflects the name of the series, "formats papier" [paper formats]. It goes hand in hand with a pared-down choice of words and sentences, which are often nostalgic and sentimental and clearly show gendered roles and implicit social codes, a reminder that how we use language, the innuendos and allusions, is our main mode of recognition, seduction, or exclusion. It takes so few words to give oneself away. Sometimes a word will escape to go join Grateau's sculptures: they occupy stone lintels, metal ribbons, or concrete assemblages.

Melody Lu

Melody Lu is a stone engraver. In human and pet cemeteries, before new occupants take their places, she introduces them to new slabs of marble or to old burial vaults: a name, a surname and two dates, sometimes an epitaph, roses, or birds. Places of work, places of presence: it is this environment that informs her intuitive, protean practice, where photography, sculpture, volume, and poetry come together. She traces tombstones, taking rubbings of them with colored chalk on large pieces of fabric she then sews together. The whole forms a kind of nameless patchwork, where designs appear in the recesses where the color hasn't reached. Bouquets and doves are juxtaposed and multiplied, epitaphs are combined and intoned. Dustan's own formidable "I've always been for being everything" comes up frequently. Another, more impersonal but evocative: "I took off." When she isn't engraving, Melody carves white marble into round bumps until they look like plush toys, stuffed animals, and other soft, childlike, much-loved objects that she renders in staid poses like the dragons that guard traditional Chinese tombs. Whatever her medium, Melody Lu reflects, with sensitivity and restraint, on the time we spend with our loved ones, our fellow human beings and our kin species, even when separated by death, and on the rituals that revive our individual and collective emotional memories.

Avel Plégat

A line for a stem and a circle for a pistil surrounded by tongue-like petals: a flower is inevitably one of the first things we learn to draw. In art, the still life has long been reserved for "painters for things," for women, for studio assistants, and hobbyists. And yet, the countless thistles painted by the eighteenth-century German painter Barbara Regina Dietzsch occupy space on the canvas like a human figure: it would be hard to argue that her graphic illustrations of plants against dark monochrome backgrounds aren't somehow portraits. Avel Plégat's thistles spread out against the white of the page, or spill out onto the skin of the people he tattoos. They have the expressivity of an etching and the immediacy of comics, and act as the heroines of silent stories and the setting for pleasurable acts. The "adventitious" is the agronomical name for "weeds" or "self-propagating" plants, including the thistle that grows abundantly in places we'd rather wander through barelegged and unimpeded. Whether its etymology is familiar to us or not, it sounds adventurous. For Avel Plégat, the sting of a thorn is inseparable from the softness of a caress; hands and genitals bleed and drip together, in ever-changing combinations.

Roy Köhnke

"We are such stuff as dreams are made on." This quote from Shakespeare's play *The Tempest*, which has become an adage, makes me wonder what kind of stuff Roy Köhnke's sculptures are made of. There's something nightmarish about them, like a carcass or something that's been skinned. It's all butchery and ribs. Impossible to tell what kind of animal it would be, but it's the kind of otherness that might make one nauseous. It isn't enjoyable—it's troubling. *It* is currently in an intermediate state, somewhere between an operating table, a chaise longue, and a shroud, and it looks as though it's still in transformation. It's taking form: becoming a body, or joining another body to become one with it. Perhaps simply melting, in fact. These incomplete machineries, between game animals and prostheses, say something about opacity: what rises to the surface and what lies underneath, and by extension, what we have composed and what already no longer belongs to us, what carries on its own life, what we can't believe we've done. When you think about it, they're the stuff of dreams, when our anatomies transcend limiting possibilities, canons, and binaries; where we are invested with the power to mutate our body at will, with transparent skin, string-like veins, and elastic tendons.

Sibylle Ruppert

We know very little about the life of Sibylle Ruppert (1942-2011). Born in Germany during a nighttime air raid, she studied ballet and was destined to become a dancer, but after discovering drawing she moved to Paris to pursue it further. Although she exhibited her work in a few galleries, it never gained wide institutional recognition. She illustrated books by Sade, Lautréamont, and Bataille and taught art in prisons, psychiatric hospitals, and detox centers. Her large, Surrealism-inspired drawings are reminiscent of works by H. R. Giger, with whom she enjoyed a long friendship. If the father of the graphic style behind Ridley Scott's *Alien* is, according to traditional historiography, the pioneer of biomechanical art, which has become inseparable from science fiction and heroic fantasy, then figures like Sibylle Ruppert allow us to categorize his work within a broader movement of artists who, in the 1970s, deconstructed the human body to incorporate it in a technological universe that was close to cinema, comics, and never too far from pulp fiction and eroticism. Far from the dominant formalism of this period, this story is yet to be told, and the genealogies of women who wrote and inspired it yet to be summoned. Sibylle Ruppert's collages feature human-machine creatures, cyborgs in bondage: successors to Hannah Höch and Remedios Varo, they are contemporaries with the American sculptor Nancy Grossman's leather bondage hoods, and Lynda Benglis's oozing, globular lead sculptures.

Donna Gottschalk
"Here is Jeri Dann, in all her magnificent glory!"

Described as such by its author, this superb image from 2023 marks a return to photography for Donna Gottschalk, after a years-long hiatus from her practice. Born in 1949 in New York's Alphabet City neighborhood, Gottschalk, a lesbian photographer, produced a deeply moving portrait of queer working-class people in America. While earning a living through various jobs such as horse-drawn carriage driver in Central Park, waitress in a strip bar, taxi driver in San Francisco, photo technician, and caregiver, Gottschalk took photographs of her family, neighbors, friends, and lovers between the late 1960s and the 1990s. During the civil rights struggles that characterized the 1970s, she documented the daily lives of her peers. Her work primarily focuses on her intimate circle of friends, the people she photographed on countless occasions over the decades, like her sister Myla, a trans woman whose image she captured for forty years, or Marlene, "the most beautiful butch I've ever seen."

We don't see bodies. There could be a deep-sea diver, a skier, a pieta, a surgeon. She's too large to enter the frame, but she's got enough horsepower under the hood to get you to take off. The hoses carry the fuel, the pipes shine like latex. The lungs are a crushed ventilator, the arms evacuate the wind tunnel. It doesn't really matter if we're in a bedroom or a garage, a cemetery or a backroom. When I tried to grab you, thousands of needles stabbed my palm. I tried to touch you with my other hand, the same thing happened. She's crushed, I'm shattered, we are scrawny, but actually, we've never felt better. We let our electric bodies short-circuit, two, three fingers in your socket. The top of your thigh still has this bluish, quivering shape, a bit faded but still there. Perpetual, collective, concession[2]. Perpetual collective concession. Topaz and amber, although tacky, make me terribly melancholic. I took off. But first I typed out a few words in lower-case, with line returns, the page wasn't white, it was a crumpled mess, a dirty screen, broken glass. A bit of asphalt where I scribble something in chalk. Now the chill starts at the back of my neck and runs down my spine, from the motor to the belt, from the cathode tube to the crystals. The current spreads, from the palm to the switch, from the hip to the bulb, soon the momentum moves down the chain, the thigh, the hub, the waist. A throng of tongues flap, whistle, and hiss—it's vague, but it's getting closer.

It's about to begin.

1 Translator's note: The French pronunciation of *cuir* sounds similar to *queer*.
2 Translator's note: Here, *concession* refers to a *concession funéraire*, or cemetery plot.

Jagna Ciuchta

Je dilaté, images liquides et plantes carnivores

Dilated I, Liquid Images and Carnivorous Plants

Mousse Publishing
Bétonsalon – centre d'art et de recherche, Paris

Préface

Maud Jacquin & Émilie Renard

Jagna Ciuchta et nous et vous, et ellenousvous

Ce livre *sur*, *de* et *avec* Jagna Ciuchta retrace douze années d'une pratique polymorphe qui ne cesse de se recomposer en se nourrissant de ses productions passées et de leur documentation. Depuis 2011, son travail s'amplifie et se complexifie par l'invitation d'autres artistes au cœur d'installations souvent évolutives. Sous la forme d'expositions, de photographies et parfois de textes fictionnels, ses œuvres mettent en scène la confusion des temporalités, des espaces, des registres, de soi et des autres dans une forme d'hospitalité ambivalente. Cette ouverture, chargée d'un certain érotisme au sens d'un désir de rencontre, d'enveloppement voire d'absorption, conduit à des glissements continus, à une instabilité des formes qui s'adaptent et se transforment par contact. Dans beaucoup de ses projets, l'artiste réorganise régulièrement l'accrochage des œuvres et fait évoluer ses dispositifs, déjouant ainsi toute fixité et dépassant les cadres, notamment ceux de l'exposition, puisque certains motifs et gestes se prolongent de l'une à l'autre. À travers l'incorporation d'œuvres dans ses scénographies, Jagna Ciuchta endosse un rôle curatorial — elle parle de « curating naïf » — pour se mettre au service des artistes qu'elle invite et pousser l'institution qui l'accueille à s'ajuster et à se montrer toujours plus inclusive. En ce sens, elle s'efface, au moins partiellement, en tant qu'autrice pour valoriser d'autres pratiques artistiques souvent minorées ou ignorées. D'un autre point de vue, comme en témoigne la forte présence plastique de ses scénographies, les artistes invitéxs sont tout autant contenuxs, assimiléxs voire digéréxs par sa composition. S'exprime alors la toute-puissance de l'artiste dans ses choix arbitraires, affectifs, dans sa capacité à créer d'autres systèmes de valeur, avec la pleine conscience des risques de cannibalisation réciproques, inhérents à l'accueil et au désir de l'autre. L'œuvre de Jagna Ciuchta se tient dans la tension entre ces deux polarités.

Tout au long de nos différentes collaborations avec Jagna Ciuchta[1], nous avons nous-mêmes fait l'expérience de cette tension qui nous a paru éminemment féconde. Cette double fonction d'artiste et de curatrice qu'exerce Jagna Ciuchta déplace notre position curatoriale en agissant à plus d'un titre sur nos réflexes, nos responsabilités, nos champs d'action. En premier lieu parce que les relations qu'elle tisse avec les curateurixs comme avec les artistes ou identifiéxs comme tellxs sont fondées sur une confiance mutuelle qui permet que les frontières de l'œuvre se floutent, que les fonctions se confondent et que des formes de cocréation s'inventent. Ensuite, parce que Jagna Ciuchta n'arrive jamais seule ; le pouvoir curatorial de la sélection est d'emblée désactivé par un principe d'extension de l'invitation qu'elle adresse à d'autres. Cette extension est complète, elle implique un partage de la visibilité, de l'attention, des conditions matérielles et financières et demande à l'institution hôte de s'adapter à cette forme d'hospitalité concrète. D'autre part, l'inviter suppose de la suivre dans sa façon si particulière de relier entre elleux personnes, œuvres, images, objets, récits qui n'étaient pas destinéxs à se rencontrer et entre lesquels elle tisse des liens subtils fondés sur leur énergie créative, leurs rimes esthétiques, leurs engagements politiques, leurs affinités secrètes. Dans le temps élargi de l'exposition, Jagna Ciuchta compose autour d'elle ce que Geneviève Fraisse appelle une lignée[2], c'est-à-dire des constellations de relations tenues par des liens singuliers et transhistoriques, imprévisibles au regard d'une histoire de l'art qui préfère égrener des destins individuels et héroïques plutôt que d'observer les vagues alentour. L'exposition devient alors l'espace où ces différentes intensités relationnelles se manifestent, où le travail de Jagna Ciuchta s'emmêle autour des œuvres d'autres artistes dans un vaste environnement pictural, reposant sur l'équilibre fragile d'harmonies colorées et sur quelques points de contact. En même temps qu'elle nous dépossède de notre pouvoir d'invitation, elle nous convie à rejoindre le collectif éphémère et puissant qu'elle forme autour de chaque projet, nous permettant par là d'exercer notre rôle dans des zones plus floues et marginales, plus essentielles aussi, faites d'ajustements et de négociations. Ce faisant, Jagna Ciuchta élargit le champ d'action des pratiques curatoriales et agit par ricochet sur le système qui l'environne, exerçant une critique institutionnelle informelle, c'est-à-dire non systématique et empirique.

C'est dans cette même logique collective, réflexive et évolutive que nous avons composé ensemble cet ouvrage, formant avec cette édition une autre de ces « constellations » autour de Jagna Ciuchta. Ce livre, mis en page par Martha Salimbeni, réunit les textes de six auteurixs : Mathilde Belouali, Marta Dziewańska, Dominique Figarella, Stéphanie Garzanti, Maud Jacquin, Émilie Notéris. Nous toutxs entretenons avec elle des affinités singulières ou partageons des expériences communes et la plupart d'entre nous l'avons accompagnée à différents moments de son parcours. Il en va de même pour les institutions partenaires de l'ouvrage[3]. Martha Salimbeni partage avec Jagna Ciuchta une attention aux différents régimes des images. Leur relation a d'abord été celle d'une collaboration au sein de la double exposition de l'artiste *Le pli du ventre cosmique*[4] en 2021, où le statut du travail de Martha Salimbeni, entre graphisme et œuvre plastique, s'est progressivement troublé. La curatrice polonaise Marta Dziewańska[5], partageant avec elle une trajectoire diasporique, met en perspective son travail avec les débats artistiques en cours lors de ses études à l'Académie des beaux-arts de Poznań, qu'elle quitte en 2001. L'artiste et enseignant Dominique Figarella l'a quant à lui guidée lors des cinq années de sa recherche doctorale au sein du laboratoire SACRe. Son texte est une version revisitée de sa communication lors de son jury de thèse en 2019. L'atelier d'écriture *How to SupPRESS University Writing* conduit par Émilie Notéris a été pour Jagna Ciuchta l'occasion, de 2018 à 2020, de renouer avec une pratique d'écriture poétique qu'elle avait déjà initiée sur un terrain fantasmatique et érotique. C'est là qu'elle a rencontré l'artiste et écrivaine Stéphanie Garzanti, elle-même engagée dans un mouvement d'exploration de nouvelles formes d'écriture ; elle l'a ensuite invitée dans son exposition *Prémonition* en 2022. Dans son texte, Stéphanie Garzanti performe un geste similaire à celui de Jagna Ciuchta en ouvrant son écriture à la parole d'autres écrivainxs et artistes, des personnes compagnes qui ensemble inventent des « liaisons possibles, liaisons dangereuses, liaisons queers, liaisons féministes ». Car Jagna Ciuchta, en tant que lesbienne et féministe, défend des valeurs esthétiques et éthiques qui s'expriment dans sa pratique artistique où la fluidité des identités comme des formes cohabite avec un engagement fort pour une communauté artistique.

Animée par un souci d'autonomie symbolique, esthétique et matériel vis-à-vis des contextes dans lesquels elle évolue, Jagna Ciuchta définit ses propres outils de monstration et de documentation dans des espaces qui débordent largement le cadre de l'exposition. Nous avons élaboré ce livre avec elle dans cette même logique, faisant de cette édition une structure d'accueil qui combine à la fois analyse de son travail et support éditorial d'exposition. En ouverture de l'ouvrage, Jagna Ciuchta s'est alliée avec la curatrice Mathilde Belouali, rencontrée en 2021 lorsqu'elle était responsable des expositions à Bétonsalon, pour déployer une exposition collective au sein de l'édition, réitérant ici l'expérience du partage d'auctorialité qui la caractérise. Intitulée *La Nuit de la Scorpion*, cette exposition imprimée est construite à partir de nouvelles invitations faites à des artistes, écrivainxs, performeureuxs ainsi que de sa propre archive photographique. Ensemble, ces œuvres composent une expérience rétinienne tintée d'un érotisme queer qui se glisse dans les premières pages de ce livre et colore sans doute le reste. Pour cette partie de l'ouvrage, Martha Salimbeni a choisi un vernis Extra Gloss, créant un effet luisant qui rejoue à la fois les références BDSM présentes dans les œuvres et les jeux de reflets dans les expositions de l'artiste, qui participent d'une instabilité de la perception. Cette intervention est représentative de la direction choisie par la graphiste pour cette édition : en investissant les techniques de l'impression — colorimétrie, encres, textures — elle retranscrit certains gestes de Jagna Ciuchta, qui crée l'immersion par la couleur et procède par recouvrements, assemblages, détournements, conférant ici aux images-documents la présence d'une œuvre.

Jagna Ciuchta, qui photographie systématiquement son travail dans toutes ses étapes de transformation, produit une vaste archive d'images qui ont le double statut de documents et d'œuvres potentielles. Ce regard à la fois prospectif et rétrospectif sur sa production visuelle se reflète logiquement dans ce livre, d'une part par la place centrale qu'y occupent les images, et d'autre part à travers la composition de vingt portfolios introduits par une description de la situation et des intentions initiales de l'artiste. Qu'il documente une seule exposition ou un cycle plus vaste déployé sur plusieurs années, qu'il mette l'accent sur un principe conceptuel ou sur une description très précise de la matérialité de telle ou telle exposition évolutive, chaque portfolio est construit pour rendre compte de la singularité des projets, qui se déploient selon leurs propres temporalités. Organisés de manière chronologique, ils permettent de parcourir un cheminement à la fois logique et esthétique, sans toutefois représenter l'ensemble de la production visuelle de l'artiste tant elle déborde les capacités d'un tel contexte éditorial. Par ailleurs, au sein des portfolios, nous avons choisi de représenter différents états des expositions ou des œuvres, ainsi que différentes modalités de transformations perceptibles à travers des variations d'éclairages, de dispositions, de socles, etc. Ainsi, les portfolios alternent entre plusieurs échelles qui permettent de suivre les processus de transformation, livrant des détails sur des œuvres ou des vues d'ensemble, autant que des étapes intermédiaires qui ont parfois été inaccessibles au public, comme les montages d'exposition. En un mot, ce livre se fait exposition d'une documentation et témoigne des longues métamorphoses du travail dans son ensemble.

Son titre, *Je dilaté, images liquides et plantes carnivores,* plante le décor : un livre d'images dans lequel glisser le regard, où passer d'une métamorphose à une autre sur des fonds eux-mêmes mouvants ; un livre de textes où les analyses critiques se mêlent à des expériences personnelles qui ont pris le risque des déplacements hors de leur milieu naturel, dans des terrains glissants et carnivores. Il dessine aussi le portrait en creux d'une artiste pour qui parler à la première personne implique de rendre lisible sa position, mais pour qui la subjectivité s'apparente à un vaste espace qui ne ce cesse de se transformer au contact des autres : un « *Je* dilaté », ouvert, sans permanence, ni unité.

1 Maud Jacquin a collaboré pour la première fois avec Jagna Ciuchta en 2013 lorsqu'elle a accompagné sa résidence à Residency Unlimited à New York, consacrée à la recherche autour du cycle *Missing Alina*. Par la suite, elle a été co-commissaire des expositions inspirée de *The House of Dust* d'Alison Knowles pour lesquelles Jagna Ciuchta a réalisé *The House of Lust* à la James Gallery, CUNY, à New York, *All Available Light* au cneai=, Pantin et *L'un dans l'autre* à La Galerie, centre d'art contemporain de Noisy-le-Sec. Émilie Renard a collaboré pour la première fois avec Jagna Ciuchta en 2016 lorsqu'elle l'a invitée pour une résidence à La Galerie qui a donné lieu à *Sequoia Dream*, une œuvre dans l'exposition collective *Problèmes de type grec* et une exposition dans l'atelier-résidence. Elle a ensuite été co-commissaire de deux expositions collectives où Jagna Ciuchta a réalisé *L'un dans l'autre* et *Les chèvres et le marbre*. Enfin, elle a organisé l'exposition *Le pli du ventre cosmique* à Bétonsalon en 2021.

2 Geneviève Fraisse, « La nécessité de la lignée », préface à Isabelle Alfonsi, in *Pour une esthétique de l'émancipation*, Paris, Éditions B42, 2019, p. 5-7.

3 Les lieux qui ont apporté leur soutien à ce livre sont l'Artothèque, Espaces d'art contemporain de Caen, les quatre centres d'art Bétonsalon (Paris), Les Capucins (Embrun), image/imatge (Orthez), la galerie Édouard-Manet (École municipale des beaux-arts, Gennevilliers), ainsi que Lafayette Anticipations (Paris), la Fondation d'entreprise Pernod Ricard (Paris) et le laboratoire de recherche SACRe de l'Université Paris Sciences & Lettres.

4 L'exposition *Le pli du ventre cosmique* a eu lieu d'abord au centre d'art image/imatge à Orthez (11 juin-28 août 2021) puis à Bétonsalon à Paris (17 septembre-27 novembre 2021), sous une forme étendue.

5 Invitée par le comité éditorial de la plateforme en ligne TextWork de la Fondation d'entreprise Pernod Ricard.

Foreword

Maud Jacquin & Émilie Renard

Jagna Ciuchta and We and You, and Sheweyou

This book *about*, *from*, and *with* Jagna Ciuchta examines twelve years of a polymorphic practice that continuously reconfigures itself by feeding off of previous projects and their documentation. Since 2011, her work has expanded and become more complex through the inclusion of other artists in her often-evolving installations. In the form of exhibitions, photographs, and occasionally fictional texts, Ciuchta's works set up a confusion of temporalities, spaces, registers, self and others in a kind of ambivalent hospitality. This openness, charged with a certain eroticism in the sense of a desire for connection, envelopment, or even absorption, leads to constant shifts and an instability in the forms that adapt and transform themselves through contact. In many of her projects, Ciuchta regularly reconfigures the works on view and modifies her displays, which thwarts any notion of fixity and transcends the usual frameworks, notably those of the exhibition, since certain motifs and gestures are carried over from one space to the next. By incorporating other works into her installations, Ciuchta takes on a curatorial role—which she calls "naïve curating"—and positions herself in service to her guest artists while also pushing the host institution to adapt itself and be more inclusive. In that respect, she steps aside, at least partially, as the author of the work in order to highlight other artistic practices that are often marginalized or ignored. On the other hand, as evidenced by the strong material presence of her displays, the guest artists are just as contained, assimilated, and even consumed by her composition. Ciuchta's role as an artist gives her the power to make arbitrary, affective choices, to create other value systems while being fully aware of the risks of mutual cannibalization that are inherent in welcoming and desiring the other. Jagna Ciuchta's practice lies in the tension between these two polarities.

Throughout our various collaborations with Ciuchta we both experienced this tension and found it tremendously fertile[1]. Her dual artist-curator role displaces our own curatorial position by affecting our instincts, our responsibilities, and the scope of our activities on several levels. First, because the relationships she forms with the curators and artists or those who identify as such are based on a mutual trust that allows the work's boundaries to become blurred, for our functions to become intertwined, and for new forms of co-creation to emerge. Second, because Ciuchta never works alone, the curatorial power of selection is immediately deactivated by the act of extending the invitation to others. This applies to everything from sharing visibility and attention to material and financial resources, which requires the host institution to adapt itself to this form of concrete hospitality. Furthermore, working with Ciuchta involves following her very particular way of making connections between people, artworks, images, objects, and narratives that were never meant to come together and between which she weaves subtle links based on their shared creative energy, similar aesthetics, political engagement, and secret affinities. Within the exhibition's expanded timeframe, Ciuchta forms what Geneviève Fraisse calls a lineage—in other words constellations of relationships held by singular and trans-historic links otherwise unpredictable in the eyes of an art history that prefers to list off individual, heroic destinies rather than observe the waves all around them.[2] The exhibition then becomes the space where these different relational intensities are manifested, where Ciuchta's work becomes tangled with the other artists' works in a vast pictorial environment, resting on the fragile balance of colorful harmonies and a few contact points. While she dispossesses us of our power to select, she also invites us to join the temporary and powerful collective she sets up around each project, where we can exert our role in somewhat undefined, yet also more essential, ways because they involve adjusting and negotiating. In doing so, Ciuchta broadens the function of curatorial practice and, in turn, acts on the system that surrounds it, practicing an informal institutional critique—that is, one that is unsystematic and empirical.

It is within this same collective, reflexive, and evolving logic that we have produced this publication, forming yet another one of Jagna Ciuchta's "constellations." Designed by Martha Salimbeni, it features essays by six authors: Mathilde Belouali, Marta Dziewańska, Dominique Figarella, Stéphanie Garzanti, Maud Jacquin, and Émilie Notéris. Each has unique affinities with the artist or have shared common experiences, and most have supported her at different points in her career. The same can be said for the institutions we have partnered with for this publication.[3] Both Salimbeni and Ciuchta are very attentive to the different regimes of images. Their collaborative relationship began as part of Ciuchta's two-part exhibition *Le pli du ventre cosmique* [The Fold of the Cosmic Belly] in 2021, where the status of Salimbeni's work, which straddles graphic design and visual art, became increasingly blurred.[4] Polish curator Marta Dziewańska, who shares a similar diasporic trajectory, places Ciuchta's work in the context of the cultural debates that were happening during her studies at the University of Fine Arts in Poznań, which she left in 2001.[5] For his part, the artist and professor Dominique Figarella acted as Ciuchta's advisor during her five years of PhD research at SACRe/Le Laboratoire, doctoral school, PSL Research University. His essay revisits the statement he wrote as a member of her thesis committee in 2019. Émilie Notéris's writing workshop titled *How to SupPRESS University Writing* gave Ciuchta a chance to revisit, between 2018 and 2020, the writing practice she had initiated some time earlier with her phantasmatic and erotic fiction. That's where she met the artist and writer Stéphanie Garzanti who was also there to explore new forms of writing, and whom Ciuchta later invited to take part in her 2022 exhibition *Prémonition* [Premonition]. In her essay, Garzanti performs a gesture that mimics Ciuchta's approach by opening up her writing to include the words of other writers and artists, of companions who together invent "possible relationships, dangerous relationships, queer relationships, feminist relationships." Because, as a lesbian and a feminist, Ciuchta defends aesthetic and ethical values that are expressed in her art practice, where the fluidity of identity and form goes hand in hand with a deep commitment to an art community.

Driven by a concern for symbolic, aesthetic, and material autonomy with regard to the contexts in which her practice evolves, Ciuchta devises her own display and documentation tools in spaces that extend well beyond the typical exhibition framework. We have followed this same logic in the development of this book, making it a welcoming structure that combines analyses of her work and editorial content for a new exhibition. In the first part of the book, Ciuchta partnered with curator Mathilde Belouali, whom she met in 2021 when she was the Head of Exhibitions at Bétonsalon, to set up a group exhibition within the publication, thus reiterating the experience of shared authorship that defines her work. Titled *La Nuit de la Scorpion* [The Night of the She-Scorpio], this exhibition in print features new contributions by artists, writers, and performers, and images from Ciuchta's own photographic archive. Together, these works offer a retinal experience tinged with queer eroticism that makes its way into the first pages and certainly brings an additional dimension to the rest of the book. For this section, Martha Salimbeni chose an Extra Gloss varnish that creates a shiny effect—a nod to the BDSM references in the works and the mirroring elements that create visual instability in Ciuchta's exhibitions. This intervention reflects the graphic designer's chosen direction for this publication: by making the most of printing techniques—colorimetry, inks, textures—she transcribes Ciuchta's gestures that create immersion through color and use overlaps, assemblages, and deviations, thus giving these image-documents the presence of an artwork.

By systematically photographing her work at each stage of its transformation, Jagna Ciuchta is building a vast archive of images that function as both documentation and potential artworks. This simultaneous prospective and retrospective view of her visual production is logically reflected in this book, on one hand by the central role the images occupy, and on the other through the composition of twenty portfolios with introductory descriptions of their context and of the initial intentions of the artist. Whether it documents a single exhibition or a broader cycle spread out over several years, whether it highlights a conceptual principle or gives a detailed material description of a given evolving exhibition, each portfolio is designed to reflect the projects' singularity, which unfold according to their own temporalities. Organized chronologically, they provide both a logical and aesthetic progression without necessarily representing Ciuchta's visual production as a whole, which is impossible to reproduce in book format. In addition, within each portfolio, we decided to represent the exhibitions or works in different stages and in different modes of transformation through variations in lighting, displays, plinths, etc. In this way, the portfolios alternate between different scales that allow the reader to follow the process of transformation by providing details on the works or overall views, as well as intermediary stages that were sometimes inaccessible to the public, such as exhibition installation periods. In a word, this book becomes an exhibition of documentation and conveys the lengthy metamorphoses of Ciuchta's work as a whole.

The title, *Dilated I, Liquid Images and Carnivorous Plants*, sets the scene: a book of images to glimpse at as we move from one metamorphic state to the next against equally shifting backdrops; a book of essays in which critical analyses mingle with personal experiences that risked stepping outside of their natural habitat and into unstable, carnivorous terrain. It is also an indirect portrayal of an artist for whom speaking in the first person means revealing her position, but for whom subjectivity is like a vast space that endlessly transforms itself upon contact with others: a "dilated *I*," open, impermanent, multiple.

1 Maud Jacquin first collaborated with Jagna Ciuchta in 2013 when she supported her in her research on the *Missing Alina* cycle during her residency at Residency Unlimited in New York. She subsequently co-curated a series of exhibitions inspired by *The House of Dust* by Alison Knowles, for which Ciuchta created *The House of Lust* at the James Gallery, CUNY, New York, *All Available Light* at the cneai=, Pantin and *L'un dans l'autre* [One Within the Other] at La Galerie, centre d'art contemporain de Noisy-le-Sec. Émilie Renard first collaborated with Ciuchta in 2016 when she invited her for a residency at La Galerie, which resulted in *Sequoia Dream*, both a work in the collective exhibition *Problèmes de type grec* [Greek-Type Problems] and a solo show in the residency studio. She then co-curated two group exhibitions in which Ciuchta created *L'un dans l'autre* and *Les chèvres et le marbre* [Goats and Marble]. Finally, she organized the exhibition *Le pli du ventre cosmique* [The Fold of the Cosmic Belly] at Bétonsalon in 2021.

2 Geneviève Fraisse, "La nécessité de la lignée," preface to Isabelle Alfonsi, *Pour une esthétique de l'émancipation* (Paris: Éditions B42, 2019), 5-7.

3 The institutional partners of this book include the Artothèque (Caen), the four art centers, Bétonsalon (Paris), Les Capucins (Embrun), image/imatge (Orthez) and Galerie Édouard-Manet (Gennevilliers), as well as Lafayette Anticipations (Paris), the Fondation d'entreprise Pernod Ricard (Paris) and the SACRe doctoral school at Université Paris Sciences & Lettres.

4 The exhibition *Le pli du ventre cosmique* [The Fold of the Cosmic Belly] first took place at image/imatge in Orthez (11/06-28/08/2021) and then at Bétonsalon in Paris (17/09-27/11/2021) in an extended form.

5 Marta Dziewańska was invited by the editorial committee of the Fondation d'entreprise Pernod Ricard's online platform TextWork.

The Grey Room
2011

Dans le cadre de *The Dream Seminar II*, sous la direction de Susan Hiller, résidence d'artistes à la Fondazione Antonio Ratti, Côme, Italie.

Avec les œuvres de Marina Abramović*, Eva Barto, Gerard Cuartero, Matthew Coombes, Dario D'Aronco, Roberto De Pol, Elif Erkan, Maria Elena Fantoni, Roberto Fassone, Yona Friedman*, Sarah Fuller, Hamish Fulton*, Giovanni Giaretta, Ilya et Emilia Kabakov*, Allan Kaprow*, Joseph Kosuth*, Carolin Koss, Marjetica Potrč*, Gerhard Richter*, Marta Roberti, Iacopo Seri.

Une installation évolutive transformée quotidiennement utilisant : mobilier de musée (vitrines, tables, socles, cloches, encadrements), peinture murale, rideaux.

Extrait du catalogue intitulé *Wolves and Peasants 38% Notes 38% No Title 19% Dreamers 4%*, édité par la Fondazione Antonio Ratti et Mousse Publishing à l'issue de la résidence. Jagna Ciuchta y raconte, sous la forme d'un journal, l'évolution de *The Grey Room*, la première exposition où elle a invité des artistes au sein de son travail et dans un décor voué à évoluer. Cette exposition s'est développée dans un contexte particulier, où vingt artistes de différentes nationalités, sélectionnéxs suite à un appel à candidatures, se sont retrouvéxs pour un mois de résidence à la Fondazione Antonio Ratti, dans le cadre de *The Dream Seminar II* dirigée par Susan Hiller.

* Au sein de cette exposition, Gerard Cuartero a lui-même choisi de présenter des œuvres issues de la collection Fondazione Antonio Ratti présentes dans le bâtiment ; les noms de leurs auteurixs sont accompagnés d'une astérisque.

The Grey Room
2011

As part of *The Dream Seminar II*, directed by Susan Hiller, artist residency at the Fondazione Antonio Ratti, Como, Italy.

With works by Marina Abramović*, Eva Barto, Gerard Cuartero, Matthew Coombes, Dario D'Aronco, Roberto De Pol, Elif Erkan, Maria Elena Fantoni, Roberto Fassone, Yona Friedman*, Sarah Fuller, Hamish Fulton*, Giovanni Giaretta, Ilya et Emilia Kabakov*, Allan Kaprow*, Joseph Kosuth*, Carolin Koss, Marjetica Potrč*, Gerhard Richter*, Marta Roberti, Iacopo Seri.

An evolving installation transformed daily using museum furniture (display cases, tables, pedestals, glass bells, frames), wall paint and curtains.

Excerpt from the catalog entitled *Wolves and Peasants 38% Notes 38% No Title 19% Dreamers 4%*, published by Fondazione Antonio Ratti and Mousse Publishing at the end of the residency. In the form of a daily journal, Jagna Ciuchta recounts the evolution of *The Grey Room*, the first exhibition in which she invited artists into her work, in a setting destined to evolve. This exhibition was developed in a particular context, where twenty artists of different nationalities, selected from an open call, found themselves in a one-month residency at the Fondazione Antonio Ratti, as part of *The Dream Seminar II* directed by Susan Hiller.

* In this exhibition, Gerard Cuartero chose to exhibit works from the Fondazione Antonio Ratti collection housed in the building; the names of the artists are indicated with an asterisk.

P. 26 Extrait de *Wolves and Peasants 38% Notes 38% No Title 19% Dreamers 4%*, (cat.), Côme, Fondazione Antonio Ratti et Milan, Mousse Publishing, 2011.

Jagna Ciuchta

THE GREY ROOM

27. 6. 2011

First day in FAR. I discover the Museo Studio del Tessuto in a mess, the previous textile exhibition is being taken down. The black SF and minimal sculpture-like furniture teases me. All those textile-collection objects in disorder. The mixture of warm half-lights with the ambience of something weak and abandoned. I see the space several times and dwell on it for the next two days. It's a perfect place to disappear.

29. 6. 2011

I ask the administration to use one exhibition room and some furniture for a new project for Corso Aperto. And a permission to paint it. I invite the other artists to show their works within the arrangement.

30. 6. 2011 – 1. 7. 2011

I prepare sixty litres of colour. Grey, a 'non-colour' colour, neither white nor black. Grey like one of the greys in the terrazzo floor. Painting the walls takes two days. The Museo's administrators come here some times; they look both worried and curious. I think about the plinths I was lacquering and polishing last year and then deconstructing a few months later. Now I'm on the inside, the room is a plinth, but unfolded and refolded outside in. The pleasure of painting. A real-life, physical work, the immersion into the architecture. Through the body experience the space opens to something else.

2. 7. 2011

The room is ready. I rapidly arrange the furniture: an empty parallelepiped showcase, three round tables with showcase bell-glass, seven empty frames. A beautiful situation of something not achieved. The lights are left in their positions from the previous exhibition. The curtains are ready to receive Roberto DP's work. He installs his piece, with a windscreen wiper, in front of one of the windows. It creates an electric, slightly erotic, slightly psycho-thriller atmosphere. I find a title for this exhibition: "The Horde of Splits" is the first proposal I get from a random generator of titles for novels on the internet. It's the right one. Tonight the first official opening of Corso Aperto. During the buffet I go to check if everything is all right. Annie is there, we talk, she moves the parallelepiped showcase slightly to an orthogonal position, asserting «it's better like that». I like it.

3. 7. 2011

The artists are proposing works. I'm relieved. I'd been feeling nervous. I set up some rules: 1. I do not choose, but accept all proposals without judgement (please don't call me curator). 2. The artist decides where to put his/her work in the space - if he/she doesn't want to choose, I'll make a brief, practical decision. 3. The less I decide, the better. I let the others come and take their place. I don't entice or evaluate nor do I control. I try to be attentive.

4. 7. 2011

At the morning lecture, Jan Verwoert talks about Katarzyna Kobro and craft. I'm pleased. New works are installed in the exhibition; Roberto F.'s messy *Cross* book, Iacopo's *True Stories* and autobiographical *Traces* by Maria Elena. Marta will possibly bring something. Tonight people are coming for a conference; it's a kind of second opening.

5-14. 7. 2011

I have a look at it every day. Roberto's windscreen wiper installation has partly disappeared. For one or two days he has left only the wobbly display without the electric stuff in front of a messy curtain. For the public the exhibition continues, so it's like a self-running artwork. It makes me smile. New works are still arriving. I wonder how it's possible, because it's already crowded and yet people are still proposing works. I appreciate that. I ask myself if I would propose a work for such a project. I observe how something seems to be shifting from thoughts of dis*play*, appearance and representation to a kind of experience of *play*ing, which is maybe the receiving and giving at the same time. Carolin changes the lights. The space is crawling with activity before the new opening. Other furniture turns up. It occurs without me. I rearrange the curtains.

14. 07. 2011

The Discourse of the Abyss Recapitulates the Fantasy of Disciplinary Boundaries is the new title. Thanks to the Chicago University website's generator of academic sentences. (Sounds a bit like a piece from Delia Derbyshire). It suits the new show today. All the works do as well. It's a bizarre exhibition that's just happened, but it could have been curated. Colourful. There are works in couples. Iacopo's work is itself a dual narrative. Dario's empty *Schweppes* deals with Roberto's book. Marta's weird, like-from-the-beyond video display and two hundred delicate drawings diagonally relate to Maria Elena's whole-life fragments of notebooks. Gerard made this libidinal-attraction-between-artworks assemblage, using works from Ratti's collection. I love this mise-en-abyme within my work (and I do appreciate having Kaprow & Co. here). Another diagonal force of attraction stretches between Giovanni's haunted houses and Carolin's beautiful grey video rectangle of yesterday's storm on Lago di Como. Elif's bad-taste colour psychoanalytic two chairs are already facing each other. I have never had this relation to an exhibition. The situation makes me think of dream mapping; no hierarchy, no linearity, no time, (no self ?), but everything is related to everything, there is no separation. New artists: Carolin, Elif, Dario, Marta (with a glossy black piece of furniture), Giovanni (plus a new black plinth) and Gerard with guest appearances from Marjetica Potrč, Allan Kaprow, Hamish Fulton, Joseph Kosuth, Yona Friedman, Marina Abramović, Ilya and Emilia Kabakov and Gerhard Richter. Roberto's wiper is now a white flag on the roof of Villa Sucota and will perform in Eva and Iacopo's performance. Where do I go with that ? Am I falling into the Abyss ? Tonight the second official opening of Corso Aperto, after Susan's exhibition opening and her stirring lecture with *The Last Silent Movie*.

21. 07. 2011

I ask Roberto F. if he has an idea what title I could give to the grey room. I don't want to use generators anymore, I don't like routine. «*The Grey Room*», he says, «everybody calls it like that». There is hardly economy-class space left. Yet there are still artists wanting to show new works. I keep wondering why. I fantasize for my *Grey Room* a dew point, or an other atmospheric saturation phenomenon that occurs when the humidity reaches 100% with a precise temperature. But it will never be. Tonight is the last night. Giovanni's work and Iacopo's one increase and spread, while I keep falling. New works: Sarah's photographs of the Ratti textile factory on the windowsill, Eva's dislocated image-frame-glass with black flag on the floor, Matthew's photograph of an open hand with sparkles set on a Richter within Gerard's work. Gerard & Roberto DP.'s collaborative A4 prints which are, once again, a google algorithm-generated mise-en-abyme of an image. One casualty: Marta's new work fell over and broke. The third official opening of Corso Aperto follows Alexiei Penzin's lecture. Stefan offers to help me with re-painting the walls white tomorrow.

22. 07. 2011

I don't see how or when works disappear. Those remaining I remove. Quickly done. It falls back to incompleteness. Like a hotel room. I feel at home. I take photos, I linger. Paolo tells me that I don't have to paint the walls. At first I'm disappointed. Then I hear they have decided to paint all the Museo exhibition spaces the same grey colour. *The Grey Room* again slips out of my hands. Disappearing and widening at the same time.

When You See Me Again,
It Won't Be Me
2010-2015

Un cycle de productions et d'expositions éponymes où trois socles noirs laqués, utilisés d'abord pour leur fonction première, et leurs représentations photographiques ont connu plusieurs mutations, reconstructions et réutilisations.

(1)

Dans le cadre de l'exposition *Water Walk*, 2010, Maison des arts Georges & Claude Pompidou, Cajarc, commissariat : Martine Michard.
Installation avec trois socles laqués, blocs de plâtre érodés, végétation, diapositive trouvée, photographie sur Dibond découpée au laser issue de la documentation de l'exposition de Jagna Ciuchta intitulée *Sans titre*, 2005 (photo Yohann Gozard).

(1.2)
2010

Série de photographies composée de prises de vues représentant les socles sans œuvres avec les mêmes points de vue que la documentation de l'exposition *When You See Me Again, It Won't Be Me (1)*.

(2)

Dans le cadre de l'exposition *EVA, CAN I STAB BATS IN A CAVE?*, Galeria AT, Poznań, Pologne, 2010, commissariat : Tomasz Wilmański.
Socle en bois peint accroché sur le mur accompagné d'une photographie de la série *When You See Me Again, It Won't Be Me (1.2)*.

(3)

Exposition *When You See Me Again, It Won't Be Me, Again*, 2011, PoinTDom, Toulouse, commissariat : René Sultra.
Les éléments restants de deux socles déconstruits sont utilisés pour organiser une composition dans l'espace. Dans une autre salle, les éléments restants du troisième socle déconstruit sont entreposés avec une photographie de ce même socle, retiré de l'image par une découpe.

(4)

Dans le cadre de l'exposition *Stratégies des espaces*, 2012, BBB Centre d'art contemporain, Toulouse, commissariat : Cécile Poblon.
Invitée à rejouer *When You See Me Again, It Won't Be Me (3)* au BBB, Jagna Ciuchta convie le sculpteur Laurent Le Deunff à utiliser les planches des socles déconstruits comme matériau pour une sculpture. C'est une carte blanche, elle découvre la sculpture le jour du montage, les artistes cosignent le projet.

(4.2)
2012

Photographie représentant le carton contenant les chutes des formes découpées par Laurent Le Deunff dans les planches laquées.

(5)

Certaines photographies de *When You See Me Again, It Won't Be Me (1.2)* sont utilisées dans le cadre de *Paysage avec large rivière*, 2012-2014, une série d'une soixantaine de peintures à l'huile et à l'acrylique de différents formats et sur différents supports.

(6)

Dans le cadre de l'exposition *Réplique instinct*, 2015, Les Capucins, centre d'art contemporain, Embrun, commissariat : Solenn Morel.
Installation avec les planches laquées reconstituées à partir des éléments de la sculpture *When You See Me Again, It Won't Be Me (4)* et de ses chutes *(4.2)*, bois, sacs de sable.

(7)

Dans le cadre de l'exposition *Les choses que tout le monde ignore et qui ne laissent pas de traces n'existent pas*, La Salle de bains, Lyon, 2015, commissariat : Caroline Soyez-Petithomme.
Installation avec les planches laquées produites pour *When You See Me Again, It Won't Be Me (6)* qui sont transformées en bancs et tables à l'usage du public et de l'équipe de La Salle de bains.

When You See Me Again,
It Won't Be Me
2010-2015

A series of eponymous productions and exhibitions in which three black lacquered pedestals (and their photographic representations), first used for their original purpose have undergone several mutations, reconstructions and reuses.

(1)

As part of the exhibition *Water Walk*, 2010, Maison des arts Georges & Claude Pompidou, Cajarc, curated by Martine Michard.
Installation with three lacquered pedestals, eroded plaster blocks, vegetation, found slide, lasercut photograph on Dibond from the documentation of Jagna Ciuchta's exhibition *Sans titre* [Untitled], 2005 (photo Yohann Gozard).

(1.2)
2010

Series of photographs depicting the empty pedestals from the same points of view as in the exhibition documentation of *When You See Me Again, It Won't Be Me (1)*.

(2)

As part of the exhibition *EVA, CAN I STAB BATS IN A CAVE?*, Galeria AT, Poznań, Poland, 2010, curated by Tomasz Wilmański.
Painted wooden pedestal hung on the wall, accompanied by a photograph from the series *When You See Me Again, It Won't Be Me (1.2)*.

(3)

Exhibition *When You See Me Again, It Won't Be Me, Again*, 2011, PoinTDom, Toulouse, curated by René Sultra.
The remaining elements of two deconstructed pedestals are used in a composition. In another room, the remaining elements of the third deconstructed pedestal are stored alongside a photograph of the same pedestal, cut out of the image.

(4)

As part of the exhibition *Stratégies des espaces* [Space Strategies], 2012, BBB Centre d'art contemporain, Toulouse, curated by Cécile Poblon.
Invited to develop *When You See Me Again, It Won't Be Me (3)* at the BBB, Ciuchta invited sculptor Laurent Le Deunff to use the boards of the deconstructed pedestals as material for a sculpture. She gave him carte blanche and the sculpture was only revealed to her on the day it was installed, when the artists co-signed the project.

(4.2)
2012

Photograph of the cardboard box containing the lacquered board offcuts by Laurent Le Deunff.

(5)

Some of the photographs in *When You See Me Again, It Won't Be Me (1.2)* are used in *Paysage avec large rivière* [Landscape with Wide River], 2012-2014, a series of some sixty oil and acrylic paintings in various formats and media.

(6)

As part of the exhibition *Réplique instinct* [Replica Instinct], 2015, Les Capucins, centre d'art contemporain, Embrun, curated by Solenn Morel.
Installation with lacquered boards reconstituted from elements of the sculpture *When You See Me Again, It Won't Be Me (4)* and its offcuts *(4.2)*, wood, sandbags.

(7)

As part of the exhibition *Les choses que tout le monde ignore et qui ne laissent pas de traces n'existent pas* [Something that Everyone Ignores and Leaves No Trace Doesn't Exist], La Salle de bains, Lyon, 2015, curated by Caroline Soyez-Petithomme.
Installation with the lacquered boards produced for *When You See Me Again, It Won't Be Me (6)* which are transformed into benches and tables for use by the public and the La Salle de bains team.

P. 29 *When You See Me Again, It Won't Be Me (1.2)*, 2010, série de photographies, dimensions variables, photo Samir Ramdani.
When You See Me Again, It Won't Be Me (2), 2010 ; exposition *EVA, CAN I STAB BATS IN A CAVE?*, Galeria AT, Poznań, Pologne, 2010, curateur Tomasz Wilmański, photo Mariusz Jagniewski.

P. 30 *Paysage avec large rivière sur When You See Me Again, It Won't Be Me*, 2012, huile sur photographie lambda, 21 × 28 cm.

P. 31 *When You See Me Again, It Won't Be Me (1)*, 2010, expo. *Water Walk*, Maison des arts Georges & Claude Pompidou, centre d'art contemporain, Cajarc, France, 2010, cur. Martine Michard, photo Samir Ramdani.
When You See Me Again, It Won't Be Me (1.2), 2010, série de photographies, dimensions variables, photo Samir Ramdani.

P. 32 *Paysage avec large rivière sur When You See Me Again, It Won't Be Me*, 2012, huile sur photographie lambda, 21 × 28 cm.

P. 33 *When You See Me Again, It Won't Be Me (3)*, 2011 ; exposition *When You See Me Again, It Won't Be Me, Again*, PoinTDom, Toulouse, France, 2011, cur. René Sultra, photo Jagna Ciuchta.

P. 34 Jagna Ciuchta et Laurent Le Deunff, *When You See Me Again, It Won't Be Me (4)*, 2012 ; exposition *Stratégies des espaces*, BBB Centre d'art contemporain, Toulouse, France, 2012, cur. Cécile Poblon, photo Jagna Ciuchta.

P. 35 *When You See Me Again, It Won't Be Me (4.2)*, 2012, photographie, dimensions variables.

P. 36 *When You See Me Again, It Won't Be Me (6)*, 2015 ; exposition *Réplique instinct*, Les Capucins, centre d'art contemporain, Embrun, France, 2015, cur. Solenn Morel, photo Éric Tabuchi.

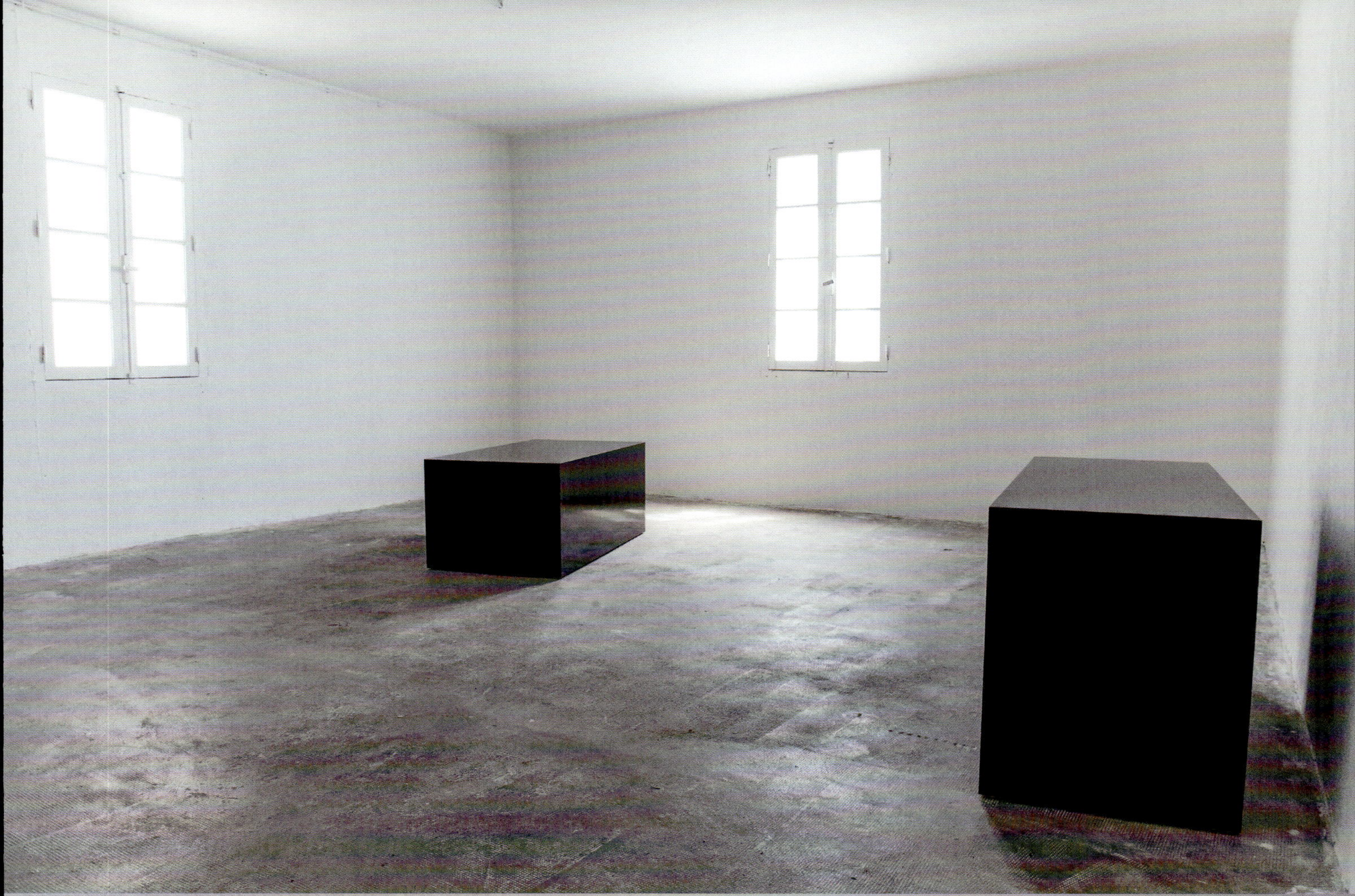

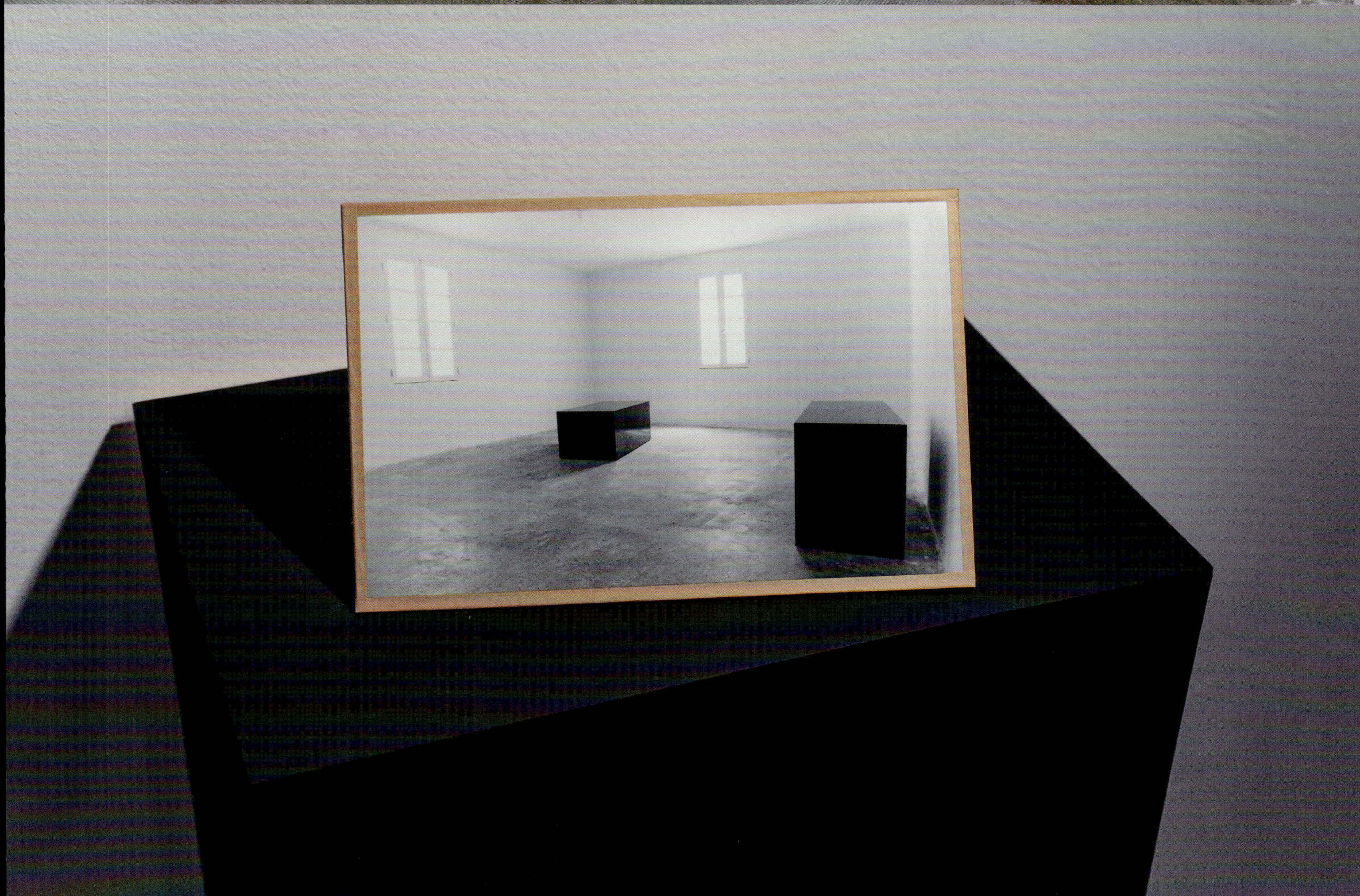

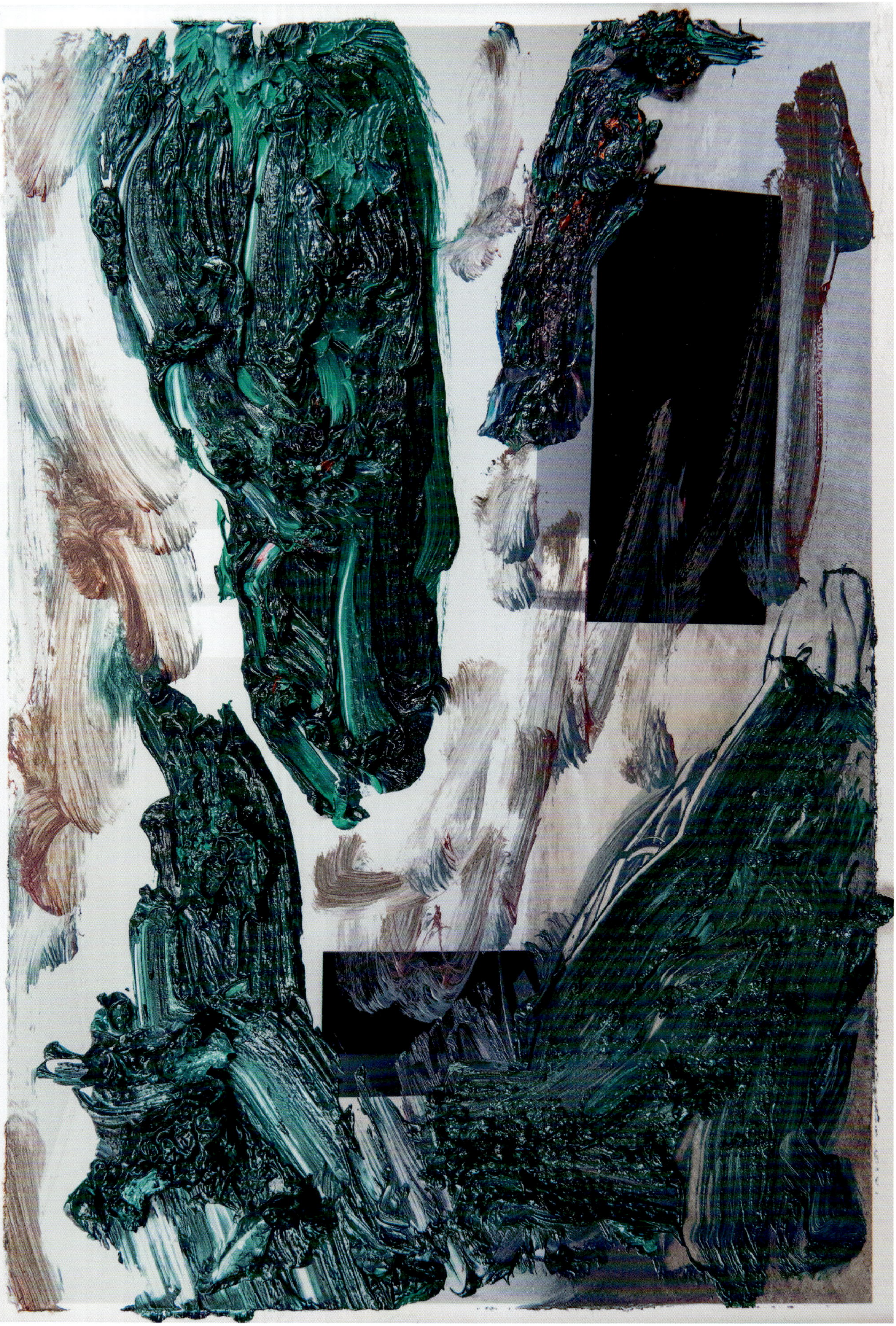

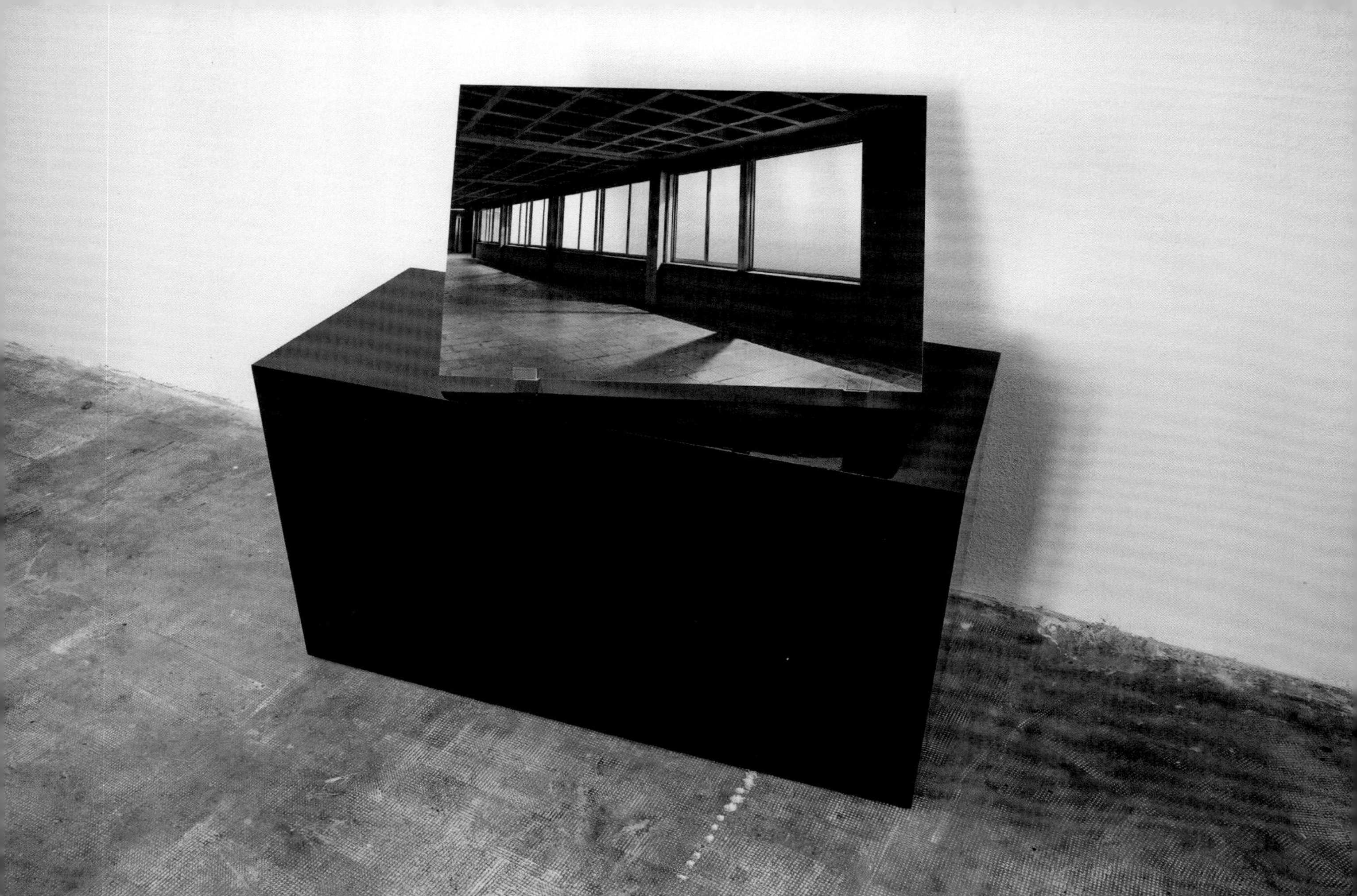

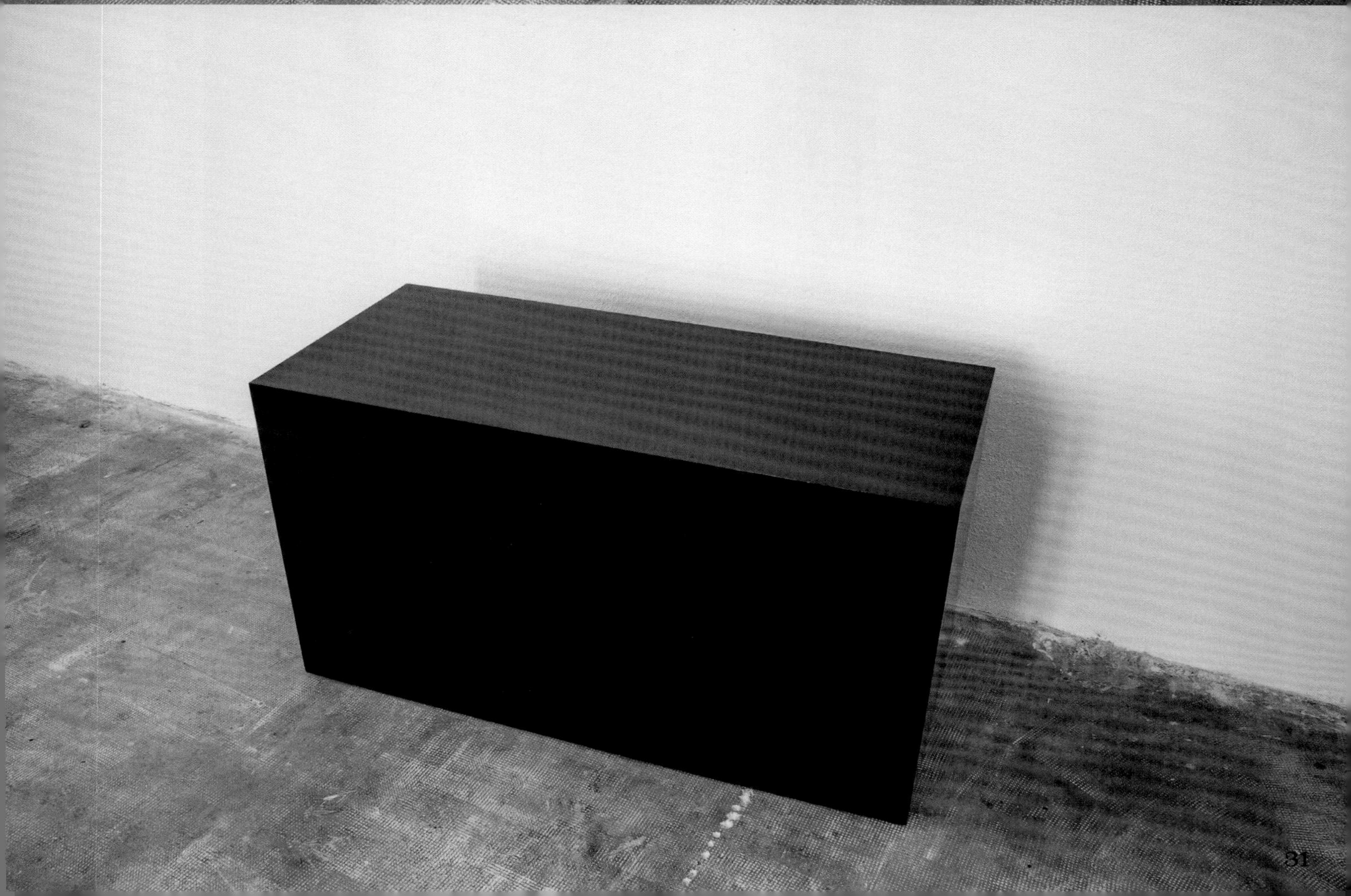

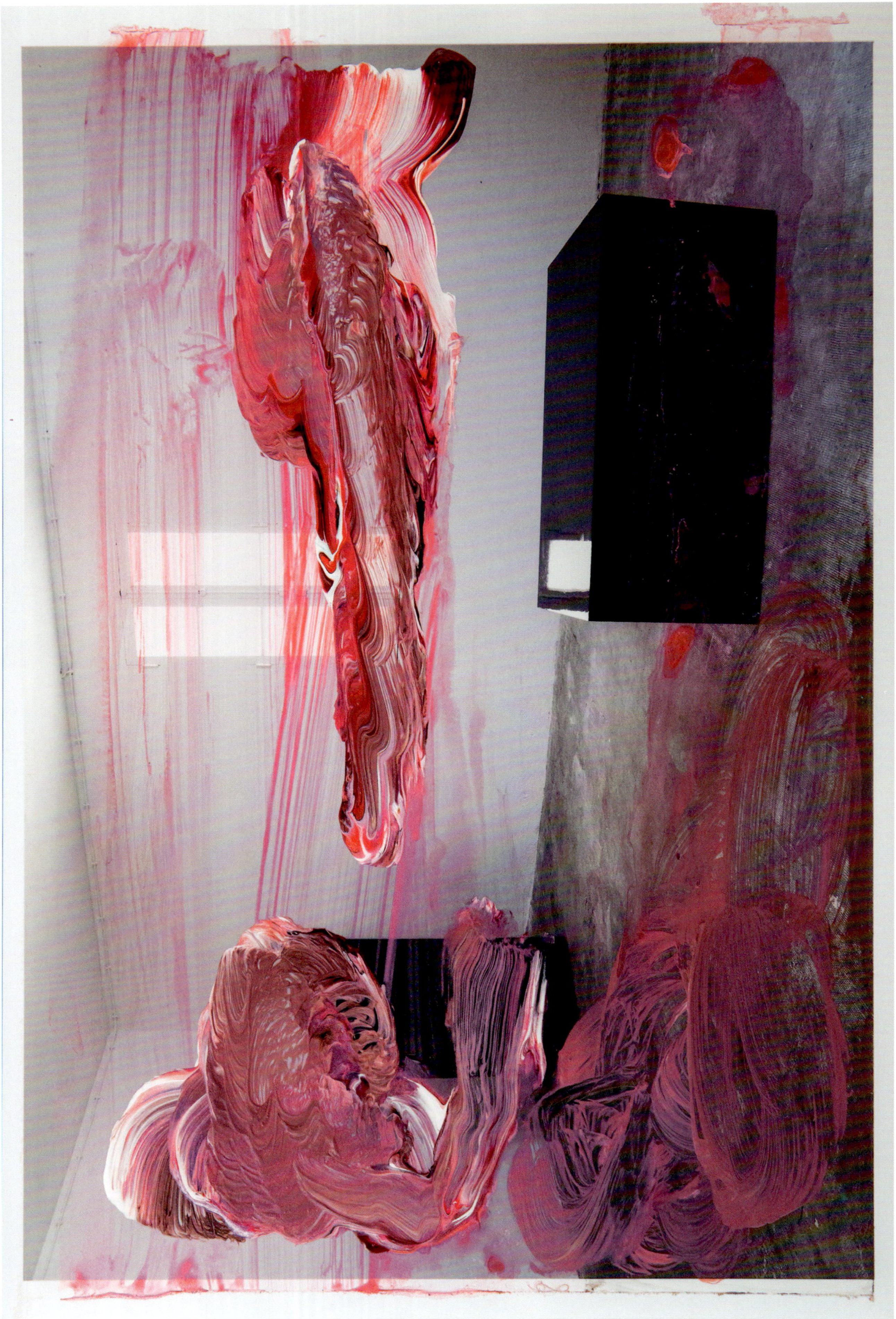

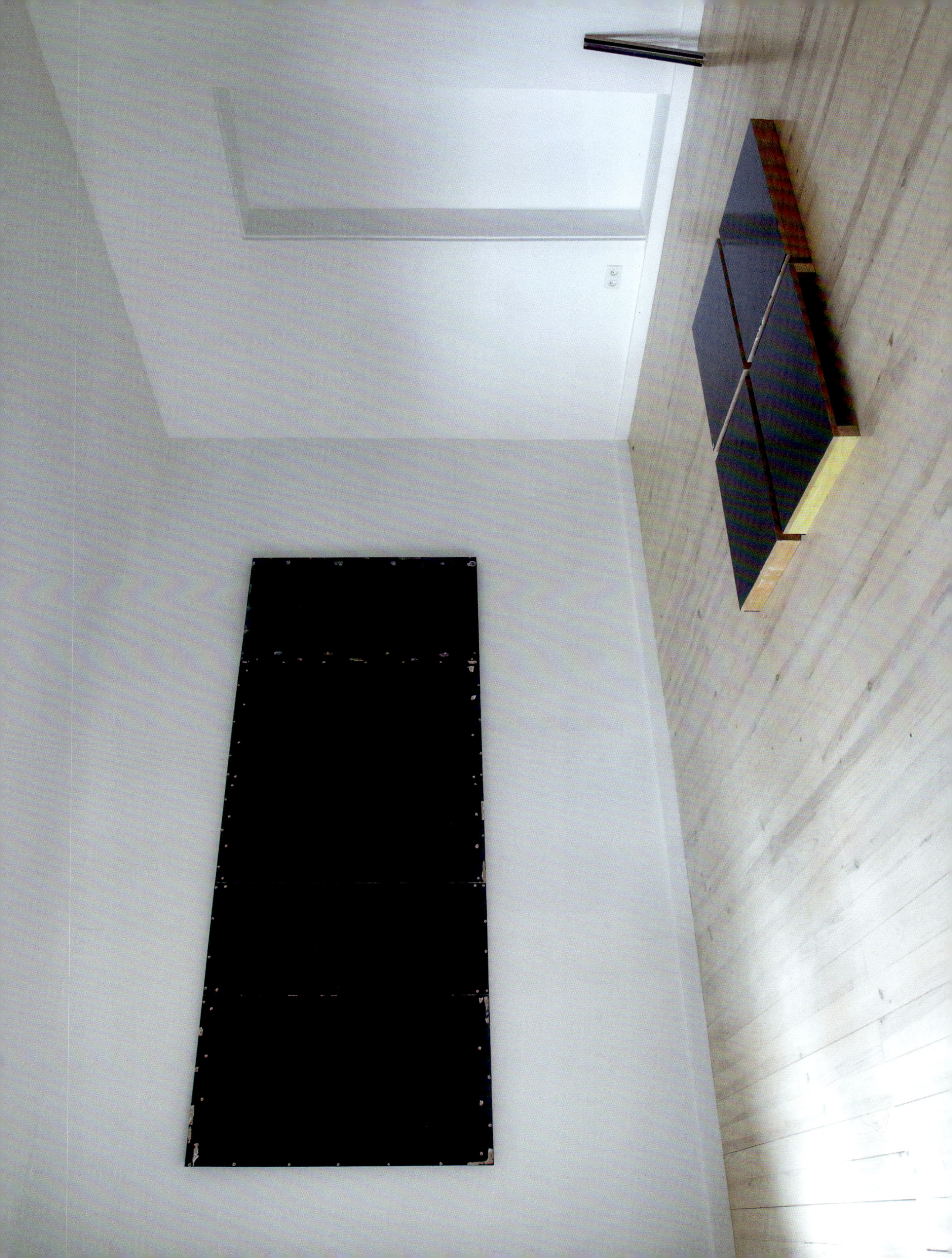

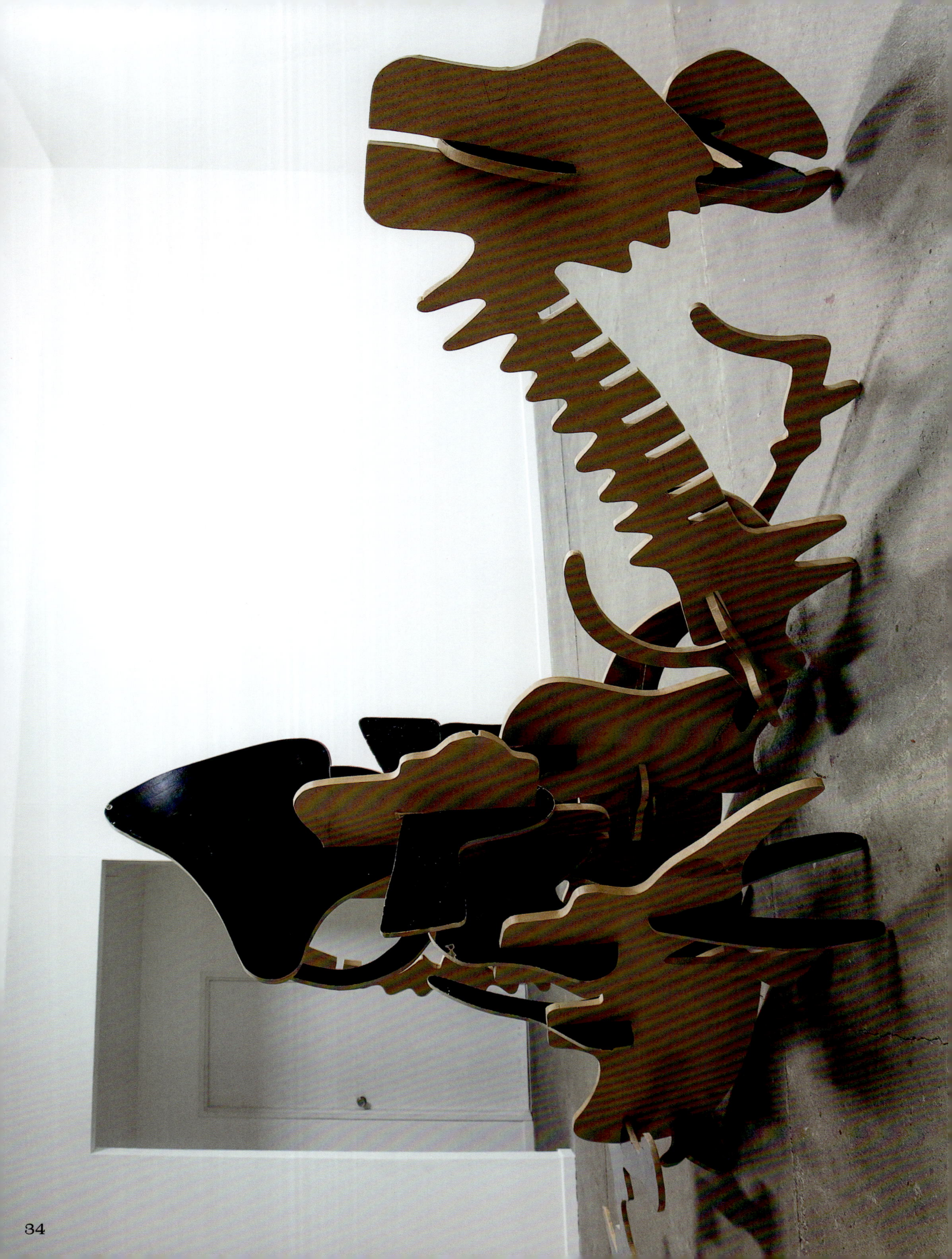

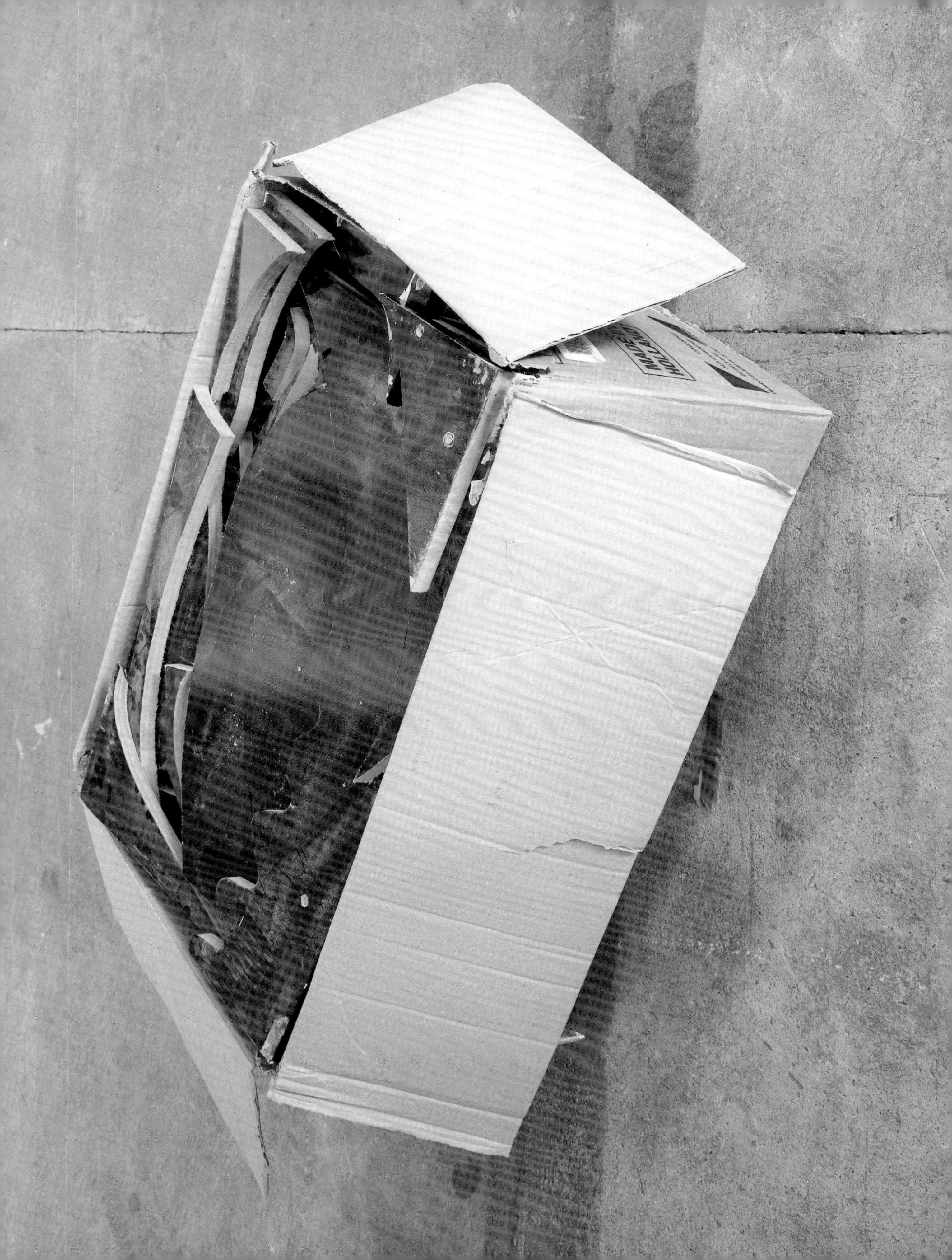
HOLLAND

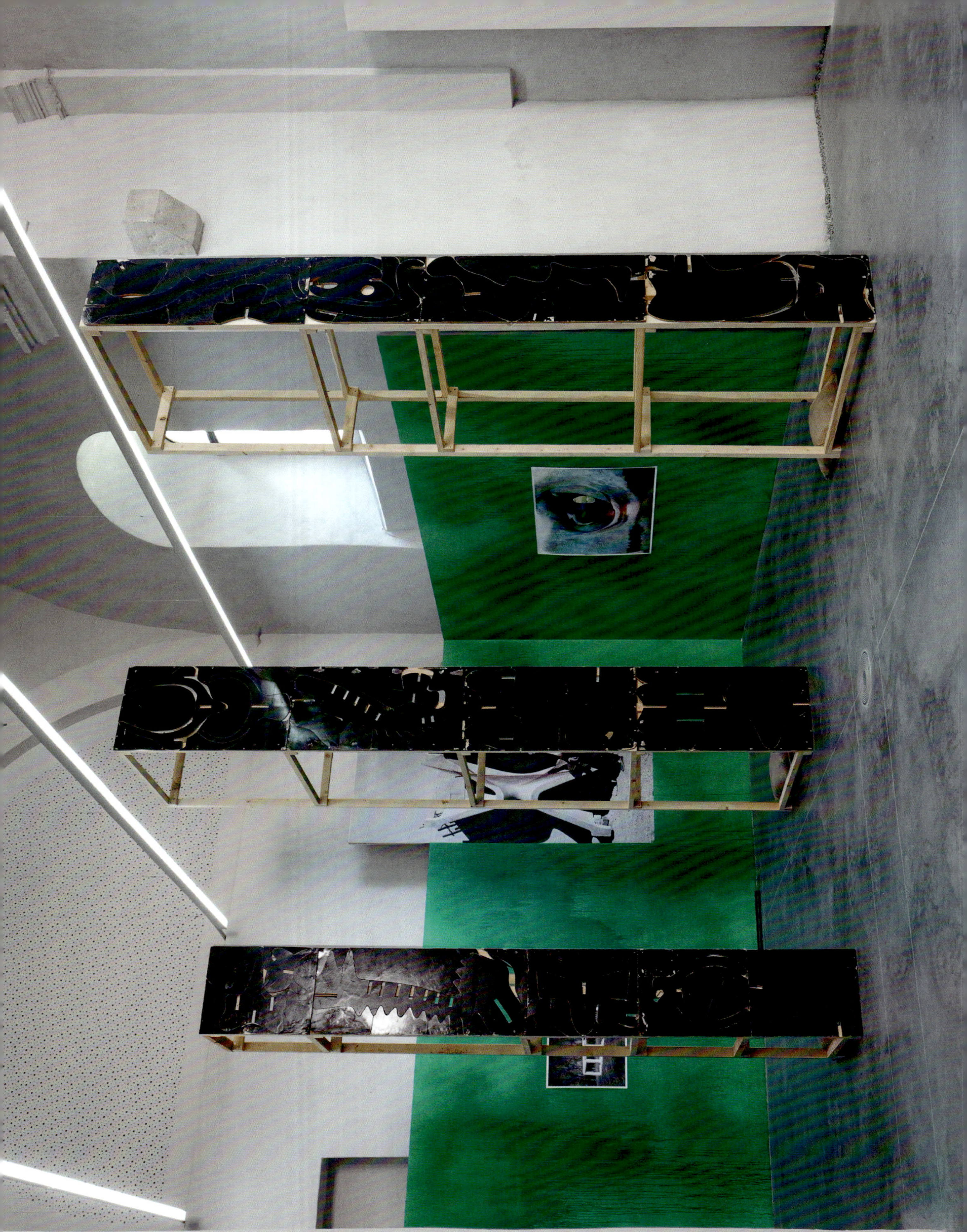

Missing Alina est un cycle photographique qui a commencé par la prise de vues de la scénographie vide de l'exposition *Alina Szapocznikow: Sculpture Undone, 1955-1972* au WIELS, centre d'art contemporain à Bruxelles (2012), après le démontage de l'exposition et avant la déconstruction de sa scénographie. Une deuxième série de photographies a été réalisée dans la scénographie vide de la même exposition qui a voyagé au MoMA à New York (2013).

Certaines images issues de ce cycle et tirées sur papier ont intégré différentes expositions après avoir été soumises à divers processus de transformation. Dans *Spin-Off, l'exposition* (Glassbox, Paris, 2014), elles ont été encollées sur des murs et ont servi de support à d'autres images de Jagna Ciuchta ; dans *Les choses que tout le monde ignore et qui ne laissent pas de traces n'existent pas* (La Salle de bains, Lyon, 2015), elles ont été agrandies et traitées comme un papier peint qui a accueilli les travaux de Marta Riniker-Radich ; et dans *Aaaahhh !* (La Salle de bains à Paris Internationale, 2015), elles ont été tirées sur papier photographique, peintes, encadrées et accrochées sur des murs peints de la même manière.

D'autres images ont servi de modèle pour des installations : l'artiste a reproduit certaines cimaises et socles ayant accueilli les œuvres d'Alina Szapocznikow pour habiter les espaces de ses expositions. À Treize (Paris, 2012), la cimaise et le socle étaient reproduits avec une telle fidélité que l'installation pouvait passer inaperçue malgré son ampleur. À Komplot (Bruxelles, 2013), pour l'installation *Grande Plage*, de grandes cimaises ont été fabriquées dans une matière souple, créant des formes molles qui, présentées à nouveau dans le cadre de l'exposition *Attempting to Fly as Good as Flying* à Mosquito Coast Factory (Campbon, 2016), ont déformé l'œuvre de Julien Crépieux qu'elles accueillaient.

De nouvelles séries de prises de vues ont été réalisées à l'issue d'autres expositions selon le même principe, c'est-à-dire en photographiant des scénographies vidées de leurs œuvres : à Artists Space à New York (2013), au musée d'Art moderne de la Ville de Paris (2014) et à la FIAC (2014). Ces séries portent toutes le nom du cycle *Missing Alina.*

Missing Alina
2012-2016

Missing Alina is a photography series that began with a photo shoot of the empty exhibition displays in *Alina Szapocznikow: Sculpture Undone, 1955-1972* at WIELS, contemporary art center in Brussels (2012), after dismantling the exhibition and before deconstruction of the scenography. A second series of photographs was produced in the emptied space of the same Alina Szapocznikow exhibition at MoMA, New York (2013).

Some of the images from this series, printed on paper, have been reintegrated to different exhibitions after undergoing various processes of transformation. In *Spin-Off, l'exposition* [Spin-Off, the exhibition] (Glassbox, Paris, 2014), they were glued to walls and served as a backdrop for other images by Jagna Ciuchta; in *Les choses que tout le monde ignore et qui ne laissent pas de traces n'existent pas* [Something that Everyone Ignores and Leaves No Trace Doesn't Exist] (La Salle de bains, Lyon, 2015), they were enlarged and used as wallpaper behind the work of Marta Riniker-Radich; and in *Aaaahhh!* (La Salle de bains at Paris Internationale, 2015), they were printed on photographic paper, painted, framed and hung on similarly painted walls.

Other images have served as models for installations: the artist reproduced some of the wall frames and pedestals that held Alina Szapocznikow's works, using the reproductions to inhabit the spaces of her own exhibitions. At Treize (Paris, 2012), they were reproduced so faithfully that the installation could go unnoticed despite its size. At Komplot (Brussels, 2013), for the installation *Grande Plage* [Big Beach], large free-standing walls were made from a flexible material, creating soft forms. When presented again as part of the exhibition *Attempting to Fly as Good as Flying* at Mosquito Coast Factory (Campbon, 2016), the soft walls deformed the work by Julien Crépieux that they were displaying.

New series of photographs were taken after other exhibitions, following the same principle, i.e. photographing emptied-out exhibition displays: at Artists Space in New York (2013), at the Musée d'Art Moderne de la Ville de Paris (2014) and at FIAC (2014). They all bear the *Missing Alina* series name.

P. 38–41 *Missing Alina, WIELS*, 2012, série de photographies, dimensions variables ; (après l'exposition *Alina Szapocznikow: Sculpture Undone, 1955-1972*, WIELS, centre d'art contemporain, Bruxelles, Belgique, 2012, cur. Elena Filipovic et Joanna Mytkowska, scénographie Kwinten Lavigne).

P. 42–43 *Missing Alina, Grande Plage*, 2013, sculptures en toile peinte à l'acrylique ; exposition *Grande Plage*, Komplot, Bruxelles, Belgique, 2013, cur. Sonia Dermience.

P. 44 *Missing Alina, Grande Plage, Attempting to Fly*, 2016, avec la projection de l'œuvre vidéo de Julien Crépieux, *Sans titre (Spaceship Earth)*, 2010, vidéo ; exposition *Attempting to Fly as Good as Flying*, Mosquito Coast Factory et Tripode, Campbon, France, 2016, cur. Edwige Fontaine, Franck Bertrand et Benoît-Marie Moriceau.

P. 46 *Missing Alina, Artists Space*, 2013, série de photographies, dimensions variables ; (après l'exposition *Frozen Lakes*, Artists Space, New York, États-Unis, 2013, cur. et scénographie Stefan Kalmar, Richard Birkett).

P. 48 *Missing Alina, Grand Palais*, 2014, série de photographies, dimensions variables (après la FIAC, Paris, France, 2014).

P. 49 Marta Riniker-Radich, *Sans titre*, 2009 et *Oozle*, 2014 et *Sans titre*, 2010 et *Lattementa*, 2009, crayons de couleur sur papier ; sur Jagna Ciuchta, *Missing Alina, MAM*, 2015 (après l'exposition *Lucio Fontana. Rétrospective*, 2014, MAM Paris, France, 2014, cur. Choghakate Kazarian et Sébastien Gökalp, scénographie Cécile Degos) photographie murale ; dans le cadre de l'exposition *Les choses que tout le monde ignore et qui ne laissent pas de traces n'existent pas*, La Salle de bains, Lyon, France, 2015, cur. Caroline Soyez-Petithomme, photo Éric Tabuchi ; courtesy les artistes et la galerie Francesca Pia, Zurich, Suisse.

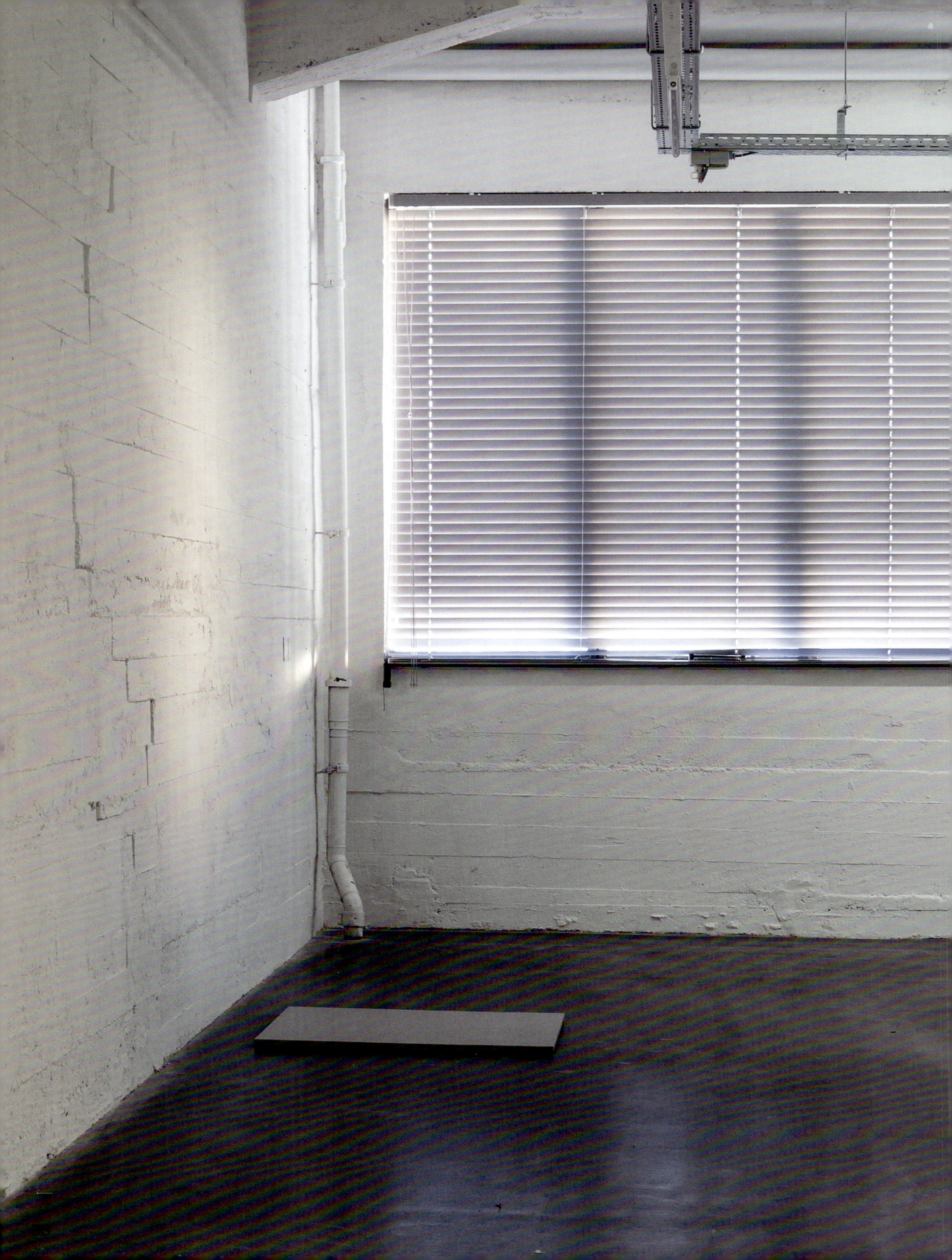

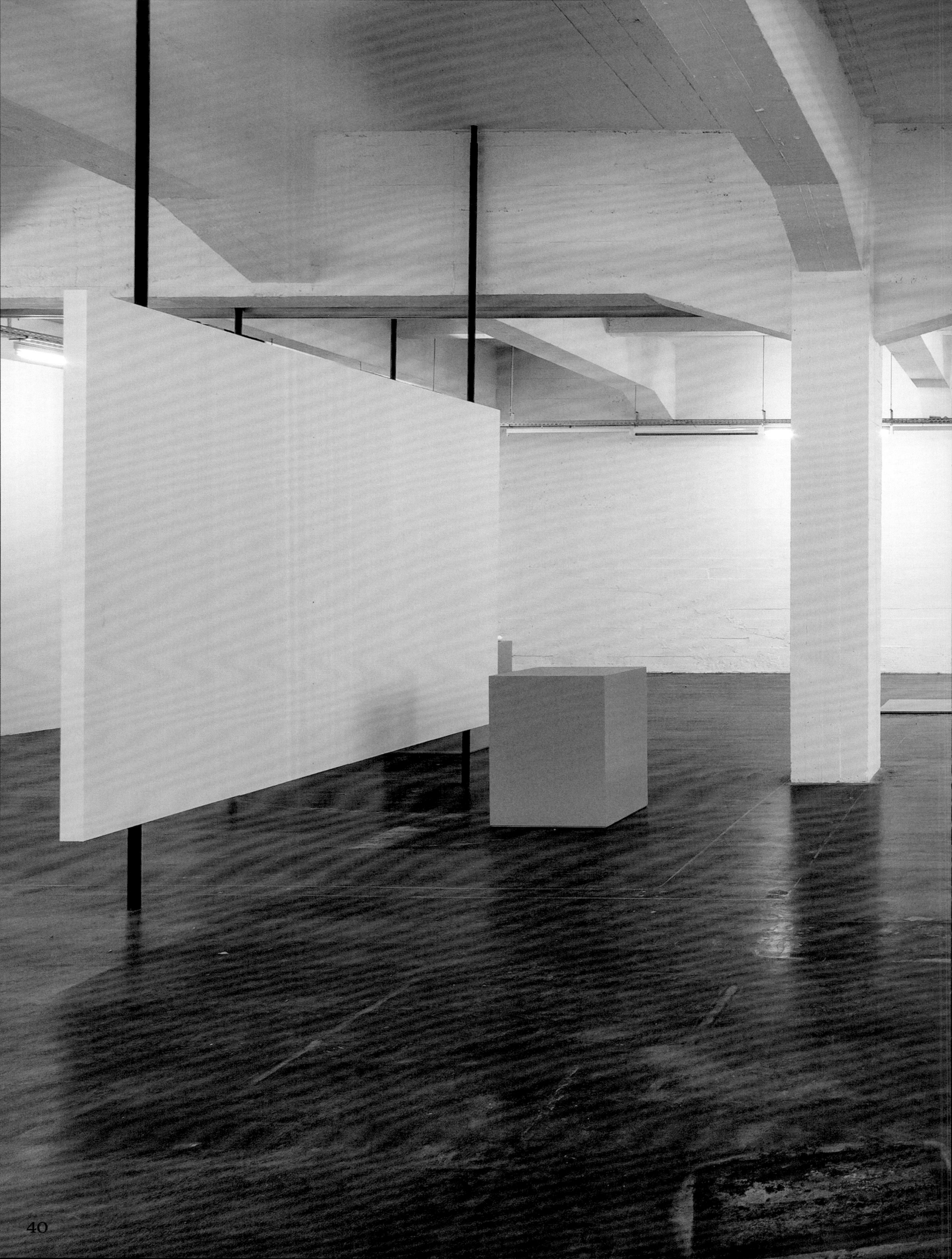

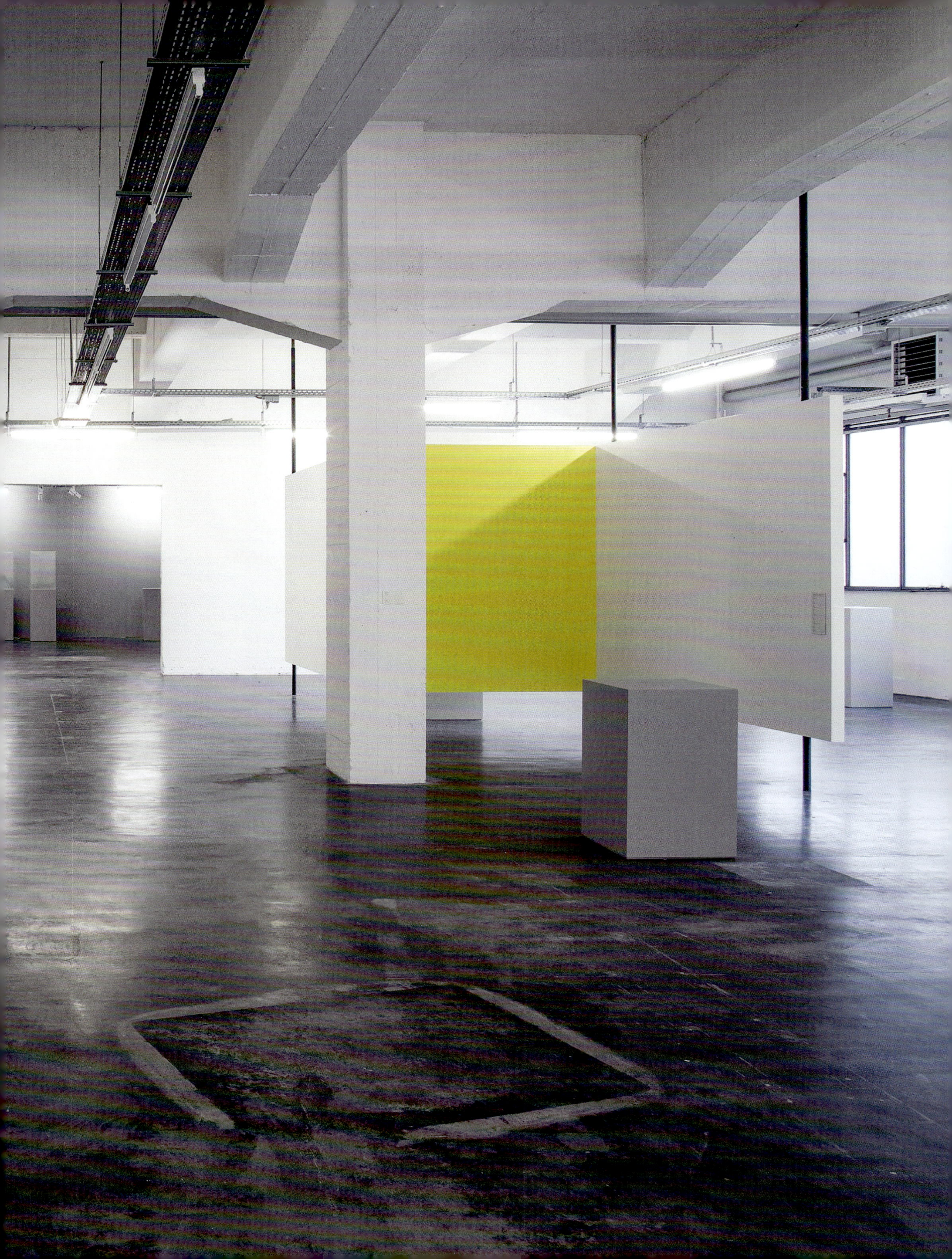

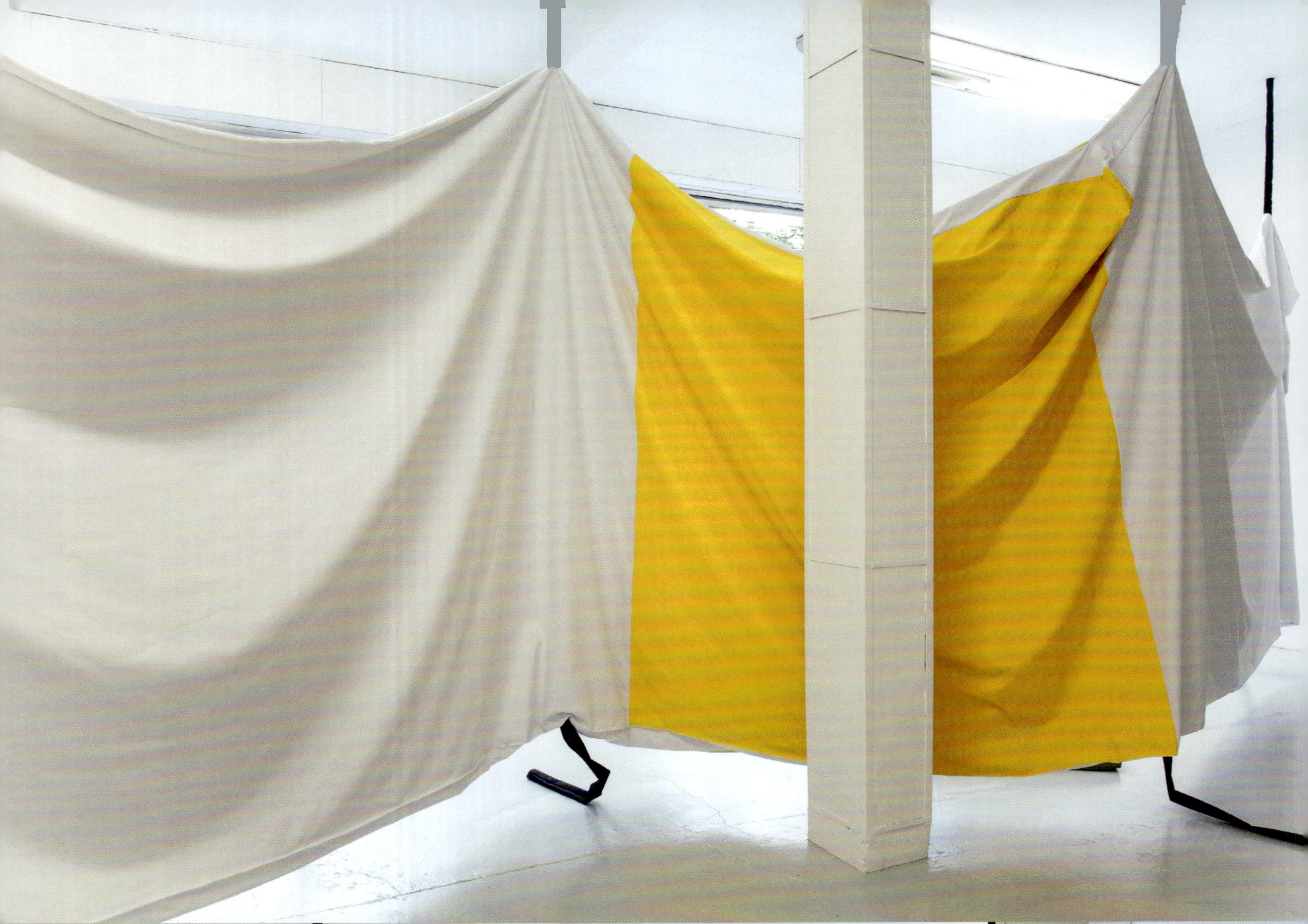

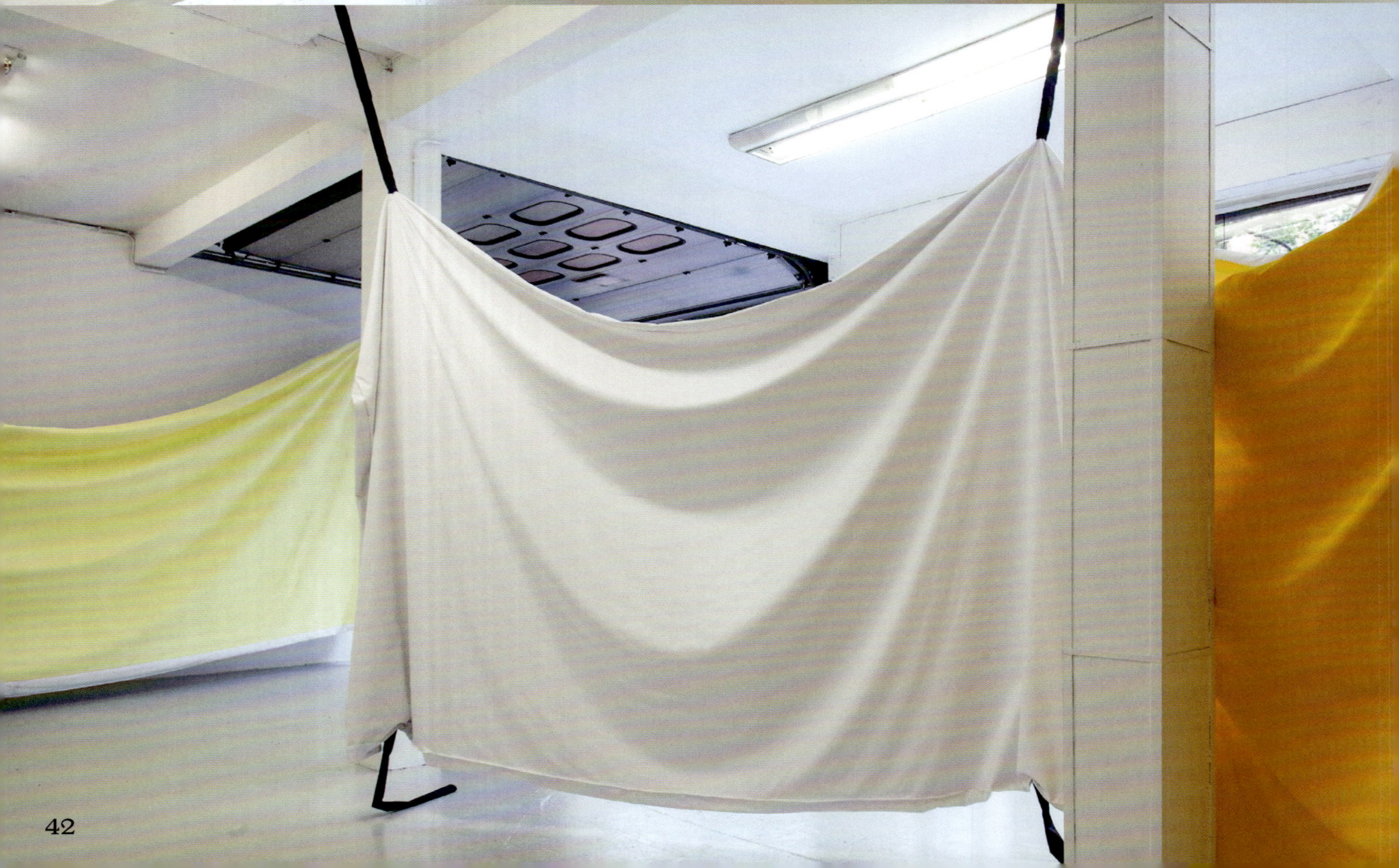

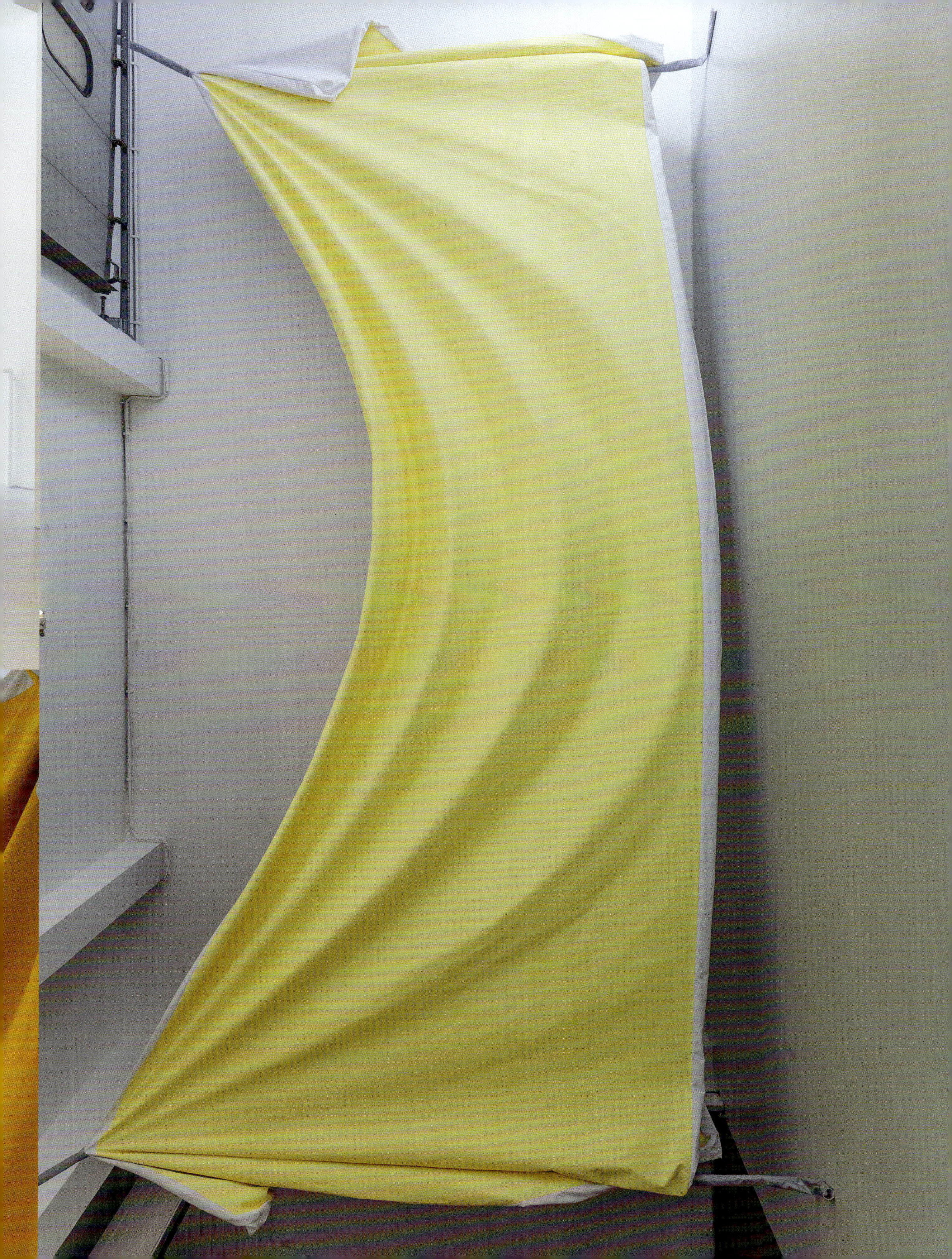

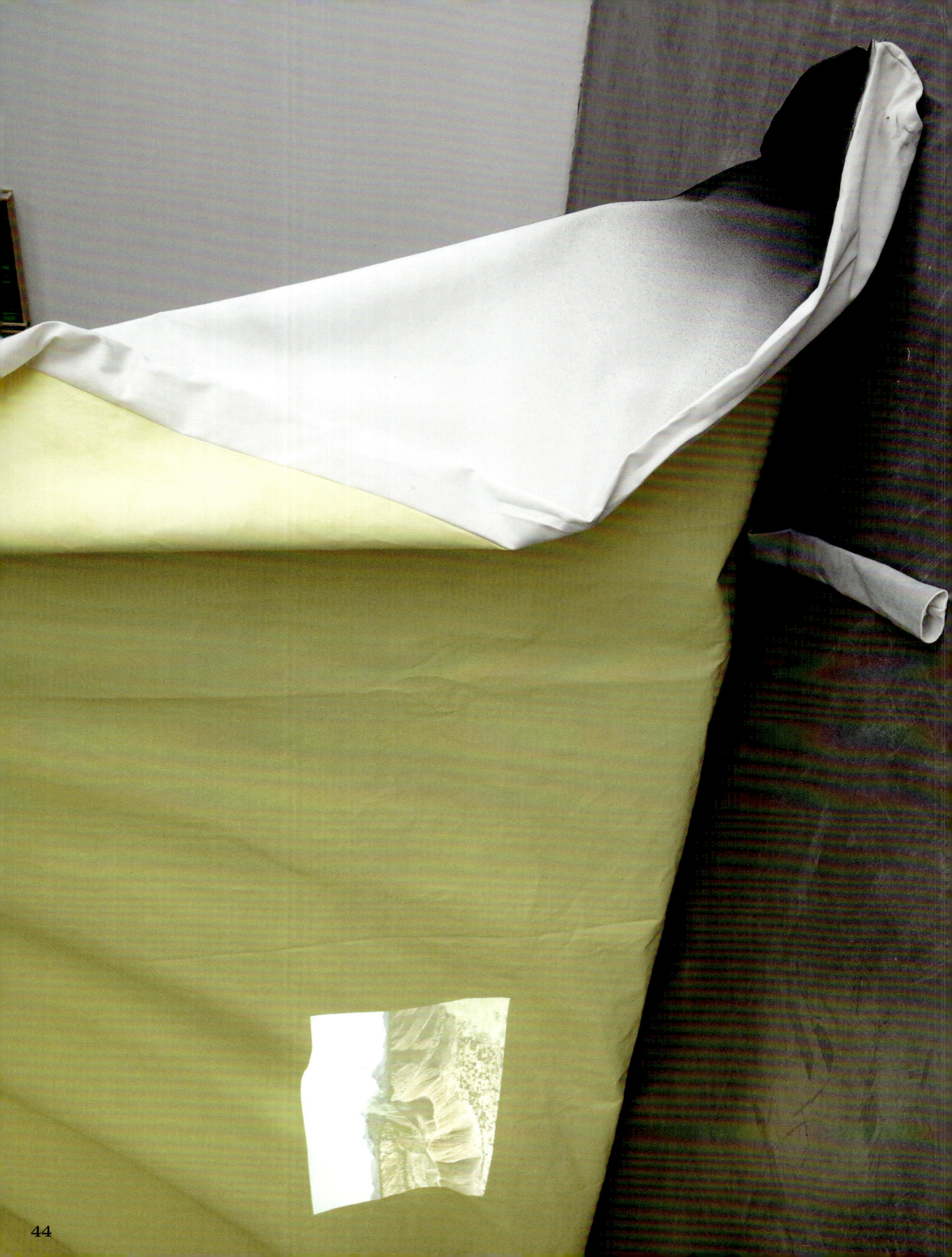

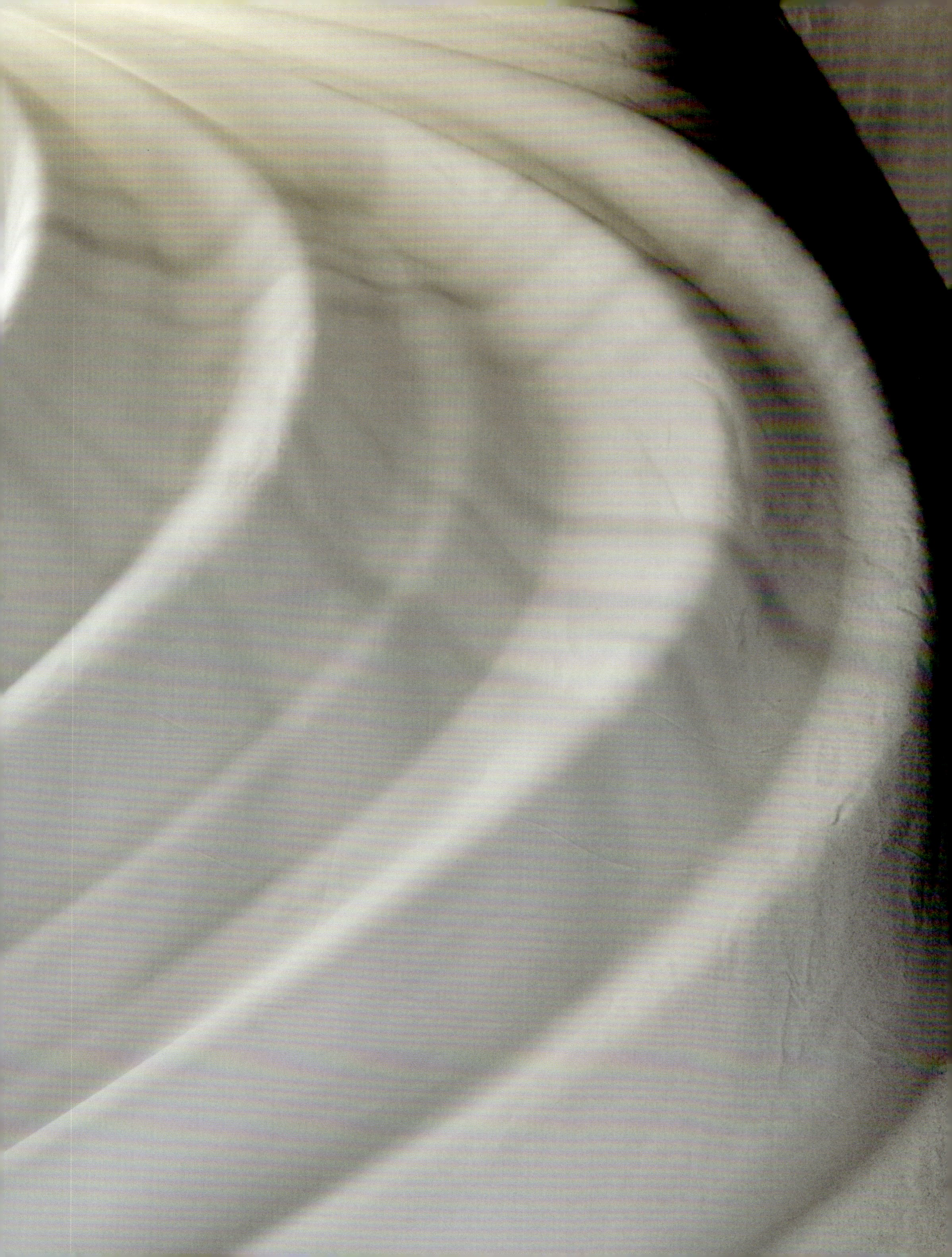

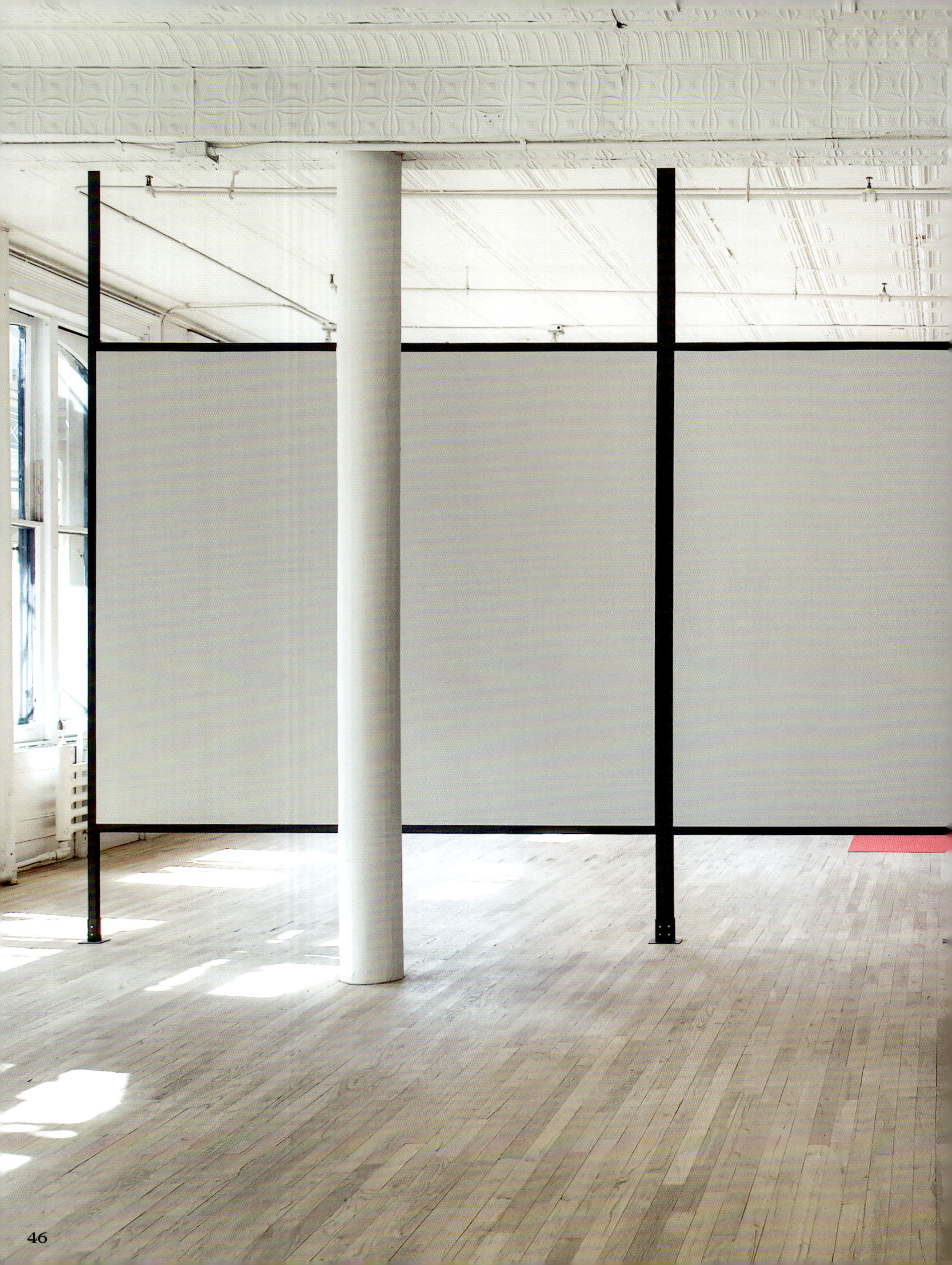

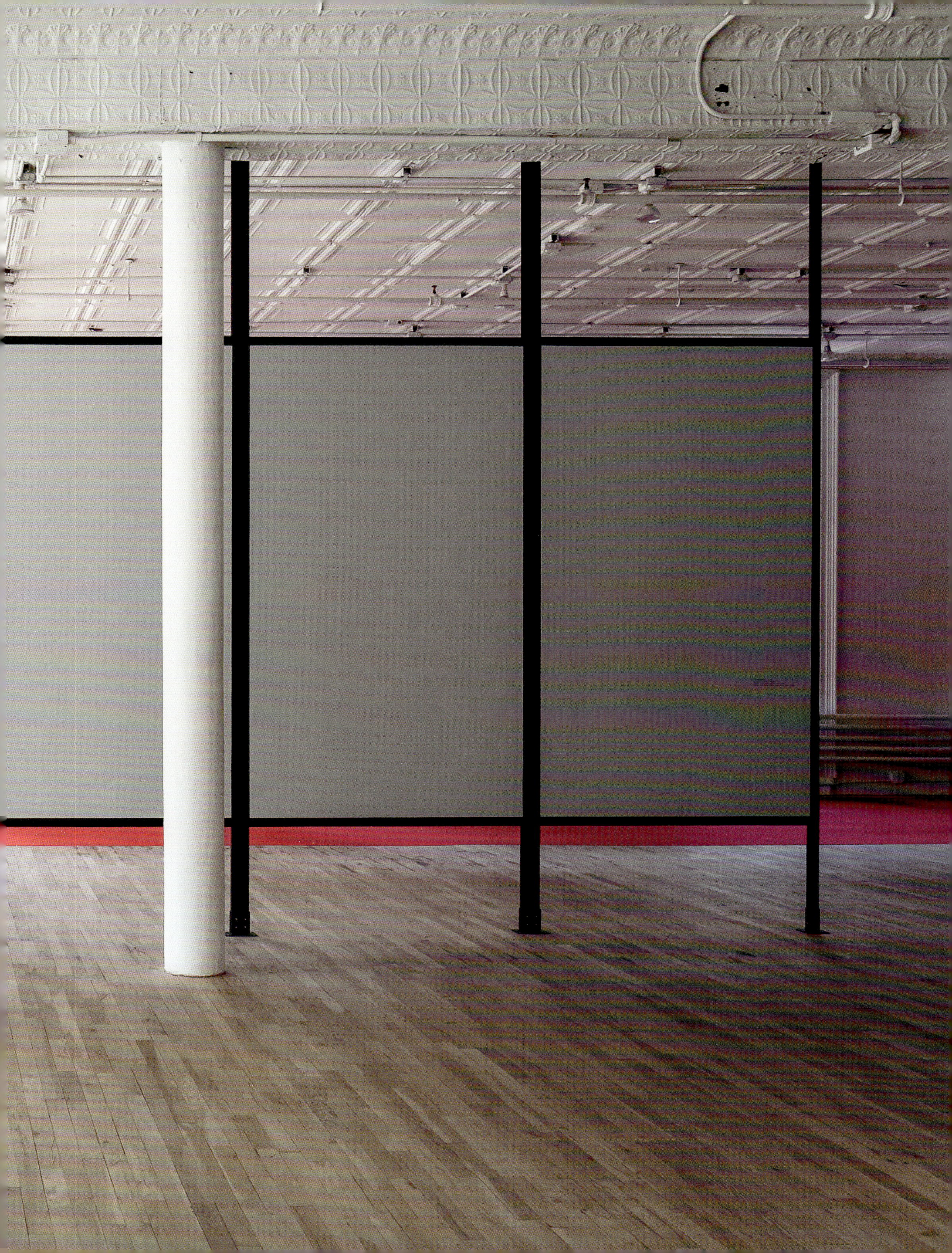

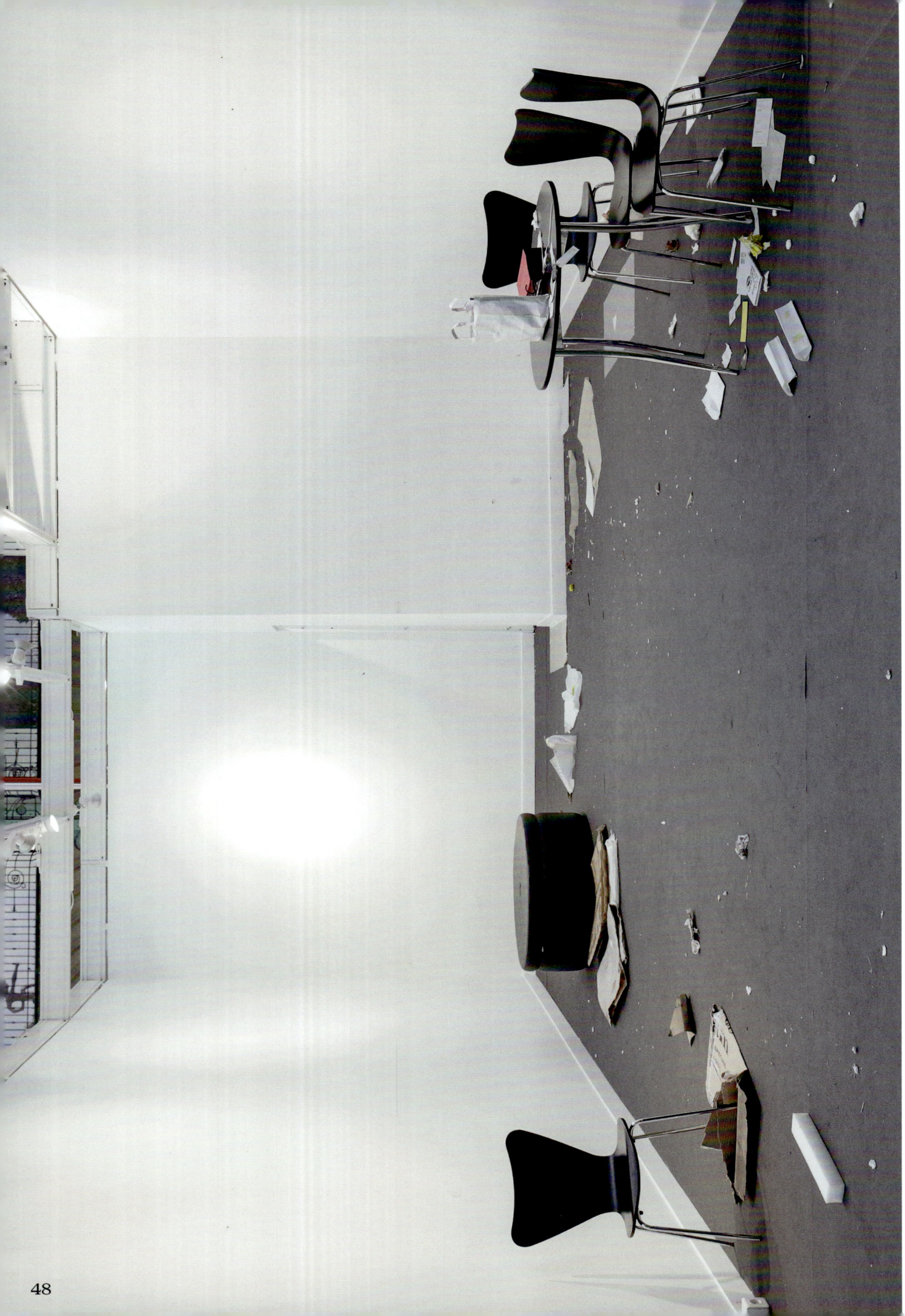

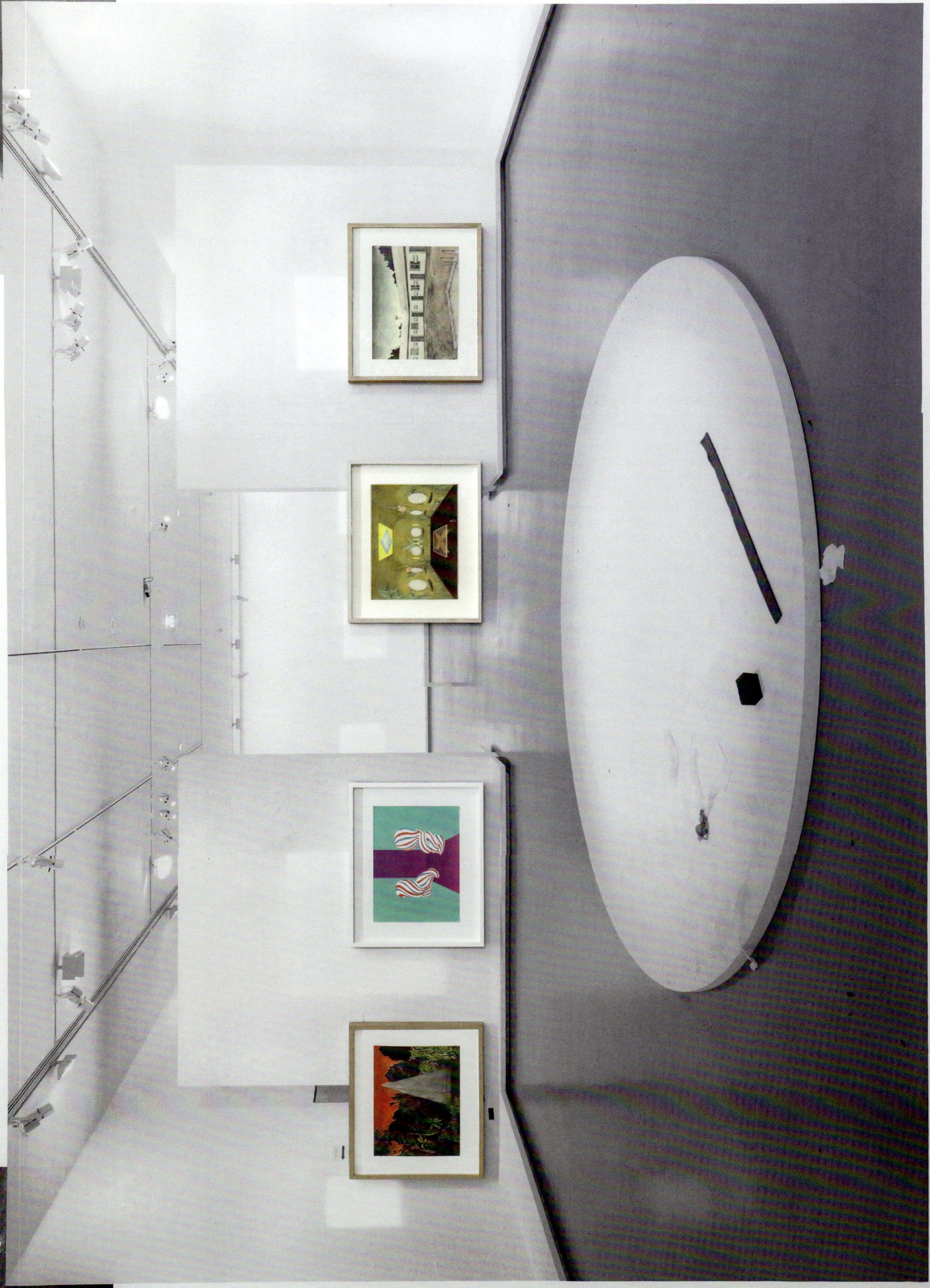

Dans le cadre de l'exposition collective *Singularités partagées*, 116, centre d'art contemporain de la Ville de Montreuil, 2013, commissariat : Marlène Rigler.

Avec les œuvres de Stéphane Bérard, Renaud Bézy, Julien Bouillon, Rada Boukova, Paul Branca, Guillaume Durrieu, David Evrard, Julie Favreau, David Horvitz, Emmanuelle Lainé, Vincent Lefaix, Ingrid Luche, Colombe Marcasiano, Cécile Noguès, Babeth Rambault, Samir Ramdani, Shanta Rao, Vanessa Safavi, Katharina Schmidt, Clémence Seilles, Aleksandra Waliszewska, France Valliccioni, Julie Vayssière.

Installation évolutive transformée quotidiennement durant trois mois, utilisant : 5 blocs de polystyrène avec emballage en plastique, peinture acrylique, éclairage.

Pas de programme précis, ni de principe aléatoire. L'exposition *Eat the Blue* s'est construite de manière organique et imprévisible au rythme de l'apparition des œuvres et de l'expansion de leur décor. Jagna Ciuchta a invité vingt-trois autres artistes à occuper, avec leurs œuvres, l'espace et le temps de cette exposition dont l'aboutissement était incertain. Les artistes ont eu carte blanche quant au choix des œuvres (médium, format, nombre) ainsi qu'au calendrier, au lieu et au mode d'installation. En participant à l'exposition, ielles ont accepté un environnement mouvant, voué à évoluer autour de leurs œuvres, et ont consenti à leur inclusion dans celle de Jagna Ciuchta et à leur absorption par ses transformations. Les artistes disposaient d'un petit budget, résultant du partage de celui dédié à la production de l'exposition de Jagna Ciuchta. Pour la mise en scène des œuvres des artistes invitéxs, Jagna Ciuchta a choisi cinq blocs de polystyrène blancs et bruts — une matière légère et facile à manipuler seule et *in situ* — aptes à devenir socles ou cimaises au gré des usages. Les différentes étapes de l'installation ont été documentées quotidiennement par l'artiste sous forme de photographies publiées sur un site internet en temps réel.

Des vues de cette exposition ont fuité dans d'autres expositions de l'artiste sous forme d'*Images liquides*, par exemple dans *Spin-Off* ou *After Spin-Off* et *Eat the Blue*.

Eat the Blue
2013-2014

As part of the group exhibition *Singularités partagées* [Shared Singularities], 116, centre d'art conteporain de la Ville de Montreuil, 2013, curated by Marlène Rigler.

With works by Stéphane Bérard, Renaud Bézy, Julien Bouillon, Rada Boukova, Paul Branca, Guillaume Durrieu, David Evrard, Julie Favreau, David Horvitz, Emmanuelle Lainé, Vincent Lefaix, Ingrid Luche, Colombe Marcasiano, Cécile Noguès, Babeth Rambault, Samir Ramdani, Shanta Rao, Vanessa Safavi, Katharina Schmidt, Clémence Seilles, Aleksandra Waliszewska, France Valliccioni, Julie Vayssière.

Evolving installation transformed daily for three months, using: 5 polystyrene blocks with plastic packaging, acrylic paint, lighting.

No precise program, no random principle. The *Eat the Blue* exhibition was built up organically and unpredictably as the works appeared and their setting expanded. Jagna Ciuchta invited twenty-three other artists to bring their works and occupy the space and time of this exhibition, the outcome of which was uncertain. The artists were given carte blanche as to the choice of works (medium, format, number), as well as the timing, location and mode of installation. By participating in the exhibition, they accepted a shifting environment, destined to evolve around their works, and consented to their inclusion in Ciuchta's work and its transformations. The invited artists had a small budget, divided up and shared from Ciuchta's exhibition production budget. To stage the works of the guest artists, Ciuchta chose five blocks of white, untreated polystyrene—a lightweight material that's easy to handle alone on site—to become walls or pedestals as the situation required. The various stages of the installation were documented daily by the artist in the form of photographs published on a website in real time.

Views of this exhibition have leaked into other exhibitions by the artist in the form of *Images liquides* [Liquid Images], for example in *Spin-Off*, or *After Spin-off* and *Eat the Blue*.

P. 51 *Eat the Blue*, vue d'installation le 17 octobre 2013, avec les œuvres de Cécile Noguès, *Perpendiculaires*, 2012, céramique, et Julien Bouillon, *Représentation universelle 6*, 2012, acrylique sur toile.
P. 52 11 novembre 2013, avec l'œuvre de Vincent Lefaix, *Sans titre*, 2012, huile sur bois.
P. 53 21 novembre 2013, avec les œuvres de Cécile Noguès, Julien Bouillon, Ingrid Luche, Colombe Marcasiano, Stéphane Bérard, Shanta Rao, Katharina Schmidt, Guillaume Durrieu, France Valliccioni.
P. 54 13 décembre 2013.
P. 55 4 janvier 2014, avec les œuvres de Julien Bouillon, Ingrid Luche, David Evrard, Colombe Marcasiano, Guillaume Durrieu, France Valliccioni, Julie Vayssière, Renaud Bézy, Paul Branca, Julie Favreau, Samir Ramdani, Rada Boukova.
P. 56 11 janvier 2014, avec les œuvres de Shanta Rao, Katharina Schmidt, Renaud Bézy, Guillaume Durrieu, Babeth Rambault, Paul Branca, David Horvitz, Julie Favreau, Aleksandra Waliszewska, Samir Ramdani.

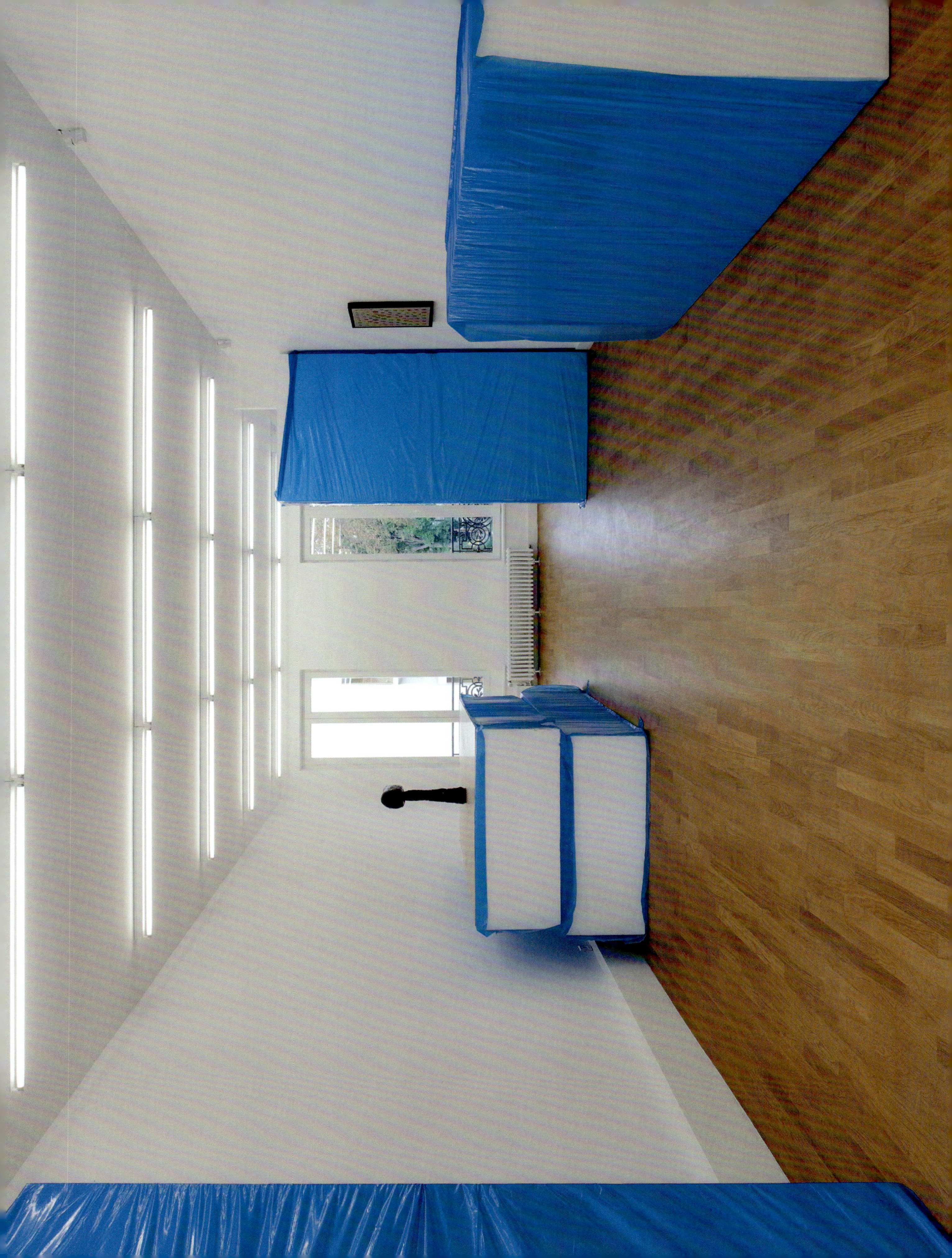

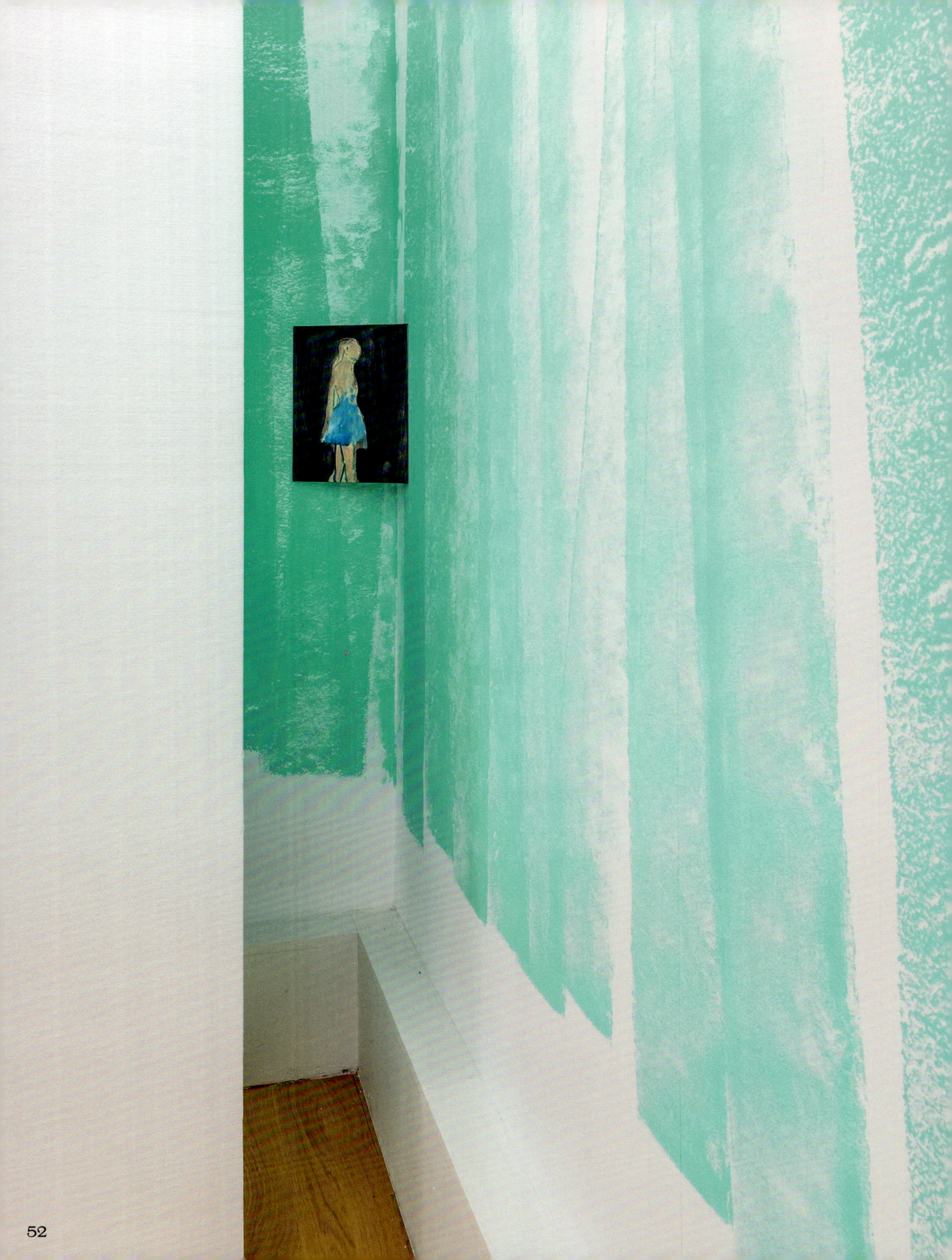

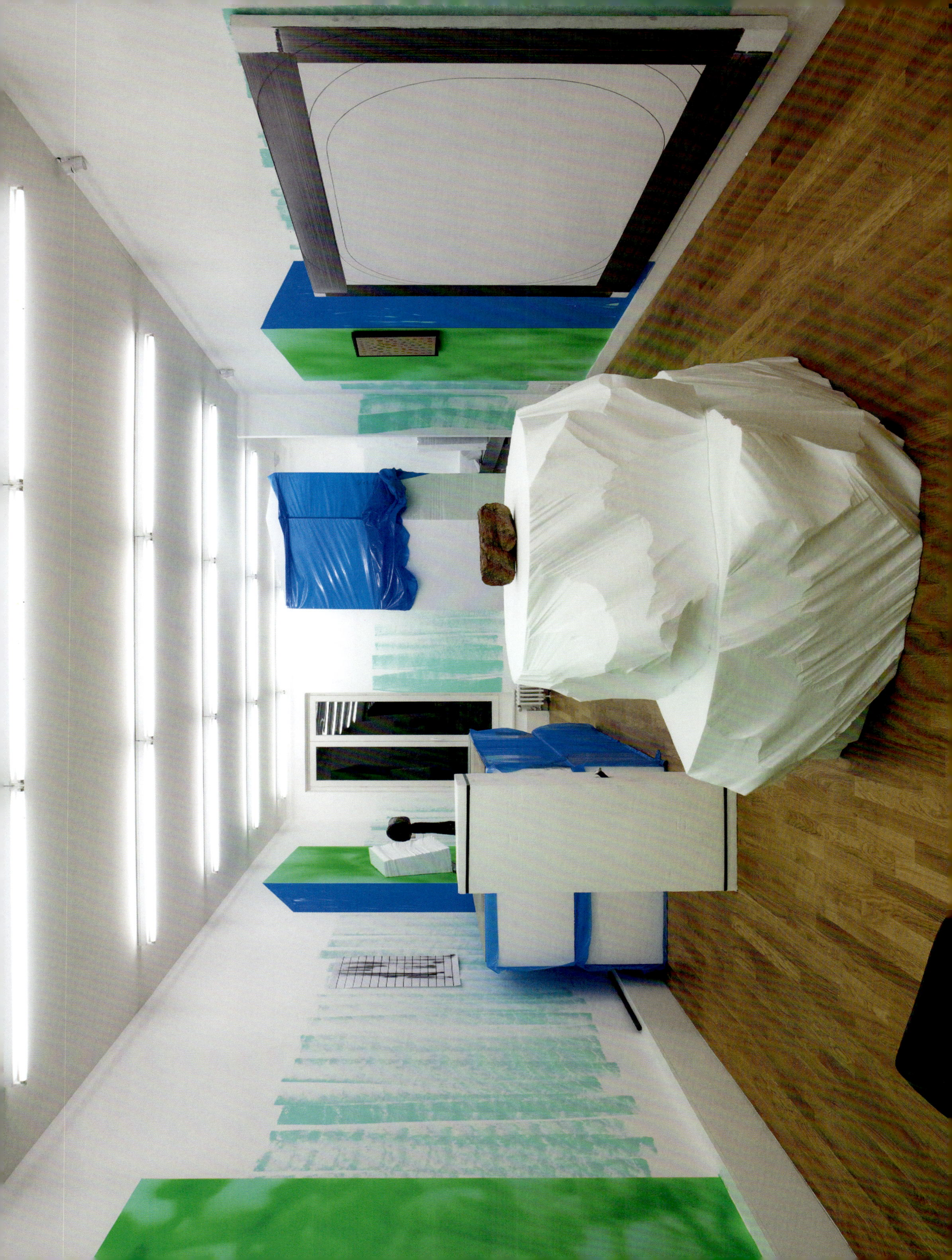

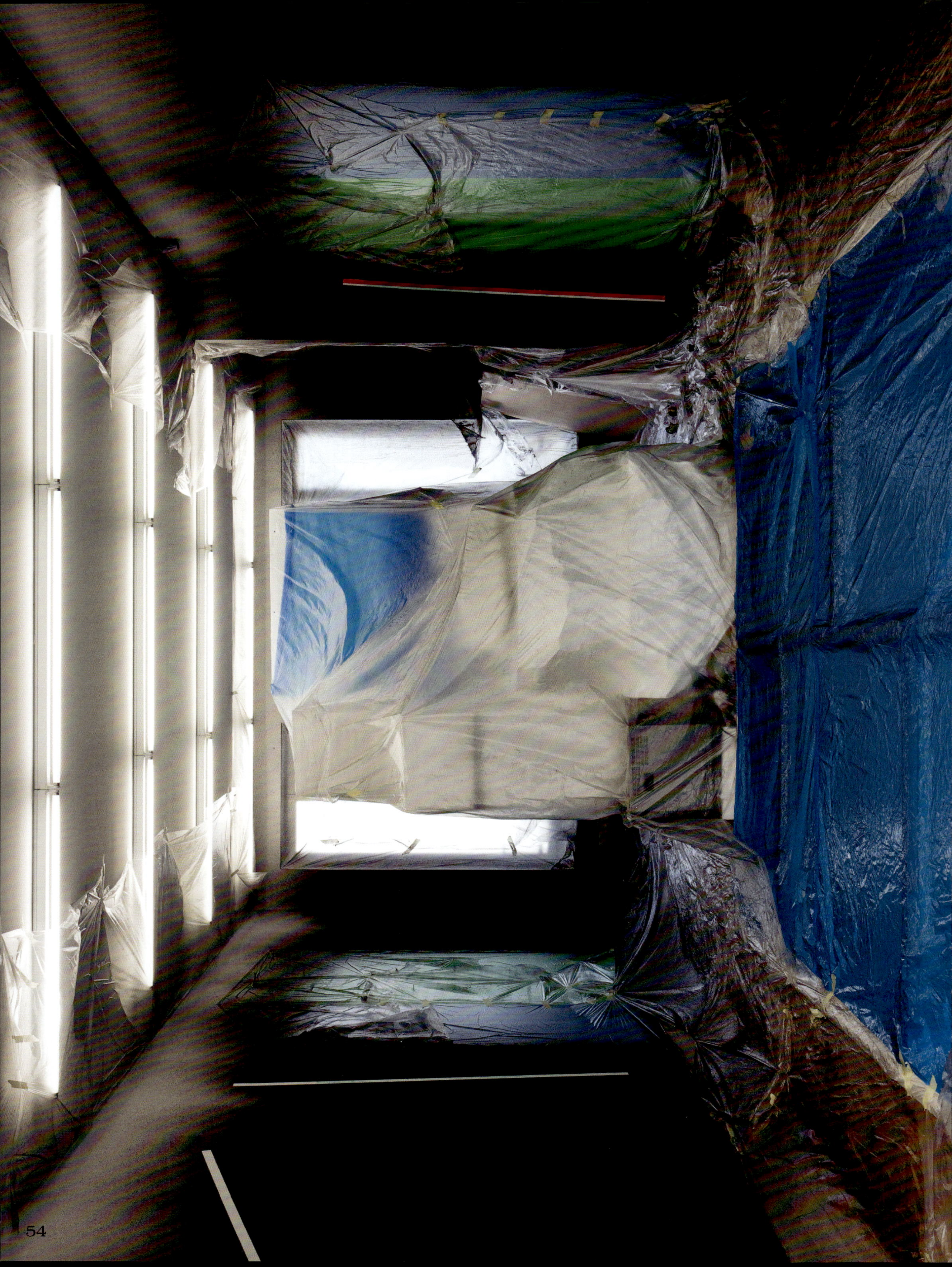

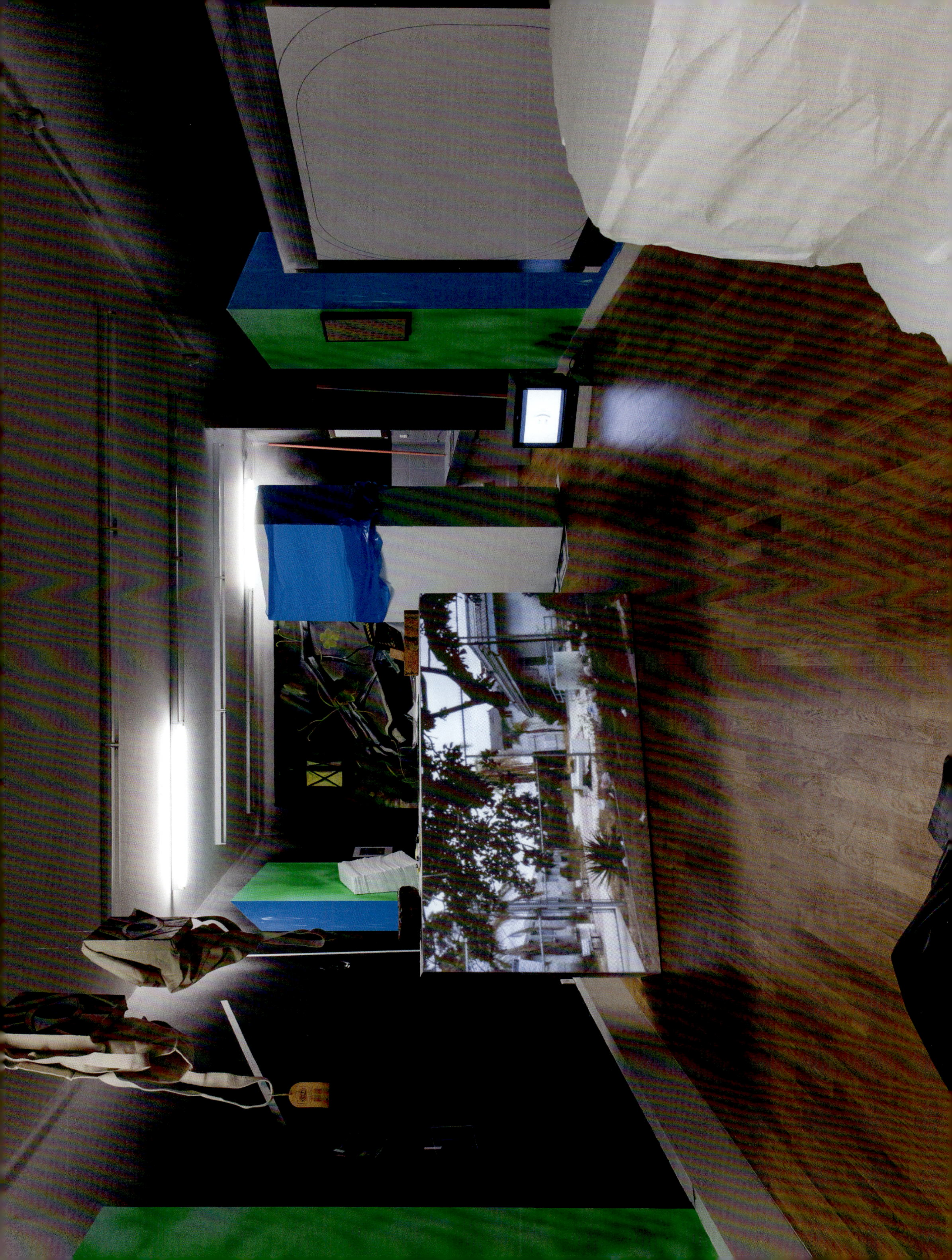

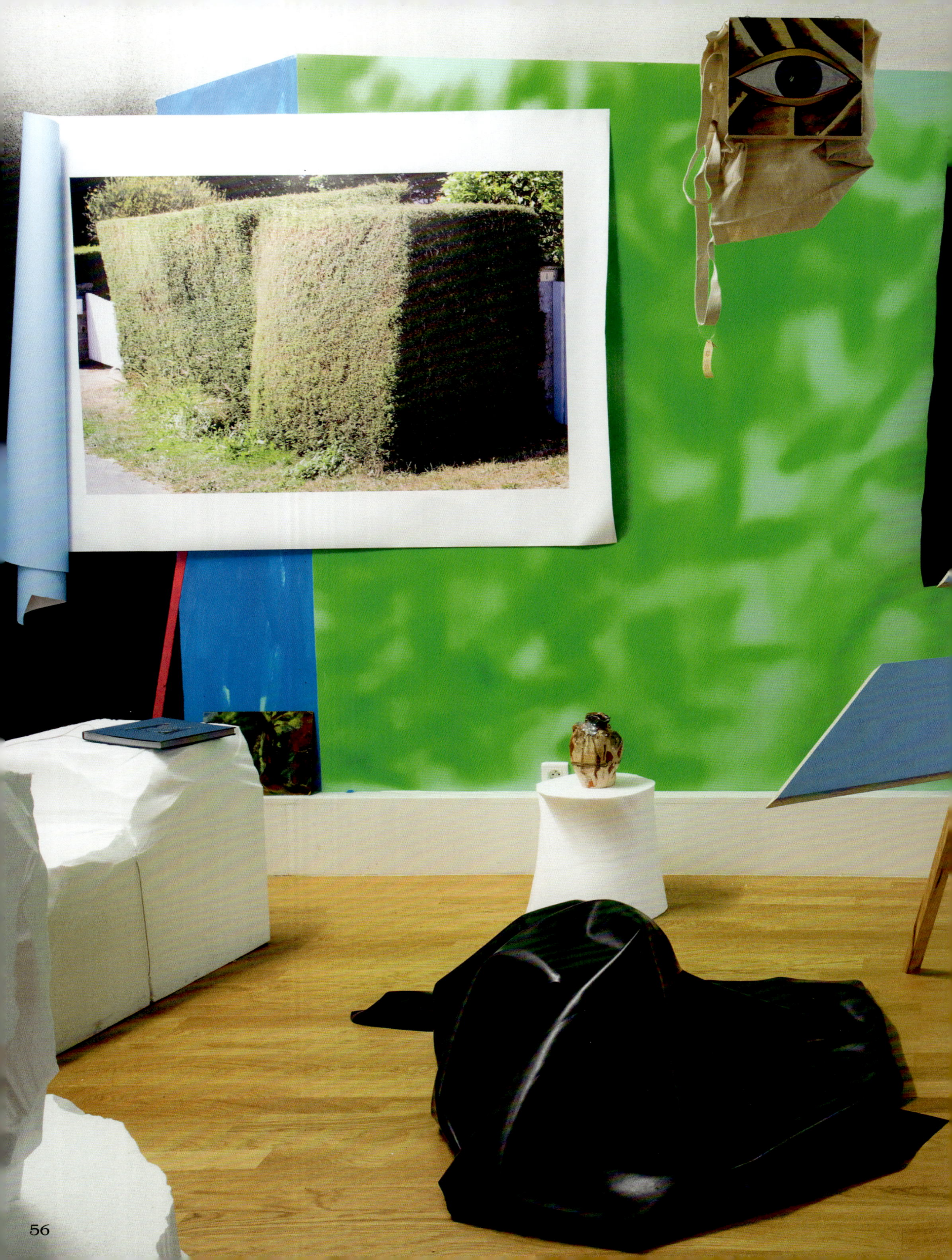

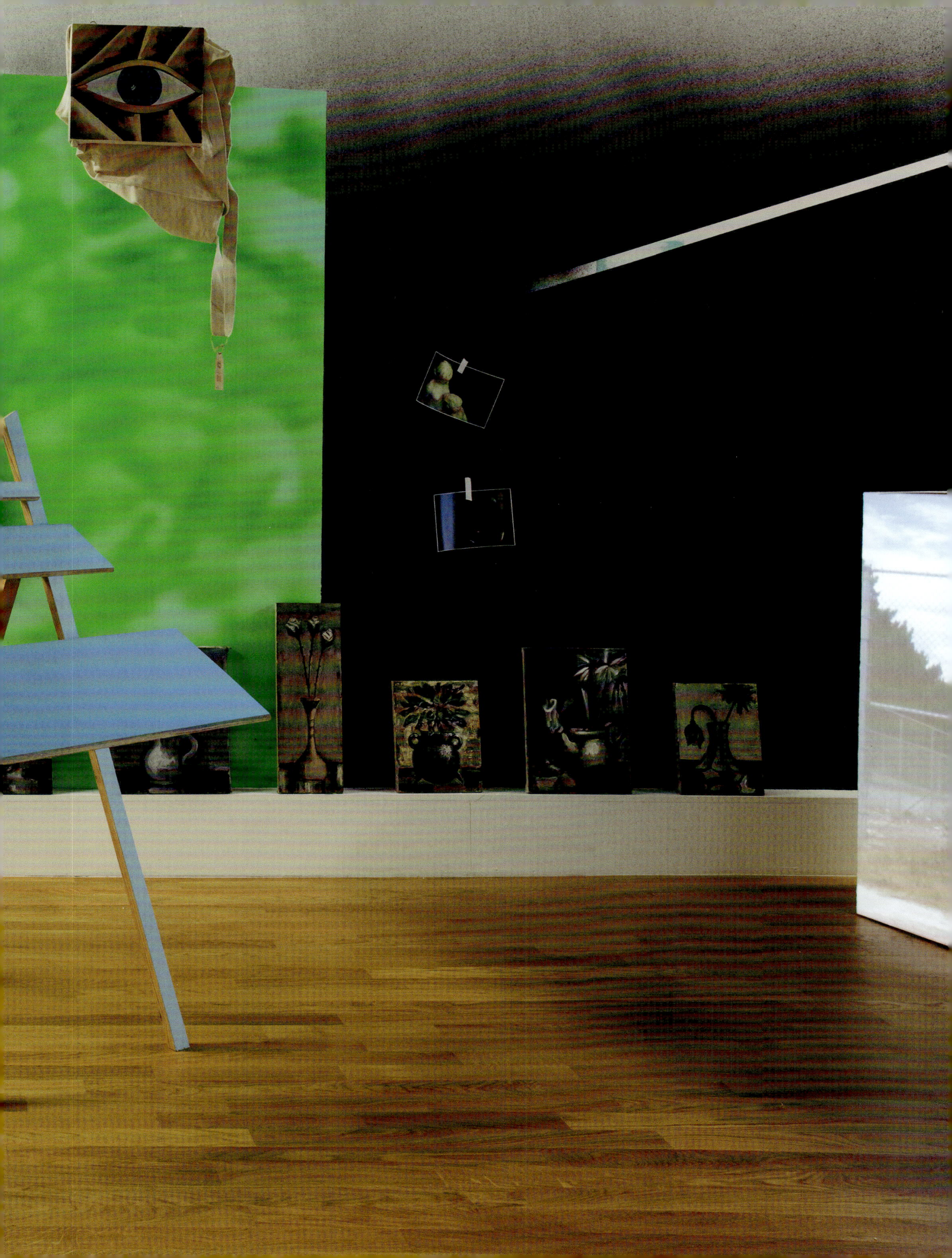

Dans le cadre de la résidence d'artiste l'Estive à Glassbox, Paris, août et septembre 2014.

Avec les expositions de Colombe Marcasiano et Nicolas Lafon (*Cum et catena*, 1er août), France Valliccioni (*Au-delà de la plante verte*, 13 août), David Ancelin (*Born Loser*, 21 août), Giuliana Zefferi avec Sylvain Azam et Antonia Carrara (*Around the Corner*, 29 août), Marlena Kudlicka (a divided dot.review, 12 septembre), et *Spin-Off, l'exposition* de Jagna Ciuchta, 20 septembre.

La résidence l'Estive à Glassbox consiste à proposer à l'artiste de disposer de son lieu d'exposition comme atelier pendant quelques semaines en été, puis d'y installer une exposition en septembre.

Jagna Ciuchta a utilisé la période et l'espace dédiés à la recherche en atelier pour organiser une série d'expositions. Elle a invité cinq artistes à y réaliser successivement une exposition chacunx, et certainxs ont elleux-mêmes invité d'autres artistes à leurs côtés.

Jagna Ciuchta a donné carte blanche aux artistes pour utiliser l'espace, avec un budget résultant de la division de sa bourse de résidence, et offrait son aide technique si besoin. Elle organisait le vernissage et s'occupait de la communication de l'événement. Les textes écrits par les artistes étaient accompagnés d'un visuel composé par Jagna Ciuchta, jouant avec la superposition et le glissement, à l'image de la situation.

Tout au long de la saison, elle a construit une documentation photographique des expositions. Certaines de ces images figuraient dans *Spin-Off, l'exposition*, réalisée par Jagna Ciuchta à la fin de sa résidence, à côté d'autres images issues de ses expositions précédentes. Dans cette exposition, les photographies — tirages jet d'encre sur papier — étaient collées sur des peintures murales. Certaines d'entre elles ont été couvertes de nouvelles couches de peintures ou d'autres images.

La documentation photographique de cette exposition a donné lieu à la série d'images *After "Spin-Off"*, dans laquelle des fragments de différentes expositions éloignées dans le temps et l'espace ont été comme *aplatis*. Elles se sont retrouvées ensuite dans d'autres expositions, dont *Radical Software* à la galerie Alain Gutharc (2015). D'autres résidus de cette exposition, des images tirées sur papier peint, collées puis décollées des murs, des unes des autres et d'elles-mêmes, ont formé quant à eux un ensemble de nouvelles pièces indépendantes.

As part of the l'Estive artist residency at Glassbox, Paris, August-September 2014.

With exhibitions by Colombe Marcasiano and Nicolas Lafon (*Cum et catena*, August 1), France Valliccioni (*Au-delà de la plante verte* [Beyond the Green Plant], August 13), David Ancelin (*Born Loser*, August 21), Giuliana Zefferi with Sylvain Azam and Antonia Carrara (*Around the Corner*, August 29), Marlena Kudlicka (a divided dot.review, 12), and *Spin-Off, l'exposition* [Spin-Off, the exhibition] by Jagna Ciuchta, September 20.

The l'Estive residency at Glassbox consists in offering the artist the use of the exhibition space as a studio for a few weeks in the summer, followed by an exhibition in September.

Jagna Ciuchta used the time and space dedicated to studio research to organize a series of exhibitions. She invited five artists to hold one exhibition each, and some of them invited other artists to join them.

Ciuchta gave the artists carte blanche to use the space, with a budget divided up from her residency grant, and offered technical assistance if required. She organized the openings and handled the events' communication. The texts written by the artists were accompanied by a visual composed by Ciuchta that played with superimposition and slippage to reflect the situation.

Throughout the season, she kept photographic documentation of the exhibitions. Some of these images appeared in *Spin-Off, l'exposition* created by Ciuchta at the end of her residency, alongside others from her previous exhibitions. In *Spin-Off, l'exposition*, the photographs—inkjet prints on paper—were pasted onto murals. Some of them were covered with new layers of paint or other images.

The photographic documentation of this exhibition gave rise to the *After "Spin-Off"* series, in which fragments of different exhibitions distant in time and space were seemingly flattened out together. These were subsequently included in other exhibitions, including *Radical Software* at Alain Gutharc gallery, by curator Pedro Morais (2015). Other residue from *Spin-Off, l'exposition*—images printed on wallpaper, pasted and peeled off the walls, from each other and from themselves—formed a set of new, independent artworks.

P. 59 *Spin-Off, l'exposition*, 2014, avec *Cécile*, 2013 (vue de l'atelier de Cécile Noguès), et *Eat the Blue*, 2013.

P. 60 *Spin-Off, l'exposition*, 2014, avec les vues d'œuvres exposées dans le cadre du projet *Spin-Off*, de Colombe Marcasiano & Nicolas Lafon, Giuliana Zefferi et Marlena Kudlicka ; ainsi que *Missing Alina, Artists Space*, 2013 (après l'exposition *Frozen Lakes*, 2013, Artists Space, New York, États-Unis, 2013, cur. et scénographie Stefan Kalmar, Richard Birkett).
After "Spin-Off", 2014, avec *Missing Alina, MAM*, 2015 (après l'exposition *Lucio Fontana. Rétrospective*, 2014, MAM Paris, France, 2014, cur. Choghakate Kazarian et Sébastien Gökalp, scénographie Cécile Degos), 3 laizes de papier peint décollé, peinture, traces de colle.

P. 61 *Spin-Off, l'exposition*, 2014 ; avec *Sarasvati* (carte postale) et *Missing Alina, WIELS*, 2012 (après l'exposition *Alina Szapocznikow: Sculpture Undone, 1955-1972*, WIELS, centre d'art contemporain, Bruxelles, Belgique, 2012, cur. Elena Filipovic et Joanna Mytkowska, scénographie Kwinten Lavigne) ; ainsi que *Van & Sol*, 2013 (avec l'artiste Vanessa Safavi et la sculpture de Sol LeWitt à Storm King Art Center, New York, États-Unis).

P. 62 *Spin-Off, l'exposition*, 2014 ; avec une vue de l'œuvre de Colombe Marcasiano et Nicolas Lafon (exposition *Spin-Off/Cum et catena*, 2014) et *Missing Alina, Artists Space*, 2013 (après l'exposition *Frozen Lakes*, 2013, Artists Space, New York, États-Unis, cur. et scénographie Stefan Kalmar, Richard Birkett).
After "Spin-Off", 2014 ; avec *Missing Alina, Artists Space*, 2013 (après l'exposition *Frozen Lakes*, Artists Space, New York, États-Unis, 2013, cur. et scénographie Stefan Kalmar, Richard Birkett), 3 laizes de papier peint décollé, traces de colle.

P. 63 *After "Spin-Off", Radical Software*, 2015, vue de l'exposition *Radical Software*, galerie Alain Gutharc, Paris, France, 2015, cur. Pedro Morais.

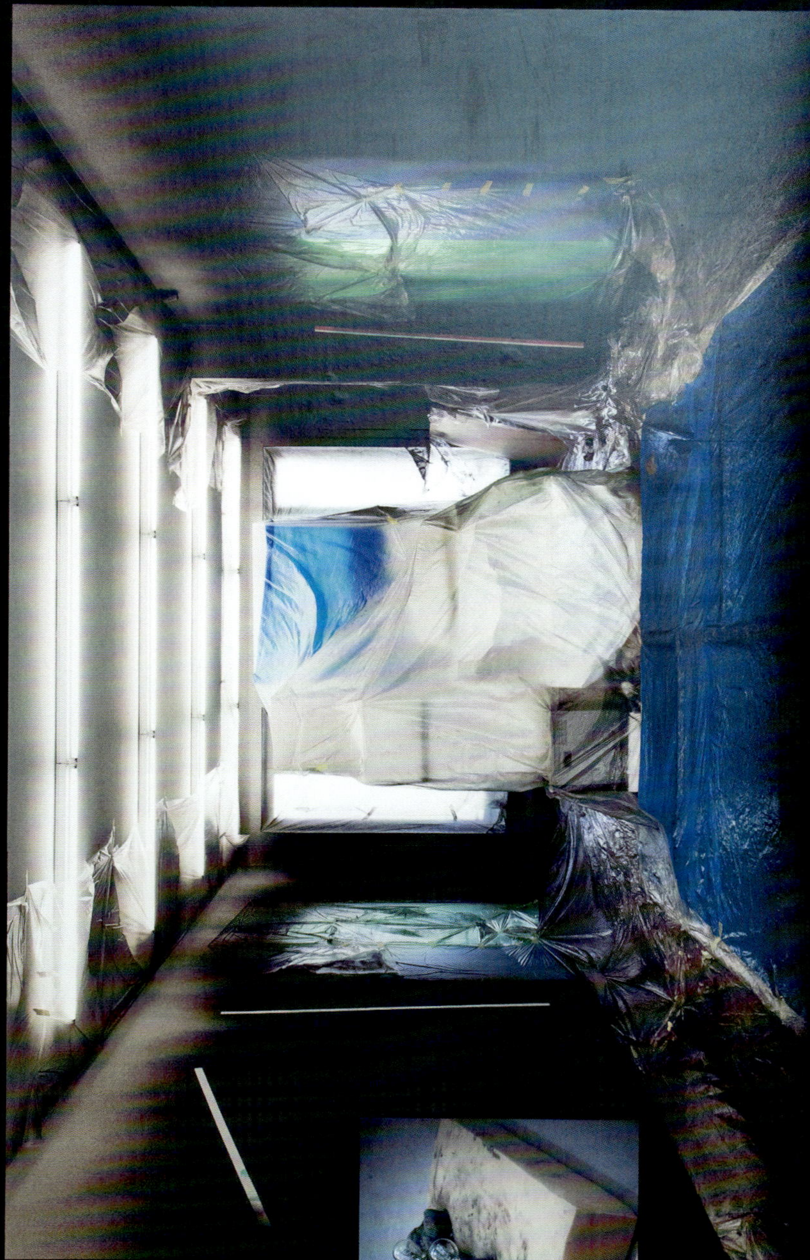
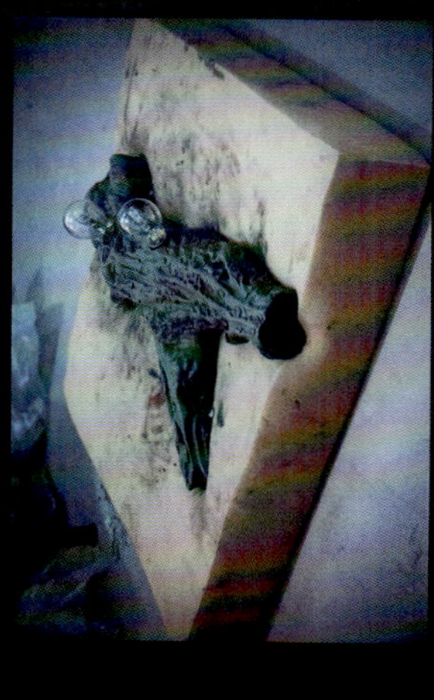

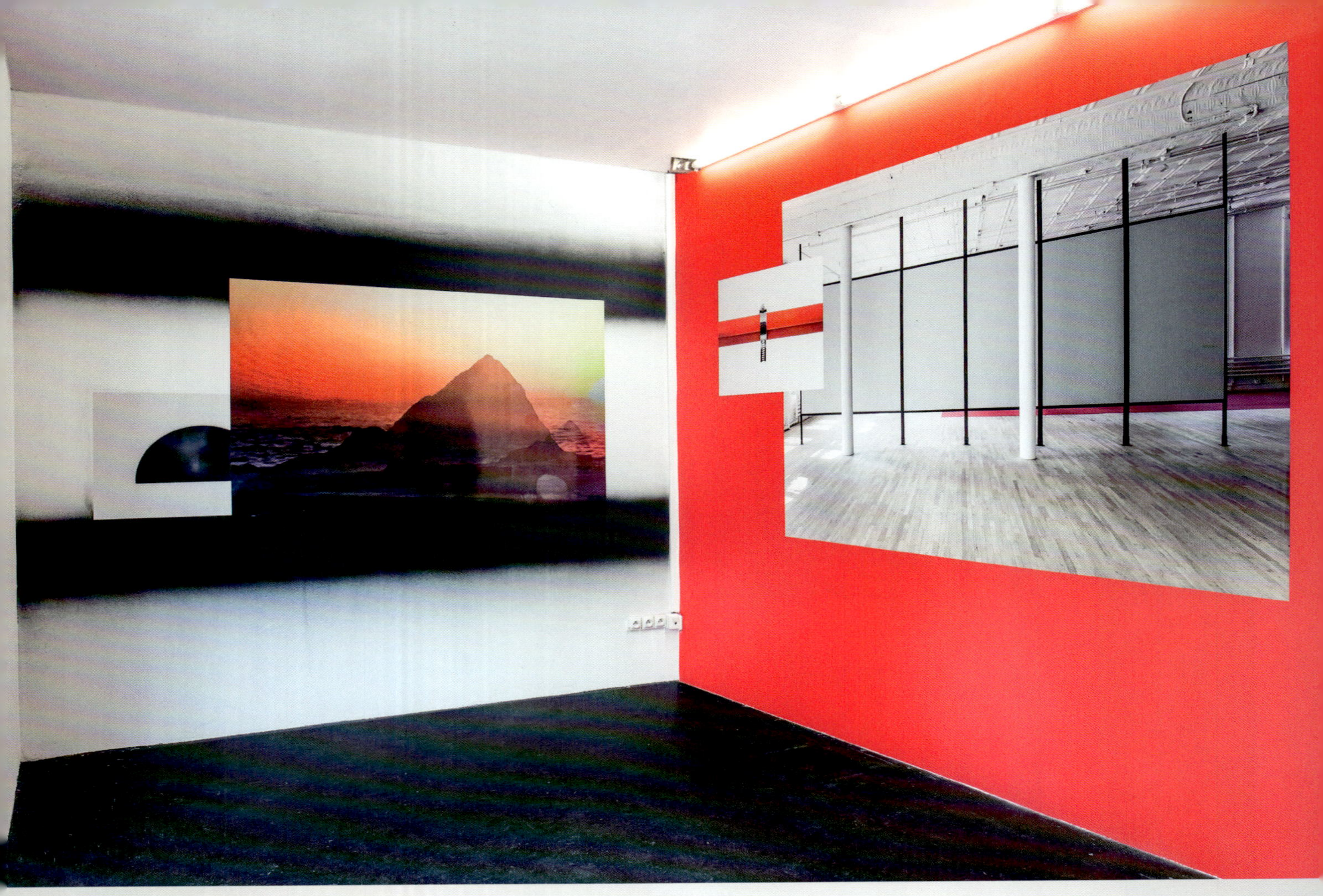

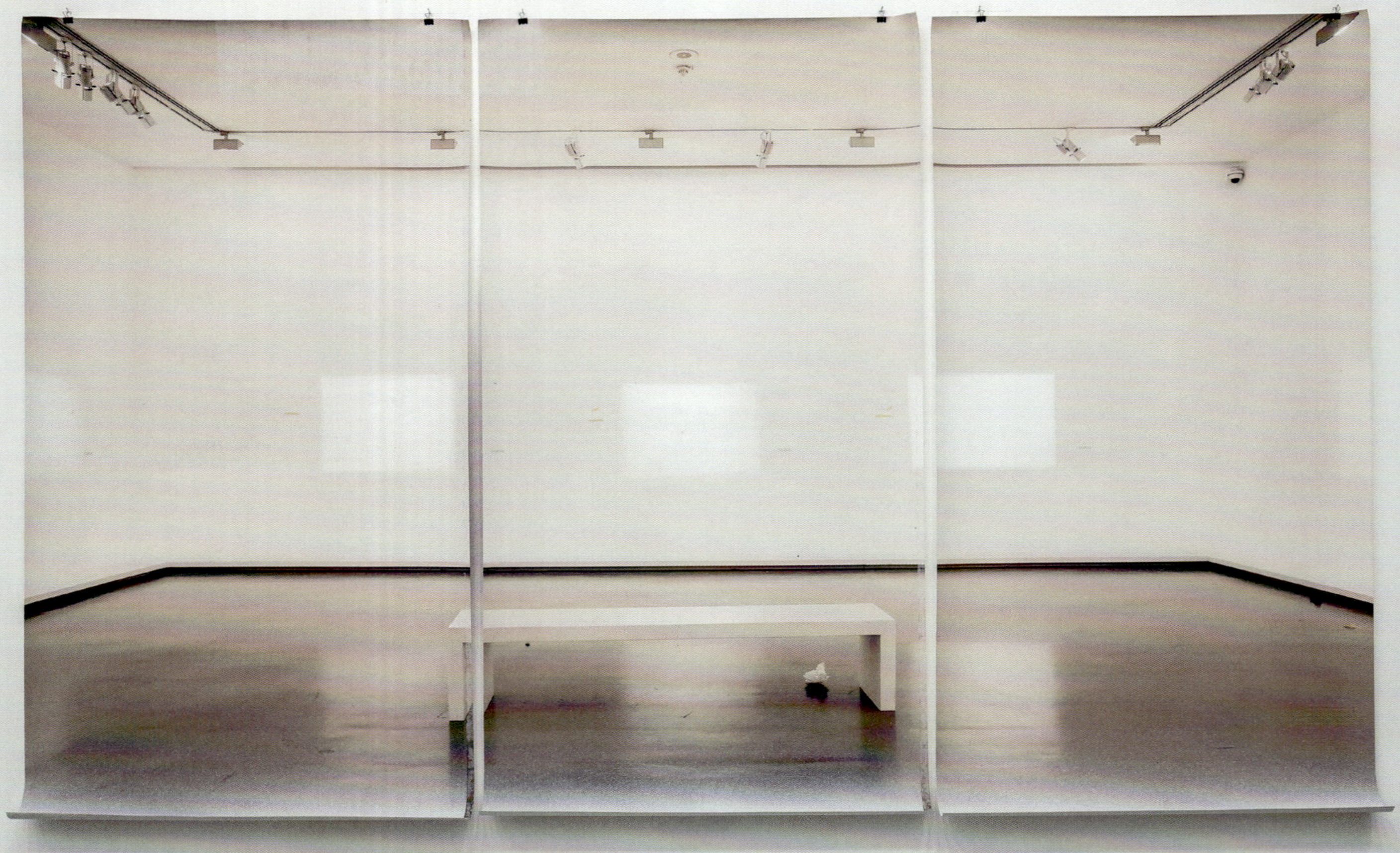

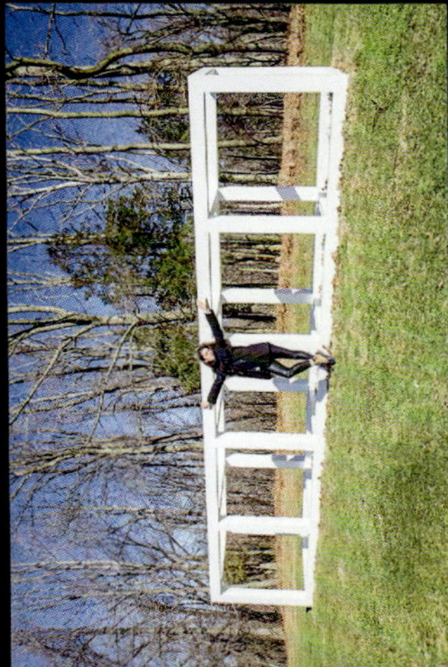

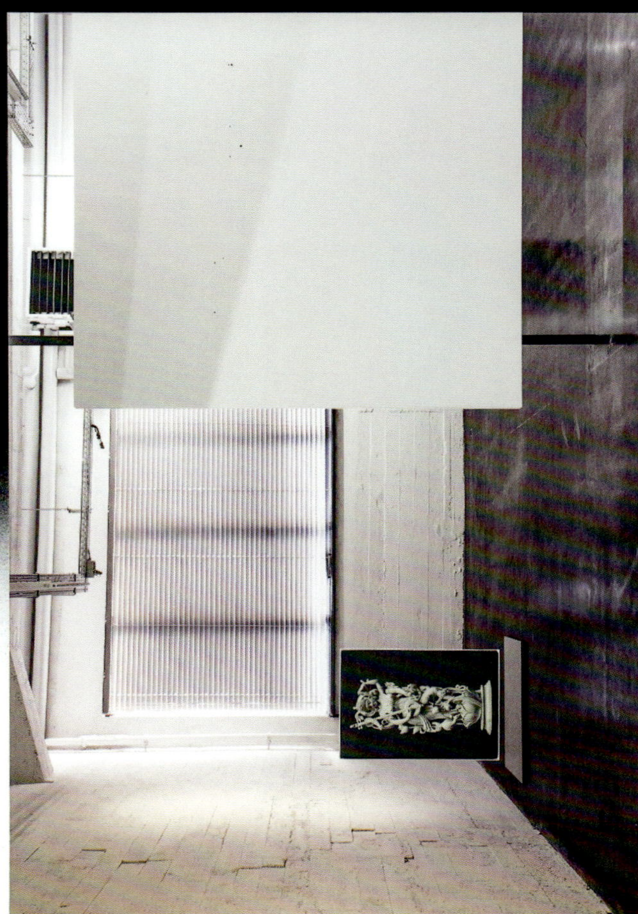

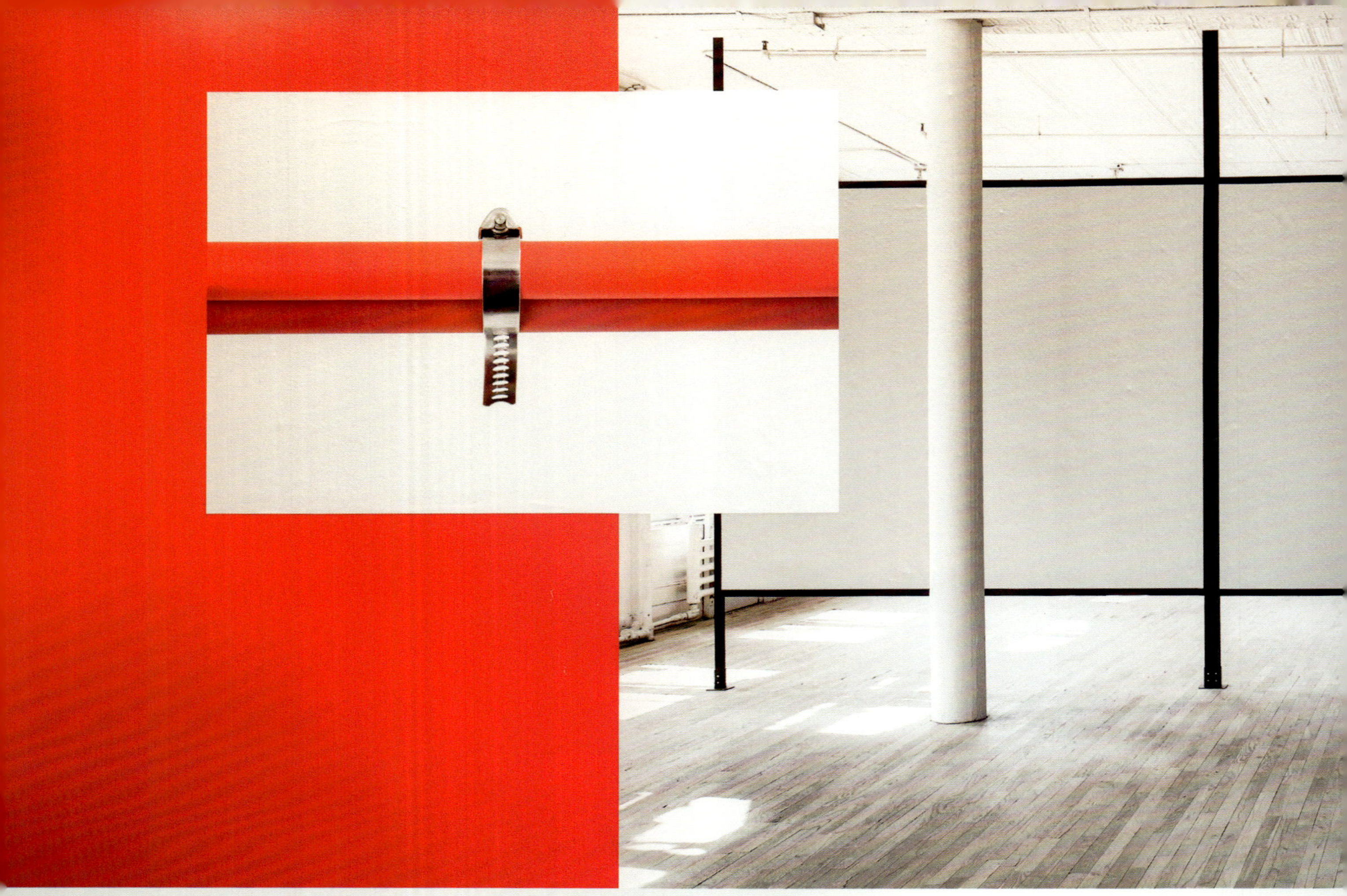

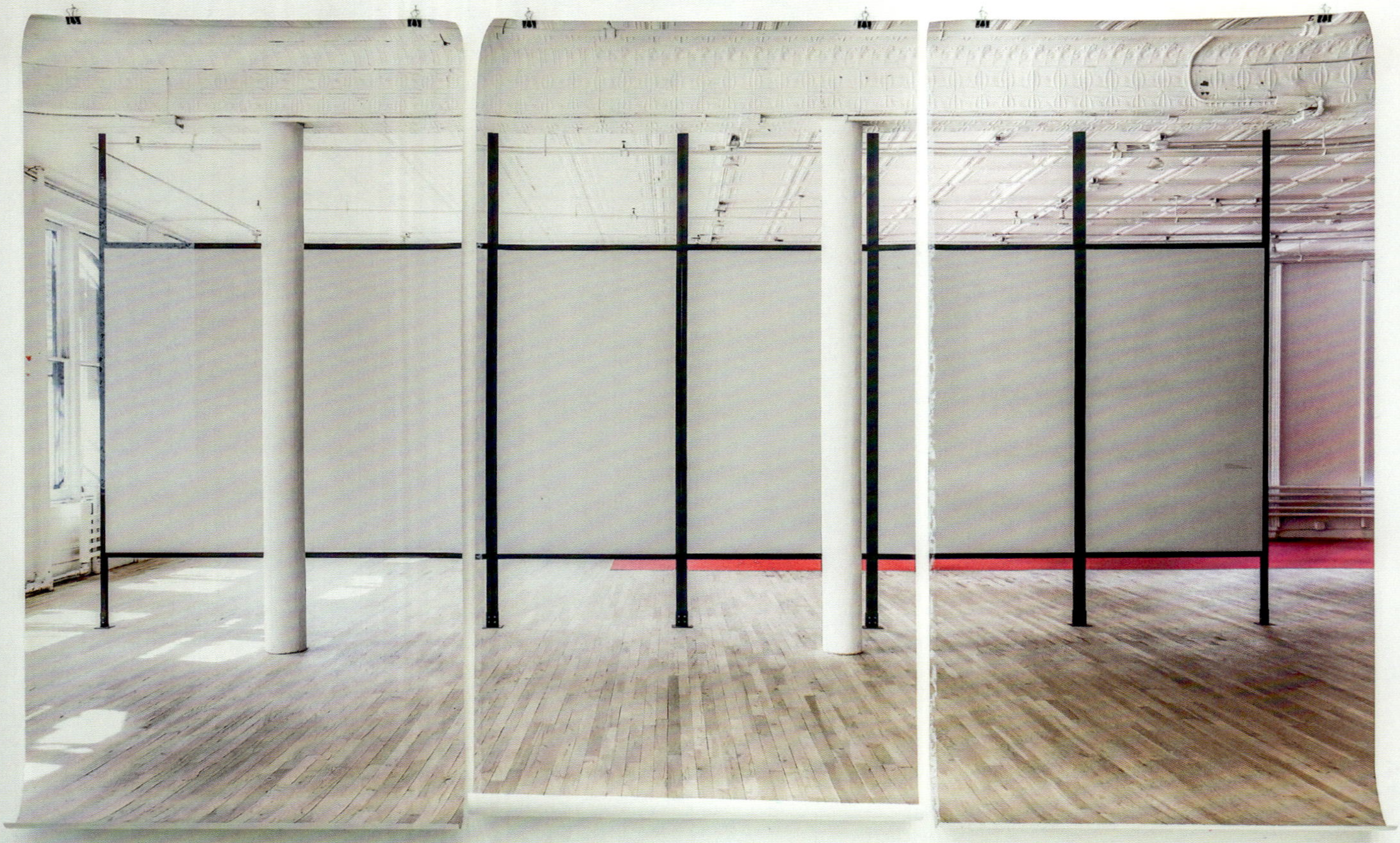

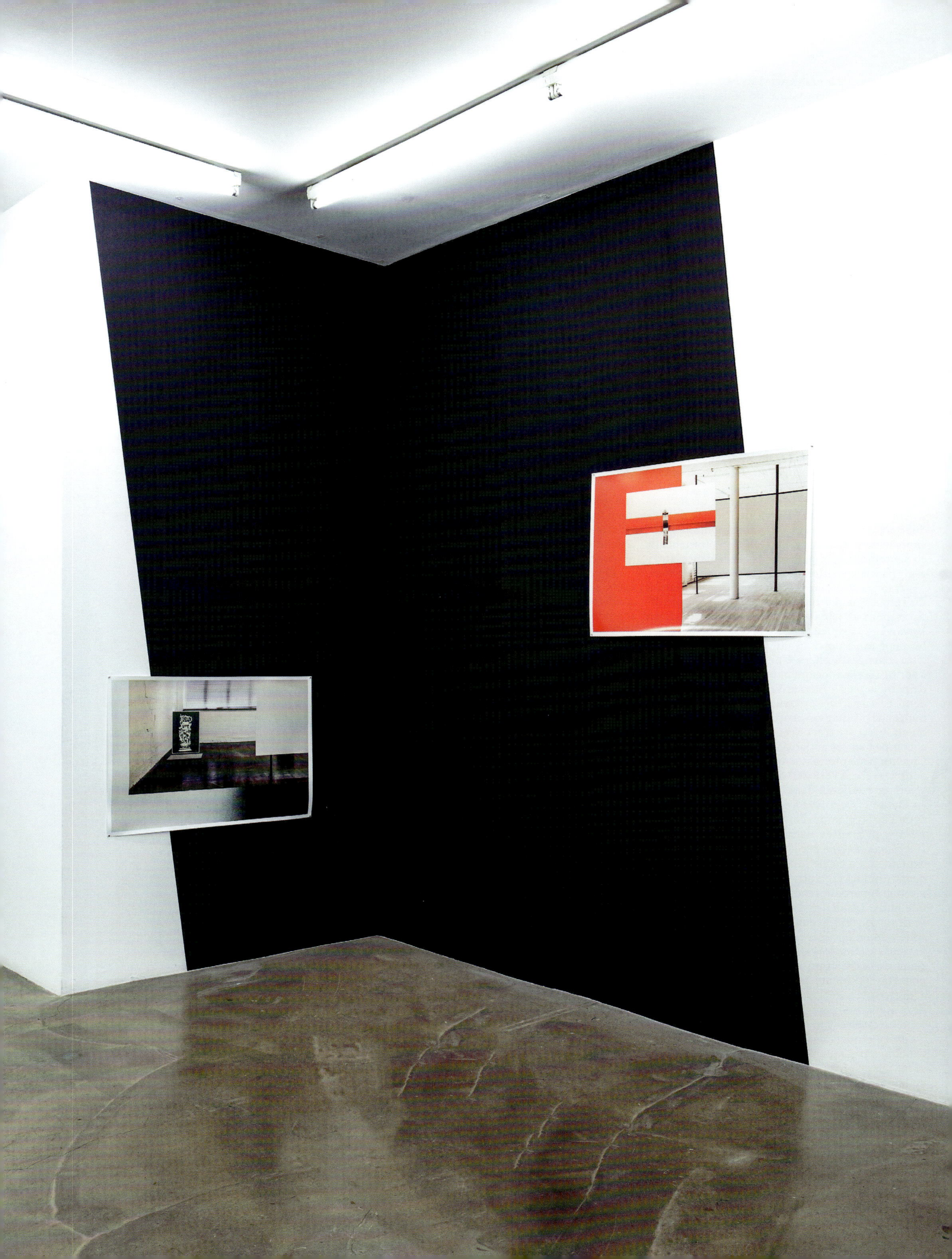

Sequoia Dream
2015-2016

Dans le cadre de la résidence d'artiste à La Galerie, centre d'art contemporain de Noisy-le-Sec, de septembre 2015 à avril 2016.

Sequoia Dream
(1)

Dans le cadre de l'exposition collective *Problèmes de type grec* à La Galerie, centre d'art contemporain de Noisy-le-Sec, de septembre à décembre 2015, commissariat : Émilie Renard.
Avec les œuvres de Suzanne Husky, Adrien Vescovi et unx artiste non identifiéx.

Installation évolutive en quatre phases, utilisant : une photographie encollée sur le mur, des socles en bois peint, une peau de bête synthétique.

Sequoia Dream
(2)

Dans l'atelier logement de la résidence d'artiste, de mars à avril 2016.
Avec les œuvres de Pascal Butto, Nina Childress, Jagna Ciuchta, Suzanne Husky, Bernard Jeufroy, Miika, Nathanaëlle Puaud, Adrien Vescovi et des artistes non identifiéxs.

Installation : bâches de protection, blocs de polystyrène sculptés, peintures sur bois, éclairage.

Cette résidence à La Galerie incluait un atelier-logement de septembre à avril, une bourse de production, des honoraires et la participation à une exposition collective à La Galerie commençant en septembre, soit au début de la résidence. Il n'y avait pas d'exposition de fin de résidence prévue.

À son arrivée, Jagna Ciuchta a revu la sélection du jury et choisi parmi les 260 autres candidatxs, deux artistes — Suzanne Husky et Adrien Vescovi — auxquellxs elle a proposé de partager les sept mois de sa résidence avec l'hypothèse d'un échange d'ateliers. Une fois en résidence, elle a confié l'atelier-logement à Suzanne Husky pour deux mois puis à Adrien Vescovi pour un mois et demi. Elle a partagé avec elleux ses honoraires et le budget de production *prorata temporis*. Par conséquent, le centre d'art s'est engagé à accueillir et à accompagner les artistes sélectionnéxs par Jagna Ciuchta, à adapter ses programmes, à réécrire les contrats, etc. À l'été 2016, Jagna Ciuchta a fait un séjour en résidence dans l'atelier d'Adrien Vescovi en Haute-Savoie. Elle a également invité les deux artistes à la rejoindre dans son installation *Sequoia Dream* présentée dans l'exposition collective *Problèmes de type grec* qui posait un enjeu d'indépendance à l'échelle de l'institution. Sur le pan de mur qui lui était attribué, elle a placé une large photographie de bureaux quasi vides, représentant une autre résidence d'artistes, qui est devenu le fond sur lequel les œuvres de Vescovi et de Husky sont venues se superposer au fur et à mesure de leur production lors de leur résidence. En aménageant une exposition au sein de l'exposition, elle a posé un « problème de type grec » au sens où elle a interrogé l'indépendance de son projet vis-à-vis de la structure porteuse et où elle a fait perdre à la commissaire la maîtrise de celle-ci.

Lors du dernier mois de sa résidence, Jagna Ciuchta a transformé l'atelier, ainsi que sa cave et sa façade, en un espace d'exposition accueillant des artistes professionnellxs, mais aussi des artisanxs, des amateurixs, des artistes majeurxs, mineurxs, oubliéxs ou anonymes. Cette exposition était également intitulée *Sequoia Dream* en référence à un rêve de l'artiste dans lequel elle a vu pousser un séquoia au milieu d'un immense atelier. Pour elle, l'arbre millénaire évoquait quelque chose de l'indépendance du travail de l'artiste et de son long parcours, indifférent à l'actualité de l'art.

Sequoia Dream
2015-2016

As part of the artist residency at La Galerie, centre d'art contemporain de Noisy-le-Sec, from September 2015 to April 2016.

Sequoia Dream
(1)

As part of the group exhibition *Problèmes de type grec* [Greek-Type Problems] at La Galerie, centre d'art contemporain de Noisy-le-Sec, September to December 2015, curated by Émilie Renard.
With works by Suzanne Husky, Adrien Vescovi and an unidentified artist.

Evolving installation in four phases, using: a photograph glued to the wall, painted wooden pedestals, synthetic animal skin.

Sequoia Dream
(2)

In the artist residency's studio apartment, from March to April 2016.
With works by Pascal Butto, Nina Childress, Jagna Ciuchta, Suzanne Husky, Bernard Jeufroy, Miika, Nathanaëlle Puaud, Adrien Vescovi and unidentified artists.

Installation: protective drop cloths, carved polystyrene blocks, paintings on wood, lighting.

The residency at La Galerie included a studio apartment from September to April, a production grant, artist fee and participation in a group exhibition at La Galerie starting in September, at the beginning of the residency. There was no end-of-residency exhibition.

On her arrival, Jagna Ciuchta reviewed the jury's selection and chose two of the 260 other candidates—Suzanne Husky and Adrien Vescovi—to share the seven months of her residency, with the idea of exchanging studios. Once in residence, she entrusted the studio to Husky for two months, then to Vescovi for a month and a half. She shared her fees and production budget with them pro rata temporis. As a result, the art center undertook welcoming in and accompanying the artists selected by Ciuchta, adapting its programs, rewriting contracts, and so on. In summer 2016, Ciuchta went on residency at Adrien Vescovi's studio in Haute-Savoie. She also invited the two artists to join her in her *Sequoia Dream* installation presented in the group exhibition *Problèmes de type grec*, which questioned the possibility of independence on the institutional scale. On the wall in the exhibition, she placed a large photograph of near-empty offices at another artists' residency, which became the background on which the works by Vescovi and Husky were incorporated progressively as they were produced during their residencies. By setting up an exhibition within the exhibition, she posed a "Greek-type problem" in the sense that she questioned the independence of her project from the supporting structure, and caused the curator to lose control of it.

During the last month of her residency, Ciuchta transformed the studio, along with its cellar and facade, into an exhibition space welcoming not only professional artists, but also craftspeople, amateurs, major, minor, forgotten and anonymous artists. The exhibition was also entitled *Sequoia Dream*, in reference to a dream the artist had in which she saw a sequoia growing in the middle of a huge artist studio. For her, the thousand-year-old tree evoked something of the independence of the artist's work and their long journey, indifferent to the current state of art.

P. 65–67 *Sequoia Dream (1)*, 2015 ; avec l'œuvre d'unx artiste non identifiéx, non daté, métal repoussé ; Adrien Vescovi, *DSCN-2165*, *DSCN2154*, *DSCN2175*, 2015, teintures sur coton ; Jagna Ciuchta, *LMCC Artist Residency*, New York, États-Unis, 2013, photographie.

P. 68 Avec Suzanne Husky, *Poterie ACAB*, 2015, vase en céramique ; Adrien Vescovi, *DSCN2175*, 2015, teintures sur coton.

P. 69 *Sequoia Dream (2)*, 2016 ; avec une œuvre d'Adrien Vescovi, *Sans titre (paysage)*, 2016, coton, teinture naturelle, pierre, sangle.

P. 70 Avec l'œuvre d'unx artiste non identifiéx, non daté, huile sur toile ; Nina Childress, *Extrait group 1*, 2011, huile sur toile ; Nathanaëlle Guetté, *Compost*, 2015, crayons de couleur sur papier.

P. 72 Avec les œuvres de Pascal Butto, *Singe*, 2005, rocaille, et *La Baigneuse*, 2005, technique mixte ; et d'unx artiste non identifiéx, non daté, huile sur assiette en céramique.

P. 73 Avec l'œuvre de Nina Childress, *840–Ébauche enterrement (cercueil)*, 2010, huile sur toile.

P. 74 Avec l'œuvre d'unx artiste non identifiéx, non daté, métal repoussé ; Adrien Vescovi, *Sans titre (paysage)*, 2016, coton, teinture naturelle, pierre, sangle.

Toutes les images sauf mention contraire : courtesy des artistes © Adagp, Paris, 2024, photos Jagna Ciuchta.

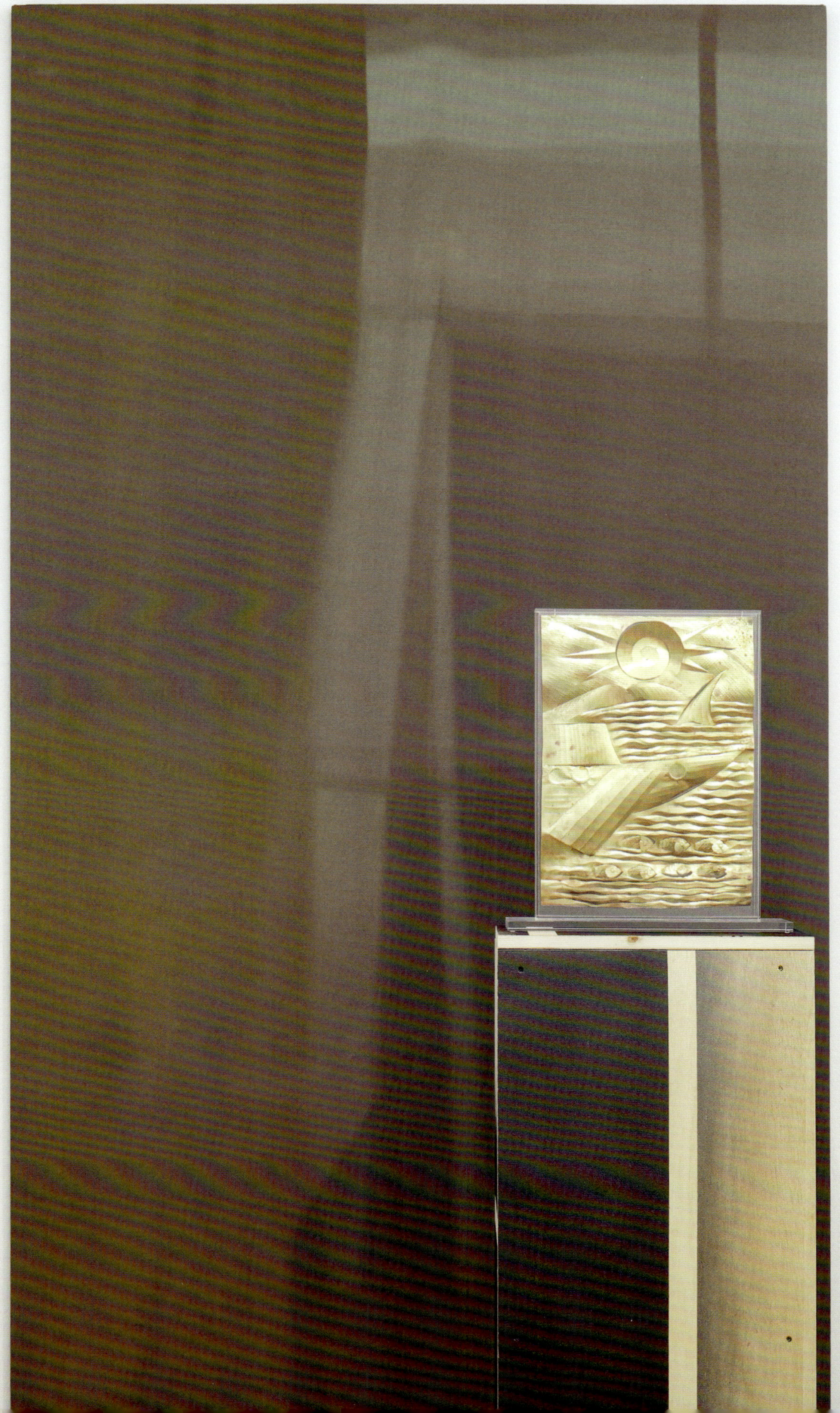

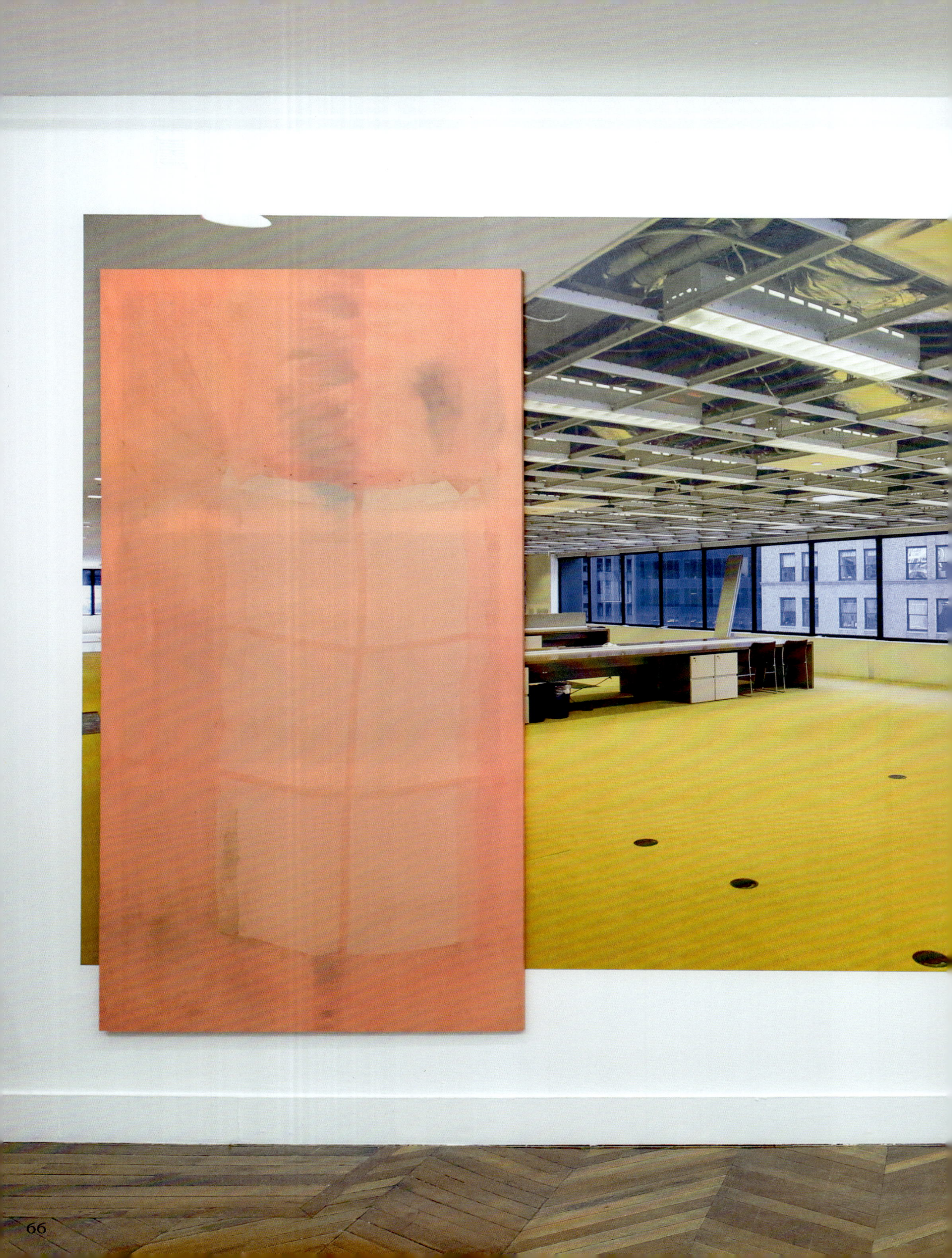

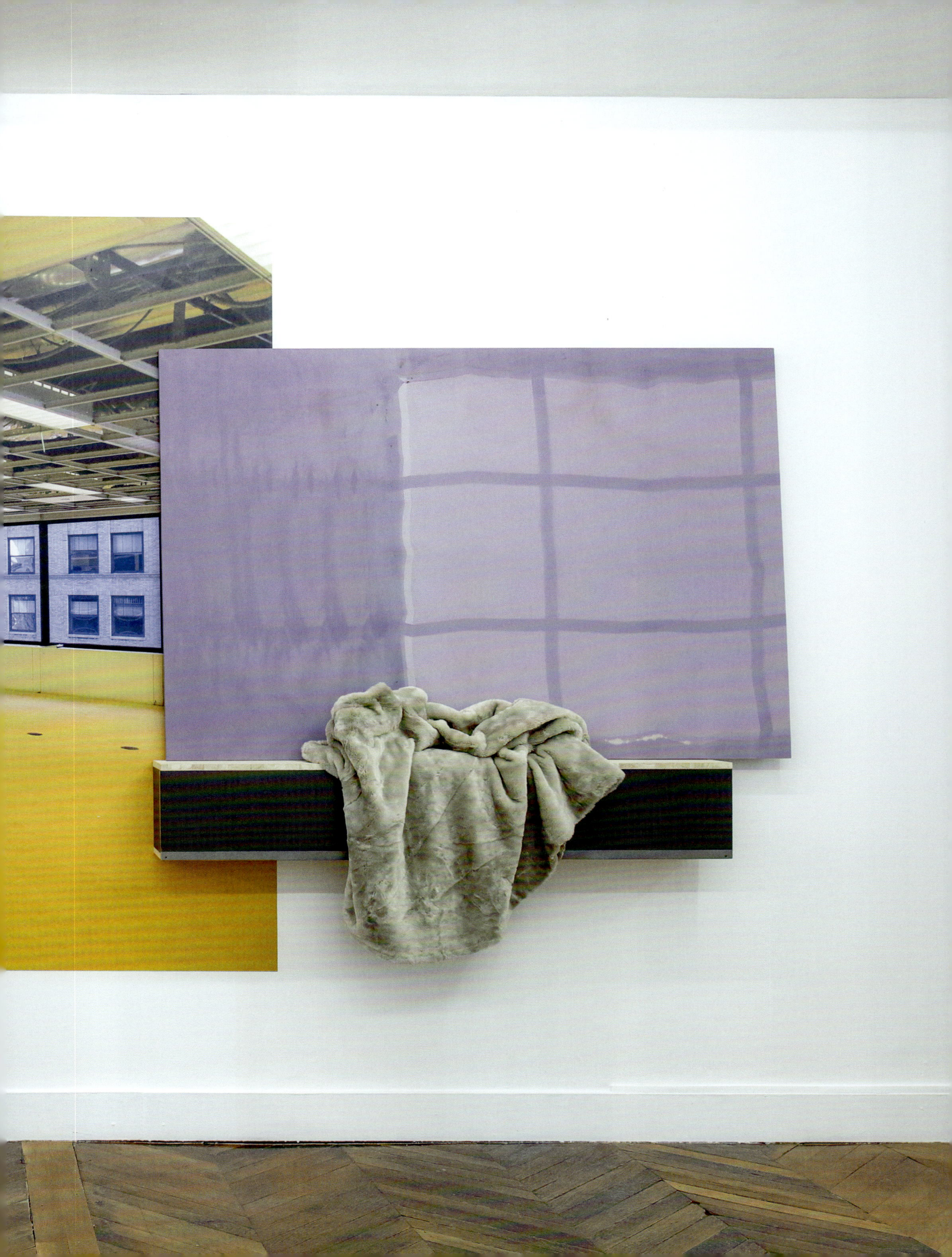

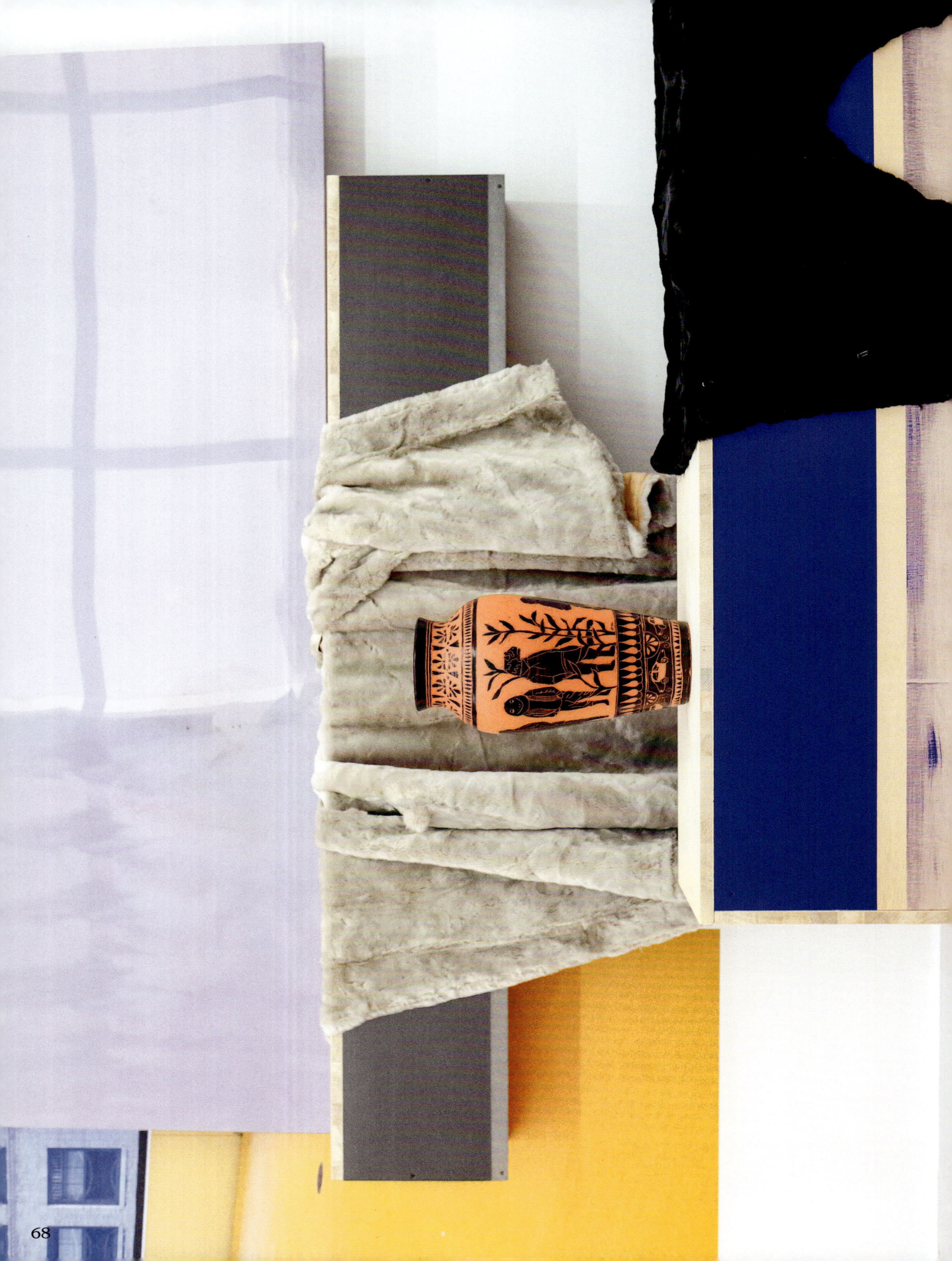

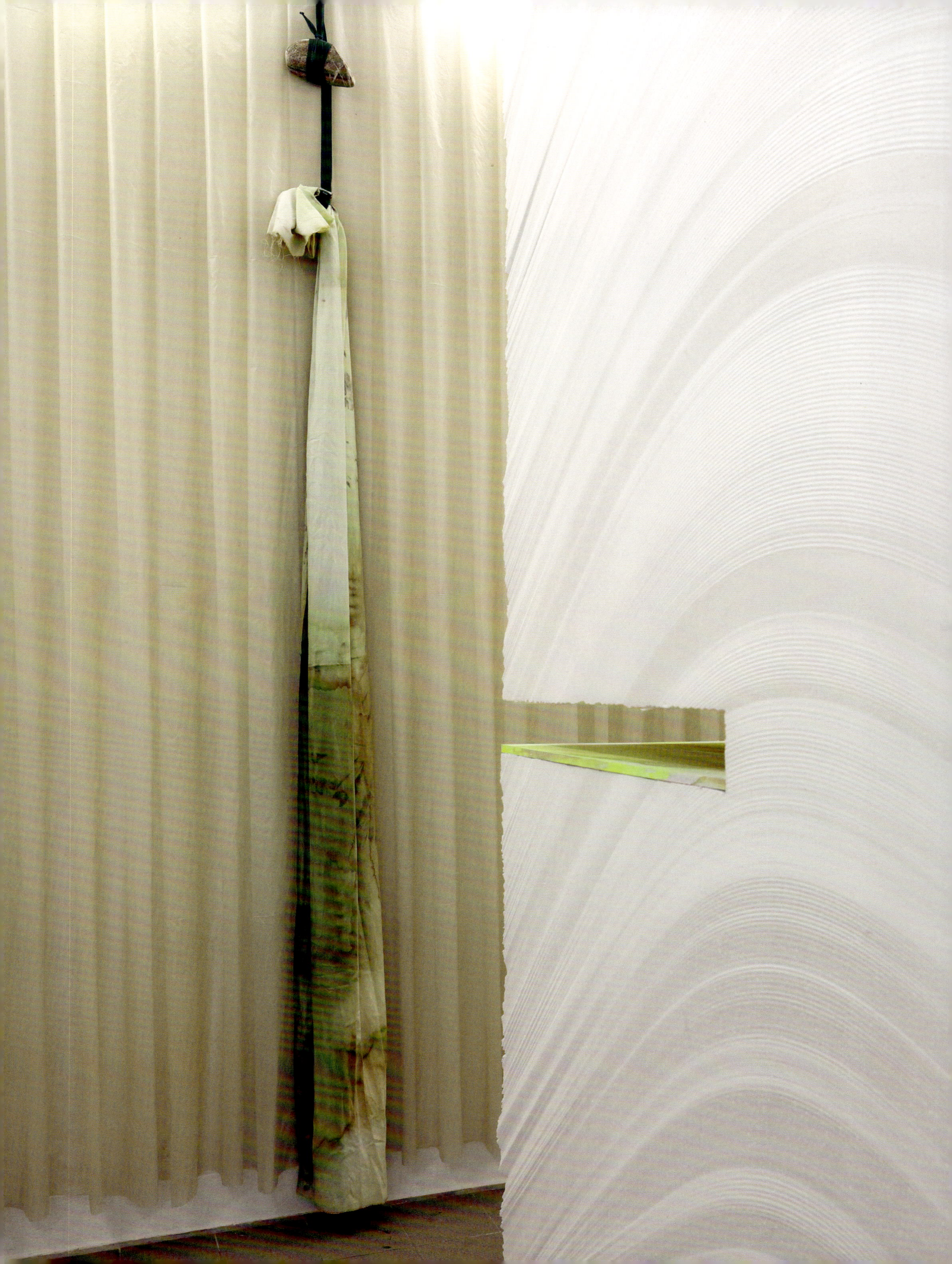

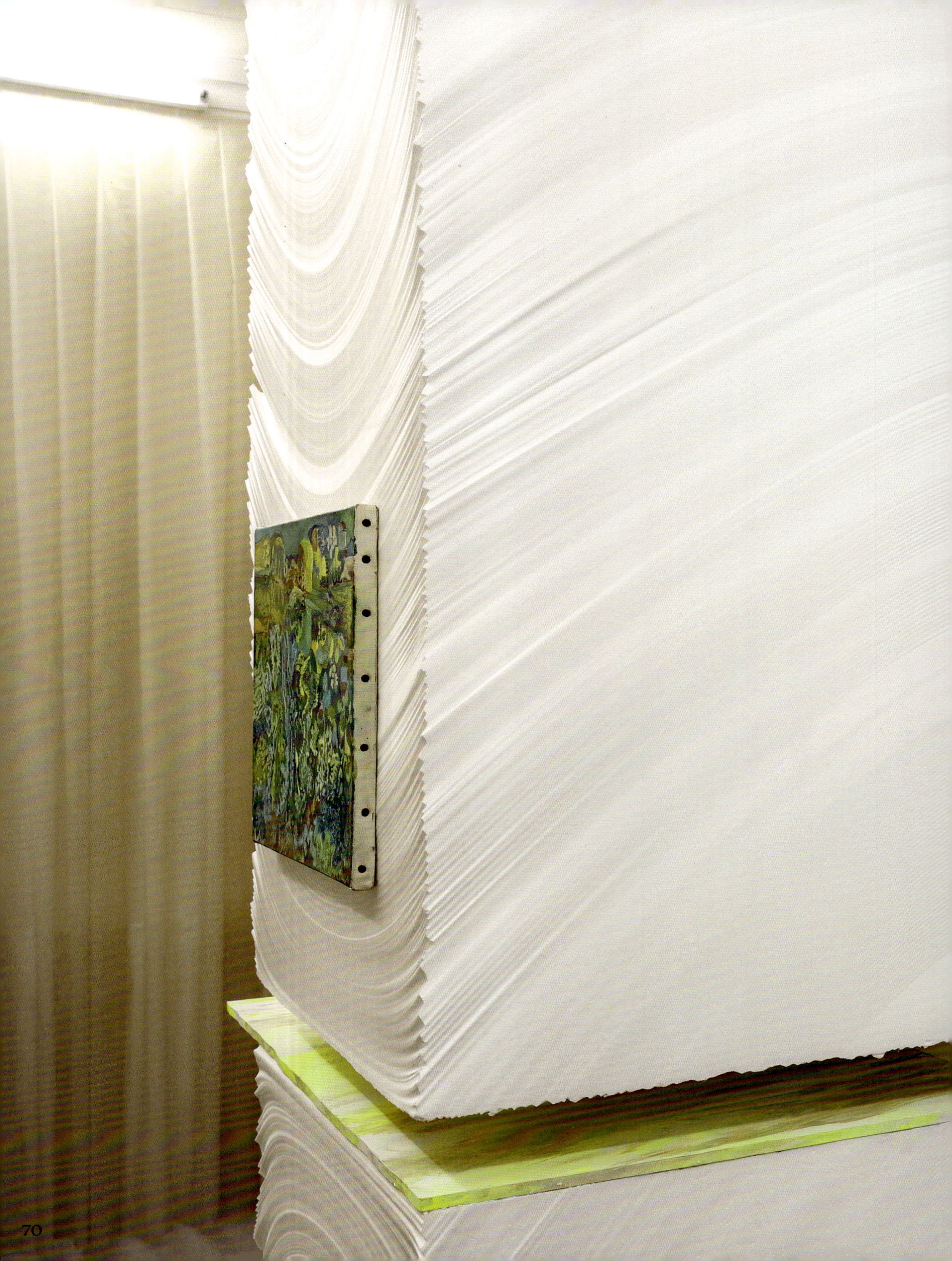

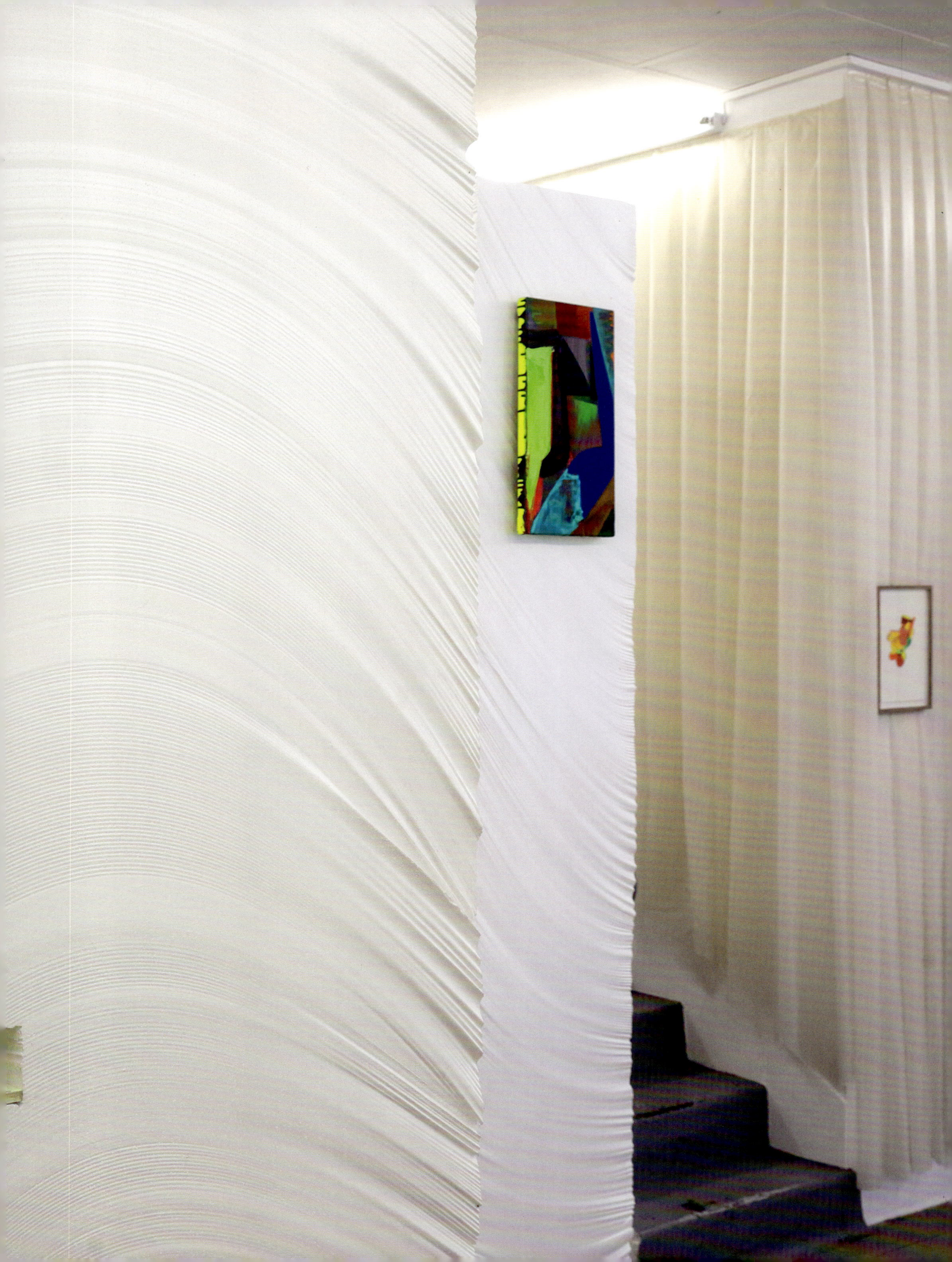

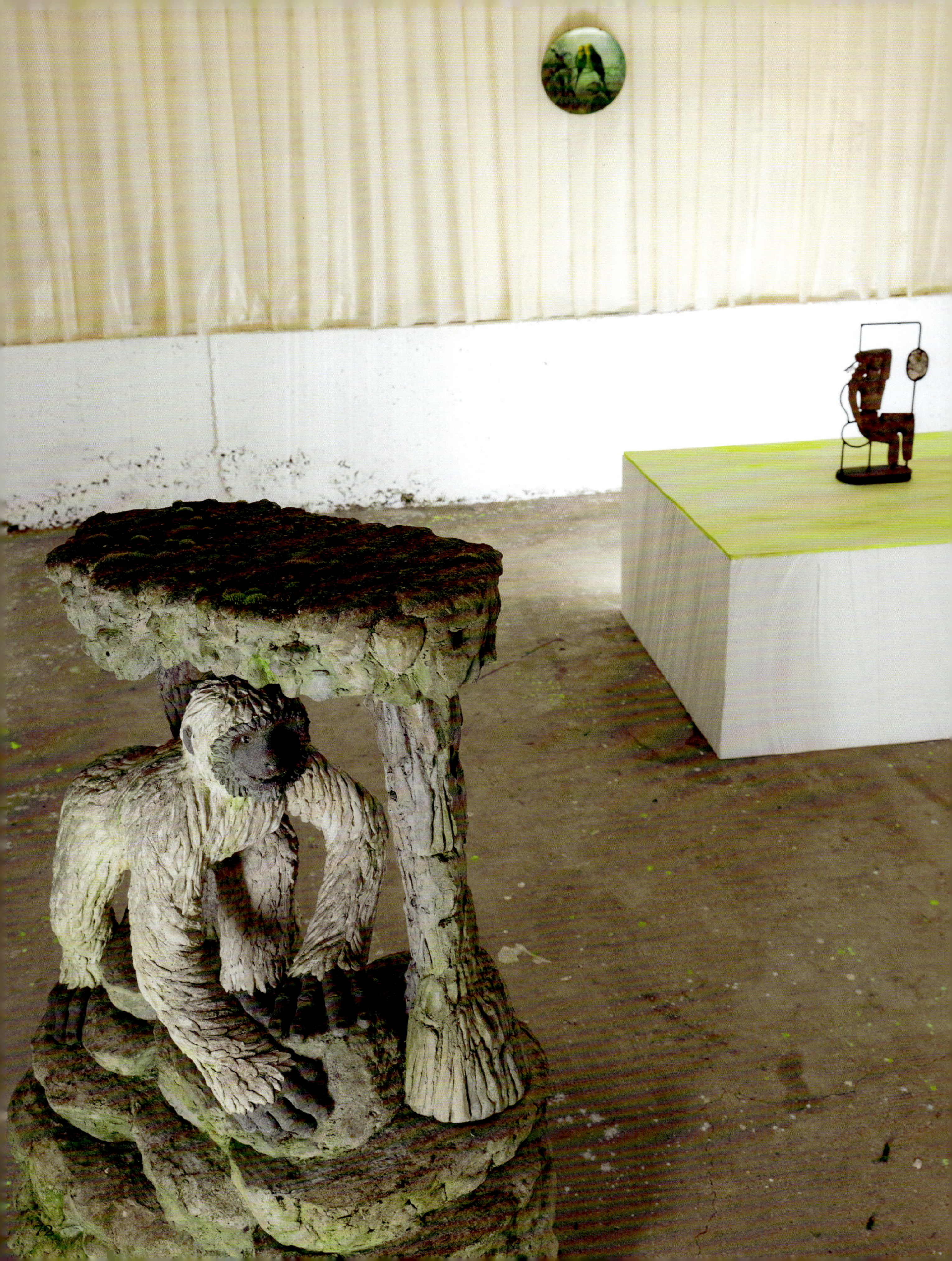

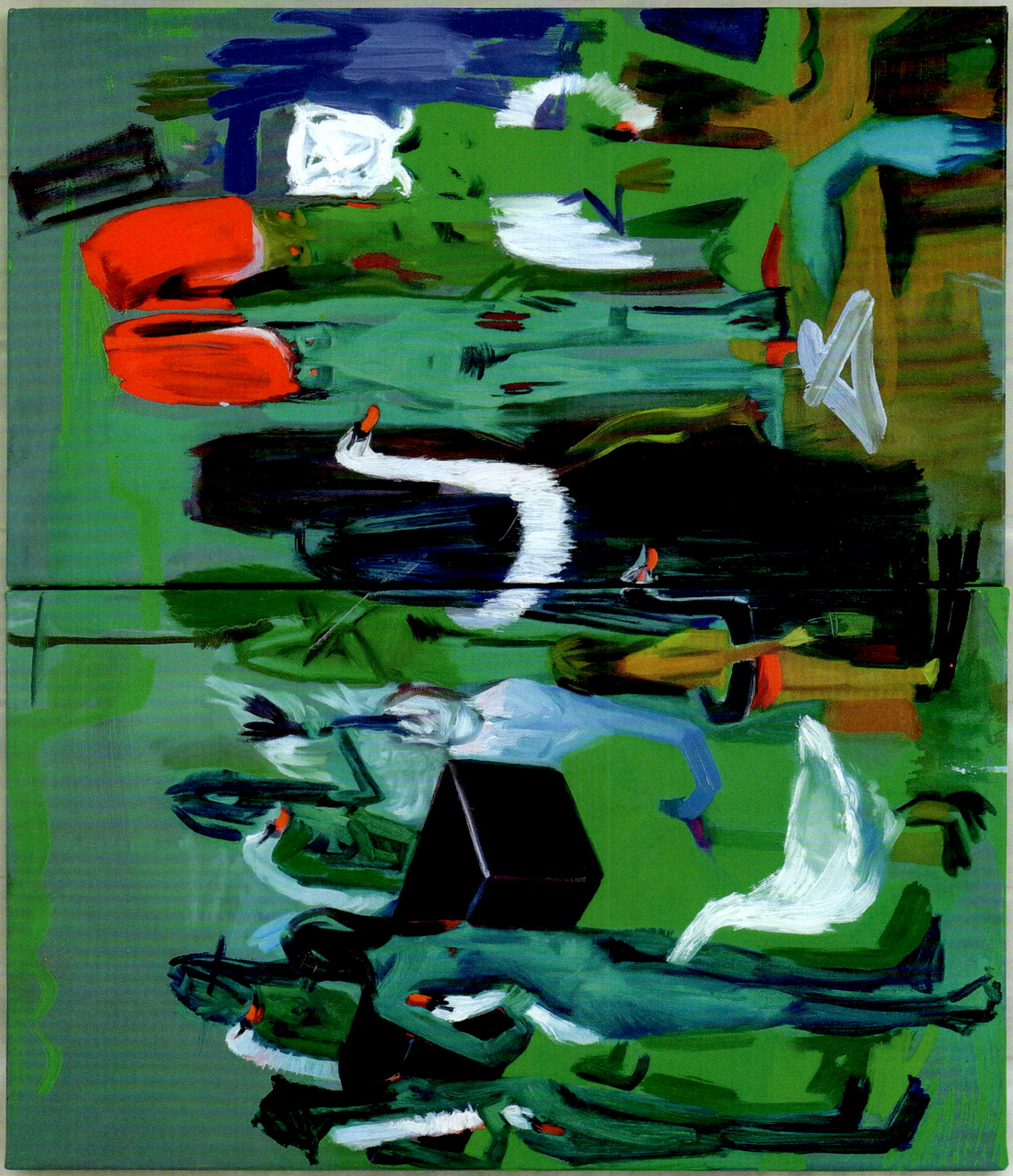

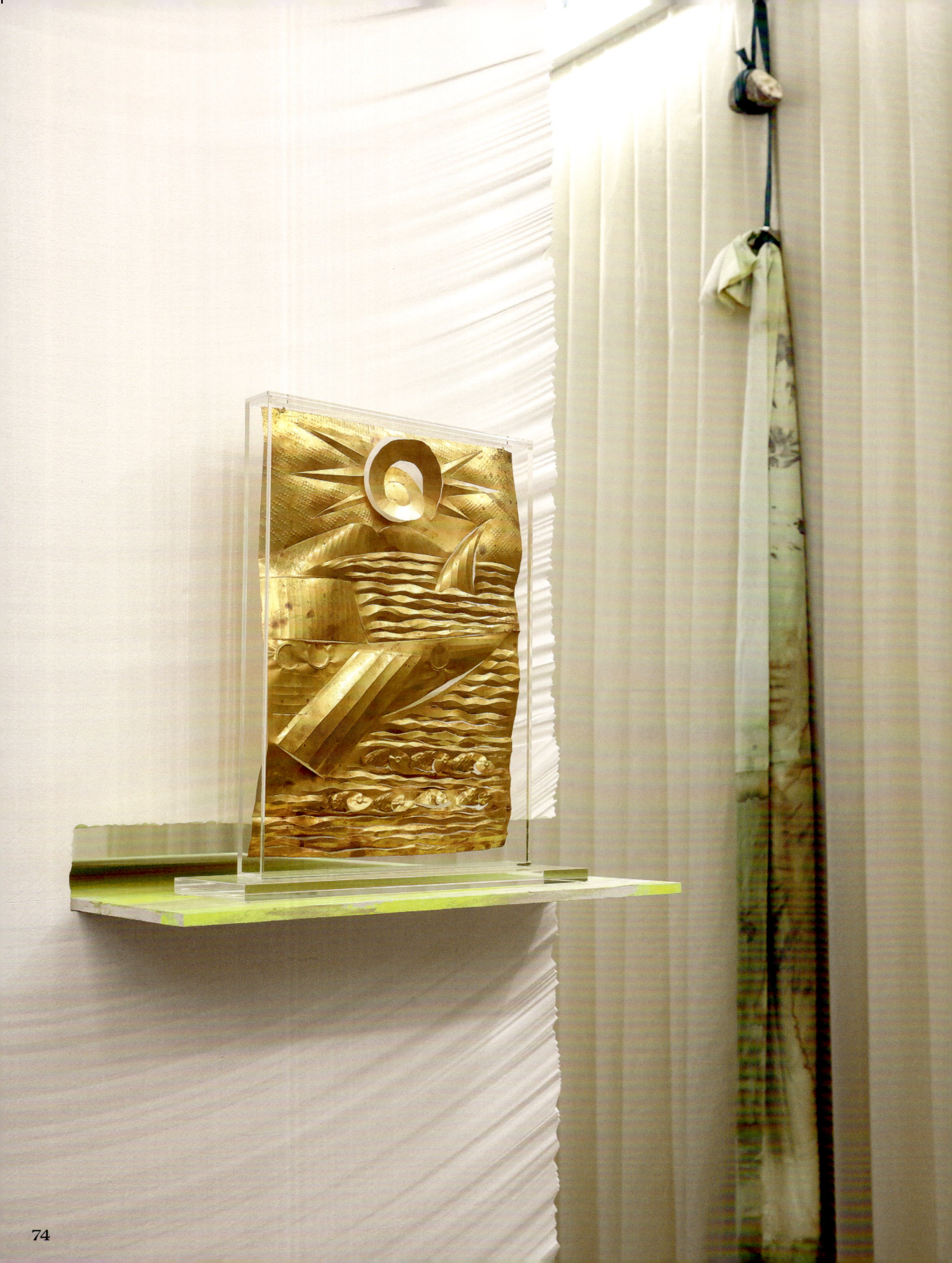

Silver Cover
2016

Frac Champagne-Ardenne hors les murs, Passages, centre d'art contemporain à Troyes, 2016, commissariat : Antoine Marchand.

Avec les œuvres potentielles de la collection du Frac Champagne-Ardenne de Eva Barto, Éléonore Cheneau, Céline Vaché-Olivieri et France Valliccioni.

Installation : blocs de polystyrène sculptés, bois peint, peaux de bêtes synthétiques, peintures murales, photographies jet d'encre sur papier encollées sur bois.

Jagna Ciuchta a été invitée à réaliser une exposition avec les œuvres issues de la collection du Frac Champagne-Ardenne. Après une étude du catalogue de la collection, elle a invité quatre artistes dont les œuvres ne s'y trouvaient pas, mais qui pourraient, à l'avenir, en faire partie.

Ces œuvres étaient incluses dans l'installation de Jagna Ciuchta, dont les éléments reproduisaient certaines de leurs formes : par exemple, les peintures murales répétaient les motifs des peintures d'Éléonore Cheneau ; les silhouettes des socles-sculptures en polystyrène et médium peint étaient dessinées d'après les sculptures de France Valliccioni et les peintures d'Éléonore Cheneau.

La date limite d'accrochage de l'exposition avait été fixée deux semaines avant le vernissage pour que les œuvres soient visibles lors de la commission d'acquisition du Frac. La documentation photographique de l'exposition a servi de dossier de proposition d'achats, détaillant chacune des œuvres des artistes invitées, et les associant aux dispositifs de Jagna Ciuchta sous forme d'arrangements. Un protocole de vente a été proposé : chaque œuvre des quatre artistes pouvait être achetée individuellement ou en série, mais les pièces du dispositif de Jagna Ciuchta ne pouvaient être acquises qu'avec les œuvres associées. Par exemple, une sculpture-socle n'était disponible qu'avec l'œuvre dont elle était le support, et son prix équivalait à la moitié du prix de cette œuvre.

Le titre de l'exposition faisait écho à *La Main gauche de la nuit*, le roman de science-fiction d'Ursula K. Le Guin.

Silver Cover
2016

Frac Champagne-Ardenne hors les murs, Passages, centre d'art contemporain in Troyes, 2016, curated by Antoine Marchand.

With potential works from the Frac Champagne-Ardenne collection by Eva Barto, Éléonore Cheneau, Céline Vaché-Olivieri and France Valliccioni.

Installation: sculpted polystyrene blocks, painted wood, synthetic animal skins, wall paintings, inkjet photographs on paper glued to wood.

Jagna Ciuchta was invited to create an exhibition using works from the Frac Champagne-Ardenne collection. After studying the collection catalog, she invited four artists whose works were not in the collection, but who could be included in the future.

These works were included in the installation and Ciuchta borrowed from some of their motifs. For example, Ciuchta's wall paintings repeated the motifs of Éléonore Cheneau's paintings; the silhouettes of the polystyrene and painted-medium pedestal-sculptures were drawn after France Valliccioni's sculptures and Éléonore Cheneau's paintings.

The deadline for hanging the exhibition was set two weeks before the opening, so that the works could be viewed during the Frac's acquisition commission. The photographic documentation of the exhibition served as a proposal file for acquisitions, detailing each of the invited artists' works, and associating them with chosen elements from Ciuchta's installation. A sales protocol was proposed: each work by the four artists could be purchased individually or in series, but the elements from Ciuchta's installation could only be purchased with the associated works. For example, a pedestal/sculpture was only available with the work it displayed, and its price was half that of the work itself.

The title of the exhibition echoed Ursula K. Le Guin's science-fiction novel *The Left Hand of Darkness*.

P. 76–77 *Silver Cover*, 2016, vue d'installation avec les œuvres d'Éléonore Cheneau, Céline Vaché-Olivieri et France Valliccioni, photo Éric Tabuchi.

P. 78 Avec l'œuvre de France Valliccioni, *Variables d'ajustement (convivial)*, 2015-2016, technique mixte.

P. 79 Avec les œuvres de Céline Vaché-Olivieri, *Contrebande 1*, 2015, céramique, Lycra, et d'Éléonore Cheneau, *#93 Butter Side Up*, 2012-2015, peinture glycérophtalique sur toile.

P. 80 Avec l'œuvre de Céline Vaché-Olivieri, *Contrebande 2*, 2015, céramique, polyester.

P. 81 Jagna Ciuchta, *Silver Cover, Éléonore*, 2015 ; avec Éléonore Cheneau, *Sans titre*, 2007, peinture glycérophtalique sur toile, 35 × 27 cm ; photographie, Valchromat, structure en bois, peau de bête synthétique, photo Éric Tabuchi.

P. 82 Avec les œuvres de Céline Vaché-Olivieri, *Contrebande 2*, 2015, céramique, polyester ; Eva Barto, *Heads and Tails*, 2015, une pièce de 1 euro modifiée ; et Jagna Ciuchta *Silver Cover, Roman*, 2015 (avec Roman Cieslewicz, *Femme Fatale*, 1974, sérigraphie, œuvre de la collection du Frac Champagne-Ardenne) ; photographie, Valchromat, structure en bois.

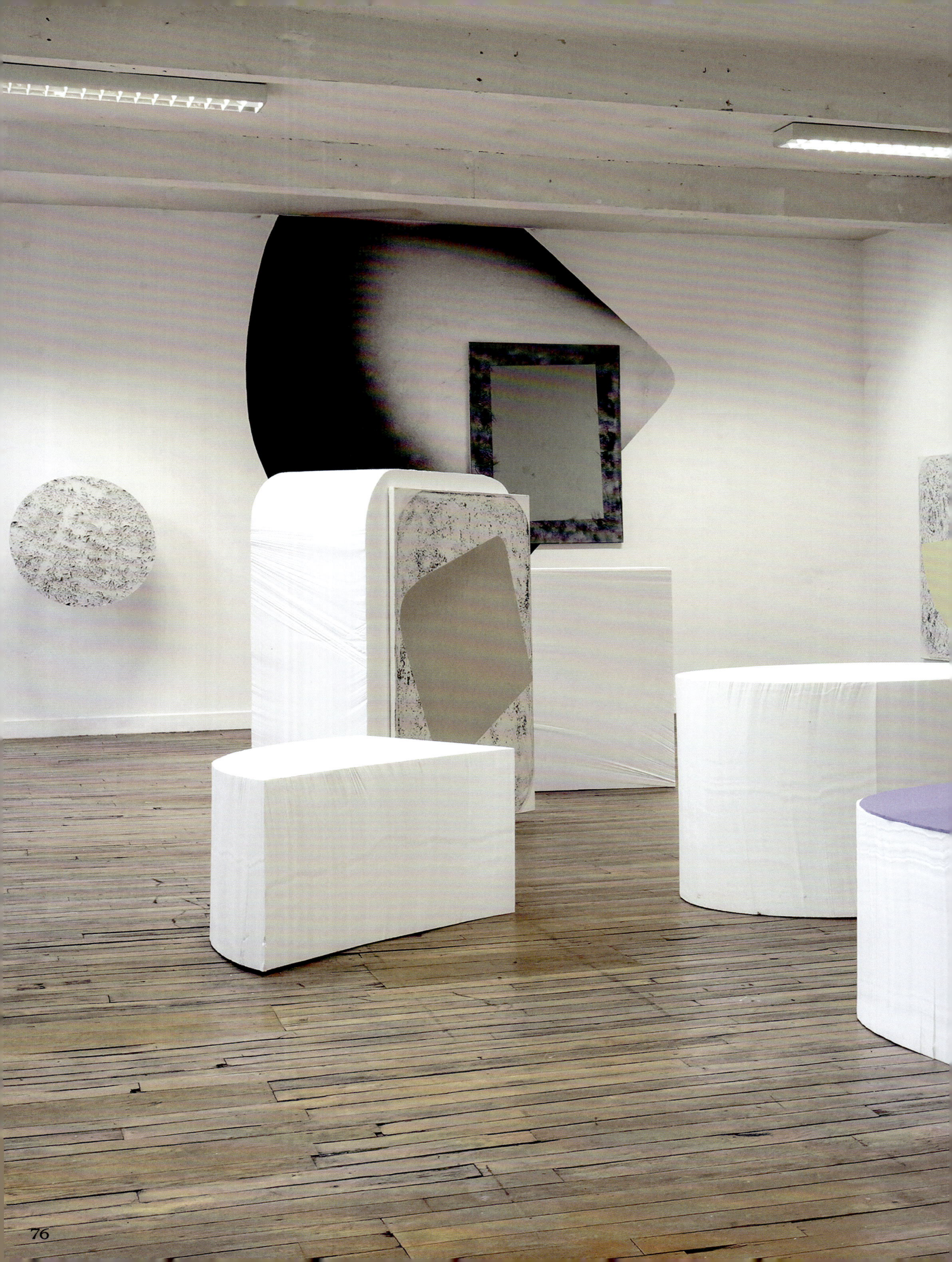

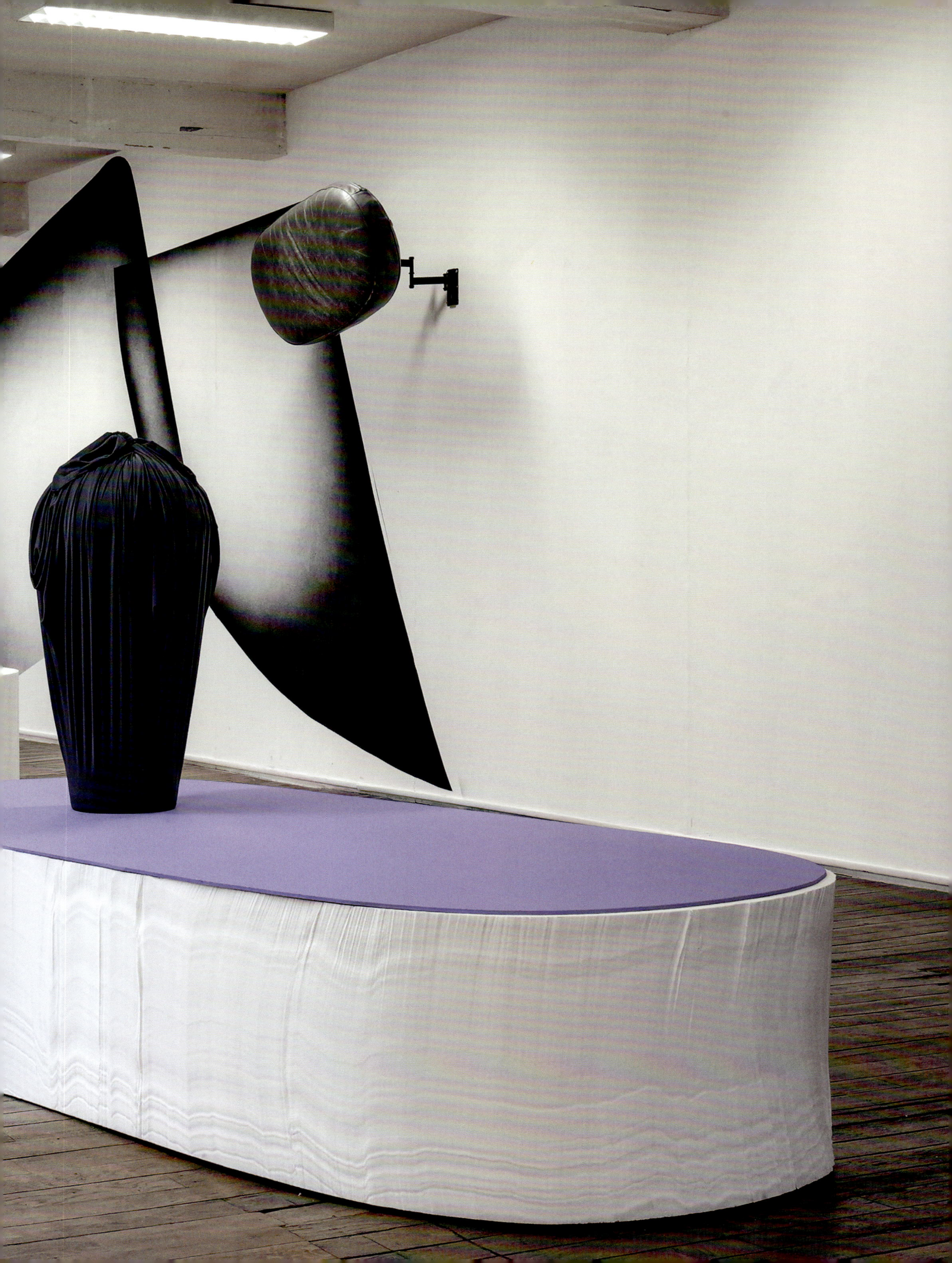

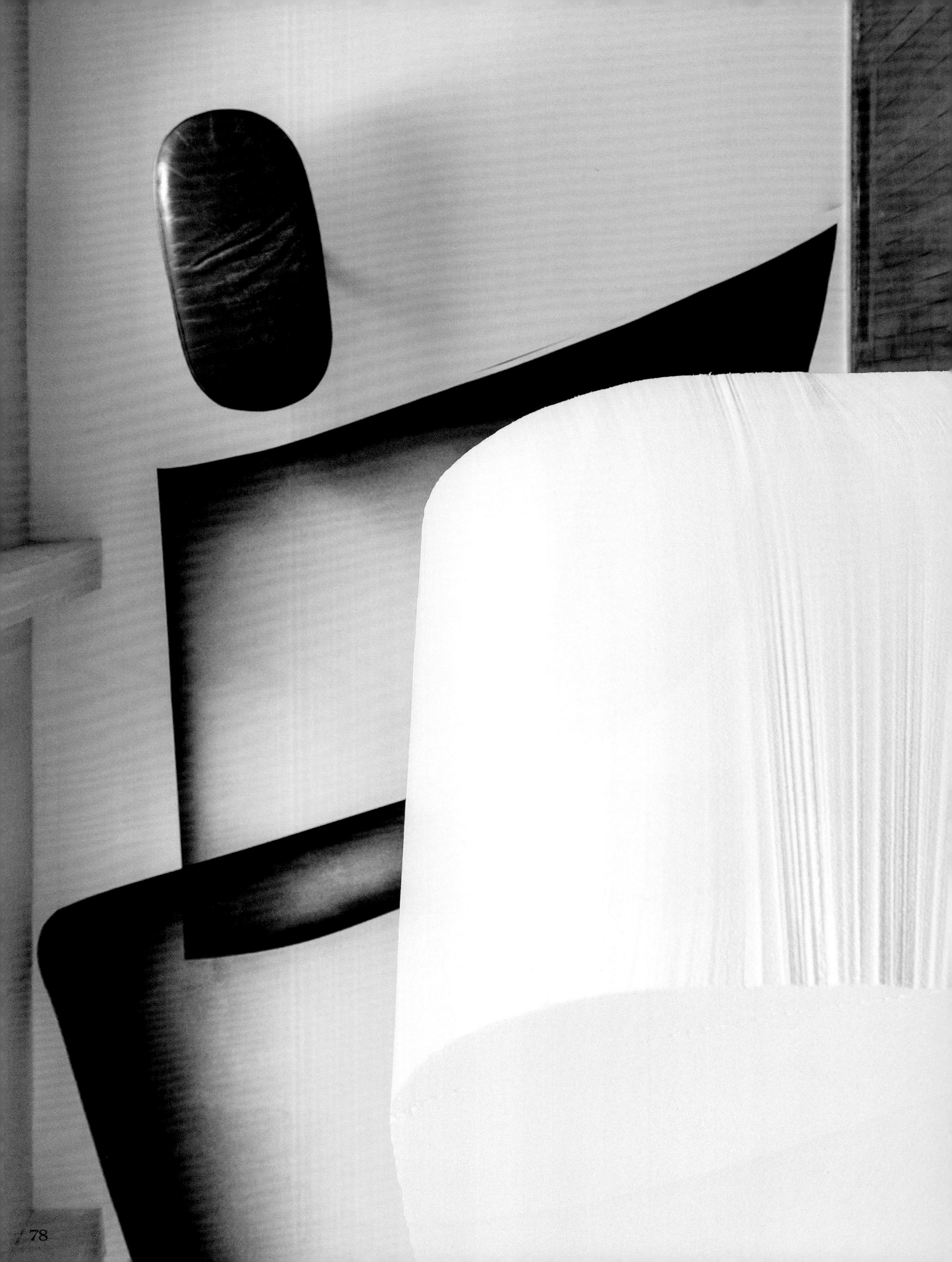

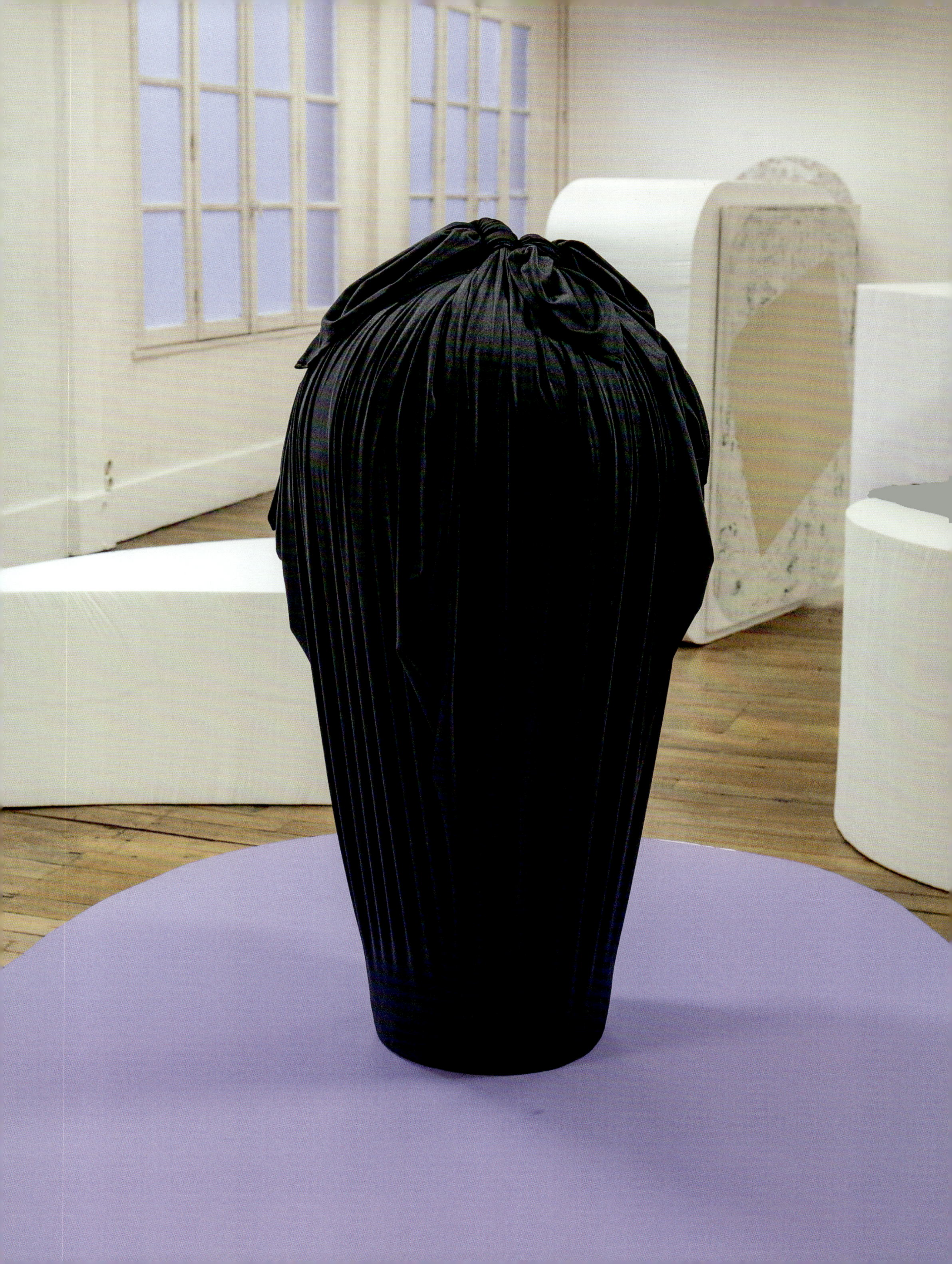

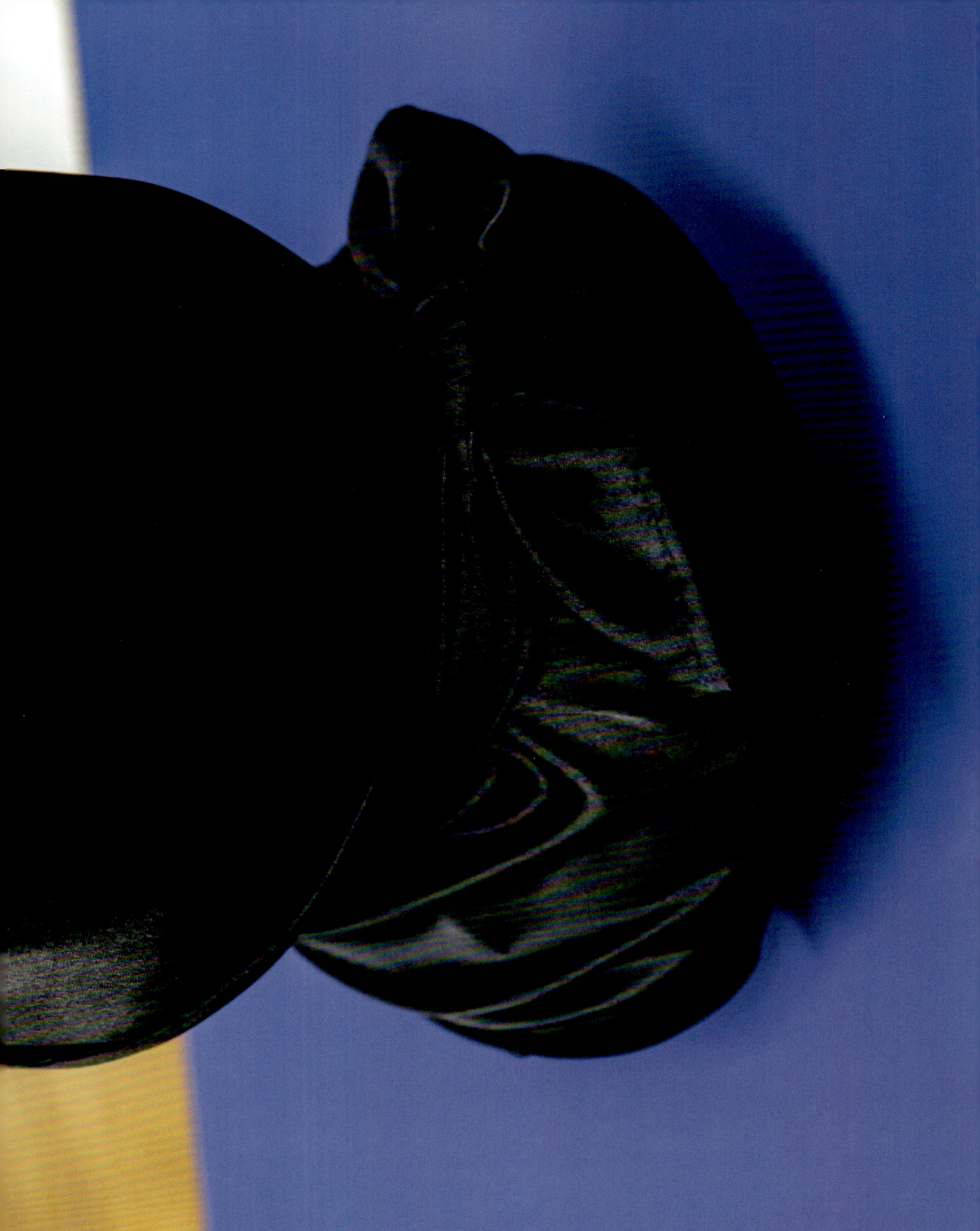

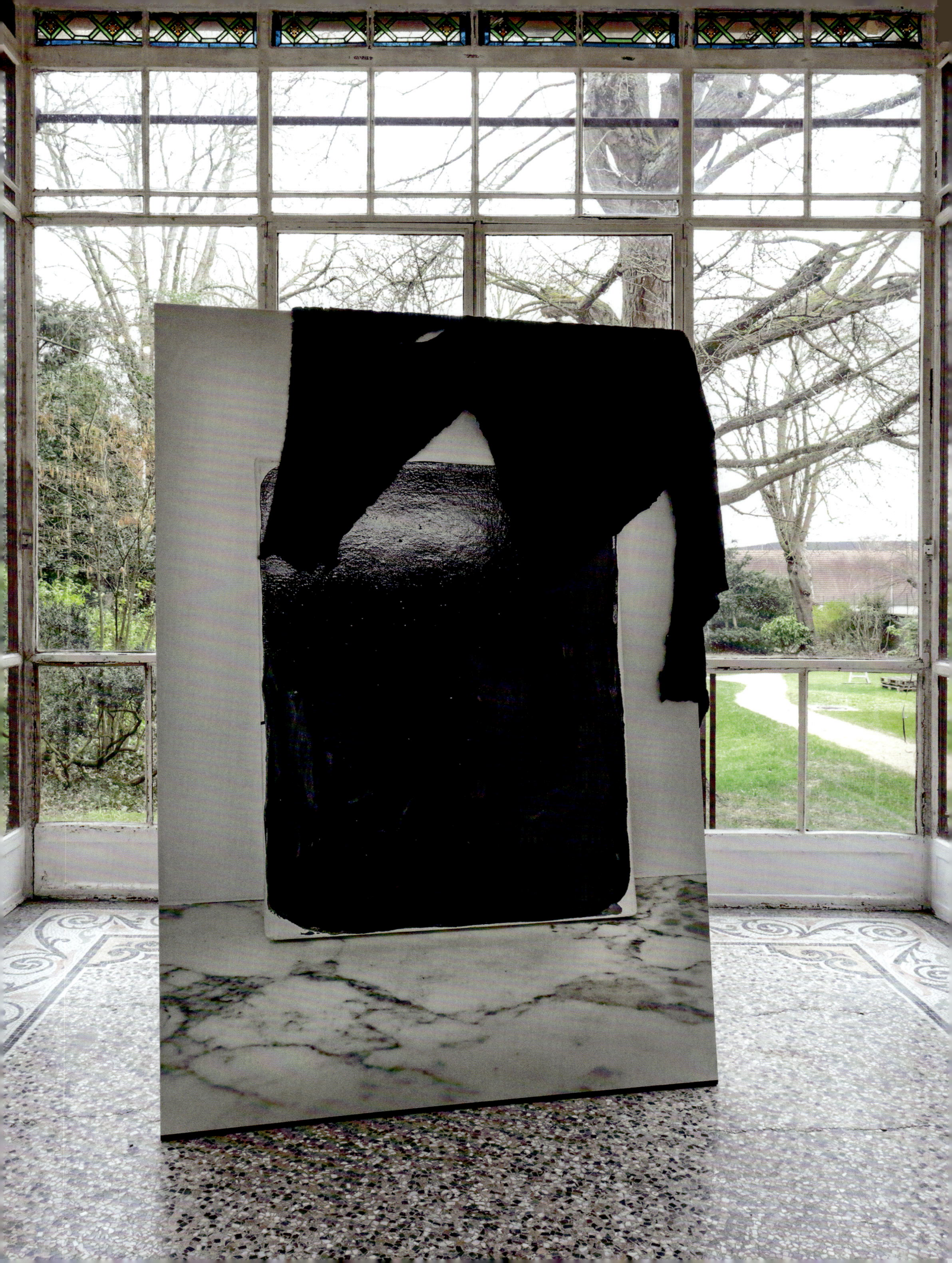

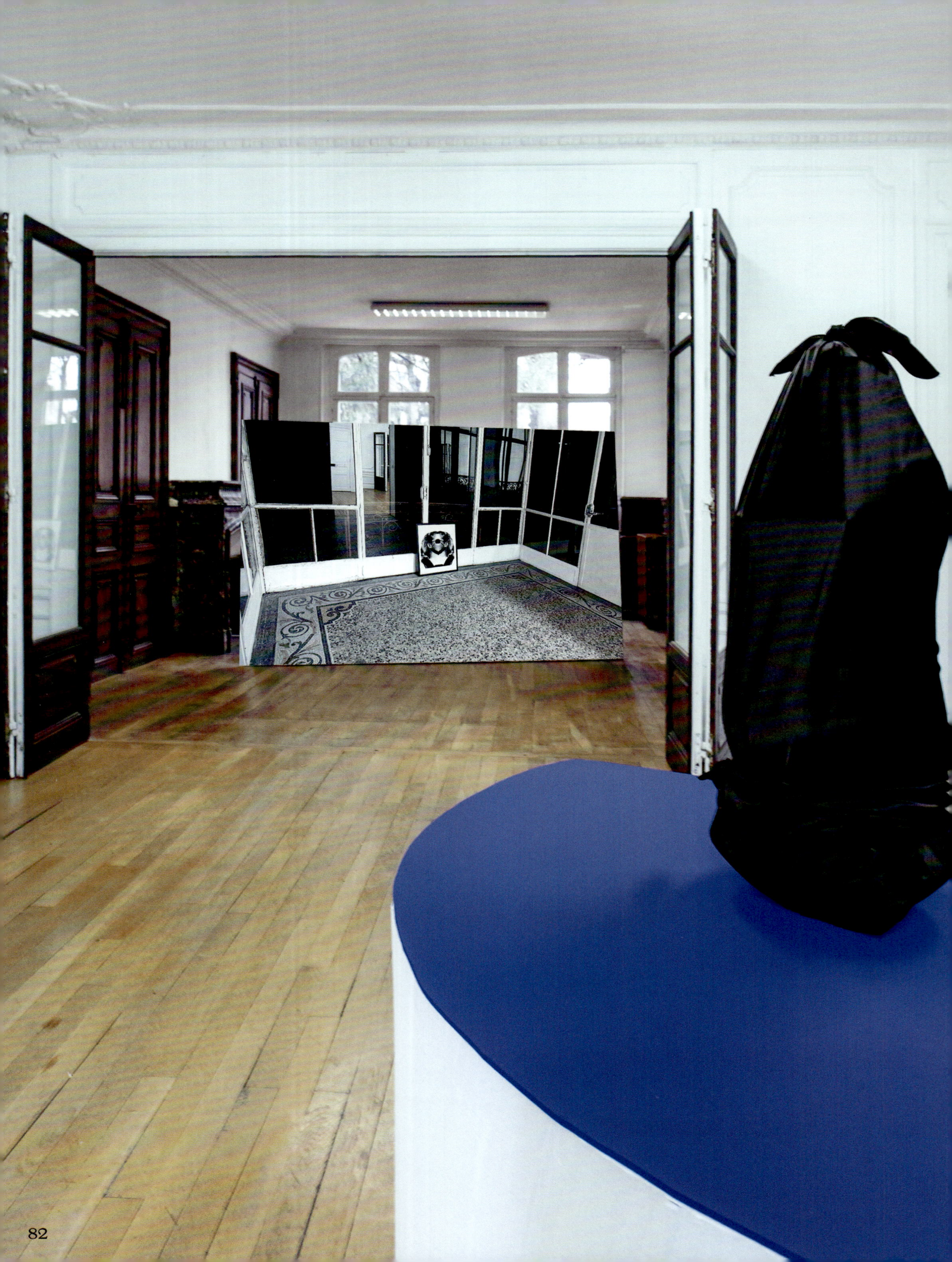

Henry's Dream
2016

Résidence en Haute-Savoie dans l'atelier d'Adrien Vescovi, dans le prolongement du projet *Sequoia Dream* à La Galerie, centre d'art contemporain de Noisy-le-Sec.
Et exposition *Fœhn d'été*, Jagna Ciuchta et Bettina Samson à La Villa du Parc, Annemasse, 2016, commissariat : Garance Chabert.

Lors de ses repérages en Haute-Savoie, Jagna Ciuchta a relevé l'omniprésence des sculptures populaires en bois brut dans l'espace public et privé : beaucoup de sujets animaliers, mais aussi des formes abstraites comme celles des « virevents », éléments d'ornement des toits et des ouvertures des maisons (notamment aux Gets, Flaine, Avoriaz). Elle a proposé une collaboration à Florent Grange, sculpteur sur bois et chevrier. Ensemble, ielles ont réalisé une sculpture à deux tronçonneuses, empruntant son sujet à *Reclining Figures* d'Henry Moore. Ielles ont ensuite présenté cette sculpture aux chèvres de Florent Grange, qui se sont avérées être le public idéal : désireux, émancipé, avide de connaître les moindres détails et points de vue, tendre, gentil, passionné. De cette rencontre est venu le titre de la sculpture, *Henry Moore for Goats*, et la dédicace faite aux chèvres dans chaque pièce réalisée pour l'exposition *Fœhn d'été* à la Villa du Parc à Annemasse, notamment *Sol LeWitt for Goats (Avoriaz)*, *Buffet, LeWitt and Unknown for Goats (Flaine)* ou *Guy de Cointet for Goats (Avoriaz)*.

La rencontre, sur le mont Chéry, entre les chèvres et la sculpture a été documentée dans la série de photographies intitulée *Henry's Dream*.

Henry's Dream a été présentée dans l'installation *Les chèvres et le marbre* dans le cadre de *Œil de lynx et tête de bois*, puis *That Cool Decline*, une exposition collective et évolutive à Occidental Temporary à Villejuif, commissariée par Émilie Renard et Barbara Sirieix en 2017. Cette exposition a donné lieu à une autre série de photographies intitulée *Après les chèvres et le marbre*, réalisée lors du démontage de l'installation et de la démolition du décor du film *Occidental* (2018) de Neïl Beloufa, devenu temporairement un lieu d'exposition, Occidental Temporary (voir le texte *Une politique des traces*, de Dominique Figarella, p. 98).

Henry's Dream a également inspiré le titre de l'exposition *House of Goats* à Lafayette Anticipations en 2019.

Residency in Haute-Savoie in Adrien Vescovi's studio, as part of the *Sequoia Dream* project at La Galerie, centre d'art contemporain, Noisy-le-Sec.
And exhibition *Fœhn d'été* [Summer Föhn], Jagna Ciuchta and Bettina Samson at the Villa du Parc, Annemasse, 2016, curated by Garance Chabert.

While scouting the Haute-Savoie region, Jagna Ciuchta noticed the omnipresence of local traditional sculptures in rough-hewn wood in public and private spaces: many animal subjects, but also abstract forms such as "virevents" [alpine chalet roof trim], ornamental elements on roofs and house openings (particularly in Les Gets, Flaine and Avoriaz). She proposed a collaboration with Florent Grange, wood sculptor and goat herder. Together, they created a sculpture using chainsaws, borrowing their subject from Henry Moore's *Reclining Figures*. They then presented the sculpture to Florent Grange's goats who proved to be the ideal audience: eager, emancipated, ready to know every detail and point of view, tender, kind, passionate. From this encounter came the title of the sculpture, *Henry Moore for Goats*. A similar dedication was made in every piece created for the *Fœhn d'été* exhibition at the Villa du Parc in Annemasse, including *Sol LeWitt for Goats (Avoriaz)*, *Buffet, LeWitt and Unknown for Goats (Flaine)* and *Guy de Cointet for Goats (Avoriaz)*.

The encounter between the goats and the sculpture on Mont-Chéry was documented in the series of photographs entitled *Henry's Dream*.

Henry's Dream was shown in the installation *Les chèvres et le marbre* [Goats and Marble] as part of *Œil de lynx et tête de bois* [Lynx Eye, Wooden Head], followed by *That Cool Decline*, an evolving group show at Occidental Temporary in Villejuif, curated by Émilie Renard and Barbara Sirieix in 2017. This exhibition gave rise to another series of photographs entitled *Après les chèvres et le marbre* [After Goats and Marble], produced during the dismantling of the installation and demolition of the set for Neïl Beloufa's film *Occidental* (2018), which temporarily became an exhibition space, Occidental Temporary (see the text *A Policy of Traces*, by Dominique Figarella, p. 101).

Henry's Dream also inspired the title of the *House of Goats* exhibition at Lafayette Anticipations in 2019.

P. 84 Jagna Ciuchta et Florent Grange, *Henry Moore for Goats*, 2016, bois de sapin, vue de l'œuvre dans le parc Montessuit, La Villa du Parc, centre d'art, Annemasse, France.

P. 85 *Henry's Dream*, 2016, avec les chèvres autour de la sculpture de Jagna Ciuchta et Florent Grange, *Henry Moore for Goats*, 2016, sur le mont Chéry, série photographique.

P. 86–87 *After Goats and Marble*, 2016 ; vue de l'installation *Goats and Marble*, série photographique réalisée pendant le démontage de l'exposition *That Cool Decline*, 2016, Occidental Temporary, Villejuif, cur. Émilie Renard et Barbara Sirieix.

P. 88 *Sol LeWitt for Goats (Avoriaz)*, 2016, peinture murale (d'après Sol LeWitt, *Wall Drawing #346*, 1981 et les virevents d'Avoriaz), série photographique réalisée pendant le montage de l'exposition *Fœhn d'été*, 2016, La Villa du Parc, centre d'art, Annemasse, France, cur. Garance Chabert.

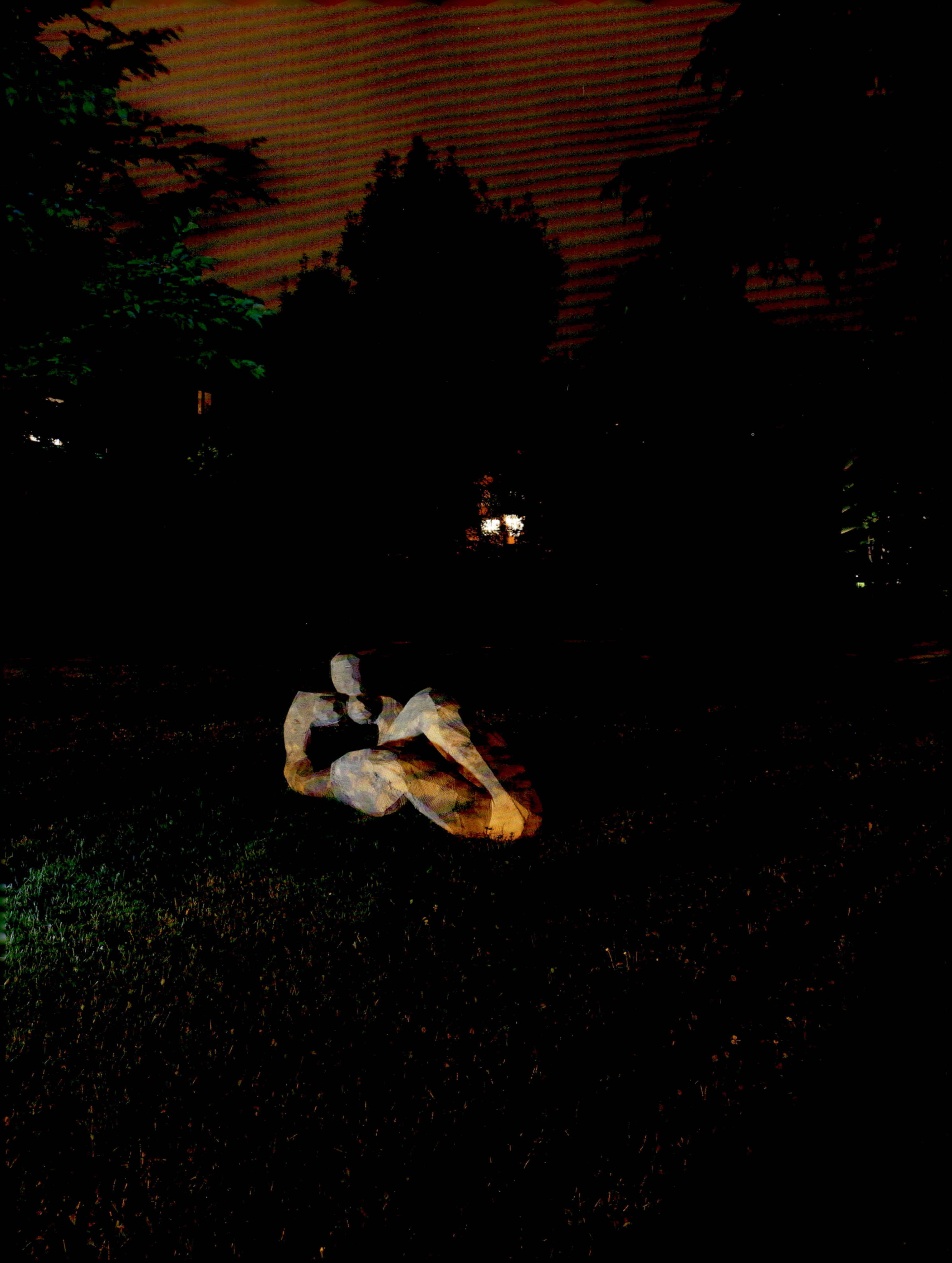

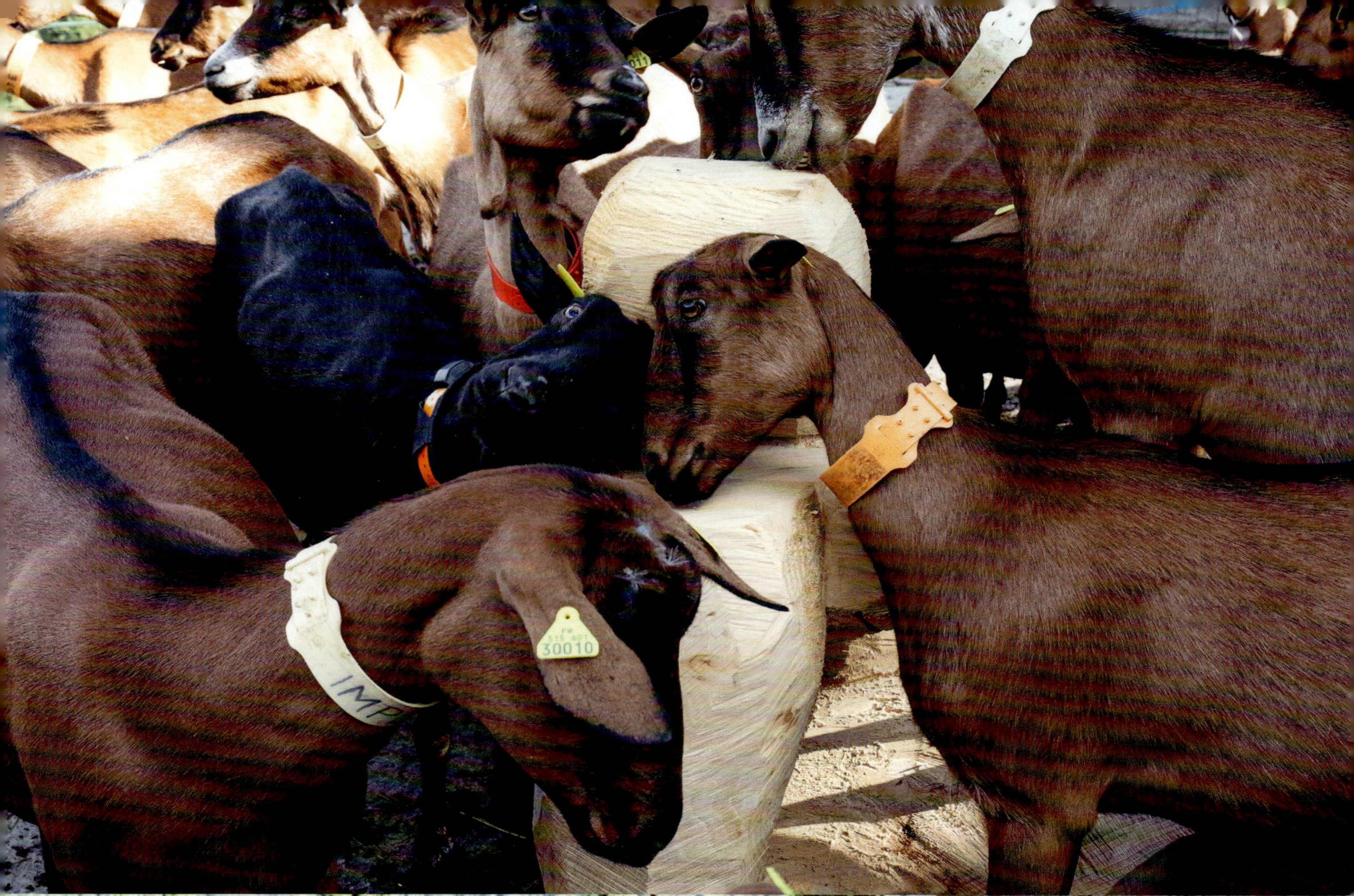
30010

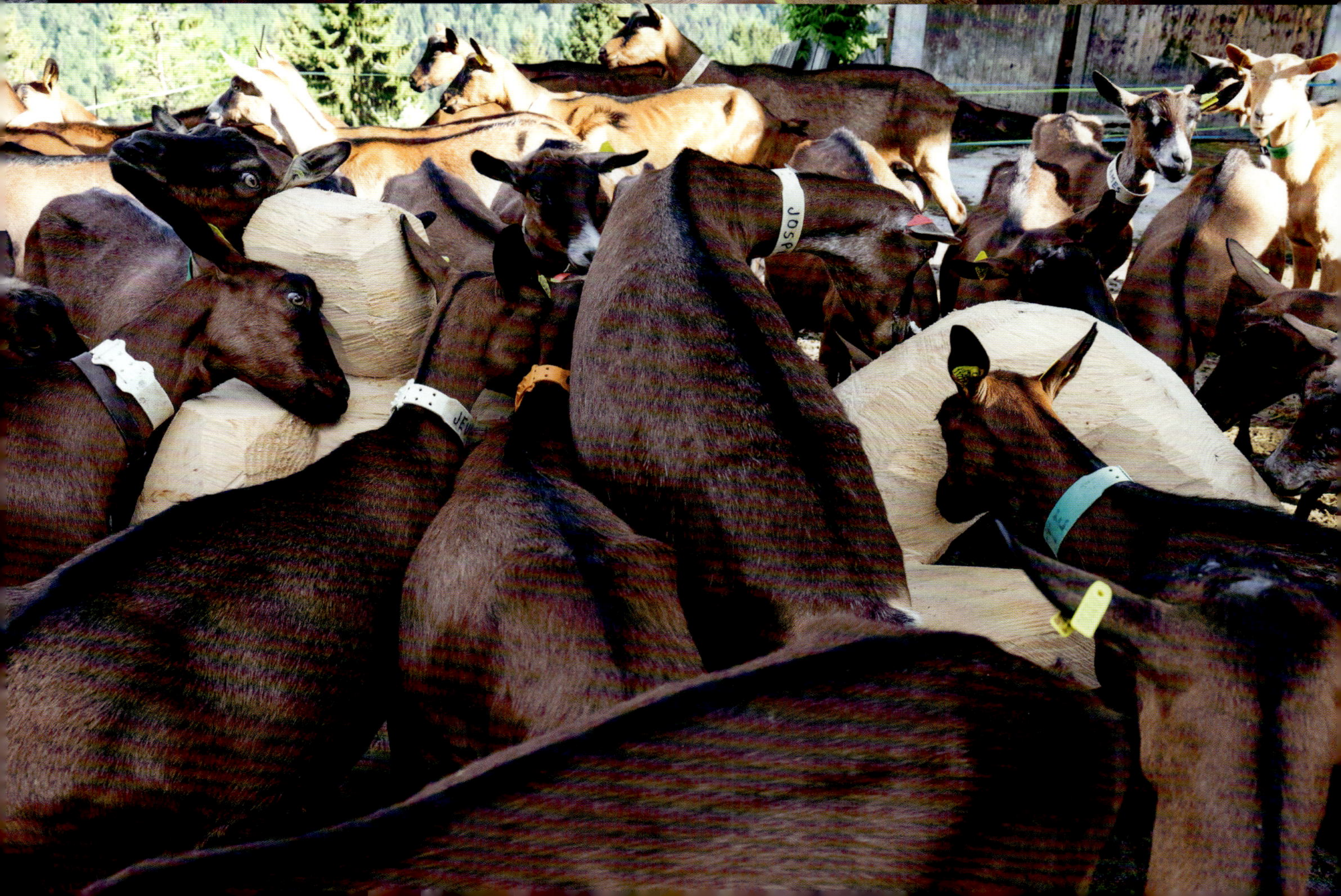

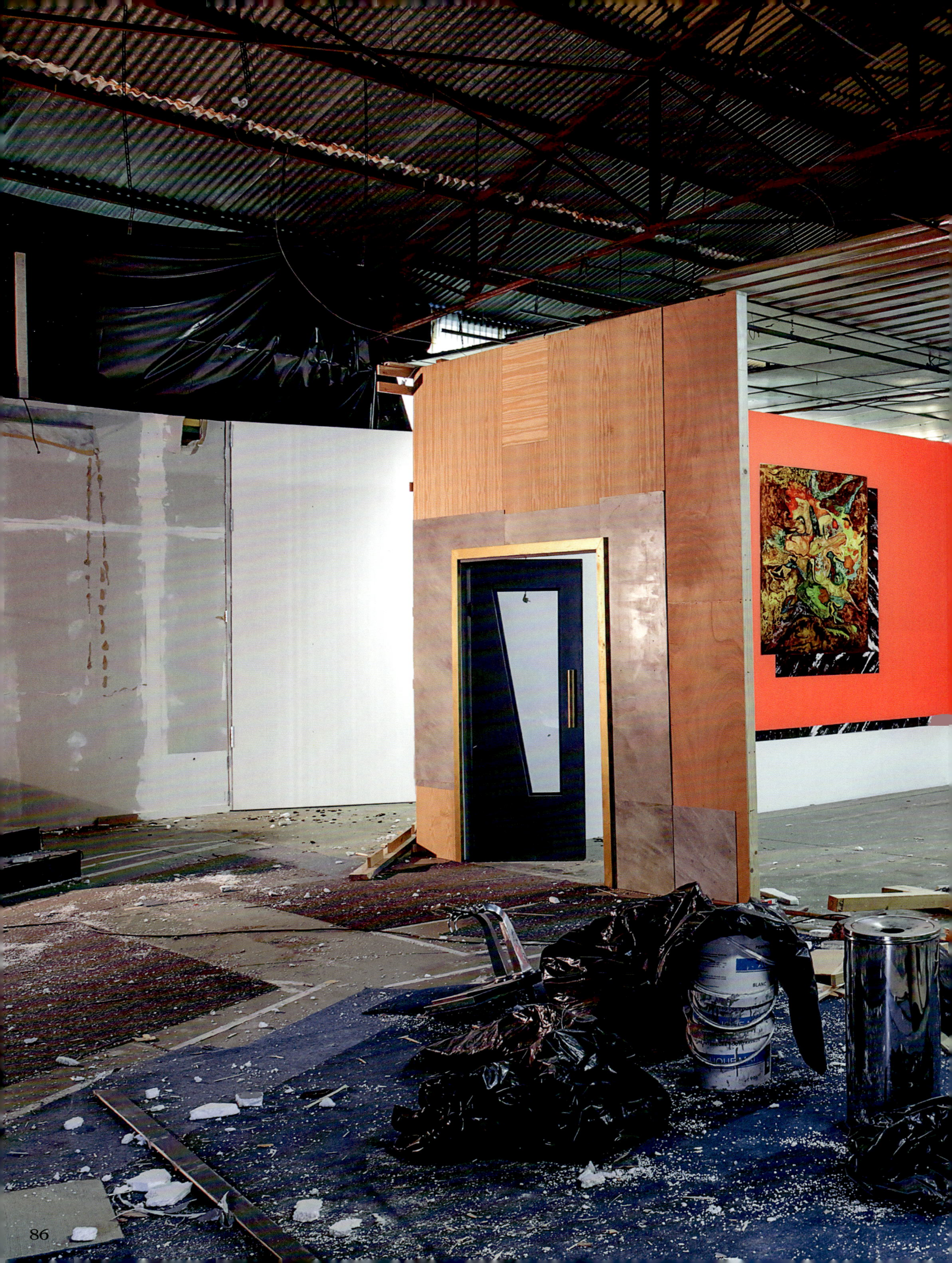

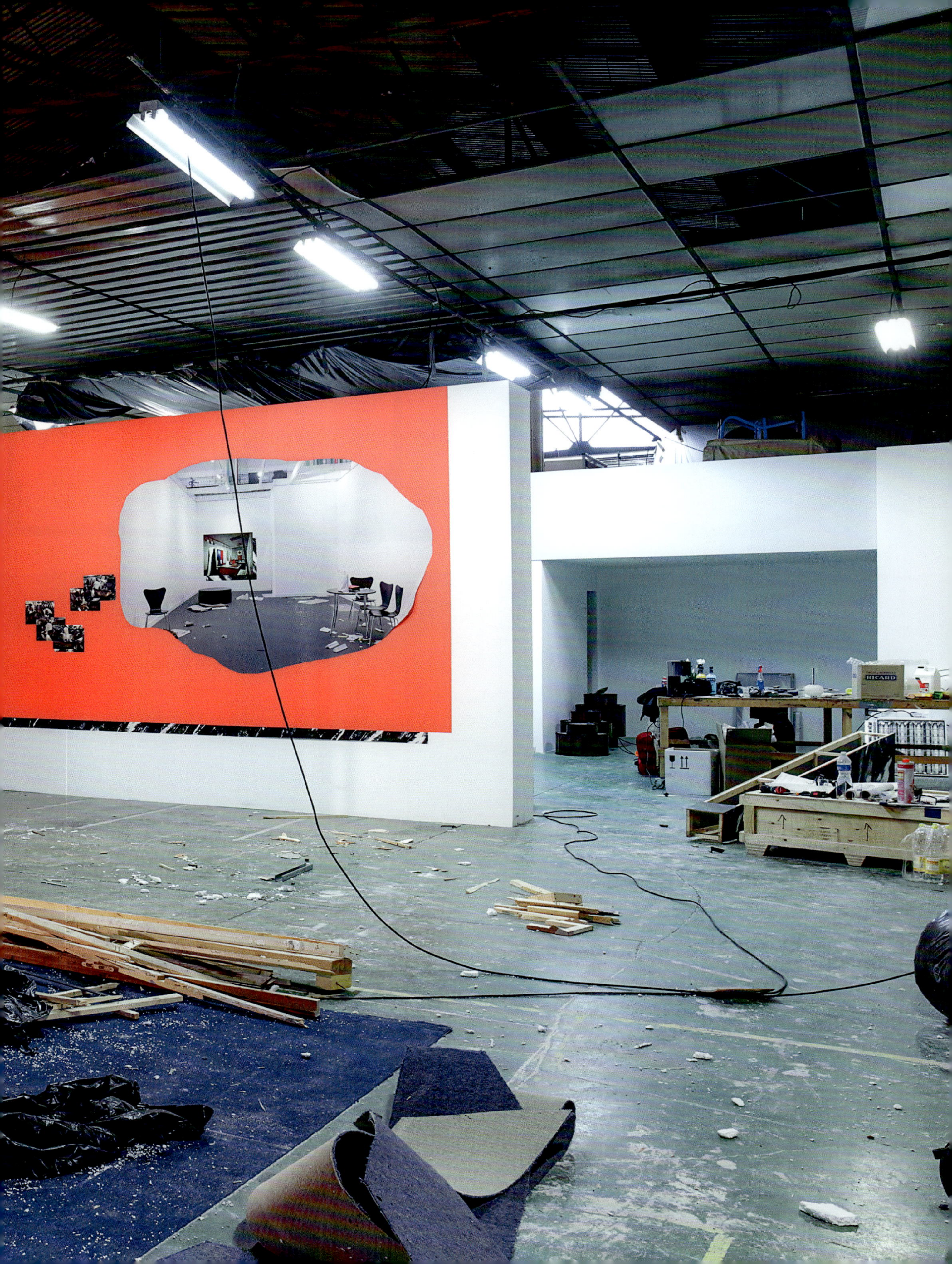
RICARD

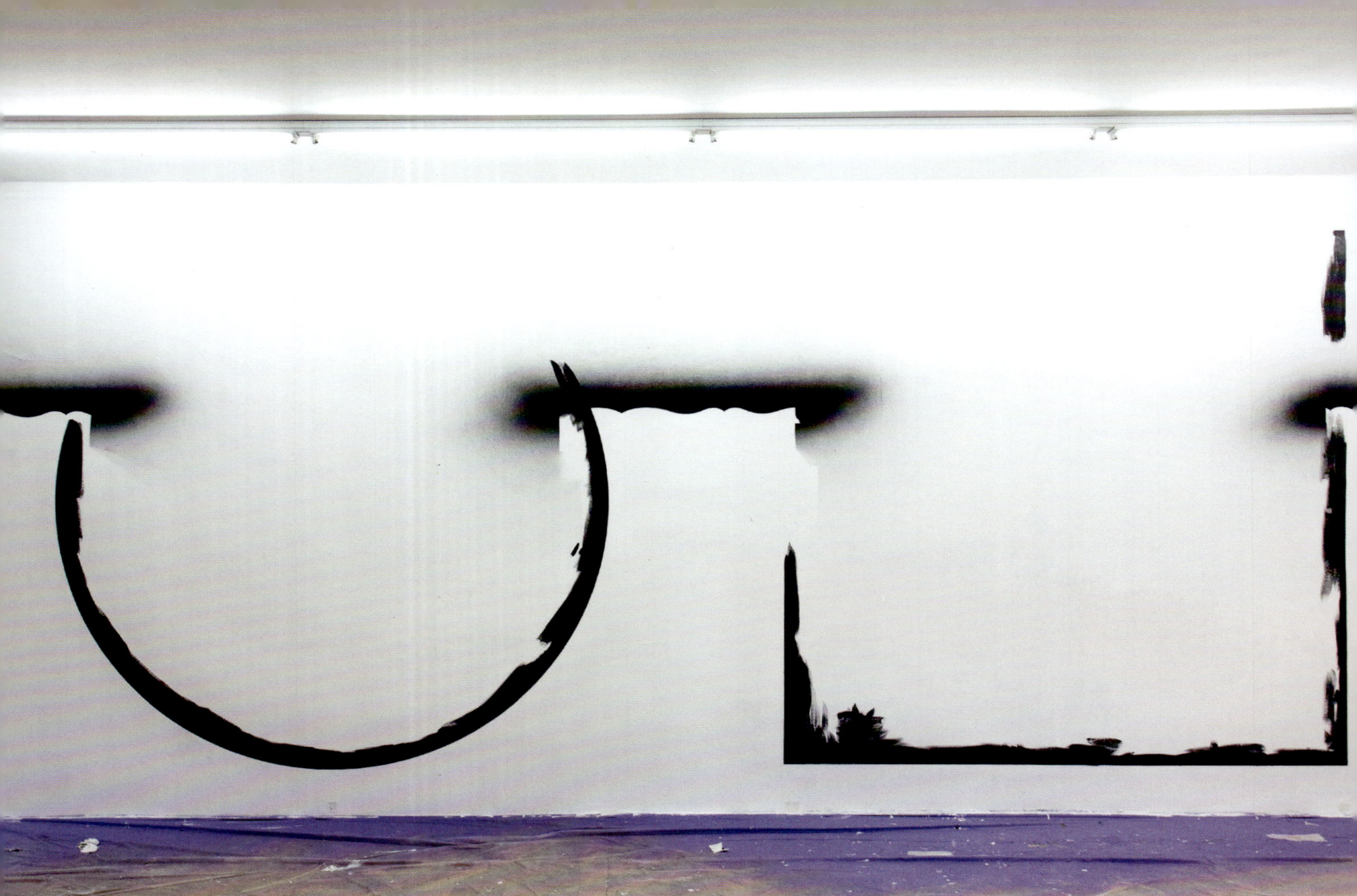

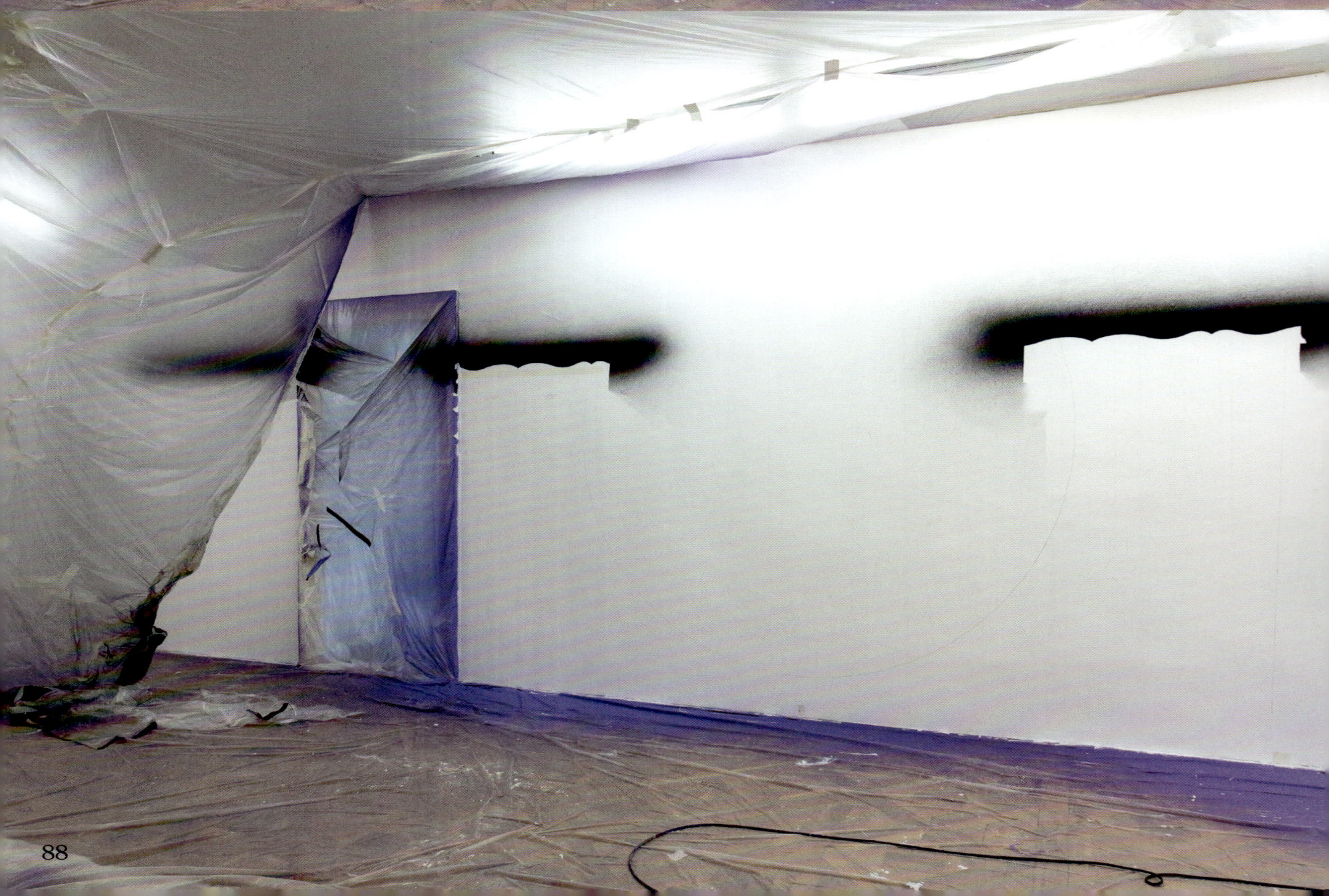

Marta Dziewańska

Une performance sans fin

Je vois l'œuvre de Jagna Ciuchta comme un système dynamique et instable : c'est une artiste — peintre, photographe, autrice d'installations —, mais aussi une commissaire, quelquefois une chorégraphe, et parfois une hôtesse attentive. Prises une par une, les œuvres de Ciuchta — que ce soient ses peintures grand format, ses photographies plus ou moins expérimentales ou même ses installations densément agencées — ne reflètent pas la nature de son travail. En effet, l'artiste semble chercher des flux entre ses œuvres et des points de fuite. Sa stratégie consisterait non pas à se couler dans un médium, un langage ou une identité artistique unique, mais à s'y soustraire sans cesse. Ce n'est pas par modestie ni par indécision. Tout au contraire, car chez Ciuchta, il est question d'une stratégie réfléchie (ou plutôt ressentie) consistant à questionner les lignes de partage rebattues, les hiérarchies, les systèmes et les conventions figés. C'est précisément en cherchant à dépasser ces structures (non pas tant en les rejetant qu'en les questionnant) que l'artiste a pris quelques décisions stratégiques qui, même si elles sont souples, construisent une certaine continuité et confèrent une identité nomade, jamais univoque, à son œuvre aux strates multiples. De quelles décisions s'agit-il ?

Jeune adepte de l'art, Ciuchta choisit d'étudier à l'Académie des beaux-arts de Poznań qu'elle quitte (en 2001) avec une formation d'artiste-peintre et la tête remplie d'idées contestataires et de recherches de nouvelles formes d'expression. Dès 1971, son professeur Jarosław Kozłowski, l'une des figures majeures de l'art conceptuel en Pologne, forgeait (en collaboration avec le commissaire d'exposition Andrzej Kostołowski) le manifeste *NET*, dans lequel il appelait à abolir les frontières, étroitement surveillées, au profit du libre échange d'idées, de projets, d'œuvres d'art, de publications et d'autres formes d'expression qui seraient compréhensibles et accessibles également en dehors du circuit officiel de l'art. Au lieu d'appeler à la création d'œuvres « d'auteurix » ou « autonomes », le manifeste déconstruisait ouvertement les mythes liés à l'art (le mythe de l'artiste, de l'originalité ou de la liberté artistique), car l'art est l'œuvre de l'imagination : c'est la capacité à jeter des ponts entre un objet et un autre, la curiosité à l'égard de relations potentielles — une transformation créative[1]. C'est exactement en cela que consistait le conceptualisme de Kozłowski : plus qu'à des « œuvres d'art » toutes faites et finies, l'artiste s'intéressait aux relations dynamiques et au mouvement entre les objets ; à la recherche d'équivalences entre différents médias, vocabulaires ; aux façons dont l'art se réfère à la situation sociale et politique plus ou moins actuelle.

Cette archéologie — bien qu'indéniablement importante et formatrice — ne me semble pas particulièrement nécessaire si l'on cherche à comprendre les sources des choix artistiques de Jagna Ciuchta. Si elle m'intéresse, c'est en tant que point de départ *dynamique* de son art migratoire et des séries successives de ses « transformations créatives ». Ciuchta s'empare sans aucun doute du bagage conceptuel de Kozłowski : elle aussi s'intéresse aux relations plutôt qu'aux objets, à leur valeur esthétique ou leur aura. Et, comme Kozłowski, elle semble comprendre l'imagination de manière pratique : c'est une faculté de relier et de reconfigurer constamment les significations, les lieux, les espaces et les langages. C'est la capacité — comme disait Charles Baudelaire[2] — de la pensée du poète et du scientifique. Ce n'est pas sans raison que je me réfère à Baudelaire. Ses *Notes nouvelles sur Edgar Poe* sont une tentative de saisir l'imagination surréaliste : penser au-delà de la hiérarchie, de la linéarité et créer des liens, souvent fortuits, entre des éléments appartenant à des ordres complètement différents. C'est justement dans ce relâchement surréaliste du conceptualisme que je vois le moment où Ciuchta dépasse le lexique de son professeur pour le transformer d'une façon créative. Il s'agit d'un déplacement subtil mais radical. En quoi consiste-t-il ?

Question d'imagination

L'imagination surréaliste — comme l'imagination conceptuelle — consiste à rompre et à créer des relations inattendues. Or, contrairement aux artistes conceptuellxs, les surréalistes n'avaient pas peur de reculer dans l'ombre afin de laisser le champ libre au hasard, au rêve et à l'inconscient. Leur imagination se nourrit en effet de bribes errantes de leur univers à la dérive. Ces fragments sont pour elleux la source la plus riche d'incohérences, d'anachronismes, des écarts, de déviations de toutes sortes et de malentendus qu'ielles recherchent et dont ielles raffolent. Leur imagination est porteuse d'un savoir aventureux et instable (nomade), relationnel et emphatique (non-axiomatique) et son mode de jugement critique et non consensuel la libère de toute appartenance à un quelconque dictionnaire ou norme. C'est justement ce type de *simultanéité* dynamique et parfois onirique qui me semble être la stratégie principale, si ce n'est essentielle, de Jagna Ciuchta.

Comment expliquer sinon — car il ne s'agit sûrement pas d'indécision — la multitude de ses rôles ? Comment expliquer que chacune de ses expositions individuelles soit toujours aussi collective[3] ? Quel est cet étrange enchevêtrement dans lequel la peinture devient une sculpture ou fonctionne comme de l'architecture ? Dans lequel la photographie est repeinte et la sculpture est un élément de la scénographie ? Sur quel principe et selon quelle règle ces vecteurs — inséparables, irréguliers et jamais définitifs — fonctionnent-ils ? Quel est le rôle de la citation et de l'emprunt dans cette œuvre et que signifie la migration des motifs qui apparaissent dans des contextes différents, dans des incarnations différentes et à des étapes différentes de son œuvre ? Que signifie cette insouciance face à l'identité de ses propres citations (ou peut-être plutôt la liberté de ne pas s'en soucier ?) mais aussi face aux œuvres elles-mêmes ? Que signifie ce double penchant : par la citation vers les expositions précédentes, et par les points de suspension vers les expositions futures ? Quel est le liant de cette œuvre en mouvement, ouverte de toute part ? Qu'est-ce qui la porte ? S'agit-il d'une force centrifuge (et quelle serait-elle, puisque l'artiste liquéfie si systématiquement toutes ses créations ?) ou centripète ? Dans quelle poétique cette œuvre puise-t-elle, elle qui n'est portée par aucune linéarité, aucun but défini et qui se construit sur une grille de choix plus ou moins prévisibles, des émotions et une série de porosités ? Quelle est cette situation heuristique dont le principe semble être le titre d'un des projets de l'artiste : *When You See Me Again, It Won't Be Me* (2010) ? Ce titre peut-il être lu comme son credo artistique ?

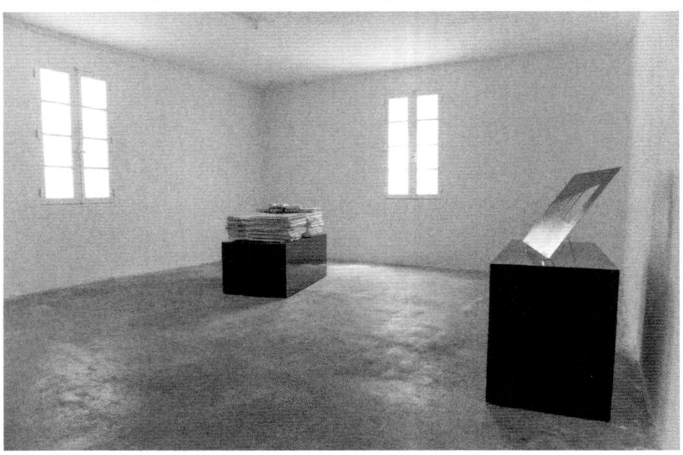

When You See Me Again, It Won't Be Me (1), 2010 ; exposition *Water Walk*, Maison des arts Georges & Claude Pompidou, centre d'art contemporain, Cajarc, 2010, cur. Martine Michard © Adagp, Paris, 2024, photo Samir Ramdani.

Toutes ces questions me rappellent « la course au "Caucus" » telle que décrite par Lewis Carroll dans *Alice au pays des merveilles* : « chacun se met à courir quand il lui plaît et s'arrête de même[4] ». Il s'agit d'une course qui n'a pas d'autres règles que celle de tourner en rond. Toutxs les participantxs sont gagnantxs et chacunx reçoit un prix à la fin. Ou encore *La Loterie à Babylone* décrite par Jorge Luis Borges, dans laquelle tous les billets sont gagnants, « le nombre de tirages est infini » et « aucune décision n'est définitive, toutes se ramifient[5] », qui semble fonctionner de manière similaire.

Les *règles* à la façon de Carroll ou Borges peuvent-elles nous servir de mode d'emploi ? Expliquent-elles quelque chose ? Ont-elles un sens ? Une direction ? N'est-il pas vrai qu'un système élémentaire est indispensable pour établir un ordre des plus simples[6] ? Quel est le principe de fonctionnement de cette logique paradoxale qui fait que les images, les catégories, les noms, les lieux, les identités de toutes sortes ne peuvent se « fixer » nulle part et quand le lieu « commun à toutxs » — une zone d'identité qui garantit la stabilité — s'est effondré[7] ? Comment interpréter cette dynamique fondée sur un mouvement permanent, sur des relations sans cesse changeantes et sur une mutation continue ? Comment ne pas se perdre dans ce champ de discontinuité fraîchement ouvert, à l'intérieur d'un enchevêtrement de routes plein de passages secrets ?

La réponse semble être d'ouvrir un champ d'expérimentation : en commençant par le plus élémentaire, les détails concrets et autonomes — une activation radicale des catégories et des ordres existants. Gilles Deleuze, dans son étude sur Foucault, dit que des paradoxes ainsi conçus sont souvent perçus comme des absurdités alors qu'ils sont *la réalité de la pensée même*, un jeu réservé à la pensée et à l'art… et c'est en eux que la pensée et l'art deviennent réels : ils perturbent la réalité, la morale et l'ordre du monde[8]. Si c'est le cas, ce n'est certainement pas un simple jeu innocent. Borges écrit avec éloquence que *La Loterie à Babylone* propose des tirages impersonnels (ou pluripersonnels), dans un but indéfini, lorsqu'un tirage peut ordonner « de jeter un saphir de Taprobane dans les eaux de l'Euphrate ; un autre, de lâcher un oiseau du haut d'une tour ; un autre encore, de retirer tous les siècles un grain de sable à la plage, ou de l'y ajouter. Les conséquences sont parfois terribles. [...] Notre quotidien est désormais empreint de risque[9]. »

Une série de déplacements

Les éléments énumérés ici et empruntés aux surréalistes[10] — à commencer par la simultanéité et la non-identité les plus élémentaires, en passant par l'imprévisibilité, l'absence de conclusion, le goût pour le risque jusqu'à la fascination pour l'acte lui-même (l'expérience ici et maintenant) — me semblent aller de pair avec les choix et la stratégie artistique de Jagna Ciuchta. Dans ce contexte (et avec tout le bagage surréaliste décrit plus haut), il m'est impossible de penser à son œuvre autrement qu'au travers du lexique de la performance.

J'essaie d'imaginer son cheminement de pensée — celui d'une artiste ayant reçu une éducation classique : « La peinture ? Oui, mais elle est trop plate, trop immobile. La sculpture ? D'accord, mais elle est trop linéaire. La photographie ? Pourquoi pas, sauf qu'elle est trop figurative. L'architecture, la scénographie ? Oh, oui, mais elles sont trop décoratives. Le commissariat ? Intrigant, mais trop didactique. » Puis elle les prend tous et les « cultive » à sa façon, plus intéressée par les situations que chaque médium pourrait générer, les transformations et les tensions qu'ils provoquent que par un effet spécifique et précis. De plus, elle invite d'autres artistes à participer à ces situations[11] : une invitation ouverte à une situation ouverte. Lors de cette conversation se crée un collage dynamique, parfois totalement entortillé et imprévisible : un test des limites et des possibilités de coexistence. Dans un espace-temps défini : lors d'une exposition-événement qui est *simultanément* une des œuvres.

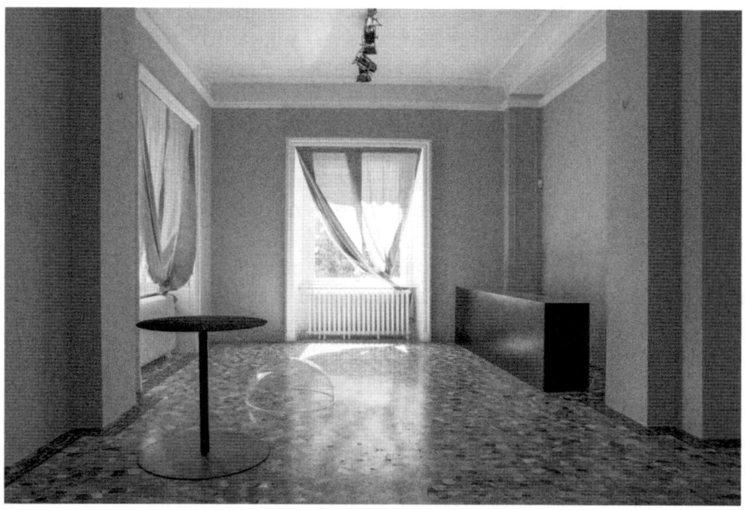

The Grey Room, 2011, vue d'installation après le démontage des œuvres d'artistes invitéxs © Adagp, Paris, 2024, photo Jagna Ciuchta.

The Grey Room, que l'artiste a réalisé à Côme en Italie en 2011, est un espace intéressant fait d'oscillations, d'investigation d'un champ, de prise de connaissance phénoménologique d'une situation qu'elle observe et mesure. Invitée à participer au programme Corso Aperto, l'artiste, au lieu de se concentrer sur sa pièce et de l'inscrire dans un ensemble plus ou moins grand, se met à distance pour observer et, en observant, s'efforce de saisir le rythme auquel « la pièce grise » se remplit. Elle effectue quelques gestes préliminaires — comme si elle tendait sa toile sur un châssis ou préparait la scène — pour ensuite inviter d'autres artistes ; ce ne sont pas tant leurs œuvres qui constituent l'objet de son observation que les intensités qu'elles suscitent entre elles : toutes sortes d'écarts, de tensions, de ponts plus ou moins attendus. Elle note scrupuleusement ces observations, et ses écrits ont le caractère d'un rapport. Il s'agit toutefois d'un rapport subjectif : les notes d'une observatrice impliquée, curieuse et intriguée par l'improvisation qui se déroule sous ses yeux. « Les artistes proposent des œuvres, écrit-elle le 3 juillet. Je suis soulagée. Je me suis sentie nerveuse. J'ai mis en place quelques règles[12]. » Le lendemain : « On installe de nouvelles œuvres au sein de l'exposition : le *Cross* book désordonné de Roberto F. [Fassone], les *Trues Stories* de Iacopo [Seri] et les *Traces* autobiographiques de Maria Elena [Fantoni]. Marta [Roberti] apportera sûrement quelque chose. » À la fin du mois, elle note : « J'ai demandé à Roberto quel titre, selon lui, je devrais donner à la pièce grise. Je ne veux plus utiliser de générateurs, je n'aime pas la routine. "Appelle-la *The Grey Room*, m'a-t-il dit. Tout le monde l'appelle comme ça." » L'exposition se termine, les œuvres se dispersent, ce qui reste est un rapport : une documentation écrite et photographique.

Une performance ne fonctionne-t-elle pas exactement de cette manière ? Ne laisse-t-elle pas exactement ce type de traces ? N'est-ce pas propre à son « travail » (au sens du verbe) ? De quelle matière est-elle faite au juste ? Qu'en reste-t-il ?

(Non) choix de l'artiste

Puisqu'une performance se déroule toujours « ici et maintenant » (avec tous les risques et incertitudes que cela comporte), c'est un médium intrinsèquement lié au temps. Créée « en direct », éphémère, prisant le corps vivant et sa dynamique, la performance semble émanciper le théâtre de la scène, la danse de la musique et les arts visuels de leur matérialité[13]. C'est un médium qui ébranle la stabilité de ces divisions et qui suspend la relation classique entre sujet et objet, créateur et matière. Davantage intéressée par le processus que par le résultat, par la construction des relations que par leur forme définitive, par la recherche et non par l'objet achevé, la performance est un médium qui ne voit pas l'art comme une entité autosuffisante et close, mais la renégocie sans cesse. Ciuchta n'a cependant pas choisi de travailler avec la performance, ni avec la danse (tout aussi dynamique), ni même avec la vidéo (elle aussi « en mouvement »). Elle ne choisit pas non plus de travailler avec le corps (ni le sien ni celui des autres). Pourtant, toutes ses intuitions et tous ses choix me semblent provenir de l'univers de la performance et le mouvement qu'elle recherche se produit là où on ne l'attend pas tout à fait.

When You See Me Again, It Won't Be Me, projet mentionné plus haut, me semble symptomatique, et il organise en quelque sorte ma réflexion sur le travail de Jagna Ciuchta. Dans cette œuvre / série d'expositions réalisée entre 2010 et 2015, les objets sont soumis à la métamorphose, au déplacement et à une sorte de (dé)construction répartie dans le temps. C'est exactement en ce sens que le sujet de cette œuvre me semble être le *mouvement* : un mouvement qui arrache les objets, les formats, mais aussi les incarnations successives de l'exposition des identités confortables, données et fixées une fois pour toutes. L'artiste semble rechercher le langage pour raconter ce flux et cette multiplicité originelle à l'aide d'un vocabulaire approprié : non pas tant avec des objets achevés et des phrases qui se terminent par un point à la ligne, mais avec une séquence de situations en mouvement et de mises en abyme sur plusieurs niveaux qui non seulement refusent l'identité à leurs objets (suspendus entre une incarnation et la suivante) mais au sein desquels le temps lui aussi se réfracte. Les motifs vagabonds, les emprunts, mais aussi des artefacts que l'artiste utilise — à la façon de citations sorties de leur contexte — suspendent la linéarité la plus élémentaire. Au lieu de se dérouler simplement dans le temps, ses séquences s'échafaudent sur une grille pleine de perturbations, d'arrêts, de retours en arrière et de glissements plus ou moins inattendus. Voici comment l'artiste parle de son travail : « Vous y verrez des expositions qui évoluent, soit selon un protocole préétabli, soit par propension à continuer à faire ou à défaire, à déplacer les objets et à redéfinir leurs liaisons, laisser l'œuvre toujours sans fin[14]. » On a l'impression que Ciuchta a pensé cette série comme un enchaînement de « mouvements » particuliers tandis que l'exposition en devient le vestige, un enregistrement.

L'œuvre *Eat the Blue* (2013-2014) est conçue d'une façon tout aussi « active ». La situation qui se construit entre les corps/œuvres présents apparaît à nouveau comme une recherche de tensions plus ou moins passagères (après l'exposition, les œuvres retourneront chez leurs propriétaires). Une documentation photographique constitue l'enregistrement assez détaillé de ce processus. *The Grey Room* (2011), déjà mentionné plus tôt, reposait sur la participation active d'autres artistes : le déplacement de leurs œuvres (et de leurs corps) dans l'espace suivait quelques indications sommaires de Ciuchta concernant l'organisation :

1. Je ne choisis pas mais accepte toutes les propositions sans émettre de jugement [...].
2. L'artiste décide où placer son œuvre. S'ielle ne veut pas choisir, je prendrai une décision rapide, pratique.
3. Moins je décide, mieux c'est. Je laisse les autres choisir leur emplacement. Je ne les incite pas, je ne juge pas, ni ne cherche à contrôler[15].

Mélange doré (2019) semble être une autre étape de cette séquence non chronologique : cette œuvre est un agrégat de corps et d'objets (le mélange éponyme) — à la fois œuvre et scénographie au mode d'emploi à peine esquissé pour la présence et les actions spontanées d'autres artistes. Ne s'agit-il pas d'une situation typique de l'improvisation : créer un cadre poreux pour une expérience qui évolue dans le temps ? S'appuyer sur la présence active et les décisions autonomes des corps vivants dans une situation éphémère et impermanente, se déroulant uniquement dans un espace-temps défini ? Une fois ce type d'improvisation terminée, en reste-t-il autre chose qu'un enregistrement (des notes, des photographies, une archive de gestes) ? Ce type de dispersion, d'existence uniquement au travers de la documentation, ne fait-il pas partie des arts performatifs ? L'artiste note : « Les images sont souvent tout ce qui reste des expositions, mais la documentation n'est que le début d'un chemin. L'image-document, l'image-pièce, l'image-support, l'image-déchet. Certaines d'entre elles cessent d'être documentaires pour émerger dans

> d'autres expositions. Elles sont alors, soit des *fonds* pour d'autres images ou objets, soit des œuvres accrochées sur des nouveaux fonds de peinture. Déplacés, extraits à nouveau, décollés des murs, agglomérés, incorporés, ces résidus d'expositions acquièrent un nouveau statut et une nouvelle légende, en demeurant toujours archives d'eux-mêmes et de ce qu'ils représentent. Images liquides, parce qu'elles s'écoulent d'une exposition à une autre, glissent d'un support à un autre, fuitent d'un état à un autre[16]. »

Je serais incapable d'interpréter ses paroles autrement qu'en tant que situation de documentation à nouveau ouverte, une nouvelle fois mise en mouvement : une performance sans fin.

Lorsque, au cours d'une de nos conversations, j'ai demandé à Jagna Ciuchta si ce qu'elle faisait — construire des situations « vivantes » et inclusives, observer la dynamique des relations et des transformations qui s'y opèrent, les échanges sur plusieurs niveaux et les affects qui les accompagnent — pourrait être exprimé (par elle) dans un autre domaine, elle a répondu par l'affirmative. Mais manifestement, l'art constitue pour elle une sorte de laboratoire dans lequel elle imagine (au sens donné à l'imagination par les surréalistes), explore et teste d'autres modèles (souples) de la création, du partage, de la perception ou, enfin, de la vie. Dans *La Mobilisation infinie*, Peter Sloterdijk écrit : « Il faut introduire, dans le diagnostic sur notre époque, une dimension cinétique et cinesthésique parce que, sans cette dimension, tout discours sur la modernité passe à côté de ce qu'il y a de plus réel[17]. » La performance correspond sans aucun doute le plus pleinement à l'expérience poignante de notre être nomade, multidimensionnel et radicalement instable dans le monde actuel. C'est ainsi que j'interprète la performance de Jagna Ciuchta répartie dans le temps : en l'utilisant, elle crée un non-lieu artistique/utopique qui reste à la fois extrêmement concret, réel et ancré dans le temps. Intéressée par le *processus* et par le *mouvement*, ce sont eux qui deviennent le cœur et le moteur de son œuvre.

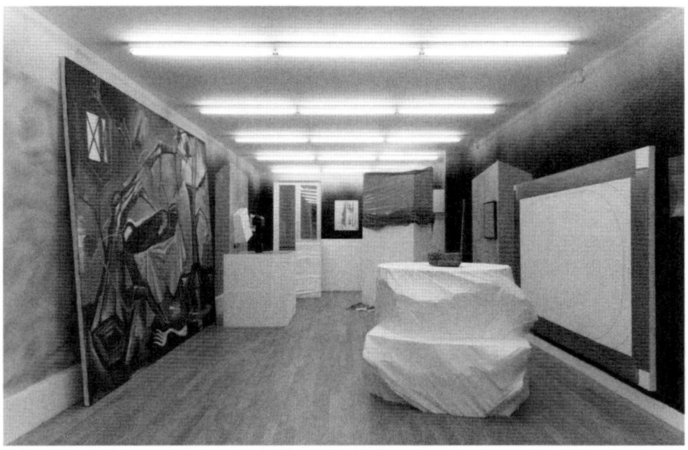

Eat the Blue, vue d'installation le 4 janvier 2014, avec les œuvres de Julien Bouillon, Ingrid Luche, Colombe Marcasiano, David Evrard, Guillaume Durrieu, France Valliccioni, Julie Vayssière, Renaud Bézy, Paul Branca, Julie Favreau, Samir Ramdani, Rada Boukova ; courtesy des artistes © Adagp, Paris, 2024, photo Jagna Ciuchta.

1 C'est exactement ainsi que Kozłowski réalisait son conceptualisme : l'imagination et la « transformation créative » étaient sa façon de franchir l'abîme qui séparait le concept de sa visualisation.

2 Charles Baudelaire, *L'Art romantique. Journaux intimes*, Paris, Presses pocket, 1981.

3 La question du sujet et de l'identité dans l'œuvre de Jagna Ciuchta est extraordinairement versatile et pourrait sans doute se prêter à une étude séparée. Ciuchta sert d'intermédiaire et stratifie sans cesse : l'acte de création est pour elle un acte de cocréation (elle invite d'autres artistes à se joindre à ses œuvres et inclut à son travail les œuvres d'autres personnes : artistes et amateurixs). Dans ce contexte, il aurait fallu poser la question de la limite entre la cocréation et l'appropriation (artistique) mais cela dépasse le propos de ce texte.

4 Ce qui mérite une attention particulière c'est qu'en 1969 Salvador Dalí, l'un des surréalistes les plus célèbres, a illustré ce livre extraordinaire de ses héliogravures exceptionnelles.

5 Voir Jorge Luis Borges, « La Loterie à Babylone », in *Fictions*, Paris, Gallimard, 1951.

6 Voir Michel Foucault, *Les mots et les choses. Une archéologie des sciences humaines*, Paris, Gallimard, 1966.

7 *Ibid.*

8 Gilles Deleuze, *Logique du sens*, Paris, Les Éditions de Minuit, 1969, p. 76.

9 Jorge Luis Borges, *Fictions*, *op. cit.*, p. 70.

10 Dans *L'un dans l'autre* (2017), Jagna Ciuchta se réfère à Toyen et emprunte le titre et le geste d'une de ses œuvres. Toyen, de son vrai nom Marie Čerminowa (1902-1980), était une artiste-peintre franco-tchèque et figure importante du surréalisme tchèque.

11 En prenant consciemment le risque d'être accusée (non sans fondement) d'*outsourcing* ou d'appropriation (voir la note n° 3).

12 Toutes les citations concernant cette œuvre proviennent de Jagna Ciuchta, « The Grey Room », in *Wolves and Peasants 38% Notes 38 % No Title 19% Dreamers 4%*, Côme, Fondazione Antonio Ratti et Milan, Mousse Publishing, 2011, p. 25.

13 Le solipsisme, l'absence du mouvement, un matérialisme linguistique, l'autorité (douteuse) de l'auteurix, la représentation et la réification semblent être à l'origine de la naissance de la performance qui s'en émancipe.

14 Jagna Ciuchta, portfolio de thèse, in *Expositions ; je dilaté, images liquides et plantes carnivores*, thèse de doctorat en Art, Université Paris Sciences & Lettres et École nationale supérieure des beaux-arts, Paris, 2019, p. 9.

15 Jagna Ciuchta, « The Grey Room », *op. cit.*

16 Jagna Ciuchta, *Expositions ; je dilaté, images liquides et plantes carnivores*, *op. cit.*

17 Peter Sloterdijk, *La Mobilisation infinie*, Paris, Christian Bourgois éditeur, 2000, p. 27.

Marta Dziewańska

An Ongoing Performance

I perceive Jagna Ciuchta's work as a dynamic system full of instabilities: she is an artist—painter, photographer, installation artist—but also a curator, sometimes a choreographer, at other times a watchful host. Her individual artworks—whether classic large-scale paintings, or more or less experimental photographs, or even the dense installations she arranges—individually fail to capture the nature of her work. Ciuchta seems to be looking for flows and resonances between them, and her strategy seems to be not to settle into any medium, language, or artistic identity: a constant self-occlusion. However, this is not a result of modesty or indecision. On the contrary, this is a deliberate (or rather intuited) strategy to undermine the established divisions, hierarchies, conventions and orders. Precisely in search of these transgressions (not so much rejecting structures as questioning them), the artist has made several strategic decisions which, although subtle, build a kind of continuity and a nomadic, never unambiguous identity of this multi-layered oeuvre. What are these decisions?

As a young art student, Ciuchta chose to study at the Academy of Fine Arts in Poznań, which she left (in 2001) with a diploma in painting and a head full of the spirit of contestation and the search for new forms of expression. Her professor, Jarosław Kozłowski, one of the key representatives of conceptual art in Poland, as early as 1971 formulated (in cooperation with curator Andrzej Kostołowski) "The NET Manifesto" which called for the abolition of carefully guarded borders through a free exchange of ideas, projects, artworks, publications, and other forms of expression which would be understandable and accessible beyond the official art circuit. Instead of creating "authorial" or "autonomous" works, the manifesto openly deconstructed myths associated with art (the myth of the artist, of originality, of artistic freedom), for art was defined as the work of the imagination: the ability to throw bridges between one object and another, curiosity about potential relationships—a creative transformation.[1] This is precisely what his conceptualism was about: more than ready-made, finished "works of art," the artist was interested in the dynamic relationships and movement between objects; in the search for equivalence between different media, vocabularies; in the ways in which art refers to a more or less current social and political situation.

This peculiar archaeology—although undeniably important and formative—does not seem to me particularly necessary in the context of looking for the sources of Jagna Ciuchta's artistic choices. However, I am interested in it as a *dynamic* starting point of her migrating art and subsequent series of "creative transformations." There is no doubt that Ciuchta takes over Kozłowski's conceptual baggage and interest in relations rather than objects, their aesthetic qualities, their aura. Like him, she seems to take a practical view of the imagination: as the capacity (*faculté*) for combining and constantly reconfiguring meanings, places, spaces and languages. It is the ability—as Baudelaire put it[2]—to think both as a poet and as a scientist. It is not without reason that I bring up Baudelaire here. His essay *New Notes on Edgar Poe*, referenced above, is an attempt to capture the surrealistic imagination: to think outside hierarchy, outside linearity, and create relationships—often accidental—

between elements belonging to entirely different orders. Exactly such a surrealistic "loosening up" of conceptualism seems to me to be a moment when Ciuchta moves beyond the vocabulary of her professor and creatively transforms it. It is a subtle but radical shift. What does it consist of?

Question of Imagination

The surrealist imagination, like the conceptual one, is an ability to break and build unexpected relationships. Surrealists, however, unlike conceptualists, were not afraid to withdraw into the shadows and give the field to chance, dreams and/or the unconscious. Their imagination is built from fragments torn out from their universe. These fragments are, for them, the richest source of the much prized and eagerly pursued incoherences and anachronisms, of all the possible discrepancies, deviations and misunderstandings. Their imagination is a carrier of adventurous and unstable (nomadic), relational and empathic (non-axiomatic) knowledge, and its critical and non-consensual mode of judgment frees it from belonging to any dictionary or norm. This kind of dynamic, sometimes oneiric *simultaneity*, seems to me to be the main, if not the key, strategy of Ciuchta.

For what else—clearly not indecision—could be the source of this multiplicity of her roles? How to explain the fact that each of her solo exhibitions is always also a group show?[3] What kind of strange puzzle is this, where painting becomes sculpture or functions as architecture? Where photography is painted over, and sculpture is an element of a stage design? On what principle and according to what rule do these vectors—inseparable, irregular and never final—work? What is the role of quotation and borrowing in this work, and what do the traveling motifs (fragments) appearing in various contexts, various incarnations and at different stages of her work mean? What does this carelessness (or perhaps is it more the freedom from caring?) about the identity of her own quotations, but also of the works themselves, mean? What does this double leaning mean: from one side toward the previous shows through quotation, and, from the other, toward the future ones through understatement? What is the binder of this swinging work, which is open on all sides? What carries it? Is it centrifugal force (which would it be, since the artist so consistently liquefies all her creations?) or centripetal? What is the underlying poetics, in the absence of any linearity, of any defined aim: a poetics built on a grid of more or less predictable choices, emotions, and series of porosities? What is this heuristic situation, whose principle seems to be the title of one of the artist's projects: *When You See Me Again, It Won't Be Me* (2010)? Can this title be read as her artistic credo?

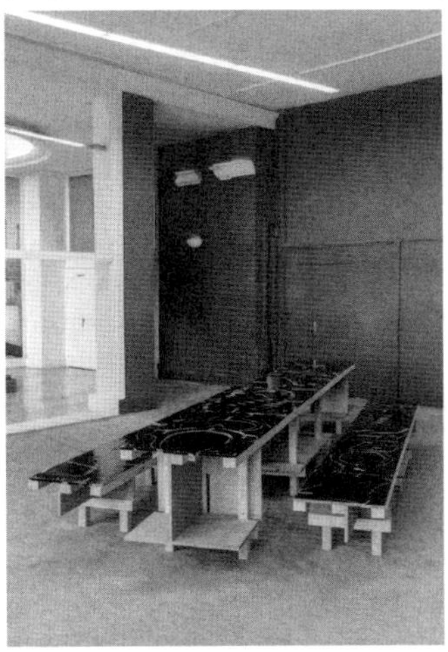

When You See Me Again, It Won't Be Me (7), 2015, as part of the exhibition *Les choses que tout le monde ignore et qui ne laissent pas de traces n'existent pas* [Something that Everyone Ignores and Leaves No Trace Doesn't Exist], La Salle de bains, Lyon, France, 2015, cur. Caroline Soyez-Petithomme ©Adagp, Paris, 2024, photo Éric Tabuchi.

All these questions bring to mind the caucus race, as described by Lewis Carroll's *Alice's Adventures in Wonderland* (1865): "they began running when they liked and left off when they liked."[4] It is a race which has no rules except that everyone runs in circles: each player wins and each is given a prize at the end. It is similar to *The Lottery in Babylon* (1941) by Argentine writer Jorge Luis Borges, a lottery in which all tickets win, and "the number of drawings is infinite," and "[n]o decision is final, all diverge into others."[5]

Do such Caroll or Borges *rules* offer any instruction? Do they explain anything? Do they make sense or point in any direction? Is it not so that an elementary system is necessary for creating the simplest order?[6] What kind of paradoxical logic is at work when images, categories, names, places and all kinds of identities are unable to "stay in place," especially when the common place —a zone of identity that guarantees stability—has fallen apart?[7] How to interpret this permanent movement, constantly changing relations, continual transformation? How not to get lost in this newly opened field of discontinuities, this tangle of routes full of secret passageways?

The answer seems to lie in opening up a space of experimentation: starting from details and particulars—a radical activation of existing orders and categories. Gilles Deleuze, in his study on Foucault, writes that paradoxes conceived in this way are often seen as nonsense, where "they are the reality of thought itself," and consequently, "the game reserved for thought and for art... by which thought and art are real, and disturb reality, morality, and the economy of the world."[8] If so, such experimentation is definitely not just innocent play. How telling that in Borges' *The Lottery in*

Babylon there are also impersonal drawings, of undefined purpose: one drawing will decree "that a sapphire from Taprobane be thrown into the waters of the Euphrates; another, that a bird be released from a tower roof; another, that a grain of sand be withdrawn (or added) to the innumerable grains on a beach. The consequences, sometimes, are terrifying... our customs have become thoroughly impregnated with risk."[9]

Series of Shifts

The elements listed here, and borrowed from the surrealists[10], all resonate with Ciuchta's artistic choices and strategy—starting with the most basic simultaneity and non-identity, through to unpredictability, inclusiveness, risk-taking, and fascination with the act itself (an experiment here and now). And it is precisely in this context (with all the surrealist baggage described above) that I cannot think about her work other than in terms of performance.

I try to imagine her train of thought—that of a classically trained artist: "Painting? Yes, but it's too flat, immobilized. Sculpture? Could be, but it's too linear. Photography? Why not, but it's too representational. Architecture, stage design? Oh, yes! But it's too decorative. Curatorial work? Intriguing, but too didactic." Then she takes them all and "cultivates" them in her own way, more interested in the situations that each of them is able to produce, in the changes and tensions that occur in their course than in a specific, precise effect.[11] Moreover, she invites other artists to these situations: an open invitation to an open situation and in this conversation a dynamic, sometimes completely intricate and unpredictable collage is created, which is a kind of testing of boundaries and possibilities of coexistence. This happens in a specific place and time: at an exhibition event, which is also one of the works in and of itself.

The Grey Room (2011), which the artist realized in Como, Italy in 2011, was an interesting place for oscillating, exploring a field and becoming phenomenologically familiar with a situation: watching it and measuring it. Invited to be part of the "Corso Aperto" program, the artist, instead of focusing on her piece and inscribing it into a larger or smaller whole, moved away and observed, and in this observation tried to capture the rhythm of the "grey room" filling up. She performed a few introductory gestures—as if she were stretching the canvas or preparing the stage—inviting others, and the object of her observation was not so much their works as the intensities created between them: all the gaps, tensions, more or less expected bridges. She scrupulously noted down all of these observations and her writing took the form of a report. However, it was a subjective report, a note of an engaged observer, curious and intrigued by the improvisation happening before her eyes. "The artists are proposing works"—she wrote on 3 July—"I am relieved. I've been feeling nervous. I set up some rules."[12] The next day, "new works are installed in the exhibition: Roberto F. [Fassone]'s messy Cross book, Iacopo [Seri]'s *True Stories* and autobiographical *Traces* by Maria Elena [Fantoni]. Marta [Roberti] will possibly bring something." Towards the end of the month, she wrote: "I ask Roberto if he has any idea what title I could give to the grey room. I don't want to use generators anymore, I don't like routine. 'The Grey Room, he says, everybody calls it like that.'" The show came to an end, the works scattered; what remains is the report: the verbal and photographic documentation. Isn't that exactly how performance works and isn't that exactly the traces it leaves behind? Is this not how its "work" is conceived (in the verb sense)? What actually is its matter? What remains after it?

Artist's (Non-)Choice

There is no doubt that by always taking place "here" and "now" (with all the risk and uncertainties that entails), performance is a time-based medium. Created "live"—as impermanent and interested in the live body and its dynamic performance—it seems to emancipate theater from the stage, dance from music, and the visual arts from their materiality.[13] It is a medium that undermines the stability of those divisions and suspends the classical relationship between the subject and the object, creator and matter. More interested in the process than in the result, in building relations than grasping them in a finite form, performance does not perceive art as a self-sufficient sealed whole but renegotiates this whole continually. Ciuchta does not choose, however, to work with performance, nor even with the likewise dynamic form of dance, or with video's "moving" image. Neither does she choose to work (directly) with the body (hers or someone else's). But at the same time, all of her intuitions and choices seem to me to be derived from the universe of performance and the movement she is seeking happens in the places we do not quite expect it.

The already mentioned project *When You See Me Again, It Won't Be Me* seems symptomatic and organizes my thinking about Jagna Ciuchta's work. Spread across several years (2010-2015), it is a work/series of exhibitions in which objects undergo transformations, shifts and a peculiar, staggered (de)construction. Exactly in this sense, the subject of this work seems to be *movement*: movement that pulls objects, formats but also successive incarnations of an exhibition out of comfortable, once established and (re) given identities. The artist is looking for a language to talk about so-conceived flow and original multiplicity in a vocabulary adjusted to it—not so much with ready-made objects and sentences ending with periods, as with a sequence of vacillating situations, a multilayered mise en abyme, which not only deny the identity of their objects (suspended between one incarnation and the next), but in which time is also split. For the wandering motifs, borrowings and artifacts used by the artist—exactly like quotations taken out of context—suspend a simple linearity. Instead of simply developing with time, her sequences are built on a grid that is full of disturbances, stagnations, returns and more or less unexpected shifts. As the artist says about her work, "you will find exhibitions that evolve, either according to a pre-established protocol or guided by the propensity to keep doing or undoing, to displace objects, and to redefine their relationships, leaving the work always endless."[14] Ciuchta appears to be thinking about this series with a string of "movements" of sorts; the exhibition being their residue, the remaining record.

Eat the Blue (2013-14) is similarly "actively" composed. The situation built between the bodies/works presented appears, again, as a search for more or less momentary tensions (these works will return to their owners, their authors, after the exhibition), which will be recorded in quite a detailed photographic documentation. The earlier and already mentioned *The Grey Room* (2011) assumed the active participation of other artists. The movement of works (and their bodies) in the space followed a few organizational guidelines by Ciuchta:

1 I do not choose, but accept all proposals without judgment [*sic*]...
2 The artist decides where to put his/her work in the space—if he/she doesn't want to choose, I'll make a brief, practical decision.
3 The less I decide, the better. I let the others come and take their place. I don't entice or evaluate nor do I control.[15]

When it comes to *Mélange doré* [Golden Blend, 2019], it appears to be the next step in this non-chronological sequence. This work (the eponymous *mélange*) is a cluster of objects and bodies: a work, but simultaneously a (only gently directed) setting, for the presence and spontaneous actions of others.

Is this not a typical situation of improvisation building a leaky framework for an experiment evolving in time? Relying on the active presence and autonomous decisions of living bodies within an ephemeral and impermanent situation, happening only in a specific place and time? Is there anything left after such an improvisation other than one or another kind of record (a note, a series of photographs, an archive of gestures)? Isn't exactly such dispersion and existence only in documentation inscribed in the nature of performative arts? The artist notes:

"Images are often all that remains after the exhibitions, but the documentation is only the beginning of the journey. Image–document, image–work, image–medium, image–waste. Some of them cease to be documentary images and emerge in other exhibitions. They then either become the background for other images and objects or are themselves artworks hung on new background paintings. Relocated, extracted again from their original context, taken off the walls, combined or incorporated, such residues of exhibitions acquire a new status and new caption, always remaining an archive of themselves and of what they represent. They are liquid images as they flow from one exhibition to another, slide from one medium to another, leak from one state into another."[16]

I cannot read this other than as a situation of additionally open documentation, activated once again. That is, an ongoing performance.

When, during one of our conversations, I asked Ciuchta whether what she does—building "live," inclusive situations; observing the dynamic of relations and the transformations that happen within those relations; multi-level exchanges and transpiring affects—could be expressed (by her) in a completely different discipline, she replied that it definitely could. Evidently, however, art is for her a kind of laboratory in which she imagines (in the sense given to the imagination by the surrealists), explores and tests other (soft) models of making, sharing, perceiving, or ultimately living. "One must introduce in the diagnostic of our times," says Peter Sloterdijk in *La Mobilisation infinie* [Infinite Mobilization, 2000], "a kinetic and kinesthetic dimension because, without such dimension, all discourse about modernity will completely bypass that which in modernity is most real."[17] There is no doubt that performance is the medium that is most strongly associated with the very acute occurrence of a multidimensional, nomadic and radically unstable experience of being in the world today. This is how I read Ciuchta's time-evolving performance. Using it, she creates an artistic/utopian non-place, which is simultaneously extremely concrete, real and situated in time. Alongside this, she is interested in *process* and *movement* and these seem to be the heart and motor of her entire practice.

1 Kozłowski's conceptualism worked in this very mode: imagination and "creative transformation" were for him the means to overcome the abyss between the concept and its visualization.
2 Charles Baudelaire, "New Notes on Edgar Poe," in *Baudelaire as Literary Critic* (University Park: The Pennsylvania State University Press, 1964), 127.
3 The problem of subjectivity and identity in Jagna Ciuchta's work is quite intricate and could probably be the subject of a separate study. Ciuchta incessantly mediates and stratifies: the act of creation is, for her, the act of co-creation (she invites other artists—both professional artists and amateurs—to help author her work and she includes the work of others). The question one should pose in this context would concern the border between co-creation and (artistic) appropriation, but such inquiry is beyond the scope of this text.
4 Lewis Carroll, *Alice's Adventures in Wonderland & Through the Looking Glass* (New York: Signet Classic, 2000), 53. It is worth noting that in 1969 none other than one of the most famous surrealists, Salvador Dalí, illustrated this amazing book with his unique heliogravures.
5 Jorge Luis Borges, "The Lottery in Babylon," in *Ficciones* (New York: Grove Press, 1965), 70.
6 Michel Foucault, *The Order of Things* (New York: Routledge, 2005), xxi.
7 *Ibid.*, xix.
8 Gilles Deleuze, *Logique du sens* [The Logic of Sense] (Paris: Les Éditions de Minuit, 1969), 76; quoted after Georges Didi-Huberman, *Atlas: How to Carry the World on One's Back?* (Madrid: Museo Nacional Centro de Arte Reina Sofia, 2011), 54.
9 Jorge Luis Borges, "The Lottery in Babylon," 70.
10 Jagna Ciuchta's *L'un dans l'autre* [One Within the Other, 2017] refers to and borrows its title from the work and gesture of Toyen (born Marie Čerminowa [1902-1980]), a Czech-French representative of surrealism.
11 Consciously taking the risk of the potential accusation (not unfounded) of outsourcing and appropriating, as mentioned in footnote no.3.
12 All of the quotations related to this work are from: Jagna Ciuchta, *The Grey Room*, in *Wolves and Peasants 38% Notes 38% No Title 19% Dreamers 4%*, (Como Fondazione Antonio Ratti, Milano: Mousse Publishing, 2011), 25.
13 Solipsism, stasis, linguistic materialism, the (doubtful) authority of the author, representationalism, and reification seem to be the starting point for the medium of performance which emancipates itself from them.
14 See Jagna Ciuchta's PhD diss. portfolio: *Expositions; je dilaté, images liquides et plantes carnivores* [Dilated I, Liquid Images and Carnivorous Plants] (SACRe, Beaux-Arts de Paris, 2014-2019), 9.
15 Ciuchta, *The Grey Room*, 25.
16 Ciuchta, PhD diss. portfolio, 9.
17 Peter Sloterdijk, *La Mobilisation infinie* (Paris: Christian Bourgois éditeur, 2000), 27.

Dominique Figarella

Une politique des traces

Jagna Ciuchta développe une pratique difficilement saisissable tant sa nature mouvante relève avant tout d'un processus de constante transformation et tant rien n'y garantit jamais l'intégrité des formes qui en découlent. Bien au contraire, toutes sont susceptibles d'être modifiées ou réemployées à d'autres fins dans la même exposition, ou bien de voir leur statut d'œuvre converti en simple archive, et parfois même, de redevenir le matériau à disposition d'une action encore à venir. Depuis 2012, Jagna Ciuchta conduit une pratique artistique de l'exposition qui a pris récemment une ampleur et une orientation décisives au regard de l'héritage historique dans lequel elle s'inscrit. Sur une durée de cinq ans, elle a déployé pas moins de vingt expositions à l'occasion desquelles elle a élaboré plusieurs régimes techniques, tant spatiaux que formels ou sociaux, qui lui ont permis de qualifier pour se l'approprier et de faire un médium spécifique de ce qu'il est coutume d'identifier de façon trop générale sous le concept d'« exposition ».

Au départ, on pourrait circonscrire un postulat radical et qui n'est pas sans relation avec celui que Mike Kelley posait à propos de l'histoire de la sculpture moderne : partir d'un socle commun déhiérarchisé où les pratiques de la sculpture s'égalisent toutes, une œuvre de Brancusi aussi bien que le cigare en carton-pâte qui sert d'enseigne au bureau de tabac. Déplacé sur le terrain de l'exposition, un tel postulat implique de multiples attendus où l'on voit se côtoyer des protocoles muséographiques savants avec des astuces d'achalandage, des œuvres réputées historiques avec d'autres réalisées par des enfants ou des amateurixs anonymes, des lieux de l'art connus et réputés être investis au même titre qu'un espace pédagogique, des expositions personnelles devenir des expositions collectives, et des documentations d'exposition réalisées selon les canons méthodologiques de la photographie d'art moderne qui archivent et médiatisent des œuvres à l'instar de clichés publicitaires racoleurs. Pour autant, ce principe d'égalisation ne relève pas, chez Jagna Ciuchta, d'une injonction morale soucieuse de solder les écarts de valeurs entre « high » et « low » culture. Et même s'il serait imprudent d'en sous-estimer la portée politique, ce désir d'égalité et d'équivalence doit être compris comme une politique de survie, c'est-à-dire comme une hypothèse méthodologique par laquelle elle cherche à retrouver un usage social de l'art et de ses pratiques, au-delà des jeux contractuels sur le statut de l'artiste, des œuvres ou de leur valeur. Loin d'y jouer le rôle de message à caractère critique ou social, l'égalité est une technique de mise en œuvre dans les expositions de Jagna Ciuchta, elle émerge avant tout d'une nécessité pratique, celle d'un geste commun.

Henry's Dream (2016) est une œuvre composée de cinq photographies documentant une sculpture coréalisée à la tronçonneuse avec le chevrier-sculpteur sur bois Florent Grange. Jagna Ciuchta décrit elle-même cette réalisation comme un « souvenir d'image » des *Reclining Figures* du sculpteur Henry Moore, qu'elle a choisies comme « vague modèle » pour son premier cours de tronçonneuse sur sapin brut. Les documents archivent le moment de sa première exposition, c'est la première présentation de cette œuvre, qui n'a pas encore de titre, à son public, en l'occurrence un troupeau de chèvres. Les prises de vue et les cadrages sont saisissants, on croirait voir les chèvres fondre en essaim sur la sculpture. Toutes se frottent, reniflent et auscultent minutieusement en se pressant autour de l'œuvre dont on ne voit plus que des fragments de sapin émergeant çà et là, entre les fourrures. On reconnaît parfois l'icône lascive d'une figure féminine allongée ; d'autres fois, on jurerait un quignon de pain sec géant que les chèvres auraient rongé à la vitesse d'un vol de criquets qui s'abat sur un champ de blé. Ce qui est frappant dans ce modeste accrochage de cinq photos tirées au format familial, c'est que les chèvres semblent y endosser tous les rôles du dispositif de l'art dans le même instant. Elles paraissent sculpter sur scène en grignotant du bois lors d'une performance de Eat Art ; ailleurs, examiner attentivement chaque recoin de l'œuvre comme une équipe d'expertes qui devisent au cours d'une évaluation ; plus loin, elles se servent des rugosités de surface pour se gratter à la manière des *riders* qui détournent l'usage de l'art public pour se lancer sur les courbes de sculptures modernistes. Ce public dense qui se presse à l'heure du vernissage tire un trait d'égalité entre toutxs les acteurixs de l'art : artistes, institutionnellxs, publics, vandales... mais aussi, il interroge cette coupure étanche entre monde humain et monde animal, culture et nature, et ouvre grandes les portes à une altérité radicale que Jagna Ciuchta nous invite à accueillir avec sérieux, tendresse et bienveillance.

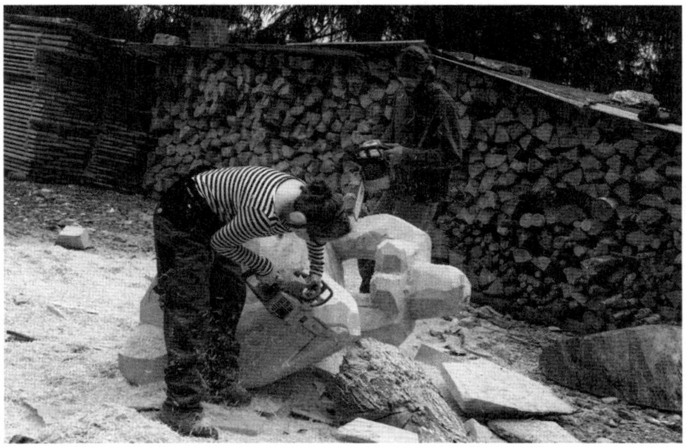

Jagna Ciuchta et Florent Grange réalisant à deux tronçonneuses la sculpture *Henry Moore for Goats*, 2016, sur le mont Chéry en Haute-Savoie, photo André Gougain.

Quelle que soit la puissance de contrôle symbolique que nous exerçons sur la réception des œuvres, il nous faut accueillir les liens directs qu'elles tissent dans la perception avec nos organismes et les chaînes de motricité qui nous animent. C'est une méthode qui nous est ici proposée, pas une pétition de principe. C'est une façon de prendre les choses et de situer les questions que pose l'art à la communauté qui s'en sert. Quelles étaient au juste les intentions de Jagna Ciuchta lorsqu'elle a proposé cette collaboration à Florent Grange, et quelles étaient celles de Florent lorsqu'il y a répondu ? Qui peut savoir ce qu'en voient ou en pensent les chèvres ? Peu importe, ce qui compte ici, c'est que le dispositif spéculaire permette à chacunx de se projeter à la place de l'autre, et que dans ce jeu de miroir en forme de chaises musicales, quelle que soit la somme des savoirs sur laquelle se fonde notre jugement esthétique, nous gardions à l'esprit que l'art relève avant tout d'une fonction vitale inhérente à la physiologie du corps social, tout comme ce drôle de tronc pour les chèvres lorsqu'elles l'incorporent joyeusement dans le milieu avec lequel elles ont toujours fait corps. En l'intitulant *Henry Moore for Goats*, Jagna Ciuchta déclare dédicacer l'œuvre aux chèvres et, avec elles, « à tout public sans limite d'âge, de genre ou de chromosomes ».

De ce jeu de miroir, elle tirera un geste éclairant pour son œuvre lors de l'accrochage de *Henry's Dream* dans l'exposition *Les chèvres et le marbre* (2016). En effet, l'œuvre y était installée en relation avec une vue découpée de *Missing Alina* (2013), dont la découpe précisément rognait l'image de manière irrégulière en lui faisant un drôle de cadrage, comme si les bords de la photographie avaient été grignotés à la façon dont j'imaginais tout à l'heure que les chèvres avaient grignoté la sculpture dans le sapin. Bien sûr, ce geste n'a jamais eu lieu et aucune chèvre n'a grignoté quoi que ce soit, mais le cadrage photographique aligne à lui seul dans son viseur les traces de tronçonneuse à la surface du bois et les dents des chèvres qu'on imagine, jusqu'à y voir des traces de dents. Voilà maintenant que les chèvres viennent « cadrer » cette vue de *Missing Alina* en en grignotant à leur tour les bords. Elles continuent ainsi de laisser déborder leurs traces et perpétuent la mémoire d'un geste qu'elles n'ont jamais inscrit, un geste mental induit par les seuls truchements du cadrage, mais que Jagna Ciuchta choisit de prendre en charge comme une action commune. Ce geste mental commun éclaire parfaitement les relations inextricables qui se tissent dans son œuvre entre les actions, leurs auteurixs, les traces qu'elles ont laissées et les cadrages de toutes natures qui les prélèvent minutieusement au fil de leurs apparitions.

Le projet toujours en cours intitulé *Missing Alina*, dont est tirée la « vue grignotée » citée plus haut, se déploie sous forme de documents photographiés lors des décrochages successifs d'une grande rétrospective consacrée à l'artiste polonaise Alina Szapocznikow, qui fut successivement présentée au WIELS à Bruxelles en 2011, au Hammer Museum à Los Angeles en 2012, et au MoMA à New York en 2013. Dans *Missing Alina*, des reconstitutions en volume furent aussi réalisées, traduisant dans différents médiums ces mêmes documents de white cubes vides où seules demeurent les marques d'une exposition qui vient d'être démontée et que nous ne verrons jamais. En se lovant dans la matrice de la photographie d'exposition, Jagna Ciuchta produit les images de différents dispositifs de monstration vidés de tout contenu, des situations de cimaises, de socles et d'éclairages, des retouches de peinture, des trous à reboucher et des restes d'emballages à balayer. Les cadrages sont impeccables, mais ils arrivent trop tard. L'absence des œuvres, l'absence d'Alina Szapocznikow, peut se suivre à la trace, d'exposition en exposition, comme on piste un animal dans son milieu. La lecture des traces, gestes qu'on imagine avoir inscrits à la surface du monde, les actions qu'on spécule à partir d'elles et les narrations dans lesquelles on les restitue, font partie du langage plastique et des moyens de représentation que Jagna Ciuchta a élaborés dans son travail. Ces traces, ces traces d'œuvres absentes, on les retrouve partout dans ses expositions. Cela est clairement signifié dans la série *After Spin-Off and...* (2015). Il s'agit d'une série de trois pièces de même format, chacune faite de trois laizes servant de support à des impressions photographiques, lesquelles reproduisent, pour deux d'entre elles, des documents de la série *Missing Alina*, et pour l'autre, une vue de l'exposition *Eat the Blue* (2013-2014) en cours de métamorphose. Chacune de ces œuvres provient de l'exposition *Spin-Off* (2015) dans laquelle elles étaient d'abord contrecollées à même le mur, comme du papier peint. Celle archivant *Eat the Blue* a reçu de la peinture noire pulvérisée sur son bord inférieur, peinture qui fut projetée lors de l'accrochage de *Spin-Off*. C'est le même noir, auparavant pulvérisé dans l'espace de l'exposition *Eat the Blue*, qui est reproduit dans l'image. La fusion visuelle de la trace photographique dans la trace de peinture, jusqu'à les rendre indistinctes l'une de l'autre, donne par ce trouble un indice à la personne qui veut comprendre et qui s'approche. De là, dans les précisions de la proximité, on s'aperçoit que les trois laizes qui furent soigneusement décollées de *Spin-Off* fourmillent de détails pour comprendre l'histoire de leur situation. Les aspérités des murs sur lesquels les images étaient collées ont laissé leurs formes moulées sous la surface du tirage comme des gaufrages faits sous pression. Les traces de colle, de peinture et de stockage sont une écriture archéologique faite d'indices qui se surpiquent à l'image photographique en se confondant avec les traces d'œuvres documentées dans l'image. Pour la personne qui veut savoir, il est parfaitement possible de déduire la genèse des pièces en observant les traces et les impacts, en suivant la logique chronologique qui place telle trace avant telle autre, en repérant dans l'image tel stade qui ne peut se situer qu'après tel autre impact dans la matière. La politique des traces, c'est l'alphabet et l'écriture dont Jagna Ciuchta se sert pour dresser l'historiographie de ses expositions, et par laquelle elle restitue et conserve la mémoire de leur élaboration. Dans ce cas, la peinture pulvérisée agit comme un révélateur photographique et un indice spatio-temporel, elle cadre régulièrement la silhouette en réserve de choses, œuvres ou accessoires, qui se sont absentées ou ont été déplacées — elle intervient temporairement pour marquer la succession des étapes dans les situations d'accrochage, et on en retrouve la trace sur des objets extraits du contexte où elle fût peinte antérieurement. La peinture est un liant dans l'œuvre de Jagna Ciuchta : elle s'en sert pour coller ce qui a été séparé, elle lui sert de timeline pour monter, comme au cinéma, des sections temporelles extraites du temps vécu, qu'elle resynchronise ensuite dans une continuité fictionnelle unifiée.

Il serait difficile de parler de l'œuvre de Jagna Ciuchta sans décrire les relations qui la lient aux autres pratiques artistiques, aux autres œuvres, ainsi qu'aux artistes et personnes du milieu de l'art avec qui elle collabore régulièrement. La première chose qui apparaît lorsqu'on se penche sur ces collaborations et sur ces liens, c'est que les œuvres, les lieux et les compétences n'y sont opératoires qu'au titre de leur valeur d'usage, jamais à celui de leur valeur d'échange. La hiérarchie des prix et des prestiges n'y pèse pas lourd face au besoin d'agir, à la nécessité pragmatique de se servir des choses pour pouvoir faire quelque chose d'autre, et *La Joconde* pourrait bien finir par y servir de bouche-trou dans le grillage du poulailler. Car même si elle ne porte jamais atteinte à l'intégrité de l'œuvre des autres, les siennes en revanche se font et se défont au fil des situations et au gré des contextes qu'elles rencontrent. Elles subissent les aléas des tractations dans les décisions d'accrochage, dans les contraintes des transports et du stockage, en adaptant leurs formes, en changeant de support, de couleur ou de matériaux. Les œuvres, les documents, les architectures, les scénographies et même les lieux et les institutions qui les portent ne valent dans son œuvre que si l'artiste peut s'en servir pour prolonger un usage, pour poursuivre et faire vivre une pratique. D'ailleurs, arrivé à ce point, je m'aperçois qu'il n'était pas juste de dire plus haut que Jagna Ciuchta exerce une pratique de l'exposition, il serait plus juste de dire qu'elle a une certaine pratique du milieu de l'art, et qu'elle la met en œuvre dans des expositions. Ou plutôt, qu'elle considère l'art comme un milieu qu'il faut pratiquer, et les lieux d'exposition comme des zones à défendre contre les assauts de la spéculation théorique et financière organisée autour du nom de l'art. Ses expositions sont conçues comme de véritables milieux vivants où croissent de multiples espèces avec leurs propres histoires et filiations, leurs propres besoins, leurs propres perceptions de l'environnement qui les entoure et qui se mêlent les unes aux autres, sans hiérarchie. L'accrochage produit un espace diplomatique où se négocient les divergences esthétiques — de là émergent des gestes communs et s'écrit une histoire vivante partagée.

Dominique Figarella

A Policy of Traces

Jagna Ciuchta's practice can be difficult to grasp given that its unstable nature stems, more than anything, from a process of constant transformation, and that the resulting forms can never be considered complete. Quite the contrary, in fact: each is susceptible of being modified or reused in other ways within the same exhibition, or of having its status as an artwork converted into a simple archive, and even sometimes used as material for a future piece. Since 2012, Jagna Ciuchta has carried out an exhibition-based art practice that has recently taken on a decisive scope and orientation in terms of the historical legacy that precedes her. Within a five-year span, she has mounted no fewer than twenty exhibitions in which she devised several technical systems that were as spatial as they were formal or social. These allowed her to appropriate and make a specific medium out of what is usually too broadly identified under the concept of "exhibition."

First, we could define a radical premise—one that is not unrelated to what Mike Kelley suggested regarding the history of modern sculpture: to start from a common, non-hierarchical base where all sculptural practices are equal, from a Brancusi sculpture to the papier-mâché cigar that hangs outside of the tobacconist's shop. Transposed to the exhibition arena, this premise entails multiple expectations: we may see highbrow museography protocols coexist with marketing strategies, acclaimed art historical works with art made by children or anonymous amateurs, a pedagogical space that is as deeply invested in as a highly regarded art center, solo exhibitions turned into group exhibitions, and exhibition documentation produced according to the methodological canons of modern art photography that archive and disseminate artworks like sensationalist advertisements. In Jagna Ciuchta's work, however, this equalization principle doesn't come from a moral injunction to close the value gap between "high" and "low" culture. And even if it would be foolish to underestimate its political impact, the desire for equality and equivalence should be understood as a policy of survival; in other words, as a methodological hypothesis through which she hopes to find a social purpose for art and its practices beyond its contractual games on the status of the artist, of artworks, or their value. Far from playing the role of a critically or socially driven message, equality is a kind of presentation technique in Jagna Ciuchta's exhibitions; above all, it emerges out of a practical necessity, one born out of a shared gesture.

Henry's Dream (2016) is a work composed of five photographs documenting a sculpture that was carved with a chainsaw in collaboration with the goat herder and wood sculptor Florent Grange. Jagna Ciuchta describes it as an "image memory" of sculptor Henry Moore's *Reclining Figures*, which she chose as a "vague model" for her first chainsaw lesson with natural pine. The documentation shows the moment of its first exhibition, the first public presentation of this still-untitled work, in this case to a herd of goats. The camera angles and framing are striking; the goats look as though they are swarming the sculpture. They rub, sniff, and carefully examine the piece, pressing themselves against it so that all we can see of it are fragments of pine appearing here and there between their furry bodies. Sometimes we recognize the lascivious, iconic figure of a reclining woman, while other times, we're sure it's a giant chunk of bread that's been gnawed at faster than a swarm of locusts decimating a wheat field. What's remarkable in this modest display of five snapshots is that the goats seem to take on every art-related role simultaneously. They appear to sculpt the piece by nibbling the wood in a kind of "eat art" performance; elsewhere, they carefully examine every nook and cranny like a team of experts discussing a fine art appraisal, and further on, they use the sculpture's rough surfaces to scratch themselves the way skateboarders do tricks off the curves of modern art sculptures. This crowd of curious onlookers equalizes all of the art world's players—artists, institutional workers, audiences, vandals—but also questions the hermetic seal between the human and animal worlds, nature and culture, and opens the doors to a radical otherness that Jagna Ciuchta invites us to embrace with seriousness, tenderness, and benevolence.

No matter what symbolic power of control we might exert over our interpretation of artworks, we must welcome the direct links they weave, through perception, with our body and the motor functions that drive us. This is one method proposed here, not a statement of principle. It's a way of approaching things and locating the questions art asks the community that uses it. What exactly were Jagna Ciuchta's intentions when she proposed this collaboration to Florent Grange, and what were Florent's intentions when he answered? Who can know what the goats see or what they think of it? In any case, what matters here is that the specular apparatus allows each person to project themselves in the other's place, and that in this hall-of-mirrors-meets-musical-chairs game, and on whatever intellectual basis our aesthetic judgment rests, we keep in mind that art stems above all from a vital function inherent in the physiology of the social body, much like this strange tree trunk does for these goats as they joyfully incorporate it into the environment they have always inhabited. By titling her sculpture *Henry Moore for Goats*, Jagna Ciuchta dedicates the piece to the goats, and with them "to all viewers regardless of age, gender, or chromosomes."

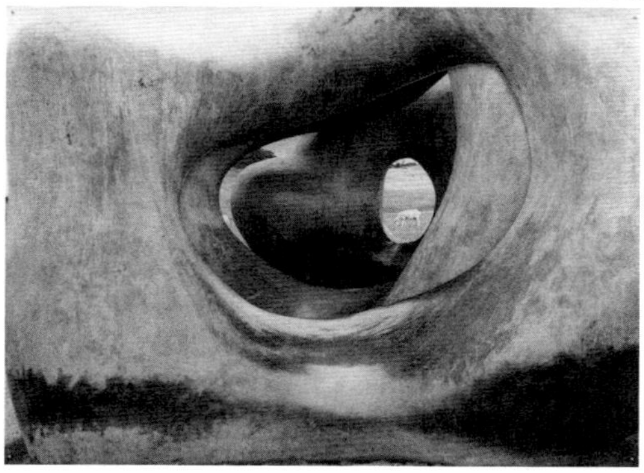

Moore and Moore, 2015 (after Henry Moore, *Large Two Forms*, 1966-69, Yorkshire Sculpture Park) assemblage of cut-out archive images ©Adagp, Paris, 2024.

From this hall of mirrors, Jagna Ciuchta made an enlightening move while installing *Henry's Dream* in the exhibition *Les chèvres et le marbre* [Goats and Marble, 2016]. The work was installed in relation to a cut-out view of *Missing Alina* (2013), which was cut in such a way as to irregularly crop it and strangely reframe it, as if the edges of the photograph had been nibbled on, just like I had imagined earlier that the goats had gnawed on the reclining wood sculpture. Of course, this never happened and none of the goats actually chewed on anything, but the framing of the photograph alone aligns the chainsaw marks on the wood's surface with our mental image of the goats' teeth. And now the goats are "framing" this view of *Missing Alina* by gnawing away at the edges of the photo, still leaving their trace and perpetuating the memory of an action they never committed, a mental gesture induced through framing but that Jagna Ciuchta has chosen to take on as a common act. This common mental gesture perfectly highlights the inextricable relationships that are woven in her work between actions, their authors, the traces they leave behind, and the various types of framing that meticulously draw them out as they appear.

The ongoing *Missing Alina* project, which includes the above-mentioned "nibbled view," consists of photographs taken during the successive deinstallations of a major retrospective on the work of Polish artist Alina Szapocznikow, which was presented at WIELS in Brussels in 2011, the Hammer Museum in Los Angeles in 2012, and at the MoMA in New York in 2013. As part of the same *Missing Alina* project, volumetric reconstitutions were also made, translating into different mediums these same images of the empty white cube, where all that is left are the traces of an exhibition that has just been dismantled and that we will never see. By squeezing herself into the matrix of exhibition documentation, Jagna Ciuchta produces images of different empty display elements, repositioned partition walls, plinths and lighting, walls with touched-up paint or holes to be filled, and leftover packing materials to be swept up. Her images are impeccably composed, but they are too late. The absence of artwork, of Alina Szapocznikow, can be traced from one exhibition to the next, like tracking an animal in its habitat. Reading these traces, the gestures that we imagine inscribed them, the actions they make us wonder about, and the narratives we create to share them, are part of Jagna Ciuchta's formal language and the representational means she has developed in her work. These traces—traces of absent work—are found throughout her exhibitions. This is clearly indicated in *After Spin-Off and...* (2015), a series of three same-sized pieces, each made of three bands of paper that act as the support for ink jet prints, two of which reproduce photographs from the series *Missing Alina*, while the other is an exhibition view of *Eat the Blue* (2013-2014) in a state of transformation. Each of these comes from the exhibition *Spin-Off* (2015), where they were initially mounted directly onto the wall like wallpaper. The one documenting *Eat the Blue* has black spray paint on its lower edges—evidence of its previous installation as part of *Spin-Off*. This is the same black paint that was originally used to spray paint the gallery for the exhibition *Eat the Blue*, which we see reproduced in the image. The visual fusion of the photographic trace in the trace of the paint, making them indistinguishable from one another, provides a clue to the viewer who, moving closer, seeks to better understand the work. From there, in the clarity of proximity, we notice that the three bands that were carefully peeled off of the wall from *Spin-Off* are filled with details that help us grasp the history of their situation. Small bumps on the wall where the images had been pasted left impressions under the surface of the print, as if embossed under pressure. Traces of glue, paint, and packing supplies are archeological writing made of clues that overlay the photograph by combining themselves with traces of the works documented in the image. For the curious, it's entirely possible to guess the origin of the works by observing these traces and marks, by following the chronology that places this particular trace over this other one, by finding a particular step in the image that could only have occurred after another had been applied. The policy of traces is the alphabet and writing system Jagna Ciuchta uses to draw the historiography of her exhibitions, and through which she re-establishes and preserves the memory of their production. In this case, the spray paint acts as a kind of photo developer and a spatiotemporal clue, it regularly frames the figure as a stand-in for things, art or accessories, that have been taken away or moved, it temporarily intervenes to mark the succession of steps in an installation, and we find traces of it on objects that have been removed from the context in which they were first painted. Paint is the binding element in Jagna Ciuchta's work; she uses it to join what's been separated, it acts as a timeline to show, much like in film, temporal sections that have been extracted from lived time, which she then re-synchronizes in a unified, fictional continuity.

It would be difficult to talk about Jagna Ciuchta's work without describing the relationships that connect it to other art practices, other works, and other artists and art world people with whom she regularly collaborates. The first thing that emerges when we look at these collaborations and relationships is that the artworks, sites, and skills are only operational in terms of their use value, never in terms of their exchange value. The hierarchy of prices and prestige does not weigh heavily compared to the need to act, to the pragmatic necessity of using things in order to make something else, and the *Mona Lisa* could very well end up being used to patch over a hole in the chicken coop. Because even if she never undermines the integrity of other artists' works, her own, in contrast, are made and remade in the various situations and contexts they encounter. They are subject to the vagaries of negotiations during installations, in the constraints of transportation and storage, in adapting their form, in changing their format, color, or material. The artworks, documentation, architecture, installation, even the spaces and institutions that exhibit them are only of value to her work if she can use them to prolong their usage, to pursue and maintain a practice. Besides, at this point, I notice that it wasn't quite accurate to say earlier on that Jagna Ciuchta has an exhibition-based practice; it would be more accurate to say that she has a kind of art-world practice and that she executes it through exhibitions. Or rather, that she views art as a milieu that should be practiced, and that exhibition spaces are like Zones to Defend (*zones à défendre*, or ZAD, in French) against the onslaught of theoretical and financial speculation in the name of art[1]. Her exhibitions are conceived as true living worlds where multiple species grow, each with its own histories and filiations, its own needs, its own perception of their surrounding environment, and blend with one another in a non-hierarchical manner. The installation produces a diplomatic space where aesthetic differences are negotiated, and from which common gestures and a shared, living history is written.

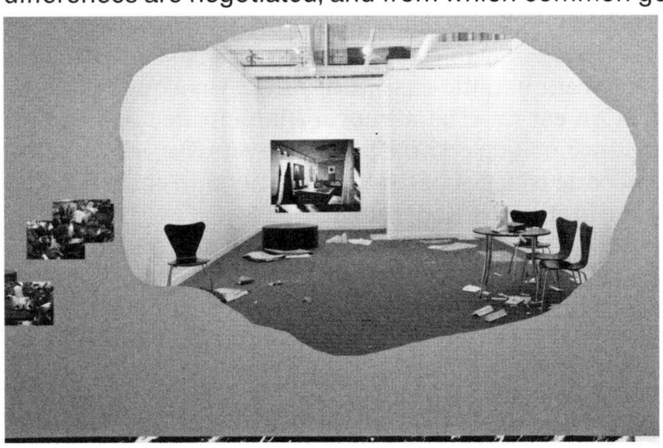

Goats and Marble, 2016, detail, with images from the series *Henry's Dream*, 2016, a cut-out view of *Missing Alina, Grand Palais*, 2014, and a reproduction of an image from Nina Childress archive (*Claire Zeisler, Macramé on Exhibition* at the Richard Feigen Gallery, Chicago, photo Jonas Dovydenas) used as a model for her painting *896-Exhibition*, 2014, itself presented as part of the same exhibition *That Cool Decline*, 2016, Occidental Temporary, Villejuif, cur. Émilie Renard and Barbara Sirieix, photo Anatole Barde ©Adagp, Paris, 2024.

1 Translator's note: The term *zone à defendre* first appeared in France in the early 2010s in reference to the occupation of land by activists to prevent the progression of environmentally damaging development projects.

Émilie Notéris

Jagna Ciuchta, la seule et unique femme-foule

> « Je m'habillais de signes sans le savoir. Pour ce qui est du style, je choisissais intuitivement le détonnant. Tous les chemins de traverse étaient bons pourvu qu'ils emmènent le plus loin possible. Tous les points de départ étaient bons pour engendrer l'imaginaire trajectoire vers des points d'arrivée qui n'existent pas. »

Annie Le Brun, *Sur le champ*, Éditions surréalistes, 1967 (en collaboration avec Toyen).

> « J'adorerais faire une exposition, puis la démonter et la repeindre. Puis la montrer à nouveau, la démonter et la repeindre, effectuer seulement quelques ajustements. Je rêverais de travailler à un seul et même tableau tout le reste de ma vie. »

Chuck Close, *Vija Celmins : Interviewed by Chuck Close*, A.R.T. Press, 1992.

J'achevais tout juste d'écrire un texte sur le travail de l'artiste Ilanit Illouz, mis en regard avec celui de Vija Celmins, lorsque cette dernière citation de Celmins s'est présentée devant mes yeux ; elle s'applique parfaitement au travail de Jagna Ciuchta. Nous avons rendez-vous dans son atelier, je lui livre la citation, comme un bâton témoin. Elle la trouve magnifique et adaptée à son travail. Je reprends ici le fil.

Ce texte s'inscrit, plus globalement encore, dans le prolongement de l'écriture de mon livre *Alma Matériau* (Paraguay, 2020) qui proposait de déployer une nouvelle pratique de l'histoire de l'art par affinités, à partir du concept de maternité queer : c'est-à-dire d'un ensemble de relations, réelles ou fantasmées, de femmes artistes entre elles, sur un mode non hiérarchique et non exclusif, afin de dresser la carte d'un autre territoire sensible et théorique moins susceptible de grandes découvertes avec figures héroïques se livrant bataille en toile de fond. Ainsi que l'exprime la philosophe Catherine Malabou : « L'admiration est en effet structurellement liée au féminin dans la mesure où elle donne à voir l'ouverture ontologique comme une *maternité*. Parce qu'elle est la *première* de toutes les passions, elle est la *mère* de tous les désirs[1]. » L'admiration est la passion de la différence qui trace un trait d'union entre familiarité et étrangeté.

Il s'agira donc ici, en me livrant à un exercice d'admiration, de dessiner une constellation analogique avec pour centre mobile l'œuvre de Jagna Ciuchta qui entre en résonance transgénérationnelle avec le travail de trois autres artistes, Alina Szapocznikow, Charlotte Posenenske et Isa Genzken. Si cet assemblage peut sembler hétéroclite, il est à l'image des dispositifs inclusifs de Jagna Ciuchta ; on pourrait tout à fait les imaginer convoquées toutes trois dans l'une de ses installations.

Génération spontanée

Entre 1996 et 2001, Jagna Ciuchta suit un cursus en études d'art à l'Académie des beaux-arts de Poznań, en Pologne. Chacunx doit « choisir sa cathédrale », c'est-à-dire son département. Elle opte pour la peinture, et rejoint pour ses deux dernières années l'atelier d'un artiste conceptuel important de la scène polonaise. L'enseignement dispensé en Pologne est particulièrement technique, la hiérarchie patriarcale verticale prédomine, les maîtres transmettent aux élèves, qui deviennent maîtres à leur tour. Jagna Ciuchta achève ses études en 2001, avec le prix du meilleur diplôme de l'Académie. Un avenir tout tracé semble lui tendre les bras ; elle préfère partir, et quitte à partir, autant quitter la Pologne. Jagna Ciuchta s'éloigne ainsi à un moment de bascule historique : « Après la victoire de la coalition de la gauche aux élections parlementaires de septembre 2001, une politique plus favorable à la question de l'égalité des femmes et des hommes[2] » se dessine doucement. Néanmoins, le terme même de féminisme est employé avec réticence, il « a été pratiquement prohibé en Pologne au début des années quatre-vingt-dix, car il était inévitablement associé avec le féminisme officiel de l'époque socialiste[3] ». Difficile, dès lors, de mettre des mots sur le problème qu'elle a identifié tout au long de ses études. Peu importe, elle avance.

Deux ans plus tard, à l'occasion d'une exposition à Poznań, à la Galeria Aneks, elle présente une vidéo, intitulée *Exhibition*. Série de quatre phrases qui se succèdent, écrites en blanc sur fond noir, en boucle. Elle se réapproprie les mots prononcés par Gena Rowlands dans *Une femme sous influence* de John Cassavetes : « Who do you want me to be? How do you want me to be? I can be that. I can be anything. » Si les références cinématographiques sont récurrentes dans l'œuvre de Jagna Ciuchta, cette vidéo signale la multiplicité des positions et des identités qu'une artiste ou une actrice peut incarner.

En 2010, elle recouvre de fusain onze photocopies Xerox en noir et blanc qui documentent une performance qu'elle avait réalisée en 2000, à Poznań, intitulée *Państwa–Miasta* [Pays–Villes], jeu d'enfant polonais dédié à la conquête d'un territoire — ça tombe bien c'est exactement de cela qu'il s'agit — pour l'exposition au titre palindrome : *EVA, CAN I STAB BATS IN A CAVE?* Le corps de Jagna Ciuchta disparaît sous l'effacement massif qu'elle nomme « dessin sur performance » au moment même où son corpus trace ses premières lignes de force.

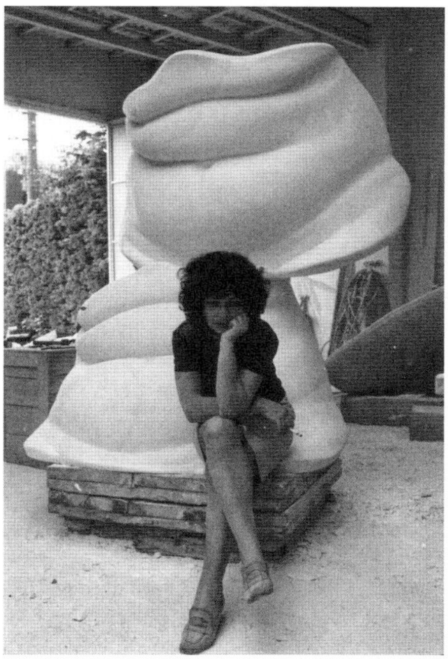

Alina Szapocznikow devant l'œuvre *Grands ventres*, 1968. © Piotr Stanisławski, courtesy Museum of Modern Art in Warsaw.

Poursuivons plus loin ce jeu d'apparitions et de disparitions. En 2012 démarre le cycle *Missing Alina (Liquid Images)*. Jagna Ciuchta documente l'espace scénographique après démontage de l'exposition d'une autre artiste polonaise, issue d'une génération précédente (elle pourrait être sa grand-mère, précise Jagna) —*Alina Szapocznikow: Sculpture Undone, 1955-1972*, au WIELS à Bruxelles, puis au MoMA à New York. « C'était la première exposition d'Alina Szapocznikow de cette envergure à l'international. Je me suis donc précipitée pour aller la voir. Je connaissais le travail de Szapocznikow depuis le lycée, je ne sais plus comment. À l'époque, je traînais dans les musées et centres d'art contemporain sans rien comprendre, je regardais les livres dans leurs librairies[4]. » Dans le catalogue du WIELS, la curatrice féministe Cornelia Butler consacre une partie de son texte au contexte de l'art des femmes dans le pays d'origine de l'artiste : « En Pologne, le féminisme n'existait pas en tant que mouvement organisé du vivant de Szapocznikow et ce n'est que récemment qu'une nouvelle génération d'artistes, dont Katarzyna Kozyra, Paulina Ołowska et Artur Żmijewski (qui ont décidé d'y rester après la chute du communisme en 1989), a adopté le post-féminisme en l'absence d'une histoire de première génération. Pour bon nombre de ces artistes, Szapocznikow sert de lien[5]. » La partie manquante désignée par « Missing » vient signaler à travers le geste de Ciuchta l'absence marquée du corpus des œuvres d'« Alina », longtemps invisibilisée par les récits patriarcaux qui modèlent la fabrique de l'histoire de l'art. L'absence du corpus d'œuvres fait écho à la disparition de l'artiste comme représentation, elle ne se dessine qu'en creux, restituée par le biais de moulages directs de son corps, incessamment renouvelés. La disparition du corpus, sa liquidation, sont ainsi replacés au cœur de l'œuvre de Jagna Ciuchta. L'année sui-

vante à Bruxelles, elle propose à Komplot l'exposition *Grande Plage*, qui reprend des éléments du dispositif muséographique de l'exposition de Szapocznikow. Des tentures, qui correspondent à la dimension des murs des salles d'exposition, tiennent lieu de cimaises molles, cousues et peintes. Les plis formés par le tissu rappellent les plis des ventres fragmentés qui composent l'œuvre du même nom, réalisée par Szapocznikow en 1968.
En réponse à la disparition des femmes et de leur corp(u)s, à leur dissolution, leur fragmentation, leur valeur d'échange sexuel forte associée à la faible liquidité commerciale de leurs productions artistiques, Jagna Ciuchta semble avoir quant à elle opté pour un autre geste féministe radical, queer, celui de la désidentification de l'artiste comme figure d'autorité qui jette le trouble dans le corpus même de ses œuvres, qui se fondent et se diluent dans celles des autres. Ces images liquides, susceptibles d'emprunter la forme des lieux et des espaces qui les contiennent. « I can be that. I can be anything. »

Liquider le corp(u)s

En acceptant avec enthousiasme la proposition de Jagna d'écrire dans ce catalogue, j'avais en tête, par un jeu d'analogies tressées en amont de l'écriture, un ensemble de correspondances théoriques, formelles et sensibles entre son travail et celui de Charlotte Posenenske et d'Isa Genzken. Posenenske est de la même génération que Szapocznikow, mais leurs œuvres respectives n'entrent pas immédiatement en relation l'une avec l'autre. Ce n'est qu'en commençant à m'intéresser au parcours de Jagna, dont je connaissais davantage les productions les plus récentes, que Szapocznikow a refait surface, elle manquait pour moi à l'appel. Ce grand écart, effectué dans ce jeu de constellations, s'explique en raison de l'ambivalence du travail de Jagna Ciuchta. Il se tient en tension entre un vocabulaire formel nettement plus identifié dans le champ féministe, celui du corps comme signe et revendication — ici, son absence ou ses signes résiduels — et un autre vocabulaire, qui entre en résistance contre la notion d'auteur (forcément au masculin), qui échappe à la capture en prenant la fuite, en empruntant toutes les formes et simultanément aucune, qui privilégie le trouble (quelle identité ? Quelle œuvre ? Quel médium ?), c'est-à-dire une position queer.

Comme l'explique Cornelia Butler, la résurgence des corps dans les œuvres d'artistes polonaises endossait une portée sociale forte. Chez Posenenske, c'est la remise en question de l'autorité de l'œuvre qui endosse cette responsabilité sociale, l'extension ou la dissolution du corps de l'artiste rend disponible un corpus, le restitue au corps social, sous sa forme active. Restituer au corps social son agentivité c'est aussi faire disparaître le corps de l'artiste encombré par toutes les étiquettes qui lui ont été arbitrairement associées.

Les problématiques soulevées par Posenenske à travers sa production n'étaient alors pas directement reliées au féminisme, même s'il nous apparaît aujourd'hui évident que la remise en question de l'autorité de l'auteurix, de la création en nom propre qui efface toute collaboration ainsi que de la passivité construite et entretenue de la communauté spectatrice, sont des préoccupations majeures du féminisme contemporain. Si elle pensait avoir échappé à l'oppression masculine, c'est sans doute malgré tout la catégorisation forcée de son travail et sa réception biaisée qui ont contribué à sa décision de stopper sa carrière. Même si une résonance formelle rapproche à première vue le travail de Charlotte Posenenske des grands artistes du minimalisme américain aux côtés desquels elle a été bien souvent exposée, l'orientation de sa pratique s'éloigne considérablement de leurs gestes et intentions : « [...] alors que l'œuvre de Judd, entretient par exemple une situation interactive ou phénoménologique dans laquelle læ spectateurix doit se déplacer autour de l'objet afin d'activer l'expérience esthétique, les paramètres physiques de l'objet demeuraient nécessairement déterminés par l'artiste — c'est-à-dire qu'ils relevaient fortement de la volonté de l'auteurix. Cela étant vrai même lorsque la fabrication était confiée à d'autres professionnellxs. À cet égard, les reliefs et les sculptures en série réalisés en collaboration par Posenenske tranchent avec le minimalisme auquel elles ont été comparées. Le travail professionnalisé de fabrique industrielle est mis en avant dans la facture même de chaque élément et l'intervention de læ consommateurix est essentielle et susceptible de reconfigurations presque infinies[6]. »

La carrière artistique de Charlotte Posenenske tient dans la paume de la main. Dans son *Manifeste* de 1968, qui en marque la fin ainsi que son entrée dans les études sociales, elle écrit : « Les choses que je fabrique sont susceptibles de variations, elles sont aussi simples que possibles et reproductibles. Si elles composent l'espace comme autant d'éléments de construction, peuvent être disposées ou combinées de diverses manières, elles viennent toujours l'altérer[7]. » Le manifeste se clôt sur le constat d'un échec, celui de son art, incapable selon elle de proposer des solutions face à l'urgence sociale. Elle se consacrera ensuite à l'écriture d'une thèse, à quatre mains, avec son compagnon, portant sur le taylorisme, vers une amélioration du travail des ouvrièrxs à l'usine. La rupture, aussi brutale qu'elle ait été pour l'artiste avec le champ de l'art, ne sera pas définitive : peu avant sa mort en 1985, elle autorisa le redéploiement de son œuvre sous une forme marchande acceptable selon ses termes. Les œuvres peuvent être reproduites et vendues au coût de production, elles acquièrent une liquidité active sur le marché de l'art.

Le démarrage du manifeste de Posenenske pourrait à son tour servir à la description de la pratique artistique de Jagna Ciuchta, mais le constat ne serait plus celui d'un échec puisque cette dernière, évoluant à une époque distincte, a su développer un ensemble de stratégies et protocoles qui soutiennent sa production, en incorporant d'autres identités, d'autres artistes, un réseau d'affinités tressées ensemble dans le cadre de leur monstration, soumises à des variables constantes et répétées. Des attaques menées par l'artiste contre la fossilisation des regards et leur interprétation à sens unique, une mobilité reptilienne cannibale et réparatrice[8] qui résiste à l'intérieur même du système-cadre qui l'accueille. Elle qualifie ses installations qui comprennent le travail d'autres artistes d'« inclusives » et ces interventions font l'objet de contrats dans lesquels se décident les modalités de circulation ou de marchandisation des œuvres. Le premier contrat est ainsi un contrat de confiance passé entre l'artiste et ses exposéxs. Le rapport entre les artistes prime sur celui engagé avec les institutions et les modes d'acquisition en jeu. En 2016, elle présente *Silver Cover* au Frac Champagne-Ardenne. Invitée d'abord par Antoine Marchand à intervenir à partir des collections du Frac, elle n'avait dans un premier temps retenu que des œuvres d'hommes. Revenant sur cette première sélection masculine, elle s'est demandé ce qu'elle pouvait faire, la situation semblait bloquée. Soit reprendre la sélection pour ne retenir que des femmes, soit rester avec les œuvres sélectionnées au départ. Aucune ne s'étant avérée satisfaisante, elle a préféré proposer une exposition d'œuvres « potentielles » de la collection en faisant appel à des artistes femmes non représentées dans celle-ci. Cette tentative d'infléchir la représentation des artistes femmes au sein d'une institution est un geste féministe et politique fort, un geste de critique institutionnelle qui déborde du rôle de l'artiste. Si des formes visuelles « féminines » (à ne pas confondre avec féministes) ne sont pas identifiables à première vue dans son travail, c'est davantage du côté de l'éthique et de la participation qu'il faut savoir regarder.

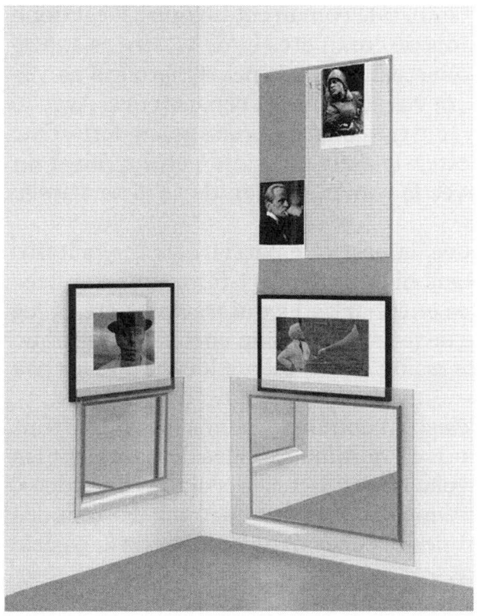

Isa Genzken, *Untitled*, 2012 © Isa Genzken/VG Bild-Kunst, Bonn 2024. Courtesy the artist, Hauser & Wirth and Galerie Buchholz Cologne/Berlin/New York.

Jusqu'ici, j'ai principalement évoqué les protocoles et dispositifs stratégiques employés par Jagna Ciuchta. Il est temps de faire retour aux formes puisque les deux procèdent d'une intention commune. Parmi les constellations affinitaires évoquées au début de ce texte figurait l'artiste allemande Isa Genzken. Ce rapprochement relève d'une intuition et d'une expérience sensible de spectatrice, d'une attention portée aux formes, aux couleurs et au vocabulaire, à la violence faite au langage du minimalisme. Le questionnement, notamment, à propos des socles, ce sur quoi l'art repose, ou se repose.

Isa Genzken, dont le travail versatile a été fortement influencé par le minimalisme, en a effectivement proposé une critique acide[9]. Elle pratique la parodie et le détournement. Jagna Ciuchta partage avec elle cette humeur puisqu'elle s'est agilement attaquée à certaines figures masculines phares de l'histoire de l'art abstrait. Avec *Henry Moore for Goats*, par exemple, en 2016, elle réalise une sculpture en bois à la tronçonneuse dont la forme féminine s'inspire librement des sculptures de Moore[10]. Celle-ci sera ensuite placée sur un terrain où des chèvres l'adopteront pour compagne, en venant s'y faire les cornes, « la renifler, la butiner, s'y frotter[11] ». L'œuvre est réalisée en collaboration avec le sculpteur et chevrier Florent Grange. La critique va de pair avec une remise en question et une remise en circulation des formes. Dans le texte qui ouvre le catalogue consacré aux premières œuvres d'Isa Genzken[12], la critique d'art féministe Griselda Pollock annonce d'emblée son échec, jusqu'à cette commande qui lui a été passée, d'appréhender le travail d'Isa Genzken selon les termes de la critique féministe telle qu'elle l'avait développée. « Le travail ne "m'interpellait pas" ou "ne me parlait pas" à première vue[13]. » Revenant sur cette erreur, elle critique l'approche, classique à ses yeux, de Benjamin H. D. Buchloh (ancien petit-ami de Genzken) qui s'appuyait sur Gerhard Richter (professeur puis mari de Genzken) pour démarrer son texte sur le travail de l'artiste. L'inscrivant d'emblée dans une lignée maître-élève normative[14]. Ce geste reflète ce que Pollock avait identifié comme une inscription en trois mouvements — *référence, déférence* puis *différence*[15] — qui marquent la transmission de l'histoire de l'art patriarcale. Isa Genzken et Jagna Ciuchta ont cela en commun qu'elles maîtrisent le vocabulaire formel du minimalisme et de l'art conceptuel, les enjeux de l'exposition dans le white cube de la galerie, le rôle des socles et des vitrines, les binarismes peinture/sculpture, fond/forme... Mais *référence, irrévérence, indifférence*, seraient plutôt les mouvements qu'elles impulsent. En 1998, Genzken peint sur une douzaine de vêtements, majoritairement des chemises, des vestes et une robe. Ils sont imbibés de peinture, attaqués et vandalisés par elle, tagués, assortis d'inserts de pièces de monnaie, de brisures de CD, ou de photographies, de fourrure. Si les toiles ont été remplacées par des chemises, il s'agit bien pourtant de peinture appliquée sur des biens de consommation à l'allure *cheap*, qu'elle transcende. Les sprays de peinture qui dégoulinent du mur, l'ajout de chaînes de métal type SM, la fabrication de socles avec des troncs d'arbres découpés et des plaques de verre maintenues par des sangles à cliquet[16], opérées par Jagna Ciuchta à l'occasion de son exposition *Darlingtonia, la plante cobra*, à la galerie Édouard-Manet à Gennevilliers, en 2019, relèvent d'une collusion entre histoire de la scénographie muséale et vandalisme, cannibalisme.

Leurs attaques portées contre les « canons » du minimalisme ont l'élégance d'une stratégie queer digne d'un *Pink Bloc* : « Le terme canon provient du grec ancien *kanon*, qui signifie "règle" ou "standard", évoquant chacun l'idée de régulation sociale et d'organisation militaire. [...] Il faut donc entendre par "canons" ces éléments structurants qui légitiment rétrospectivement une identité culturelle et politique, et qui, par un récit réaffirmé des origines, confèrent autorité aux textes précisément choisis pour naturaliser cette fonction[17]. » Cette citation d'un texte de Griselda Pollock, qui rapproche les techniques de guerre de celles de la critique d'art, m'évoque à son tour *La Théorie de la Fiction-Panier* d'Ursula K. Le Guin, texte de référence pour Jagna autant que pour moi. Ainsi que je l'avais écrit en 2020 : « [...] pour Le Guin, si le roman est un outil, il est donc un panier ou un sac plutôt qu'une arme, et les épopées faites de conquêtes et de violences sont à remplacer par d'autres histoires mêlant soin, partage et collecte. Il ne s'agit pas d'histoires naïves mais d'autres histoires, racontées depuis d'autres points de vue, davantage réparateurs. Avec le sac, plus besoin de héros : "C'est clair que le Héros n'a pas l'air très bien dans ce sac, en définitive. Il a besoin d'une scène, d'un piédestal ou d'un pinacle. Mettez-le dans un panier, et il a l'air d'un lapin, d'une patate." Il est donc préférable, en avançant avec le roman-panier, de se débarrasser des héros et de ne plus garder que des gens[18]. »

Il en est de l'histoire de l'art comme de la littérature, la pratique patriarcale majoritaire échoue à tracer les contours d'une vie d'artiste-femme. Une histoire de l'art féministe et queer est plus à même de faire entendre les échos et résonances entre artistes qui n'auront été ni les « maîtres » ni les « élèves » les unxs des autres. Le contexte de leur inscription sociale et politique spécifique influence leur production à la mesure de l'oppression subie, même lorsqu'elle n'a pas été identifiée comme telle.

Les productions d'Isa Genzken comme de Jagna Ciuchta résistent conjointement à la capture tout en la pratiquant avec audace. En réponse à la hiérarchie verticale dominante, elles démantèlent les éléments de langage formel pour faire entendre une autre voix, la leur. Leur « poésie dévastatrice », tel que l'exprime l'artiste Elizabeth Peyton à propos de son amie Isa Genzken, façonne des mondes à la croisée de la mémoire et de la science-fiction, ouvrant des brèches dans l'espace de la galerie autant que dans la manière que nous avons de les (d)écrire.

Le titre de ce texte dérive de l'intitulé donné par Genzken à son exposition de 2014, à la Kunsthalle de Vienne, *I'm Isa Genzken, The Only Female Fool*. Il témoigne de son irrévérence autant que de son humour. Une pirouette phonétique me permet de placer ainsi cet exercice d'écriture sous l'influence de « Jagna Ciuchta, la seule et unique femme-foule ».

1 Catherine Malabou, *Changer de différence. Le féminin et la question philosophique*, Paris, Galilée, 2009.

2 Mariola Misiorowska, « Le mouvement des femmes en Pologne postcommuniste et les acteurs internationaux », *Recherches féministes*, vol. 17, n° 2, 2004. En ligne : erudit.org/fr/revues.

3 *Ibid.*

4 Échange par mail entre l'autrice et Jagna Ciuchta, avril 2021.

5 Cornelia Butler, « Soft Body/Soft Sculpture : Alina Szapocznikow, un surréalisme marqué par le genre », in Elena Filipovic et Joanna Mytkowska (éds.), *Alina Szapocznikow: Sculpture Undone, 1955-1972*, catalogue d'exposition (Bruxelles, WIELS, septembre 2011-janvier 2012 et New York, MoMA, octobre 2012-janvier 2013), New York, MoMA ; Bruxelles, WIELS ; Fonds Mercator, 2011.

6 *Moreover, while Judd's work, for example, cultivates an interactive or phenomenological situation in which the spectator must move around the object to activate the aesthetic experience, the object's physical parameters were necessarily determined by the artist—that is they were highly authored. This was true even as fabrication was passed on to other professionals. In this regard, Posenenske's collaboratively realized serial reliefs and sculptures—in which the professionalized labor of industrial manufacturers is foregrounded in each element's facture and the consumer's intervention is essential and can be reconfigured in nearly infinite ways—are at odds with the Minimalism to which they were compared.* Alexis Lowry, « Charlotte Posenenske: Never Done », in Alex Lowry et Jessica Morgan (éds.), *Charlotte Posenenske. Work in Progress*, catalogue d'exposition (New York, Dia Art Foundation, mars-septembre 2019), New York, Koenig Books, 2019.

7 Charlotte Posenenske, « Manifesto » (11 février 1968), *Art International*, mai 1968.

8 Le travail de Jagna Ciuchta oscille entre cannibalisme et réparation sans jamais se restreindre à choisir entre le don et la capture, la réécriture et l'invitation, l'absorption et le soin.

9 Voir à ce sujet Benjamin H. D. Buchloh et Isa Genzken, « Fuck the Bauhaus », in Lisa Lee (éd.), *Isa Genzken*, Londres, MIT Press, coll. « October Files », 2015.

10 Cette référence à Moore se retrouve également dans un travail précédent de Jagna Ciuchta, un découpage/assemblage d'images intitulé *Moore and Moore*, réalisé à partir de photos de touristes trouvées sur internet, une mise en abyme d'une de ses sculptures monumentales.

11 Échange par mail entre l'autrice et Jagna Ciuchta, avril 2021.

12 Griselda Pollock, « Not Wandering Within Diversity », in Søren Grammel (éd.), *Isa Genzken. Works from 1973 to 1983*, Cologne, Walther König, 2020.

13 « The work did not, on first encounter, "call to me" or "speak to me." », *ibid.*

14 Benjamin H. D. Buchloh, « Isa Genzken: Vom Modell zum Fragment » in *Jeder braucht mindestens ein Fenster*, Cologne, Walther König, 1992.

15 Griselda Pollock, *Avant-Garde Gambits: Gender and the Colour of Art History*, Londres, Thames & Hudson, 1993.

16 En hommage aux chevalets de verre conçus en 1968 par l'architecte moderniste brésilienne Lina Bo Bardi pour la scénographie du MASP de São Paulo.

17 Griselda Pollock, « Des canons et des guerres culturelles », *Cahiers du Genre*, 2007/2, n° 43, p. 45-69. En ligne : shs.cairn.info.

18 Émilie Notéris, nouvelle introduction à l'ouvrage *La Fiction réparatrice*, à l'occasion de sa réédition aux Éditions UV, 2020. Publication originale : cacbretigny.com.

Émilie Notéris

Jagna Ciuchta, the Only Female Fool

> "I would dress myself in signs without realizing it. In terms of style, I intuitively chose things that clashed. All side roads were good as long as they lead as far away as possible. All departure points could lead to imaginary trajectories towards non-existent points of arrival."[1]

Annie Le Brun, *Sur le champ*, Éditions surréalistes, 1967 (in collaboration with Toyen).

> "I would love to make an exhibition, then take it down and repaint it. Then show it again, take it down, and repaint it, making only a few adjustments. I dream of working on the same painting for the rest of my life."

Chuck Close, *Vija Celmins: Interviewed by Chuck Close*, A.R.T. Press, 1992.

I had just finished writing an essay on the work of the artist Ilanit Illouz, comparing it with Vija Celmins's work, when I came across this quote by Celmins; it applies perfectly to Jagna Ciuchta's practice. We met at her studio and I gave her the quote, like a relay baton. She thought it was wonderful and suitable to her work. The following text picks up where we left off.

More broadly, this text is an extension of my book *Alma Matériau* [Alma Material] (Paraguay, 2020) that proposed developing a new practice of art history by affinities, from the concept of queer maternity: in other words from a set of real or imagined relationships between women artists, in a non-hierarchical and non-exclusive mode, as a way of mapping out another sensitive and theoretical terrain that is less susceptible to the great discoveries with heroic figures fighting in the background. The philosopher Catherine Malabou expressed it this way: "Admiration is in fact structurally linked to the feminine insofar as it presents ontological openness as *maternity*. Because it is the *first* of all passions, it is the mother of all desires."[2] Admiration is the passion of difference that draws a link between familiarity and strangeness. And so in this case, by embarking on an exercise in admiration, I will draw an analogical constellation with the work of Jagna Ciuchta in its center, and have it enter into transgenerational resonance with the work of three other artists: Alina Szapocznikow, Charlotte Posenenske, and Isa Genzken. This assemblage might seem heterogenous, but it mirrors Jagna Ciuchta's inclusive systems; we can very well imagine them together in one of her installations.

Spontaneous Generation

Between 1996 and 2001, Jagna Ciuchta studied art at the Academy of Fine Arts in Poznań, Poland. Each student had to "choose their cathedral," that is, their department. She opted for painting, and for the last two years of her degree she worked in the studio of one of Poland's best known conceptual artists. Academic training in Poland is particularly technical, a vertical patriarchal hierarchy is the norm, and professors transmit their knowledge to students who then become masters themselves. Jagna Ciuchta completed her studies in 2001, winning the Academy's best diploma award. While a predictable path lay before her, she chose to leave, and if she was going to leave, it was best to leave

Poland altogether. But her departure coincided with a historically pivotal moment: "After the victory of the left-wing coalition in the parliamentary election of September 2001, a policy that was more favorable to the issue of gender equality" gradually began to take shape.[3] Nevertheless, the very term feminism is reluctantly used, and "was practically prohibited in Poland in the early 1990s because it was inevitably associated with the official feminism of the socialist era".[4] Therefore, it had been difficult to express the problem she had identified during her studies, but she moved on regardless.

Two years later during an exhibition at Galeria Aneks in Poznań, she presented a video titled *Exhibition*. In it, four sentences appear one after the other in a loop, in white letters on a black background. They are quotes from the actor Gena Rowlands in the film *A Woman Under the Influence* by John Cassavetes: "Who do you want me to be? How do you want me to be? I can be that. I can be anything." While Jagna Ciuchta frequently uses film references in her work, this video signals the multiplicity of positions and identities an artist or actor can embody.

In 2010, she used charcoal to draw over eleven black and white Xerox photocopies documenting a performance she did in 2000 in Poznań titled *Państwa–Miasta* [Countries–Cities], a Polish children's game where players battle for territory—which is a good thing because that's exactly the case here—in the exhibition with the palindromic title: *EVA, CAN I STAB BATS IN A CAVE?* And just as Jagna Ciuchta's body disappears beneath an intensive act of erasure she calls "drawing on performance," she starts to hone in on the major principles at the core of her practice.

Let's explore this game of appearances and disappearances a bit further. In 2012, she began the cycle *Missing Alina (Liquid Images)*. Jagna Ciuchta documented the gallery space immediately after the deinstallation of an exhibition by another Polish artist from an earlier generation ("who could have been [her] grandmother," Jagna states)—*Alina Szapocznikow: Sculpture Undone, 1955-1972*, at WIELS, Brussels, then at MoMA, in New York. "It was Alina Szapocznikow's first international exhibition of this scale. I rushed to see it. I think I learned about Szapocznikow's work in high school; I don't remember how. At the time, I would go to museums and contemporary art galleries but didn't understand much. I'd look at the books in their bookstores."[5] In the WIELS exhibition catalogue, the feminist curator Cornelia Butler devoted part of her essay to the context of women's art in the artist's native country: "Feminism as an organized movement did not exist in Poland during Szapocznikow's life and only recently has a younger generation of artists, including Katarzyna Kozyra, Paulina Ołowska and Artur Żmijewski—choosing to remain there after Communism's fall in 1989—adopted post-feminism in the absence of a first-generation history. For many of these artists, Szapocznikow is the bridge."[6] The missing part in the "Missing" of the title signals, through Ciuchta's gesture, the marked absence of "Alina"'s body of works, long made invisible by the patriarchal narratives that have shaped art history. The absence of her body of work echoes the artist's disappearance as a representation; she only depicts herself in counter-relief, reproduced through direct molds of her body that are endlessly reworked. The disappearance of her corpus, its dissolution or liquidation, is thus replaced at the heart of Jagna Ciuchta's work. The following year in Brussels, she presented *Grande Plage* [Big Beach] at Komplot, which reused some of the same installation design elements from Szapocznikow's exhibition. Wall hangings that matched the dimensions of the gallery walls act as soft sewn and painted room dividers. The folds in the fabric bring to mind the folds of the fragmented bellies that make up Szapocznikow's 1968 work of the same name.

In response to the disappearance of women and their bodies (of work), to their dissolution, their fragmentation, and their strong sexual exchange value associated with the low commercial value of their art production, Jagna Ciuchta seems to have opted for another queer, feminist, radical gesture: the disidentification of the artist as an authority figure who creates confusion within their own body of work, which blends and dilutes itself in the work of other artists. These are liquid images that are likely to mimic the shape of the places and spaces that contain them. "I can be that. I can be anything."

Liquidating the Body (Of Work)

When I eagerly accepted Jagna's invitation to contribute to this catalogue, I had in mind, through a series of analogies formed before I started writing, a set of theoretical, formal, and sensory links between her work and that of Charlotte Posenenske and Isa Genzken. Posenenske is of the same generation as Szapocznikow, but their respective practices don't immediately relate to each other. It was only when I began to take interest in Jagna's entire body of work—I was more familiar with her most recent projects—that Szapocznikow resurfaced. For me, she was the missing link. The huge discrepancy in this constellation can be explained by the ambivalent nature of Ciuchta's work. It's held in tension between a formal vocabulary that's clearly more closely identified within the feminist camp, that of the body as sign and statement—which is present here through its absence or its residual signs—and another vocabulary that resists the notion of the author (inevitably masculine), that escapes being captured by fleeing, that borrows all forms and simultaneously none, that favors confusion (what identity? What work? What medium?). In other words, a queer position.

As Cornelia Butler explains, the resurgence of bodies in the work of Polish artists had strong social significance. In Posenenske's art, this comes from her questioning the authority of the work: the extension or dissolution of the artist's body makes a body of work available, it returns it to the social body, under its active form. Returning agency to the social body also means erasing the body of the artist encumbered by all of the labels with which it has been arbitrarily associated.

The issues Posenenske raised through her work weren't directly related to feminism, even though today it might seem obvious that questioning the authority of the author, of creating in one's own name and erasing all collaboration, and the constructed and continued passivity of the audience, are major concerns of contemporary feminism. If she thought she had avoided male oppression, it was certainly the forced categorization of her work and its biased reception that contributed to her decision to stop her art career. Even if, at first glance, a formal resonance connects Posenenske's work with the great American minimalist artists with whom she had often exhibited, the orientation of her practice is considerably different from their gestures and intentions: "Moreover, while Judd's work, for example, cultivates an interactive or phenomenological situation in which the spectator must move around the object to activate the aesthetic experience, the object's physical parameters were necessarily determined by the artist—that is they were highly authored. This was true even as fabrication was passed on to other professionals. In this regard, Posenenske's collaboratively realized serial reliefs and sculptures—in which the professionalized labor of industrial manufacturers is foregrounded in each element's facture and the consumer's intervention is essential and can be reconfigured in nearly infinite ways—are at odds with the Minimalism to which they were compared."[7]

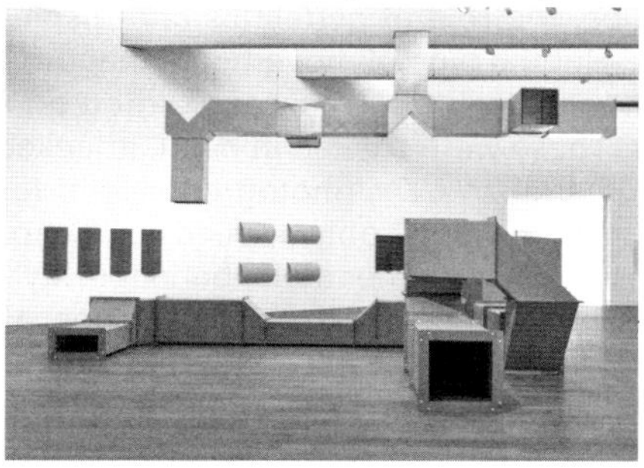

View of the exhibition *Charlotte Posenenske. Work in Progress* at Mudam Luxembourg ©Photo Rémi Villaggi, Mudam Luxembourg.

Charlotte Posenenske's art career was very brief. In her *Manifesto* of 1968, which marks the end of her practice and her entry into social studies, she writes: "The things I make are changeable, as simple as possible, reproducible. They are components of a space, because they are similar to building elements, they can always be rearranged into new combinations or positions, thereby altering space." The manifesto ends with an admission of failure, of her art's failure, in that it is incapable of offering solutions to urgent social problems. She would go on to write a thesis in collaboration with her partner on Taylorism and improving working conditions for factory workers. While Posenenske's break with the art world was abrupt, it wasn't definitive. Shortly before her death in 1985 she authorized the circulation of her work for commercial purposes under terms that were acceptable to her. Her works can be reproduced and sold for the cost of their production, and they acquired active liquidity on the art market.

The beginning of Posenenske's manifesto could, in turn, be used to describe Jagna Ciuchta's art practice, but minus the acknowledgement of failure, since Ciuchta, having emerged as an artist at a particular moment in time, has managed to develop a set of strategies and protocols that support her production by incorporating other identities, other artists, a network of affinities woven together in the context of their works' presentation, subjected to constant, repeated variables. She rails against rigid perspectives and one-way interpretation, a cannibalistic, reptilian, reparative mobility that resists the very framework that hosts it.[9] She calls her installations with the work of other artists "inclusive" and drafts contracts that dictate the modalities around the circulation or commercialization of these interventions on their work. The first contract is therefore one of trust between the artist and her fellow collaborators. The relationship between invited artists takes precedence over her relationship with the institution and its acquisition methods. In 2016, she presented *Silver Cover* at Frac Champagne-Ardenne. Invited by Antoine Marchand to intervene in the Frac's collections, her first selection included only works by male artists. Reflecting further on this, she wondered what else she could do, but nothing seemed to work. She could either make a new selection, to include only women, or keep the works she had originally chosen. Since neither option was satisfying, she opted instead to propose an exhibition of "potential" works from the collection, and called on women artists whose works were not included in it. This attempt to influence the representation of women artists in an institution's collection is a powerful political and feminist gesture, an institutional critique that goes beyond the role of the artist. If at first glance "feminine" (not to be confused with "feminist") visual forms aren't identifiable in her work, we must seek them in its ethical and participatory dimensions.

Thus far, I've mainly touched on the protocols and strategic systems Jagna Ciuchta uses in her work. I would now like to address form, since both stem from a common intention. Among the affinity constellations evoked at the beginning of this essay, I mentioned the German artist Isa Genzken. This comparison comes from an intuition and from my own sensory experience as a viewer, from the attention given to forms, colors, vocabulary, and to the violence inflicted on the language of Minimalism, namely by questioning the role of pedestals, what the art is placed on, where it rests.

Isa Genzken, whose versatile work was strongly influenced by Minimalism, was nonetheless harshly critical of the movement.[10] She did so through parody and reinterpretation. Jagna Ciuchta shares this humor, having targeted some of abstract art's most prominent male figures. Her piece

Henry Moore for Goats (2016) for example, consists of a chainsaw-carved wood sculpture whose feminine form is loosely based on Moore's sculptures.[11] It was placed in a field where goats welcomed it by scraping their horns on it, "sniffing, nibbling, and rubbing themselves against it."[12] The piece was made in collaboration with the sculptor and goat farmer Florent Grange. Her critique goes hand in hand with the reconsideration and recirculation of forms. In the introductory essay of a catalogue on Isa Genzken's early work, the feminist art critic Griselda Pollock immediately admits her failure to understand Isa Genzken's work according to the terms of the feminist critique she herself had developed, until being invited to write the essay.[13] "The work did not, on first encounter, 'call to me' or 'speak to me'."[14] Re-examining this error, she criticizes what she considers the classical approach of Benjamin Buchloh (Genzken's former partner), who relied on Gerhard Richter (Genzken's former professor and ex-husband) to begin his essay on the artist's work, immediately placing it within a normative student-teacher lineage[15]. This gesture reflects what Pollock had defined as writing in three movements: *reference*, *deference*, and *difference*, that marks the transmission of a patriarchal history of art.[16]

Isa Genzken and Jagna Ciuchta have both mastered the formal vocabularies of Minimalism and Conceptual Art, the issues of exhibiting in a white cube, the role of pedestals and display cases, the binaries of painting/sculpture, background/form... But the type of movements that drive them would be closer to *reference*, *irreverence*, and *indifference*. In 1998, Genzken painted on a dozen articles of clothing, mostly shirts, jackets, and a dress. These were soaked in paint, attacked and vandalized, tagged, added with pockets of loose change, broken CDs, photographs, and fur. Although the canvases have been replaced by shirts, it is still "painting," only applied to cheap-looking consumer goods. Jagna Ciuchta's spray paint dripping down walls, her metal bondage-style chains, her pedestals made out of tree stumps, and glass plaques held up by ratchet straps, all part of her 2019 exhibition *Darlingtonia, la plante cobra* [Darlingtonia, the Cobra Plant] at Galerie Édouard-Manet in Gennevilliers, stem from the collusion between the history of museum exhibition installations and vandalism or cannibalism.[17]

Their attacks on the "canons" of Minimalism have the elegance of a queer strategy worthy of a *Pink Block*: "The term *canon* is derived from the Greek *kanon*, which means 'rule' or 'standard,' evoking both social regulation and military organization. [...] Canons may be understood, therefore, as the retrospectively legitimating backbone of a cultural and political identity, a consolidated narrative of origin, conferring authority on the texts selected to naturalize this function."[18] This quote from an essay by Griselda Pollock, which compares the techniques of war and art criticism, reminds me of Ursula K. Le Guin's essay *The Carrier Bag of Fiction*, a key text for both me and Jagna Ciuchta. As I wrote in 2020: "[...] for Le Guin, if the novel is a tool, it is therefore a basket or a bag rather than a weapon, and the epic poems written out of conquests and violence must be replaced with other stories that combine caring, sharing, and collecting. These are not naïve stories, but other stories, told from other, more restorative viewpoints. With the bag, heroes are no longer needed: 'It's obvious that the Hero looks a bit uncomfortable in this bag. He needs a stage, a pedestal or a pinnacle. Put him in a basket and he looks like a rabbit, a potato.' It's therefore preferable, to go forward with the novel-basket, to get rid of heroes and to keep only people."[19]

In art history as in literature, the dominant patriarchal practice fails to sketch out the contours of a woman artist's life. A queer feminist art history is better able to convey the echoes and resonances between artists who were neither each other's "teachers" nor "students." The context of their specific social and political inscription influences their production in proportion to the oppression they are subjected to, even when it's not identified as such.

The works of Isa Genzken and Jagna Ciuchta jointly resist capture while boldly engaging in it. In response to the dominant vertical hierarchy, they dismantle elements of formal language to let other voices–theirs–be heard. Their "devastating poetry," as expressed by the artist Elizabeth Peyton about her friend Isa Genzken, shapes worlds that are at the crossroads between memory and science fiction, opening gaps in the gallery space and in the way we write about (and describe) them. The title of this essay comes from the name of Genzken's 2014 exhibition at the Vienna Kunsthalle, *I'm Isa Genzken, The Only Female Fool*. It speaks as much to her irreverence as it does to her sense of humor.

1 Our translation.
2 Catherine Malabou, *Changer de différence. Le féminin et la question philosophique* [Changing Difference: the Feminine and the Question of Philosophy] (Paris: Galilée, 2009). (Our translation.)
3 Mariola Misiorowska, "Le mouvement des femmes en Pologne postcommuniste et les acteurs internationaux," *Recherches féministes*, no.2, 17 (2004), erudit.org/fr/revues.
4 Misiorowska, "Le mouvement des femmes."
5 Email correspondence with Jagna Ciuchta, April 2021.
6 Cornelia Butler, "Soft Body/Soft Sculpture: The Gendered Surrealism of Alina Szapocznikow," in *Alina Szapocznikow: Sculpture Undone, 1955-1972*, ed. Elena Filipovic & Joanna Mytkowska (Brussels: WIELS Contemporary Art Centre, 2012), 38.
7 Alexis Lowry, *Charlotte Posenenske: Never Done*, in *Charlotte Posenenske. Work in Progress* (New York: DIA Art Foundation and Koenig Books, 2019).
8 Charlotte Posenenske, "Manifesto," (February 11 1968), Art International, May 1968.
9 Jagna Ciuchta's work fluctuates between cannibalism and reparation without ever restricting itself to choosing between giving and grasping, rewriting and invitation, absorption and care.
10 For more on this subject, see: Benjamin H. D. Buchloh & Isa Genzken, "Fuck the Bauhaus," in *Isa Genzken*, ed. Lisa Lee (London: October Files, MIT Press, 2015).
11 This reference to Moore can also be found in a previous work, a decoupage/assemblage of images titled *Moore and Moore* that used tourist photos found on the Internet, *a mise en abyme* of one of his monumental sculptures.
12 Email correspondence with Jagna Ciuchta, April 2021.
13 Griselda Pollock, "Not Wandering Within Diversity," in *Isa Genzken. Works from 1973 to 1983*, ed. Søren Grammel (Cologne: Walther König, 2021).
14 Pollock, "Not Wandering."
15 Benjamin H. D. Buchloh, "Isa Genzken: Vom Modell zum Fragment," in *Jeder braucht mindestens ein Fenster* (Cologne: Walther König, 1992).
16 Griselda Pollock, *Avant-Garde Gambits: Gender and the Colour of Art History* (London: Thames & Hudson, 1993).
17 As a tribute to the glass easels designed in 1968 by the Brazilian modernist architect Lina Bo Bardi for an installation at the MASP in São Paulo.
18 Griselda Pollock, "Des canons et des guerres culturelles," *Cahiers du Genre*, no.43 (2007/2), 45–69, cairn.shs.cairn.info. (Our translation.)
19 Émilie Notéris, New introduction to the book *La Fiction réparatrice* [Restorative Fiction], on the occasion of its republication with Éditions UV, 2020. Original publication: cacbretigny.com. (Our translation.)

The House of Lust
2016

Dans le cadre de l'exposition collective *The House of Dust by Alison Knowles* à The James Gallery, The Graduate Center, CUNY, New York, 2016, commissariat : Maud Jacquin et Sébastien Pluot (Art by Translation) avec Katherine Carl.

Installation évolutive avec transformation régulière (presque quotidienne) utilisant : textes, photocopies, tirage jet d'encre sur PVC, gouache, peinture acrylique, bandes adhésives papier, Vénilia, surface miroitante.

The House of Lust était constituée d'un empilement de fragments successifs et a accueilli en son sein plusieurs expositions virtuelles, avec comme points de départ la vue d'un fragment de l'installation *Les chèvres et le marbre* qui avait lieu à Occidental Temporary à Villejuif à la même période, ainsi que le poème *The House of Dust* (1968) d'Alison Knowles. Celui-ci, qui combine aléatoirement quatre listes de matériaux, de situations, de modes d'éclairages et de types d'habitants pour composer un grand nombre de « maisons » différentes, était généré en continu par un ordinateur dans l'espace d'exposition.

Jagna Ciuchta a écrit quatre textes en écho à des quatrains du poème, piochés au hasard et à différents moments de l'exposition. Ces textes, conçus comme des fictions d'expositions, ont engendré des formes visuelles comme des peintures et des collages. Les éléments arrivaient par concaténation, chaque nouvelle couche recouvrant partiellement, totalement, ou en transparence les strates précédentes. *The House of Lust* a évolué ainsi quotidiennement pendant un mois.

Les expositions et projets ultérieurs, *L'un dans l'autre* (2017), *Inside Extasis* (2018), *Darlingtonia, la plante cobra* (2019), *Mélange doré* (2019) et d'autres peut-être à venir, ont été et seront des développements des fictions écrites en 2016, des sauts temporels d'une exposition à une autre.

The House of Lust
2016

As part of the group show *The House of Dust by Alison Knowles* at The James Gallery, The Graduate Center, CUNY, New York, 2016, curated by Maud Jacquin and Sébastien Pluot (Art by Translation) with Katherine Carl.

Evolving installation with regular (almost daily) transformation using: texts, photocopies, inkjet prints on PVC, gouache, acrylic paint, adhesive strips, Venilia, mirrored surface.

Starting from the poem *The House of Dust* (1968) by Alison Knowles, *The House of Lust* consisted of a stack of successive fragments and hosted several virtual exhibitions, beginning with a fragment of the installation *Les chèvres et le marbre* [Goats and Marble] at Occidental Temporary in Villejuif. Knowles' poem, which randomly combines four lists of materials, situations, lighting modes and types of inhabitants to compose a large number of different "houses," was continuously generated by a computer in the exhibition space.

Ciuchta wrote four texts echoing the poem's quatrains, chosen at random and at different times during the exhibition. These texts, conceived as fiction exhibitions, generated visual forms like paintings and collages. Each "fiction" arrived one after the other, each new layer partially, totally or transparently covering the preceding strata. *The House of Lust* evolved in this way on a daily basis for a month.

Subsequent exhibitions and projects, *L'un dans l'autre* [One Within the Other] (2017), *Inside Extasis* (2018), *Darlingtonia, la plante cobra* [Darlingtonia, the Cobra Plant] (2019), *Mélange doré* [Golden Blend] (2019) and others perhaps to come, are developments of the fictions written in 2016, temporal leaps from one exhibition to another.

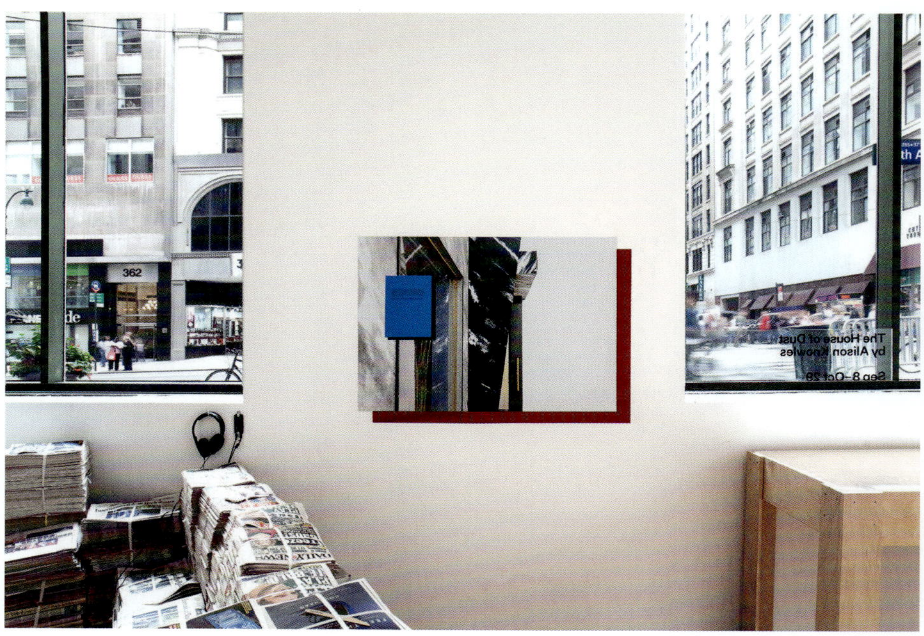

P. 113 *The House of Lust*, 2016, vue d'installation, premier jour de l'exposition © Adagp, Paris, 2024, photo Jagna Ciuchta.

A House of Straw
In a Metropolis
Existing in Darkness
Inhabited by Lovers*

October 3, 2016

*Libido of the Forest***

Setting

A pavilion, spacious and simple, constructed solely of straw bales, sits in the middle of a large urban space surrounded by buildings. The windowless four-sided structure has two openings the size of large barn doors. The interior walls are also made of straw bale: two of them reach to the ceiling and act as barriers to the light emanating from the entrances. Two others, intended for the display of the selected paintings, are staggered in the structure. These walls are different lengths and do not touch the ceiling; a straw bale bench is centered between them, in the middle of the space. The Straw Pavilion is suffused with subdued light that bounces off of the artworks, which are illuminated by spotlights above.

Project

"Libido of the Forest" is a "naïve curating" project by Jagna Ciuchta and the inaugural exhibition at the Straw Pavilion. The show opens with "Love Letter," a 1958 poem by Sylvia Plath. Visions, dreams, desires, and passions—as well as their subsequent declines—are at the heart of this project and their dramatic arcs are revealed in the proposed itinerary. The works on view are predominantly historical, created by self-taught painters and masters of folk or naïve art, as well as surrealists, porno-brut, postimpressionist, and contemporary authors. If this exhibition tells a story, its main characters are women and animals.

Exhibition checklist per display

Sarah Goodridge, *Beauty Revealed*, 1828
Toyen, *Magnet Woman*, 1934
Henri Rousseau, *The Sleeping Gypsy*, 1897
Paul Klee, *Libido of the Forest*, 1917
Unknown, *Radha and Krishna Making Love*, from the Gita Govinda, ca. 1775-80
Daniel McDowell, *Watermelon Wedges on a White Platter on a Marble Topped Table*, 1860-75
Alison Schulnik, *The Flowers*, 2010
Nina Childress, *Turtle*, 2014
Alison Schulnik, *Centaurette in Flower Field*, 2015
Thornwald Arenst Hoyer, *Inside a Barn*, ca. 1940
Dorothea Tanning, *Tableau vivant (Living Picture)*, 1954
Nina Childress, *Sex mit Schwan 1*, 2009
Carol Rama, *Appassionata*, 1939
Unknown [Mughal School (Delhi)], *Camel-Fight*, 1st quarter of 17th century
Seraphine Louis, *Tree of Paradise*, ca. 1929
Suma Maruki, *Fireworks*, ca. 1955
Ann Craven, *Full Moon #5* (July 18, 2008), 2008
Carol Rama, *Dorina*, 1939
Unknown [Mandi, Inde], *Kali*, ca. 1700-1720
Pierre Bonnard, *L'indolente ou Femme assoupie sur un lit*, 1899
Sergei Konstantinovitch Pankejeff, *Wolves on a Tree*, 1964
Henri Rousseau, *Exotic Landscape (Hungry Lion)*, 1905
Alison Schulnik, *Lady with Cat*, 2015
Toyen, *The Message of the Forest*, 1936
Theora Hamblett, *The Devil Jumping from the Cliff*, 1960

Image added to the previous display: Jagna Ciuchta, *After "The Devil Jumping from the Cliff" by Theora Hamblett*, 2016, acrylic gouache upon site-specific mixed media installation.

* A quatrain from *The House of Dust* by Alison Knowles.
** The exhibition is titled after an eponymous 1917 painting by Paul Klee.

A House of Glass
In a Green, Mossy Terrain
Using Natural Light
Inhabited by Various Birds and Fish*

October 22, 2016

*Morning Choice***

In the middle of a forest with widely spaced trees and wet, shady corners, we find an exhibition; it is the twenty-first century in Central Europe, a few decades after the fall of extreme right-wing governments.

Amongst the trees on bases made of mirrors, vertical, vibrant sculptures by Anne Truitt, Isa Genzken totems, and geometric sound works by an unnamed living artist are displayed. Several small, colorful mouths and breasts —works from Alina Szapocznikow's Dessert series— are presented on similarly reflective pedestals. Black-and-white paintings by Bridget Riley, along with others by the aforementioned contemporary artist, hang on wall-sized mirroring surfaces.

All supports reflect their surroundings, rendering their forms invisible. The artworks appear to levitate in space. Running animals do not impact the structures surfaces —they pass through them freely, as all mirrors are permeable. This exhibition is only on view in the morning; with the evening, comes an alternate display.

* A quatrain from *The House of Dust* by Alison Knowles.
** The exhibition is titled after an eponymous 1968 sculpture by Ann Truit.

A House of Hair
In a Hot Climate
Existing in Darkness
Inhabited by People who Sleep Almost all the Time*

October 28, 2016

Wet Dreams

Our bed is a room is a piano is a woofer
And breathes
James Ensor above us and all around
Endless bodies vibrant impastos
Shells shells shells and fans and chinoiseries
And skulls

Oh...

Our bed is a black paravan and a pedestal
With moss
Walls about serve us on lacquer platters
Suprematist sculptures by the Artist
Kobro war black yellow metal wood
And blue

Mmmmm...

Coiled inside Sun Tunnels our spacecraft
By the Moon
Moon light gravity love soft gentle
Bodies distort till the Earthrise through
Concrete circles holes of mica black
And dust

Aaaaaahhh...

* A quatrain from *The House of Dust* by Alison Knowles.

Sunday Display, Wavy Edges 2017

an afternoon exhibition and a picnic in the forest
flashing from above, crackling, smell, impenetrable
do it in the woods
together
under the birch trees
Lenka Vítková

Avec les œuvres de Jimena Mendoza, Jiří Kovanda, Lenka Vítková, Viktorie Langer.

Installation : bois, tissus, aimants, corde, arbres, clairière.

Jagna Ciuchta a imaginé une exposition dans la forêt et y a invité les artistes rencontréxs à Prague lors de son séjour en résidence à Futura. *Sunday Display, Wavy Edges*, une exposition d'un jour incluant un pique-nique dans la forêt de Krčský, près de Prague, a été réalisée avec le soutien de l'artist-run space Bubahof.

Sunday Display, Wavy Edges 2017

an afternoon exhibition and a picnic in the forest
flashing from above, crackling, smell, impenetrable
do it in the woods
together
under the birch trees
Lenka Vítková

With works by Jimena Mendoza, Jiří Kovanda, Lenka Vítková, Viktorie Langer.

Installation: wood, fabric, magnets, rope, trees, clearing.

Jagna Ciuchta imagined an exhibition in the forest and invited the artists she met in Prague during her residency at Futura. *Sunday Display, Wavy Edges*, a one-day exhibition including a picnic in the Krčský forest near Prague, was produced with the support of artist-run space Bubahof.

P. 118 *Sunday Display, Wavy Edges*, 2017, vue d'installation avec l'œuvre de Viktorie Langer, *High Tatras*, 2016, technique mixte sur images d'archives.
P. 119 *Sunday Display, Wavy Edges*, 2017, vue d'installation.

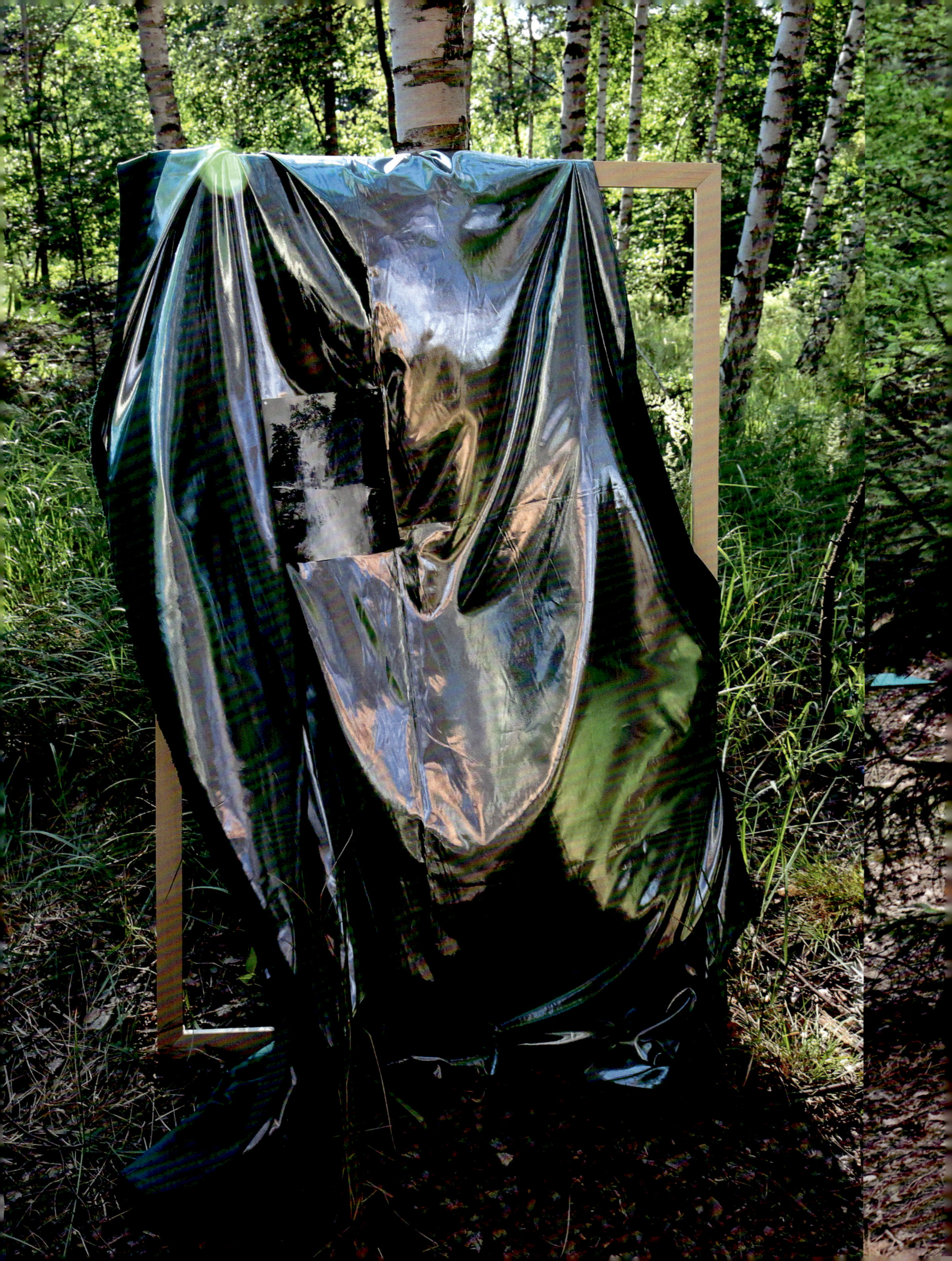

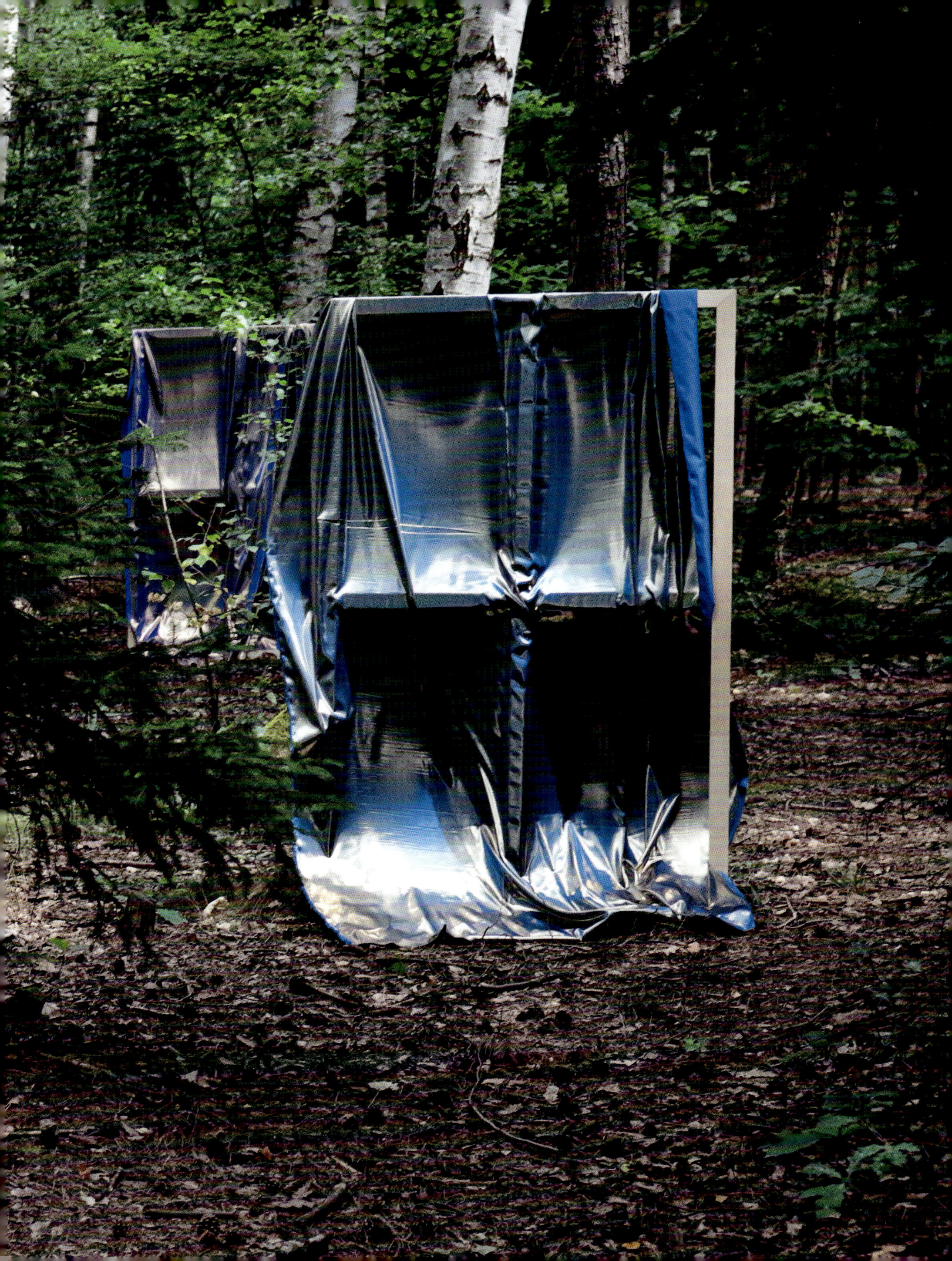

All Available Light
2017

Dans le cadre de l'exposition *The House of Dust by Alison Knowles* au cneai=, Pantin, 2017, commissariat : Maud Jacquin et Sébastien Pluot (Art by Translation) avec Sylvie Boulanger.

Avec les œuvres de LM (Ingrid Luche et Nicolas H. Müller), Céline Vaché-Olivieri, unx peintre inconnux, Camila Oliveira Fairclough, Rada Boukova.

Installation évolutive avec transformations régulières en cinq étapes :

1 Avec *Isa*, LM (Ingrid Luche et Nicolas H. Muller), 2016, matériaux mixtes. Installation avec bâche plastique, peinture acrylique, fourrures synthétiques, bois et tubes fluo, scotch et feutre noir, éclairage fluo et flash avec boîte à lumière.
2 Avec *Smuggling Smuggling*, Céline Vaché-Olivieri, 2017, tissus, matériaux mixtes. Installation avec châssis de peinture et socle, simili cuir, feutre, machine à fumée, éclairage tubes fluo, projecteur vidéo et LED.
3 Avec *Biches au bois*, auteurix non identifiéx, non daté, huile sur toile. Installation avec bois, Plexiglas, caoutchouc, feutre, store en plastique et métal, peaux de bêtes synthétiques, bois, projecteur vidéo, éclairage fluo et LED.
4 Avec *Oh Jeff...*, 2014 et *YOU*, 2016 de Camila Oliveira Fairclough, acrylique sur toiles. Installation avec structure métallique, plaques de plâtre, store plastique et métal, bois et tubes fluo, peaux de bêtes synthétiques, éclairage fluo et LED.
5 Avec *The Eternal Return*, 2013, boomerang en plastique et *Hawaii Girl*, 2016, livre, scotch, pince, médaillon de Rada Boukova. Installation avec structure métallique, plaques de plâtre, contreplaqué, store plastique et métal, bois, peaux de bêtes synthétiques, éclairage fluo et LED.

Ainsi que le portant d'un studio photo avec des tirages jet d'encre sur papier.

All Available Light était une structure évolutive, à la fois atelier, décor, studio photographique et lieu d'exposition. Réalisé en écho avec le caractère processuel et génératif du poème *The House of Dust* d'Alison Knowles, le projet suivait un schéma œuvre d'art, décor, éclairage, photographie.

Au sein de cette structure, Jagna Ciuchta a produit des situations d'exposition fictionnelles ; elle a construit des éléments de décors et a mis en scène les œuvres des artistes invitéxs qu'elle a photographiées dans des conditions de luminosité diverses. Une fois photographiée, l'œuvre de l'artiste invitéx, ainsi que son décor, cédaient la place à l'œuvre et à la scénographie suivante. Son image photographique tirée sur papier était exposée dans l'espace, recouvrant partiellement les photos précédentes. Tout ce processus était rendu visible au public.

Parce qu'elle considère que la photographie est à la fois le lieu de l'exposition et son prolongement, Jagna Ciuchta a souhaité que le bénéfice d'une éventuelle vente des photographies produites pendant ce projet soit partagé avec les artistes auteurixs dont les œuvres sont représentées. Depuis, ce principe est appliqué à toute vente d'images photographiques dont Jagna Ciuchta est l'autrice et qui représentent des œuvres d'autres artistes. Ce partage fait l'objet d'un contrat préalable entre elleux.

All Available Light
2017

As part of the exhibition *The House of Dust by Alison Knowles* au cneai=, Pantin, 2017, curated by Maud Jacquin and Sébastien Pluot (Art by Translation) with Sylvie Boulanger.

With works by LM (Ingrid Luche and Nicolas H. Müller), Céline Vaché-Olivieri, an unknown painter, Camila Oliveira Fairclough, Rada Boukova.

Evolving installation with regular transformations in five stages:

1 With *Isa*, LM (Ingrid Luche and Nicolas H. Muller), 2016, mixed media. Installation with plastic drop cloth, acrylic paint, synthetic furs, wood and fluorescent tubes, scotch tape and black felt, fluorescent and flash light boxes.
2 With *Smuggling Smuggling*, Céline Vaché-Olivieri, 2017, fabrics, mixed materials. Installation with painting stretcher and pedestal, imitation leather, felt, fog machine, fluorescent tube lighting, video projector and LED.
3 With *Biches au bois* [Deers in Woods], unidentified author, undated, oil on canvas. Installation with wood, Plexiglas, rubber, felt, plastic and metal blinds, synthetic animal skins, wood and fluorescent tubes, video and LED projector.
4 With *Oh Jeff...*, 2014 et *YOU*, 2016 by Camila Oliveira Fairclough, acrylic on canvas. Installation with metal structure, plasterboard, plastic and metal blinds, wood and fluorescent tubes, synthetic animal skins, fluorescent and LED lighting.
5 With *The Eternal Return*, 2013, plastic boomerang and *Hawaii Girl*, 2016, book, tape, clip, medallion by Rada Boukova. Installation with metal structure, plasterboard, plywood, plastic and metal blinds, wood and fluorescent tubes, synthetic animal skins, fluorescent and LED lighting.

And a freestanding studio frame displaying inkjet prints on paper.

All Available Light was an evolving structure, part workshop, part set, part photo studio and part exhibition space. Echoing the procedural, generative character of Alison Knowles' poem *The House of Dust*, the project followed a schema of artwork, set, lighting and photography.

Within this structure, Jagna Ciuchta produced fictional exhibition situations; she constructed set elements and staged the works of guest artists, which she photographed in a variety of lighting conditions. Once photographed, the guest artist's work and its setting gave way to the next work and display. Their printed photographs were displayed in the space, partially covering the previous photos. The whole process was made visible to the public.

Because she considers photography to be both the site of the exhibition and its extension, Ciuchta wanted that any profits from the sale of photographs produced during the project be shared with the artists. Since then, this principle has been applied to all sales of photographic images authored by Ciuchta that represent works by other artists. This shared income is the subject of a contract between them.

P. 121 *All Available Light*, 2017, vue d'installation avec les œuvres de Camila Oliveira Fairclough, *Oh Jeff*, 2014 et *You*, 2014, acrylique sur toile.

P. 122 *All Available Light*, 2017, vue d'installation avec l'œuvre de Céline Vaché-Olivieri, *Smuggling Smuggling*, 2017, tissus et matériaux mixtes.

P. 123 *All Available Light*, *Céline*, 2017 ; avec l'œuvre de Céline Vaché-Olivieri, *Smuggling Smuggling*, 2017 ; photographie.

P. 124 –125 *All Available Light*, *Camila*, 2017 ; avec l'œuvre de Camila Oliveira Fairclough, *You*, 2014 ; photographie.

P. 126 *All Available Light*, *Rada*, 2017 ; avec l'œuvre de Rada Boukova, *The Eternal Return*, 2013, boomerang en plastique ; photographie.

P. 127 *All Available Light*, 2017, vue d'installation avec les tirages de photographies représentant les œuvres de Camila Oliveira Fairclough, Céline Vaché-Olivieri et LM (Ingrid Luche et Nicolas H. Müller).

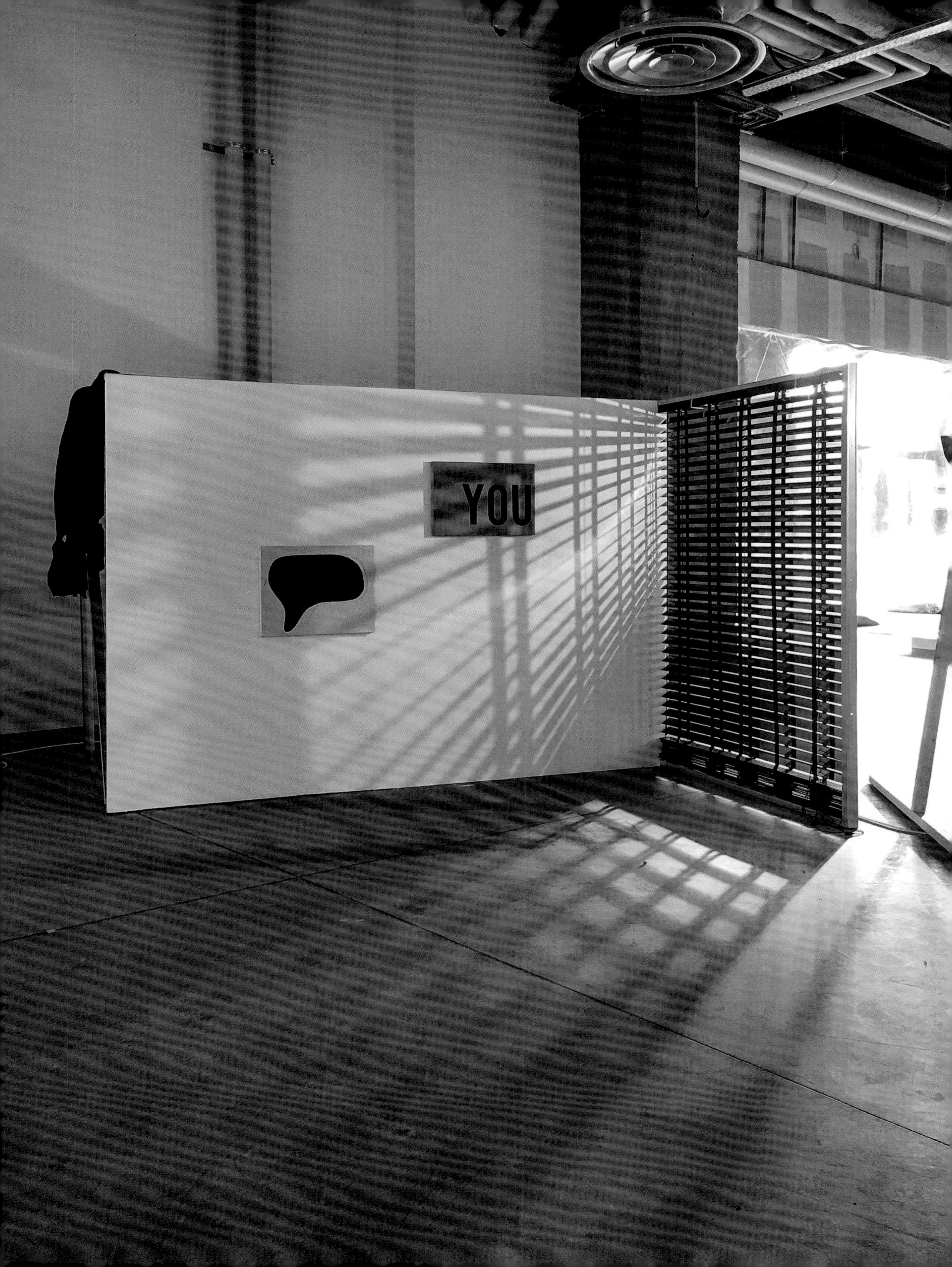
YOU

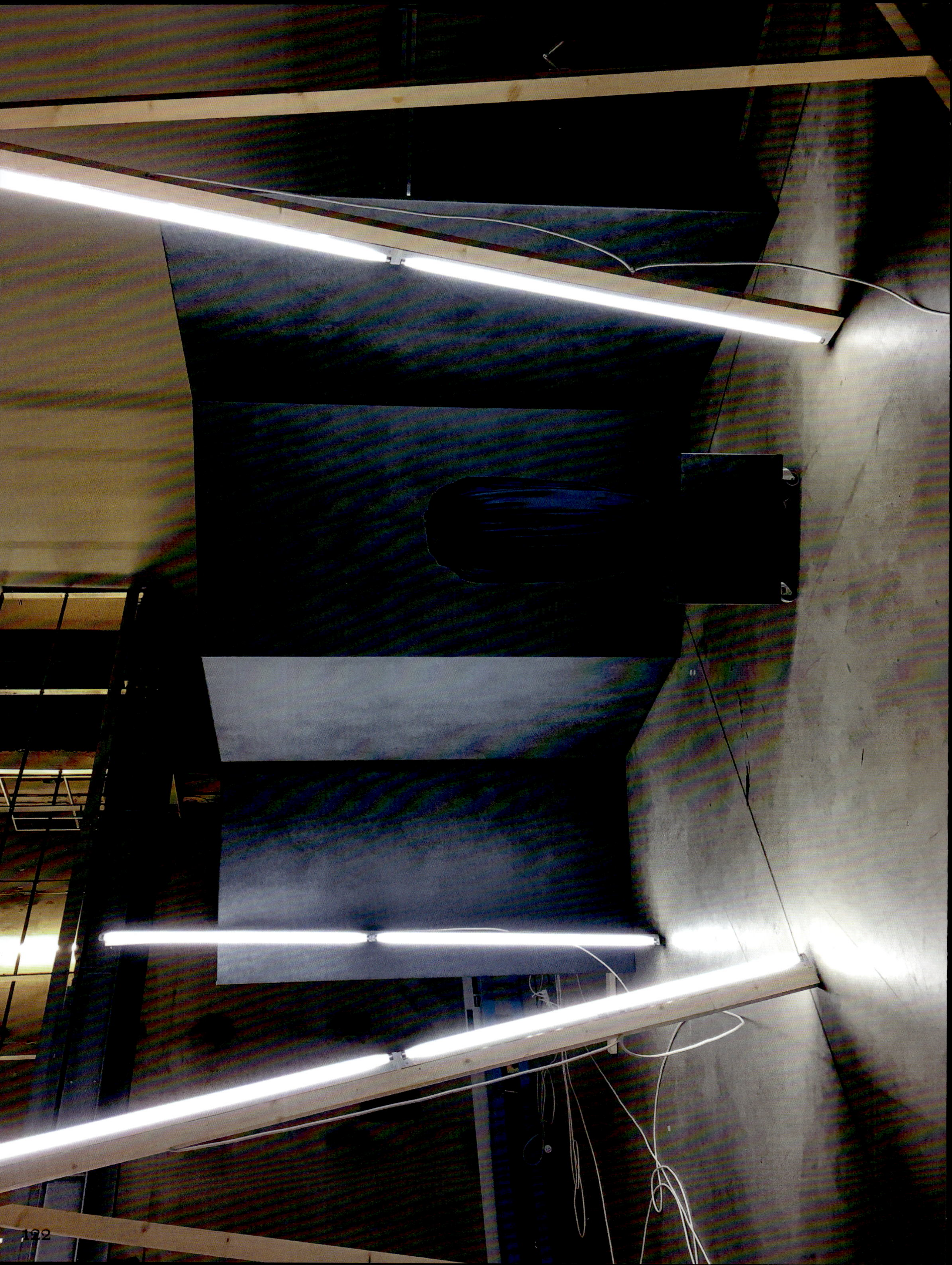

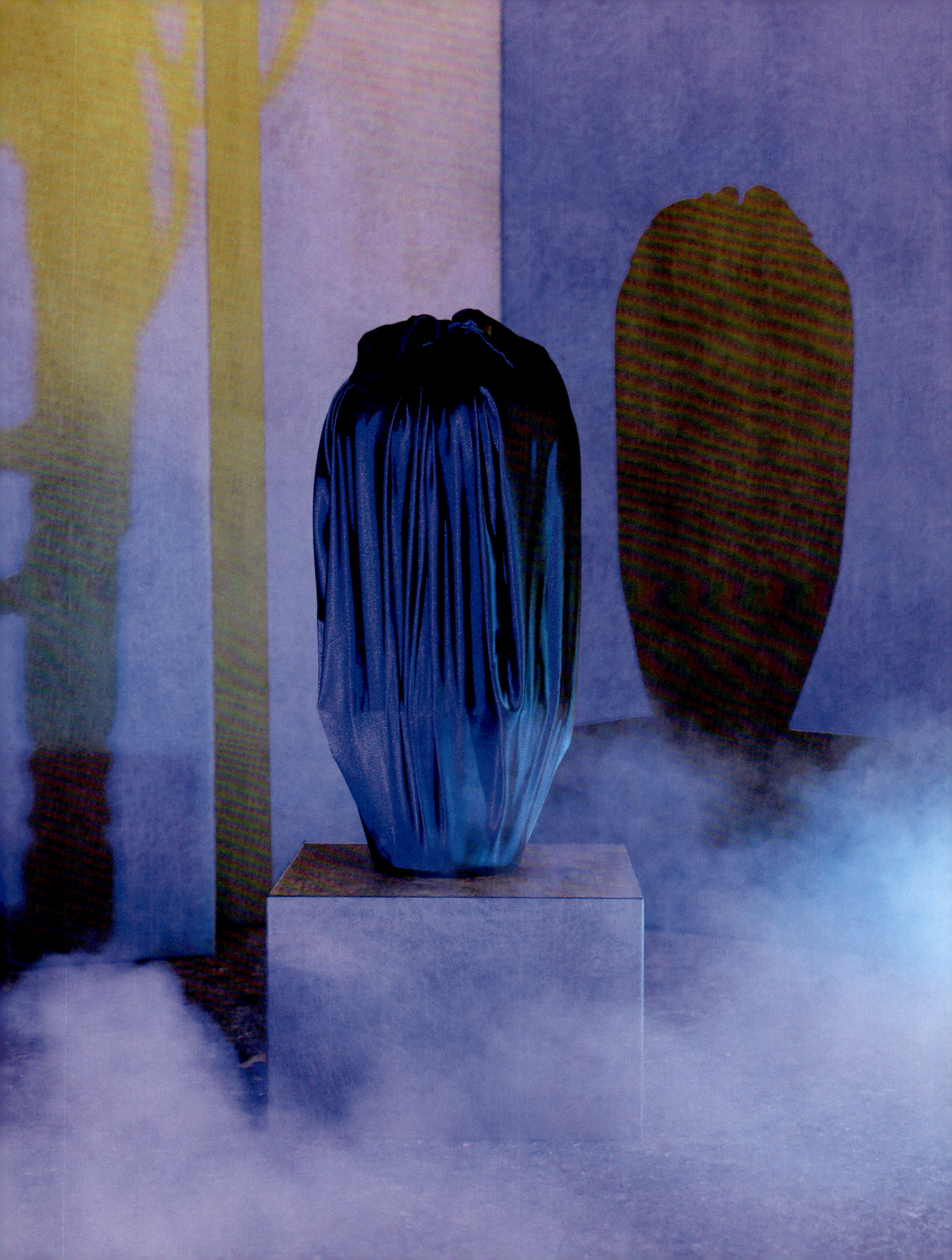

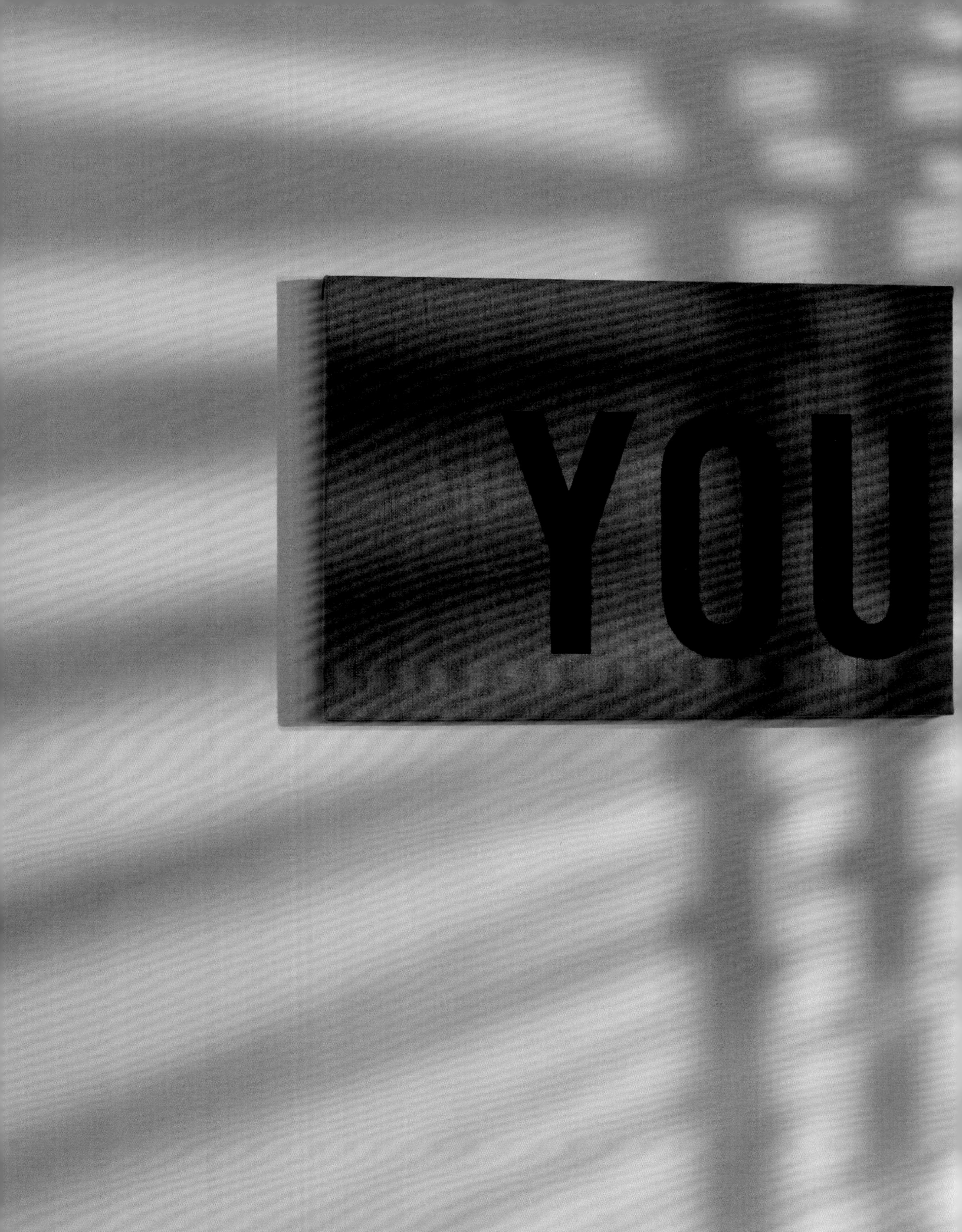
YOU

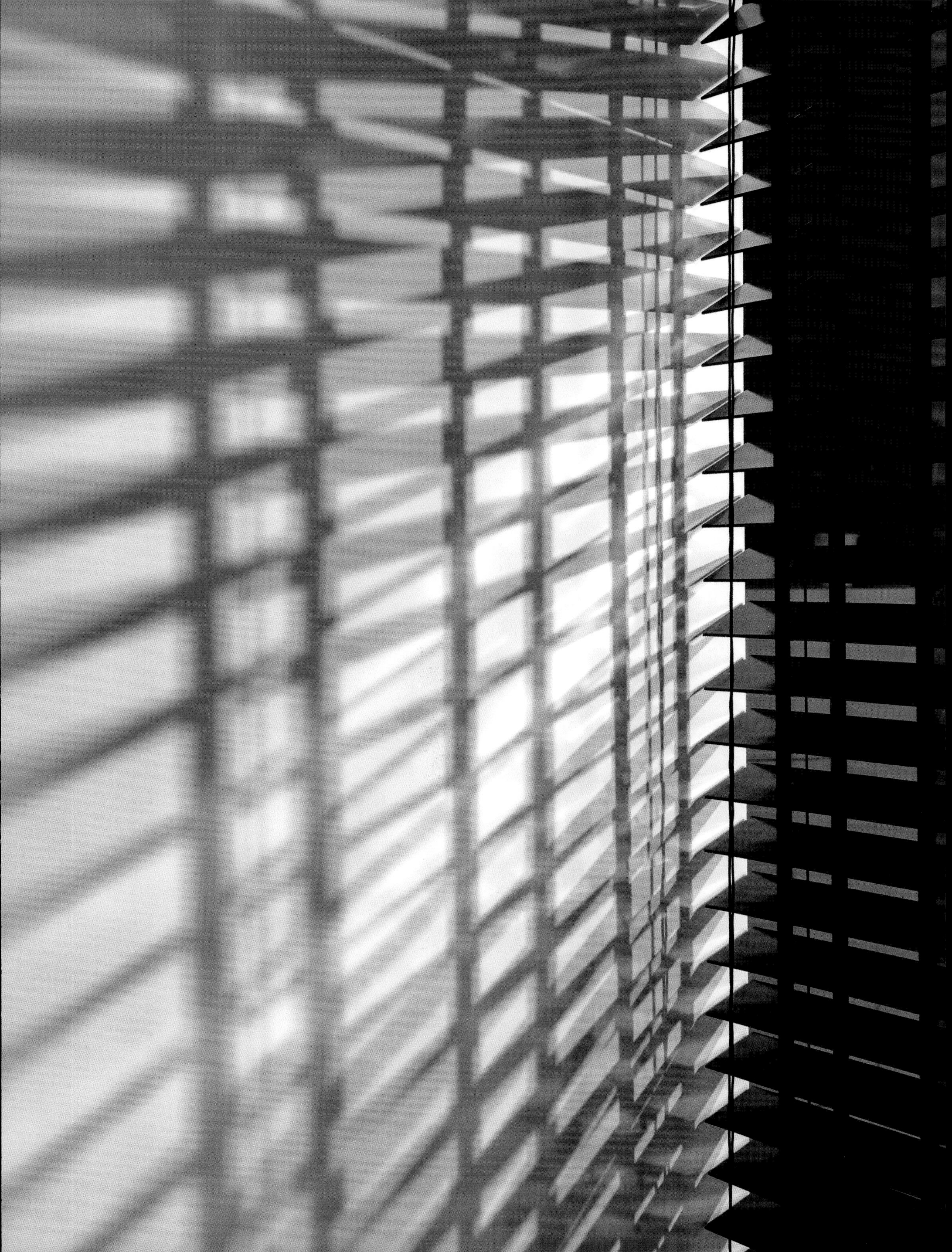

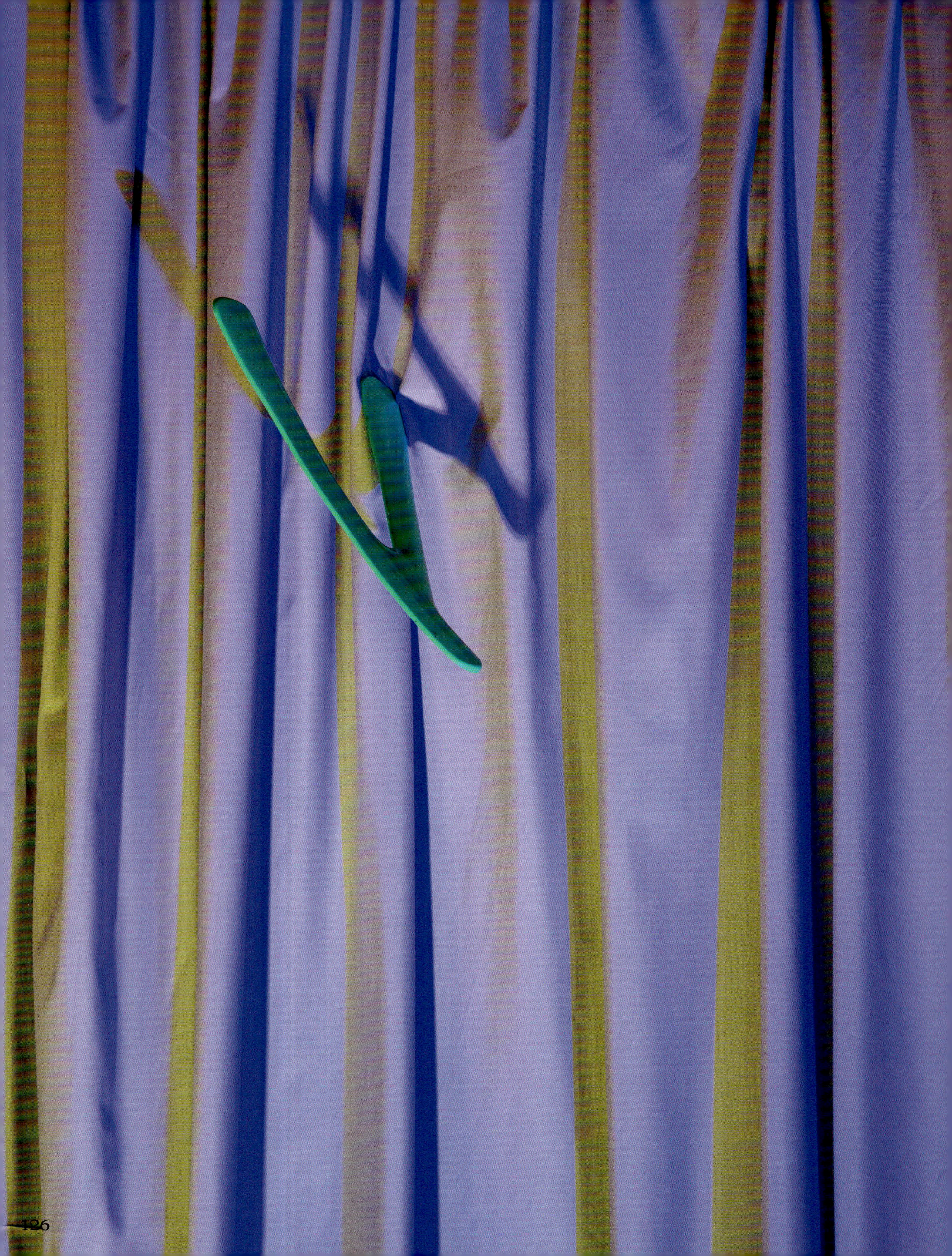

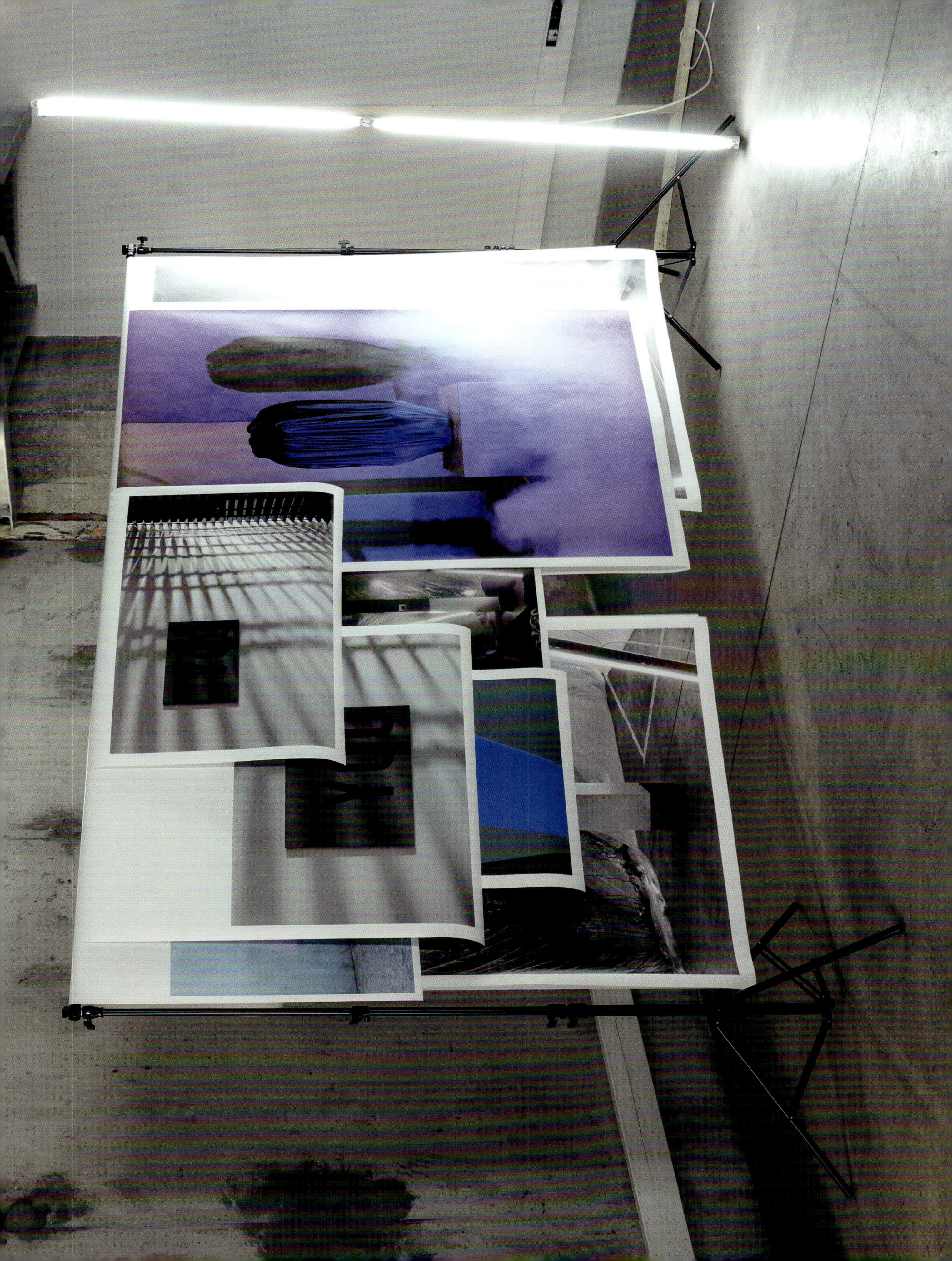

L'un dans l'autre
2017

Dans le cadre de l'exposition collective *Une maison de pierre/dans une métropole/utilisant tout type d'éclairage/habitée par ceux qui invitent les autres*, à La Galerie, centre d'art contemporain, à Noisy-le-Sec, 2017, commissariat : Maud Jacquin et Sébastien Pluot (Art by Translation), Émilie Renard.

Avec les œuvres de Thérèse Bonnelalbay*, Pascal Butto, Patrick Chapelière*, Joseph Donadello*, Jennifer Douzenel, Jill Galliéni*, Armand Goupil*, Frantz Jacques dit Guyodo*, A. Haley*, Nancy Holt, Isidor*, Bernard Jeufroy, Maria Juarez*, Jiří Kovanda, Viktorie Langer, Jimena Mendoza, Jean-Christophe Philippi*, Francis Picabia, Bernard Saby*, Toyen, Céline Vaché-Olivieri, Marcel Drouin dit Zizi* et les artistes non identifiéxs.
Séance de projection *One Within the Other* avec des œuvres de Suzan Pitt, Laura Porter et Valentin Lewandowski, Samir Ramdani.

Installation évolutive en plusieurs phases.

1 Sept plaques de verre, soixante pains de terre emballés, cordes de shibari, peaux de bêtes synthétiques. Trois plaques de verre tiennent à la verticale grâce aux pains d'argile molle et à la tension des liens shibari, des aimants servent à y accrocher des œuvres sur papier. Version précaire des *Glass Easels* (chevalets de verre) de l'architecte Lina Bo Bardi réalisés pour le Musée d'art de São Paulo (MASP) en 1968. Des peaux de bêtes synthétiques sont jetées sur l'ensemble. Quatre plaques intercalées horizontalement avec de l'argile forment des vitrines ouvertes.
Une trentaine d'œuvres sont présentées selon un arrangement et des relations en mutation, tandis que la scénographie elle-même évolue, se complexifie et augmente.

2 Des formes en adhésif, reproduisant le dessin de virevents, sont encollées sur les murs. Certaines œuvres changent de place. Les pains d'argile humide sont sculptés à travers leur emballage en plastique.

3 Les peintures sont décrochées des murs. Une bâche de protection couvre l'ensemble de l'exposition. Les murs sont peints avec un pistolet à peinture électrique.

4 Les bâches sont pliées et intégrées dans l'installation.

5 Un rouleau de papier est installé sur un portant de studio photo. Une partie de l'exposition est poussée en périphérie de l'espace pour que le public puisse s'asseoir au milieu des œuvres. Des chaises et un tas de fourrures synthétiques sont disponibles pour le public souhaitant s'asseoir par terre. Une soirée de projection de films est organisée sous le titre *One Within the Other*.

6 La dernière forme de l'installation inclut les peaux de bête synthétiques telles qu'elles ont été disposées au sol par le public lors de la soirée précédente.

7 L'installation sans les œuvres a donné lieu à une série de photographies.

L'un dans l'autre était une structure d'accueil et une scénographie d'exposition aux formes changeantes que Jagna Ciuchta a construit pour et avec les œuvres d'artistes invitéxs. Pour cette exposition, elle a accueilli des œuvres appartenant à différentes époques et à différents champs ou mondes de l'art : celles d'artistes contemporainxs et d'artistes amateurixs ou professionnellxs rencontréxs à Noisy-le-Sec, des œuvres empruntées à un collectionneur d'art brut, « art naïf » et « bad art », et des œuvres historiques dont le langage évoque ces productions « marginales » destinées à renverser les valeurs bourgeoises (on pense par exemple aux peintures tardives de Picabia dont une peinture de fleurs était présentée, à la période vache de Magritte ou plus généralement à ce que l'artiste Arnaud Labelle-Rojoux a nommé « l'art parodic' »). Ces œuvres avaient en commun de mettre en scène la confusion des registres (réel ou fantasmé), des espaces (intérieur et extérieur) et de posséder une forte charge érotique, également reflétée dans le titre de l'exposition que Ciuchta a emprunté à une peinture de l'artiste surréaliste tchèque Toyen, *L'un dans l'autre*, une exposition dans une autre, mais aussi une image de circlusion.

* Pour cette exposition, Jagna Ciuchta a collaboré avec Antoine Gentil, collectionneur d'art brut/bad art, à qui elle a emprunté plusieurs œuvres ; les noms de leurs auteurixs sont accompagnés d'un astérisque.

One Within the Other
2017

As part of the group exhibition *A House of Stone/in a Metropolis/Using All Available Light/Inhabited by Those Who Invite Others* at La Galerie, centre d'art contemporain, in Noisy-le-Sec, 2017, curated by Maud Jacquin and Sébastien Pluot (Art by Translation), Émilie Renard.

With works by Thérèse Bonnelalbay*, Pascal Butto, Patrick Chapelière*,Joseph Donadello*, Jennifer Douzenel, Jill Galliéni*, Armand Goupil*, Frantz Jacques dit Guyodo*, A. Haley*, Nancy Holt, Isidor*, Bernard Jeufroy, Maria Juarez*, Jiří Kovanda, Viktorie Langer, Jimena Mendoza, Jean-Christophe Philippi*, Francis Picabia, Bernard Saby*, Toyen,Céline Vaché-Olivieri, Marcel Drouin dit Zizi*and unidentified artists. Screening session *One Within the Other* with works by Suzan Pitt, Laura Porter and Valentin Lewandowski, Samir Ramdani.

A multi-phase installation.

1 Seven plates of glass, sixty packaged clay bricks, shibari ropes, synthetic animal skins. Three glass plates are held upright by soft packaged bricks of clay and the tension of shibari ropes, while magnets are used to hang works on paper —a precarious version of the *Glass Easels* designed by architect Lina Bo Bardi for the São Paulo Museum of Art (MASP) in 1968. Synthetic animal skins are thrown over the ensemble. Four plates are spaced out horizontally with clay forming open display cases.
Some thirty works are presented in changing arrangements and relationships, while the display itself evolves, grows in complexity and size.

2 Adhesive shapes reproducing alpine chalet roof trim designs are glued to the walls. Several works are moved around. Moist clay bricks are sculpted through their plastic packaging.

3 The paintings are removed from the walls. A protective plastic drop cloth covers the entire exhibition. The walls are painted using an airbrush.

4 The plastic painters drop cloths are folded up and integrated into the installation.

5 A roll of paper is installed on a photo studio stand. Part of the exhibition is pushed to the periphery of the space so that the public can sit among the works. Chairs and a pile of synthetic furs are available for those wishing to sit on the floor. An evening of film screenings is organized under the title *One Within the Other*.

6 The final form of the installation includes the synthetic animal skins as laid out on the floor by the audience on the previous evening.

7 Photos of the installation are taken without the works.

One Within the Other was an exhibition structure and display that Jagna Ciuchta built for and with the works of guest artists. For this exhibition, she welcomed works from different eras and fields of art: those of contemporary artists and amateur or professional artists encountered in Noisy-le-Sec, works borrowed from a collector of art brut, "naïve art" and "bad art," and historical works whose language evokes these "marginal" productions designed to subvert bourgeois values (think, for example, of Picabia's late paintings including a painting of flowers which was included in the exhibition, Magritte's "vache" period or, more generally, of what artist Arnaud Labelle-Rojoux has called "parodic' art"). What all these works had in common was the confusion of registers (real or fantasized) and spaces (interior and exterior), and their strong erotic charge, also reflected in the title of the exhibition, which Ciuchta borrowed from a painting by the Czech surrealist artist Toyen, *L'un dans l'autre*, an exhibition within an exhibition, but also an image of circlusion.

* For this exhibition, Ciuchta collaborated with Antoine Gentil, a collector of art brut/"bad art" and borrowed several works from his collection; the names of their authors are indicated with an asterisk.

P. 129 *L'un dans l'autre*, 2017, vue d'installation avec les œuvres de Thérèse Bonnelalbay, Pascal Butto, Gill Galléni, Frantz Jacques dit Guyodo, A. Haley, Isidor, Jiří Kovanda, Viktorie Langer, Francis Picabia, Céline Vaché-Olivieri, Marcel Drouin dit Zizi. Avec le livre ouvert d'Annie le Brun, *Sur le champ*, illustrations de Toyen, Paris, Éditions surréalistes, 1967, et une photographie d'auteurix non identifiéx, non daté.

P. 130 Vue d'installation en transformation, avec l'œuvre de Pascal Butto, *Singe*, 2005, rocaille.

P. 131 Avec les œuvres de Nancy Holt, Céline Vaché-Olivieri, Jiří Kovanda, Viktorie Langer, Maria Juarez.

P. 132 Avec les œuvres de Pascal Butto, Frantz Jacques dit Guyodo, Bernard Saby, courtesy Collection d'Antoine Gentil.

P. 133 Vue d'installation en transformation.

P. 134 –135 Avec les œuvres de Thérèse Bonnelalbay, Jill Galliéni, Frantz Jacques dit Guyodo, Jiří Kovanda, Viktorie Langer, Pascal Butto, Francis Picabia, Bernard Saby, Céline Vaché-Olivieri.

P. 136 Vue d'installation après le décrochage des œuvres.

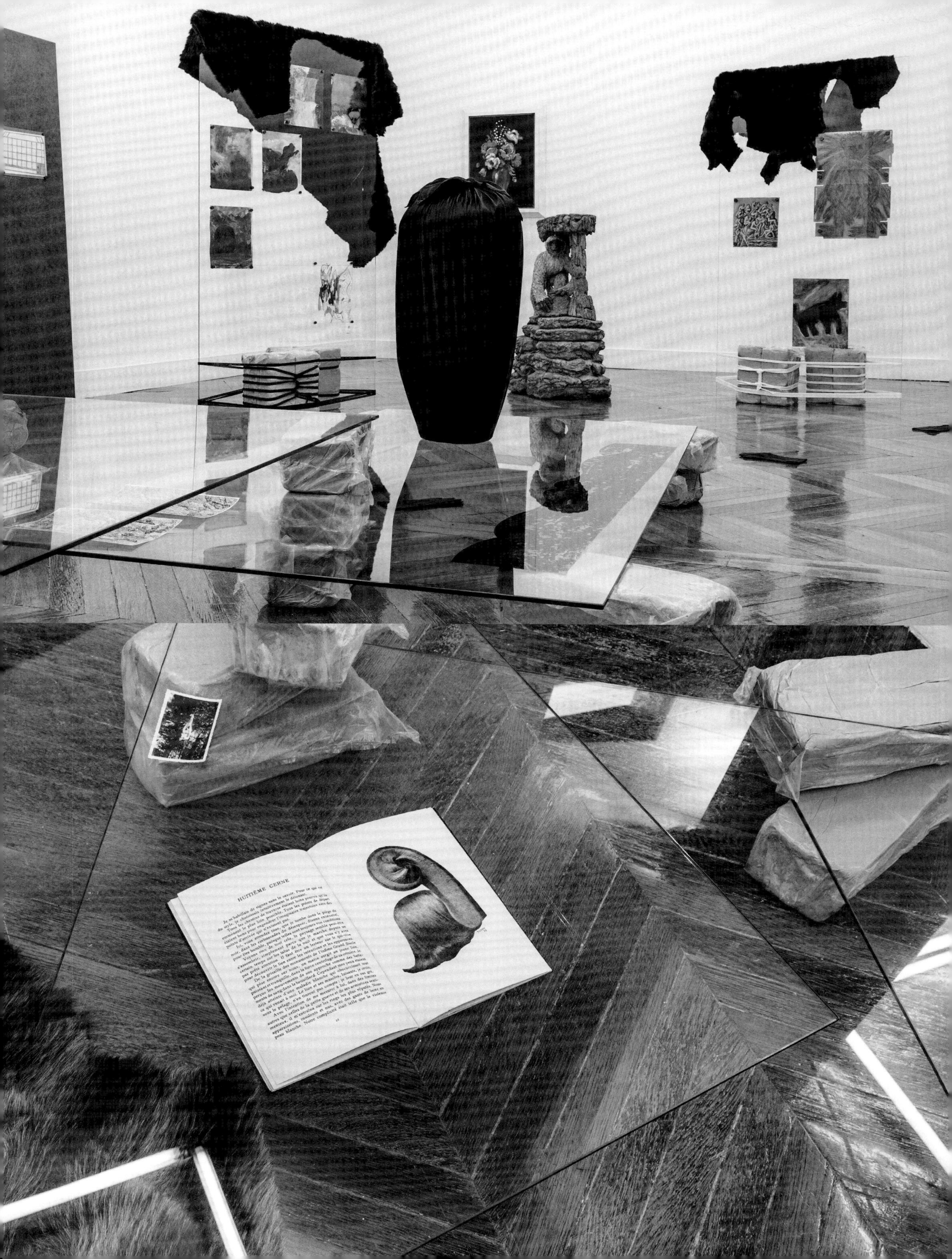
HUITIÈME CERNE

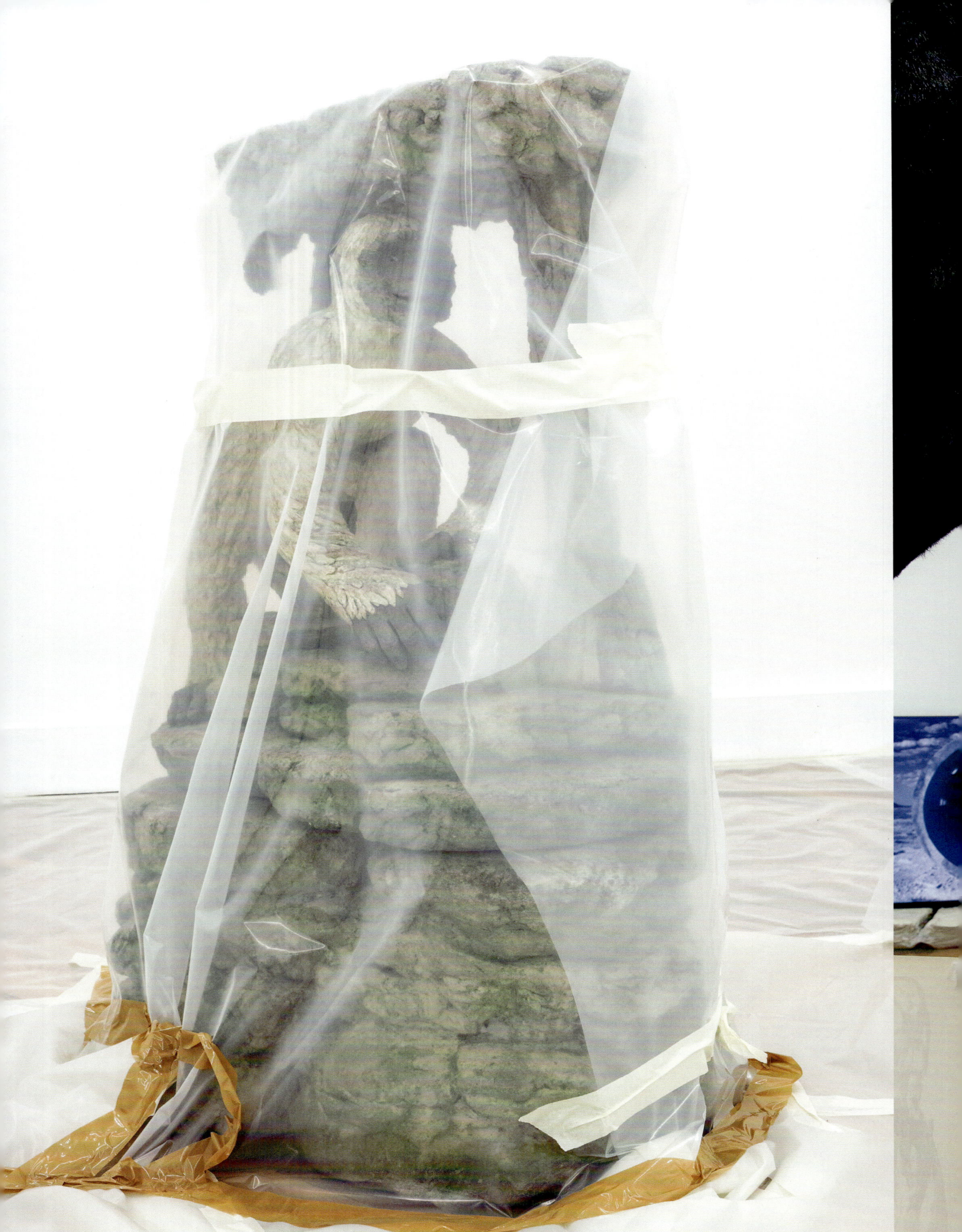

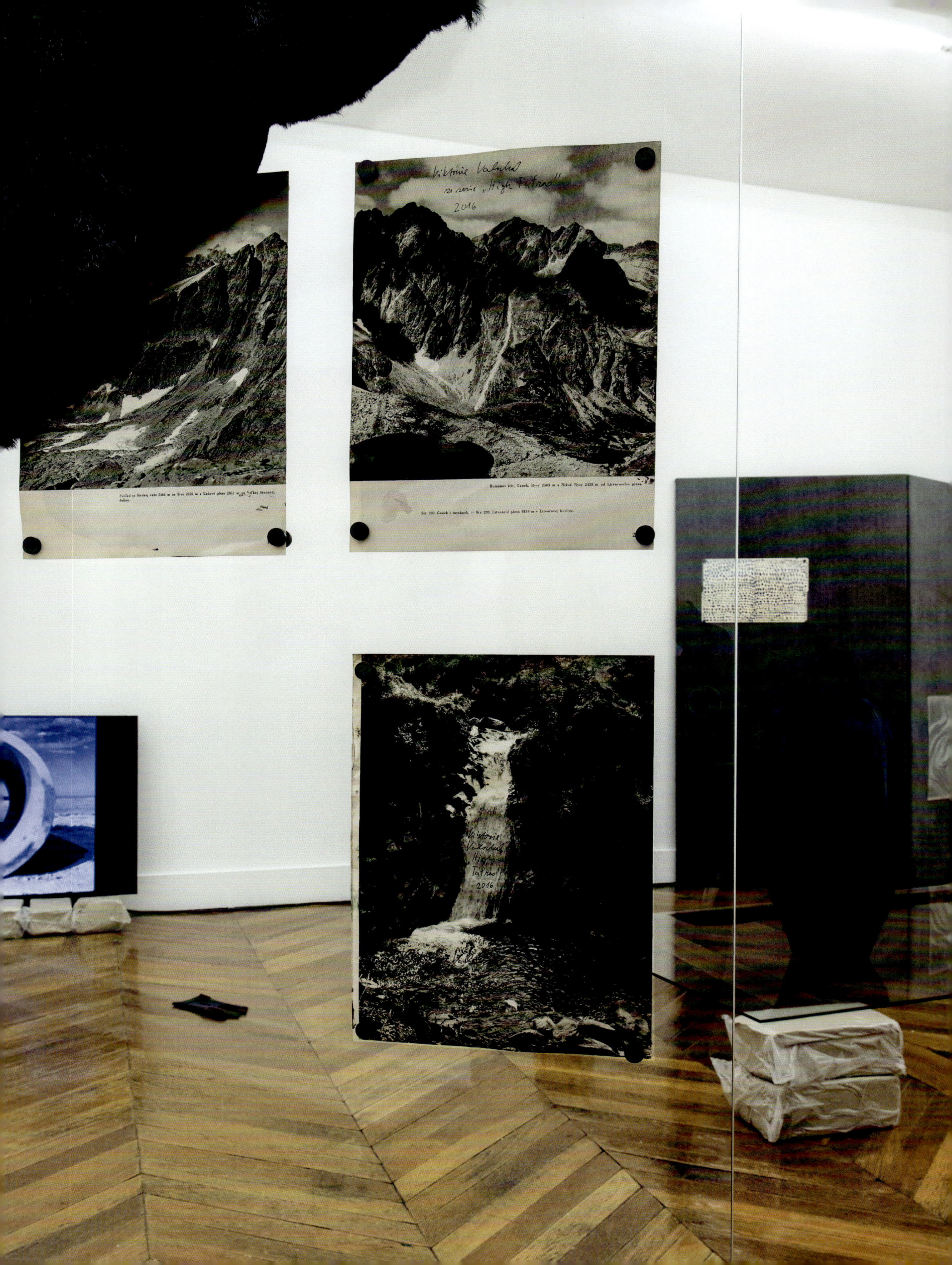
Rumanov štít, Ganek, Rysy 2503 m a Nižné Rysy 2438 m od Litvorového plesa.
Str. 202. Ganek v mrakoch. — Str. 203. Litvorové pleso 1859 m v Litvorovej kotline.

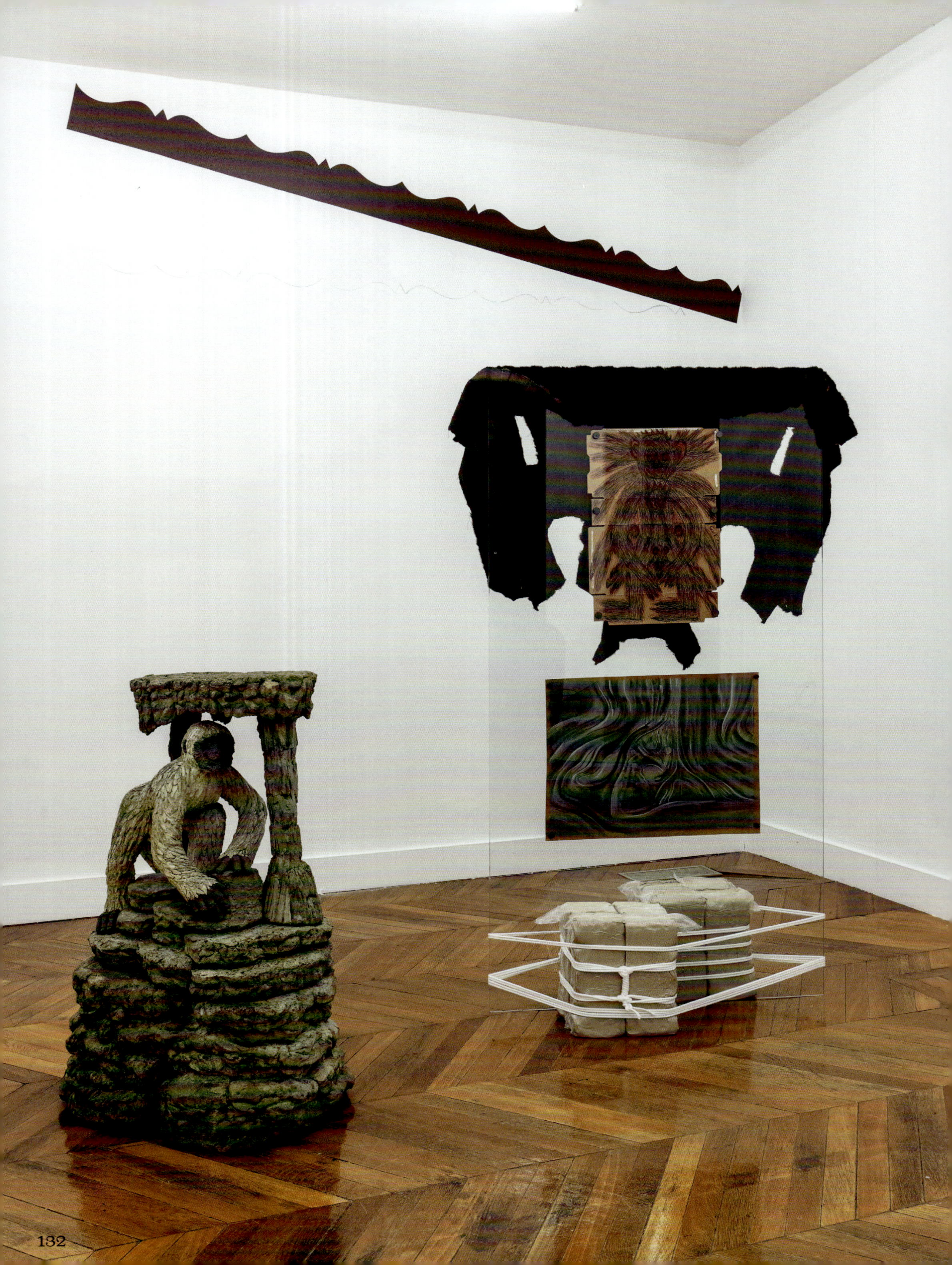

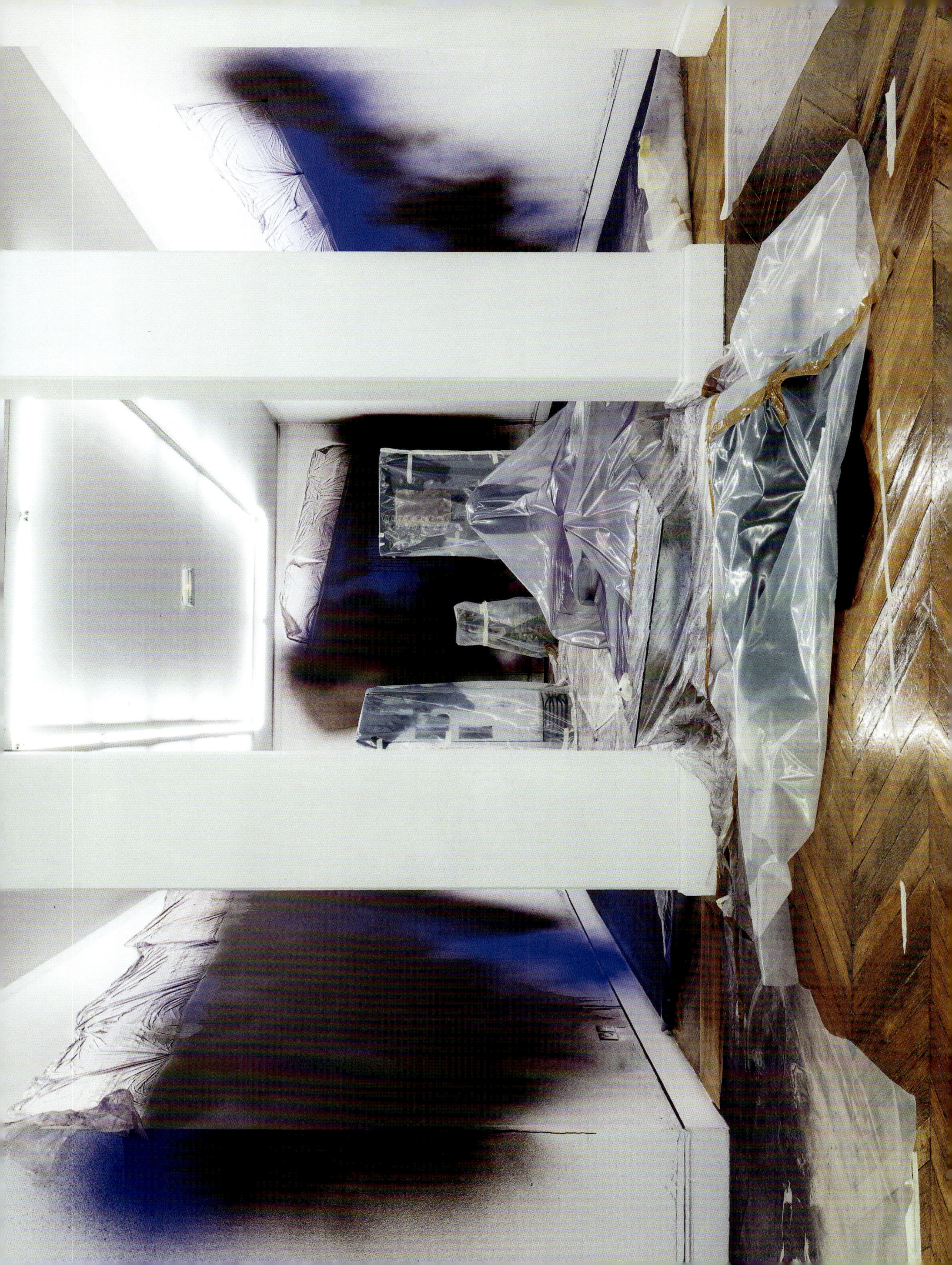

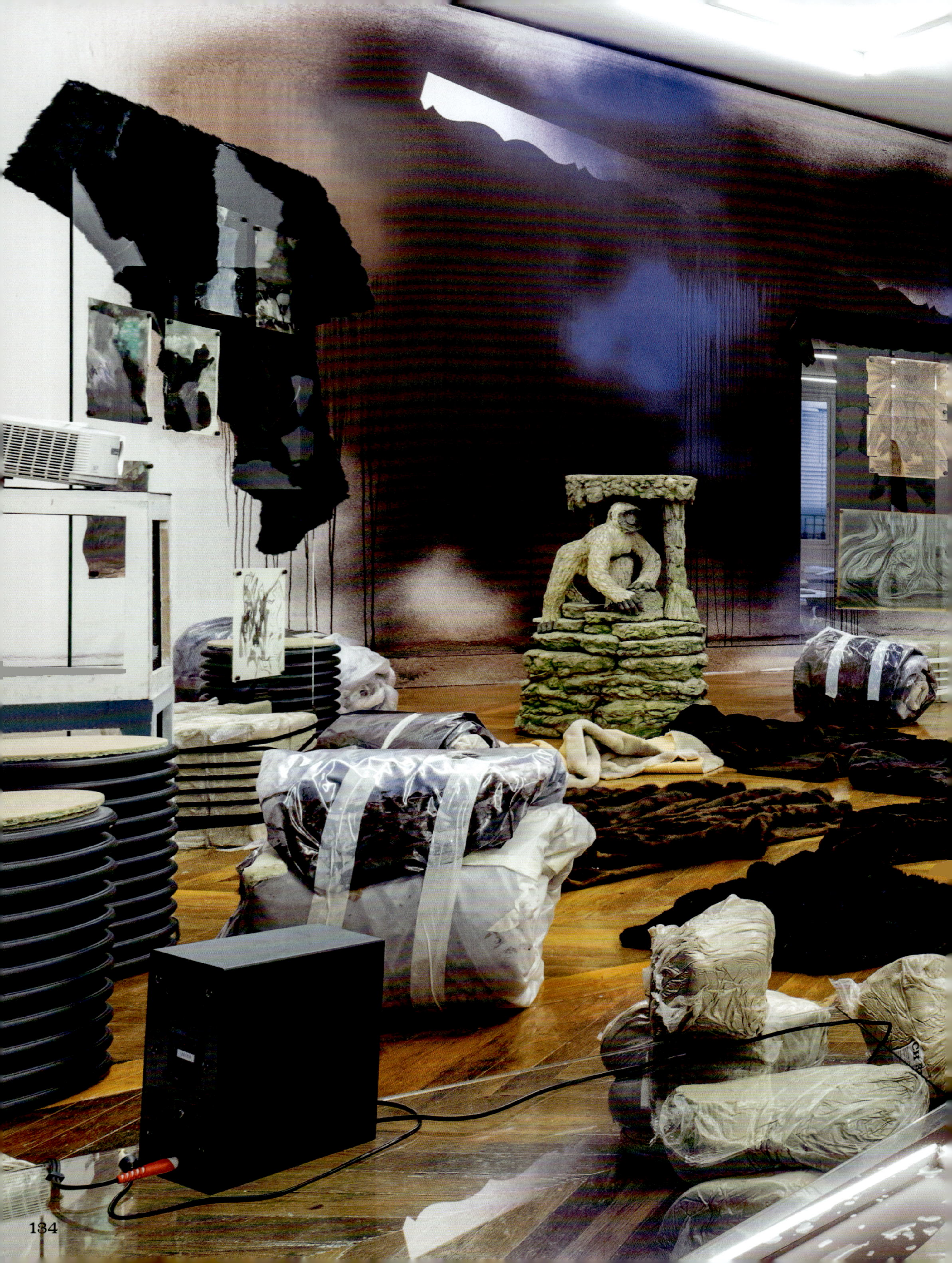

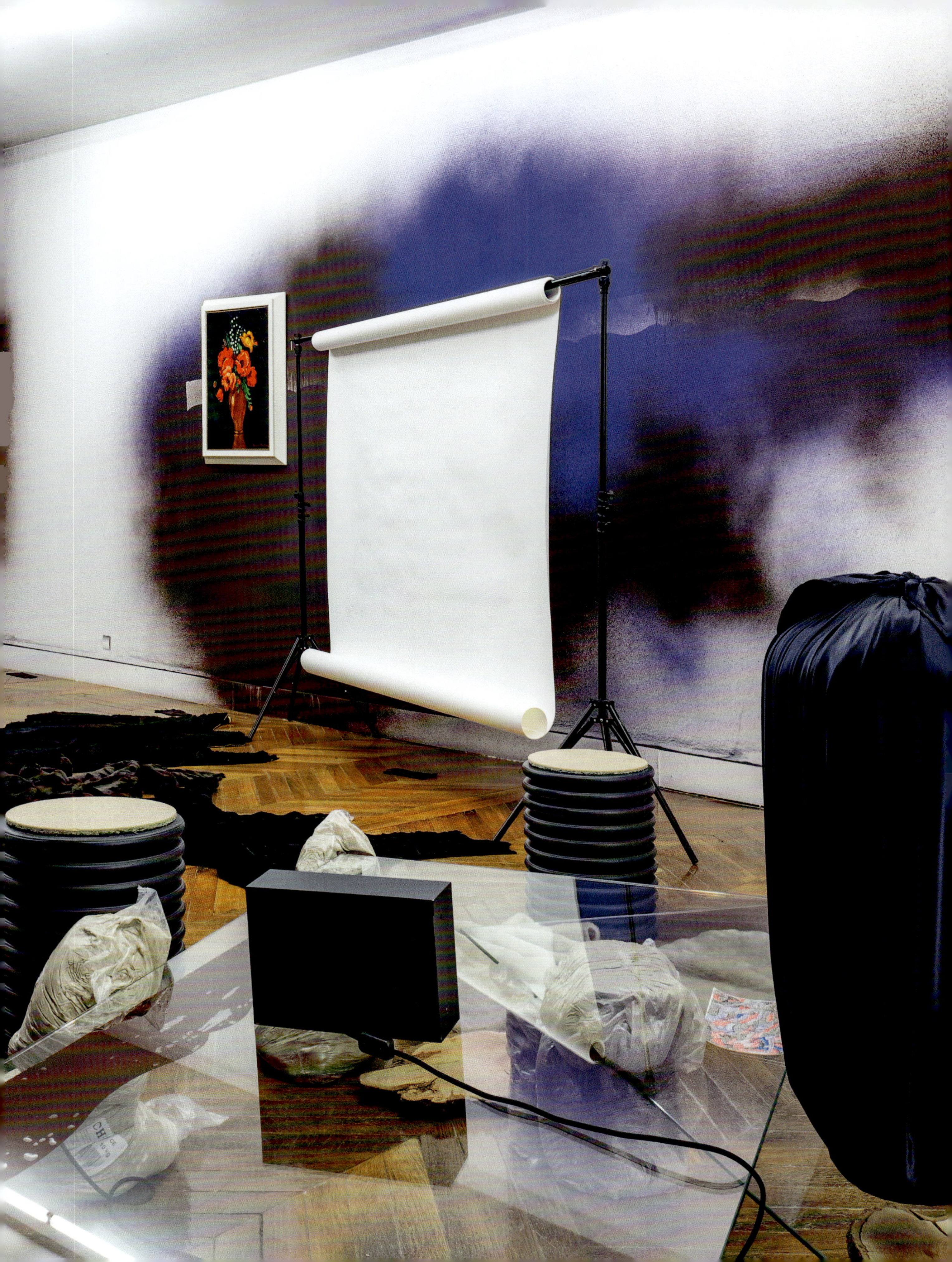

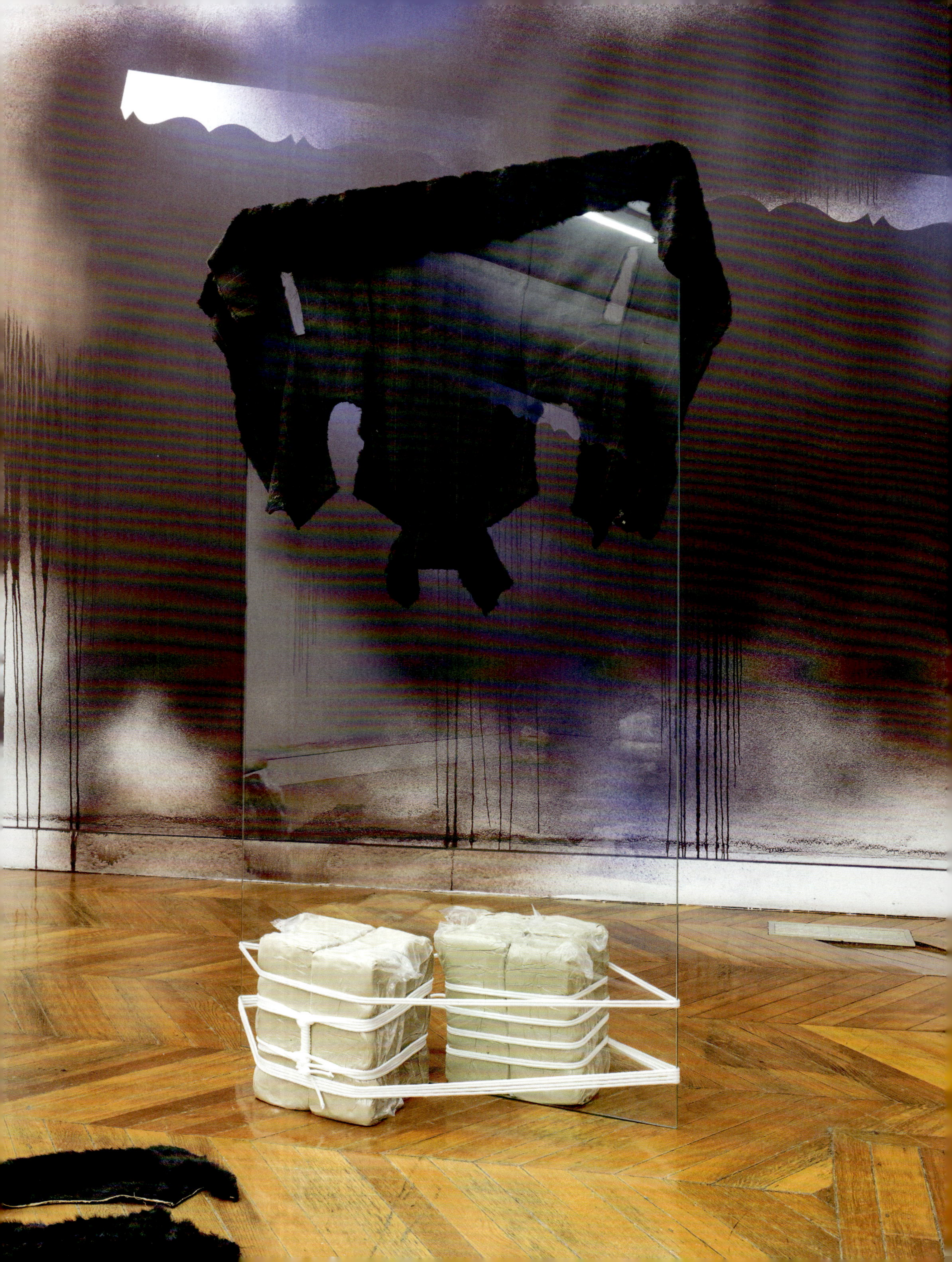

Dans le cadre du spectacle *Extasis* de la metteuse en scène Katarzyna Kalwat, et de la recherche doctorale de Jagna Ciuchta aux Beaux-Arts de Paris. Sur l'invitation de Klaudia Podsiadło. Avec la participation de la critique d'art Patricia Brignone, de l'artiste Sorour Darabi et de la cheffe-opératrice Małgorzata Rabczuk ainsi que des actrices du théâtre TR Warszawa Maria Maj et Justyna Wasilewska.

Maria Klassenberg est une artiste historique et fictionnelle, protagoniste de la pièce de Katarzyna Kalwat. Jagna Ciuchta a imaginé son identité artistique, elle a conçu et réalisé ses œuvres et la scénographie du spectacle, représentant l'atelier de l'artiste. Elle a également écrit une performance jouée par l'actrice Maria Maj qui peint sur l'un des *Glass Easels* (chevalets de verre) de l'exposition *L'un dans l'autre*. Une oeuvre de Jagna Ciuchta, *Dessin sur performance* (2010) a été intégrée dans le spectacle en tant qu'oeuvre de Maria Klassenberg. La représentation s'est tenue dans l'atelier de Jagna Ciuchta aux Beaux-Arts de Paris. Cette création évoque la troisième « fiction d'exposition » de *House of Lust* qui reprenait une pièce de ballet intitulée *Le Jeune Homme et La Mort* dont l'action se déroulait dans l'atelier d'un artiste. Cette collaboration autour du spectacle vivant a rendu explicite certains aspects sous-jacents du travail de Jagna Ciuchta, son rapport à la performance d'une part (voir le texte *Une performance sans fin* de Marta Dziewańska, p. 89) et la manière dont elle brouille les frontières entre fiction et réalité.

Inside Extasis
2018

As part of the theater play *Extasis* by director Katarzyna Kalwat, and the research project of Jagna Ciuchta at Beaux-Arts de Paris. At the invitation of Klaudia Podsiadło. With the participation of art critic Patricia Brignone, artist Sorour Darabi and filmmaker Małgorzata Rabczuk, and the actresses of the TR Warszawa theatre, Maria Maj and Justyna Wasilewska.

Maria Klassenberg is a historical and fictional artist, the protagonist of the theater piece of Katarzyna Kalwat. Jagna Ciuchta imagined her artistic identity, she designed and produced both the fictional artist's works and the play's scenography representing the artist's studio. She also wrote a performance interpreted by actress Maria Maj in which she paints on one of the *Glass Easels* from the exhibition *L'un dans l'autre* [One Within the Other]. A work by Ciuchta, *Dessin sur performance* [Drawing on Performance] (2010) was integrated into the play's scenography as a work by Maria Klassenberg. The performance took place in Jagna Ciuchta's studio at Beaux-Arts de Paris. This creation is reminiscent of *The House of Lust's* third "fiction exhibition," based on a ballet entitled *Le Jeune Homme et La Mort* [The Young Man and Death] set in an artist's studio. This collaboration around live performance has made certain underlying aspects of Ciuchta's work more explicit—her relationship to performance on the one hand (see the text *An Ongoing Performance* by Marta Dziewańska, p.94) and the way she blurs the boundaries between fiction and reality.

P. 138 *Inside Extasis*, 2018, vue d'installation, détail.

P. 139 Vue de la performance de Maria Maj conçue par Jagna Ciuchta dans le cadre du spectacle *Extasis* de Katarzyna Kalwat, et dans l'installation de Jagna Ciuchta, *Inside Extasis*, 2018, photo Małgorzata Rabczuk.

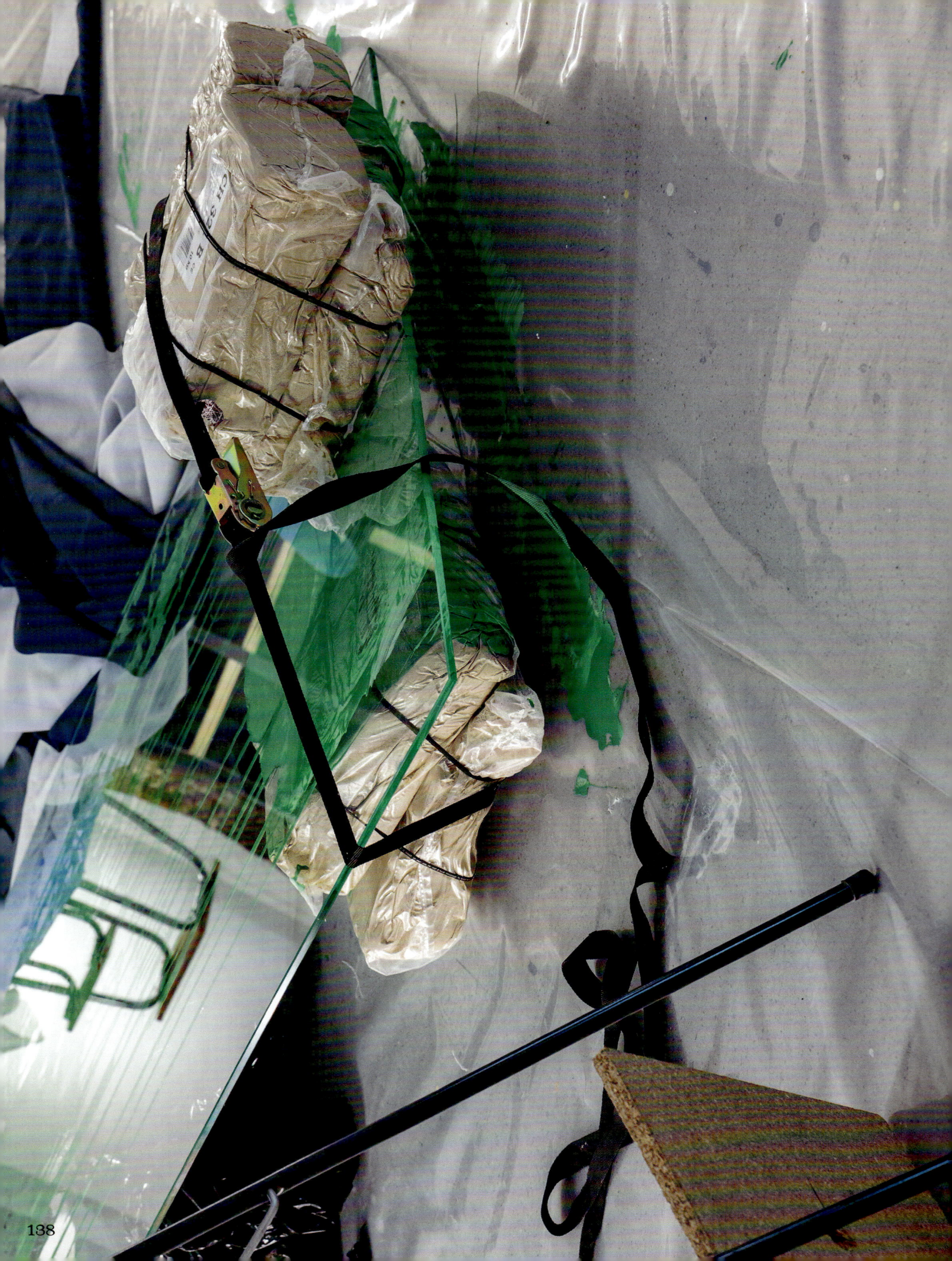

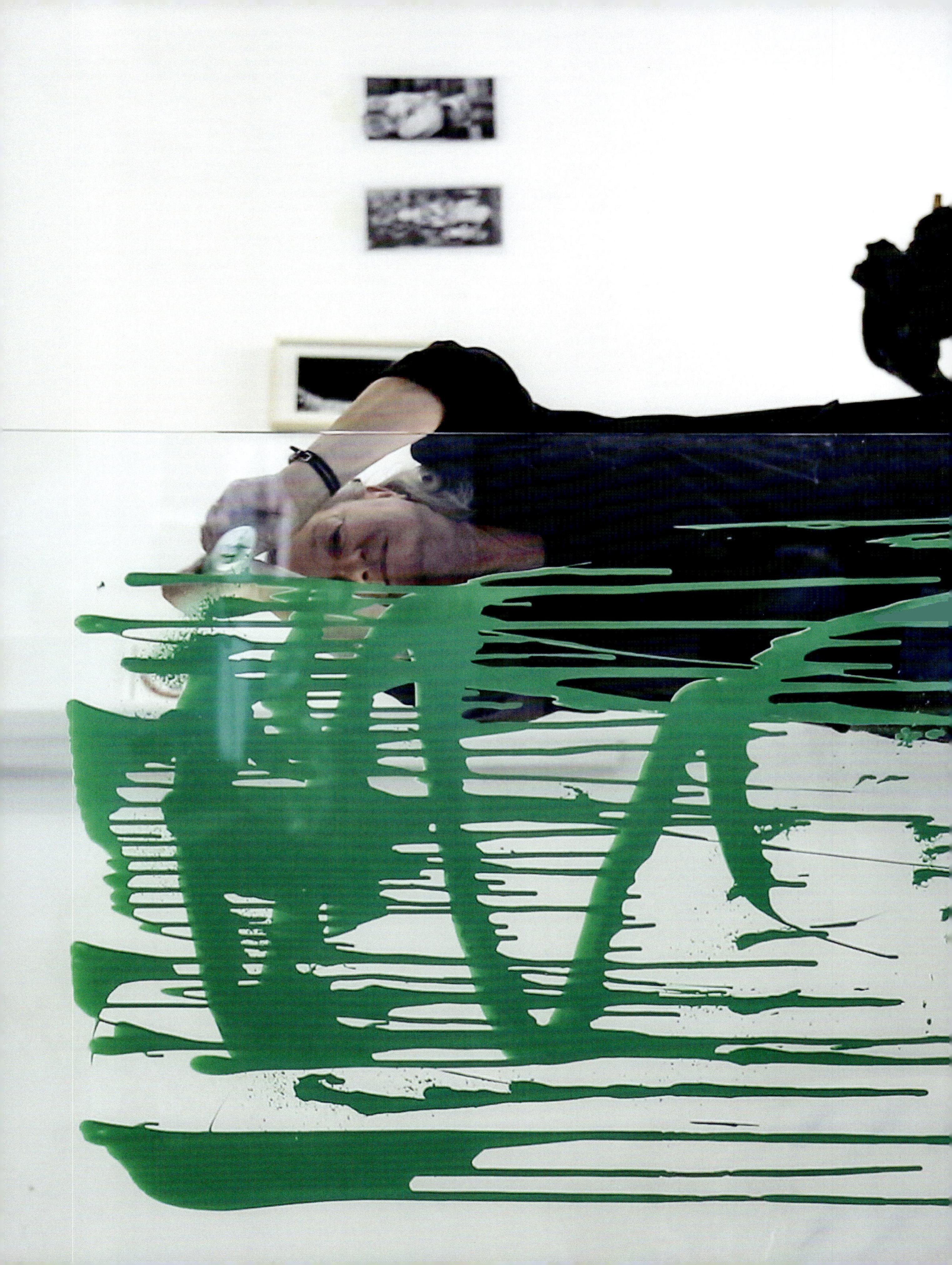

Darlingtonia,
la plante cobra
2019

Galerie Édouard-Manet, École municipale des beaux-arts, Gennevilliers, 2019, commissariat : Lionel Balouin.

Avec les œuvres de Cécile Bicler et Ernest Bicler Binet, Éléonore Cheneau, Arnaud Cousin, Viktorie Langer, Colombe Marcasiano, Laura Porter, Benjamin Swaim, Céline Vaché-Olivieri, Carrie Yamaoka, Virginie Yassef, et des artistes non identifiéxs.

S'il s'agit d'un motif floral, celui-ci est de mauvais genre. Spectaculaire, inquiétante et désirable, *Darlingtonia, la plante cobra*, dont le nom botanique existe réellement et sonne d'emblée comme un titre. Darlingtonia — une héroïne fantastique, une cyborg, personnage d'un film d'horreur ou de science-fiction — est en fait une plante, non, elle est un animal. Son identité est multiple, son nom contient la transformation.

Invitée à réaliser une exposition à la galerie Édouard-Manet, qui est aussi une école d'art municipale, Jagna Ciuchta a convié des artistes qu'elle connaissait déjà et a également visité les ateliers des artistes amateurixs qui fréquentent l'école. C'est ainsi qu'elle a rencontré Arnaud Cousin, un artiste hors-les-normes, élève depuis plus de vingt ans, et dont la création est aussi fascinante que prolifique. Elle a donc invité Arnaud Cousin à participer à l'exposition et a présenté un ensemble conséquent de ses œuvres (des dessins au stylo ou au stylo et pastel sec, des fusains sur papier kraft et une sculpture en céramique) aux côtés d'autres artistes, ditxs contemporainxs.

Salle 1

Installation évolutive en plusieurs phases, dont celles photographiées en amont de l'ouverture au public et d'autres, plus tard.

1 Mylar, scotch, bâches, tirages jet d'encre sur papier, couvertures de transport, contreplaqué.
2 Peintures murales (faites au pistolet, à la main, avec les fougères de Martine Aballéa), bâches, scotch.
3 Peintures murales.
4 Vernissage. En partant du centre de la salle vers les murs : œuvres d'artistes invitéxs posées sur les peaux de bêtes synthétiques ou suspendues sur des chaînes en acier ; photographies de Jagna Ciuchta de la série *Carnivores* représentant leurs œuvres, tirages sur papier baryté, scotchés sur les murs ; chaînes, quincaillerie, surfaces miroitantes, peintures murales.
5 Quelques semaines plus tard. La liste d'artistes reste la même, mais certaines œuvres sont décrochées ou changent de place. Les images *Carnivores* sont regroupées, superposées, des chaînes pendent seules, pour elles-mêmes. Certains miroirs sont décollés ou restent suspendus dans leur mouvement, d'autres jonchent le sol et réfléchissent l'exposition en train de se défaire.

Salle 2
Cabin Porn

Deux paysages de forêt d'auteurixs inconnuxs, achetés dans des brocantes, puis peints par Cécile Bicler et son fils, Ernest Bicler Binet (4 ans), sont accrochés par des chaînes en équilibre avec des bûches de bois sur des « *Glass Easels* rustiques » [chevalets de verre rustiques], qui, comme ceux de l'exposition *L'un dans l'autre*, font écho au dispositif de Lina Bo Bardi. Deux projecteurs LED programmés pour modifier les couleurs progressivement et aléatoirement remplissent l'espace d'ambiances changeantes. Les couleurs des deux paysages se transforment également, comme un film qui capterait en accéléré les cycles du jour et de la nuit, ou des saisons, dans le désordre et tout en dérapages psychédéliques. Par la lumière, la peinture est littéralement altérée en permanence dans sa substance.

Salle 3
Eight Eyes of Darkness

Une œuvre abstraite de Carrie Yamaoka est présente ici à travers une image « carnivore » de grand format, scotchée au mur avec des bandes en aluminium. Elle côtoie *Bouche foncée*, une sculpture en céramique émaillée à l'aide d'une technique mixte et mystérieuse d'Arnaud Cousin. Silhouette peut-être féminine ou animale, ou végétale, placée sur un socle en bois, Plexiglas noir, peaux de bêtes synthétiques retroussées et cordes. Une des deux *Chenilles* d'Arnaud Cousin au fusain sur papier kraft, accrochée verticalement au scotch métallique noir, devient un épi végétal, une sorte de pied de maïs. L'autre, à l'horizontal, plus animale, s'accroche à la même plaque de Plexi qui a servi de décor pour la prise de vues des *Carnivores*.

Darlingtonia,
the Cobra Plant
2019

Galerie Édouard-Manet, École municipale des beaux-arts, Gennevilliers, 2019, curated by Lionel Balouin.

With works by Cécile Bicler and Ernest Bicler Binet, Éléonore Cheneau, Arnaud Cousin, Viktorie Langer, Colombe Marcasiano, Laura Porter, Benjamin Swaim, Céline Vaché-Olivieri, Carrie Yamaoka, Virginie Yassef, and unidentified artists.

If it's a floral motif, it's a rather tacky one. Spectacular, disquieting and desirable, *Darlingtonia, the Cobra Plant*—its real botanical name already sounds like a title. Darlingtonia—a fantasy heroine, a cyborg, a character in a horror or science-fiction film—is in fact a plant, no, an animal. Darlingtonia's identity is multiple, and its name contains transformation.

Invited to exhibit at Galerie Édouard-Manet, which is also a municipal art school, Jagna Ciuchta invited artists she already knew and also visited the studios of the amateur artists who attend the school. This is how she came across Arnaud Cousin, an outsider artist who has been a student for over twenty years, and whose work is as fascinating as it is prolific. She therefore invited Cousin to take part in the exhibition, and presented a substantial body of his work (pen and dry pastel drawings, charcoal on kraft paper and a ceramic sculpture) alongside other "contemporary artists".

Room 1

Evolving installation in several phases including some phases that were only visible as photographic documentation (such as before the exhibition was open to the public).

1 Mylar, scotch tape, plastic drop cloths, inkjet prints on paper, shipping blankets, plywood
2 Murals (spray-painted, hand-painted, with Martine Aballéa's ferns), drop cloths, scotch tape.
3 Murals.
4 Opening. From the center of the room to the walls: works by guest artists placed on synthetic animal skins or suspended on steel chains; photographs by Ciuchta from the *Carnivores* [Carnivorous] series depicting their works, prints on baryta paper, taped to the walls; chains, hardware, mirrored surfaces, wall paintings.
5 A few weeks later. The list of artists remains the same, but some works have been removed or moved. The *Carnivores* images are grouped together and superimposed, while chains hang by themselves. Some mirrors are unstuck or remain suspended in their movement, while others litter the floor, reflecting the exhibition as it unravels.

Room 2
Cabin Porn

Two forest landscapes by unknown artists, bought at flea markets and then painted by Cécile Bicler and her son, Ernest Bicler Binet (aged 4), are hung by chains and balanced with wooden logs on "rustic *Glass Easels*," which, like those in the *L'un dans l'autre* [One Within the Other] exhibition, echo Lina Bo Bardi's display. Two LED projectors programmed to gradually and randomly change colors fill the space with shifting moods. The colors of the two landscapes are also transformed, like a film capturing the accelerated cycles of day and night, or of the seasons, in a disorderly, psychedelic fashion. The paint's substance is literally and continuously altered by light.

Room 3
Eight Eyes of Darkness

An abstract work by Carrie Yamaoka is featured in the form of a large-format "carnivorous" image, taped to the wall with aluminum strips. It stands alongside *Bouche foncée* [Dark Mouth], a ceramic sculpture glazed with a mysterious mixed technique by Arnaud Cousin. A silhouette, perhaps feminine or animal, plant-like, is placed on a base of wood, black Plexiglas, with rolled-up synthetic animal skins and ropes. One of Cousin's two charcoal drawings on kraft paper *Chenilles* [Caterpillars] hung vertically with black metallic tape becomes a plant-like corn cob or stalk. The other, more animal-like, hangs horizontally from the same Plexiglas sheet that was previously used to shoot the *Carnivores* series.

P. 142 *Darlingtonia, la plante cobra*, 2019, vue d'installation.

P. 143 *Carnivore*, 2019, avec l'œuvre de Carrie Yamaoka, *Untitled*, 2018, résine uréthane ; série photographique *Carnivores*, 2019.
Darlingtonia, la plante cobra, 2019, vue d'installation avec l'œuvre de Virginie Yassef, *Ensemble masque oursin (1)*, 2019, technique mixte.

P. 144 Vue d'installation avec l'œuvre de Virginie Yassef, *Ensemble masque oursin (1)*, 2019 ; Jagna Ciuchta, *Carnivores*, avec les œuvres de Laura Porter et Benjamin Swaim, 2019.

P. 145 Vue d'installation avec l'œuvre de Viktorie Langer, *High Tatras*, 2016, technique mixte sur images d'archives ; Jagna Ciuchta, *Carnivores*, 2019, avec l'œuvre de Benjamin Swaim, *Sexe chaussé*, 2011, photographie.

P. 146 Vue d'installation avec la série photographique *Carnivores*, 2019, détail.

P. 147 Vue d'installation avec l'œuvre de Céline Vaché-Olivieri, *Profondo (3/9)*, 2018, porcelaine émaillée.

P. 148–152 *Cabin Porn*, 2019, avec l'œuvre de Cécile Bicler et Ernest Bicler Binet, *Feu forêt*, 2019, diptyque, technique mixte sur peintures à l'huile trouvées.

P. 153 Arnaud Cousin, *Chenille*, non daté, fusains sur papier kraft.

P. 154–155 *Eight Eyes of Darkness*, 2019, vue d'installation avec les œuvres d'Arnaud Cousin, *Bouche foncée*, non datée, céramique émaillée et colle ; *Chenille*, non daté, fusains sur papier kraft ; Jagna Ciuchta, *Carnivore*, 2019, avec Carrie Yamaoka, *Untitled*, 2018, photographie.

P. 156 Arnaud Cousin, *Bouche foncée*, non daté, céramique émaillée et colle ; socle Jagna Ciuchta.

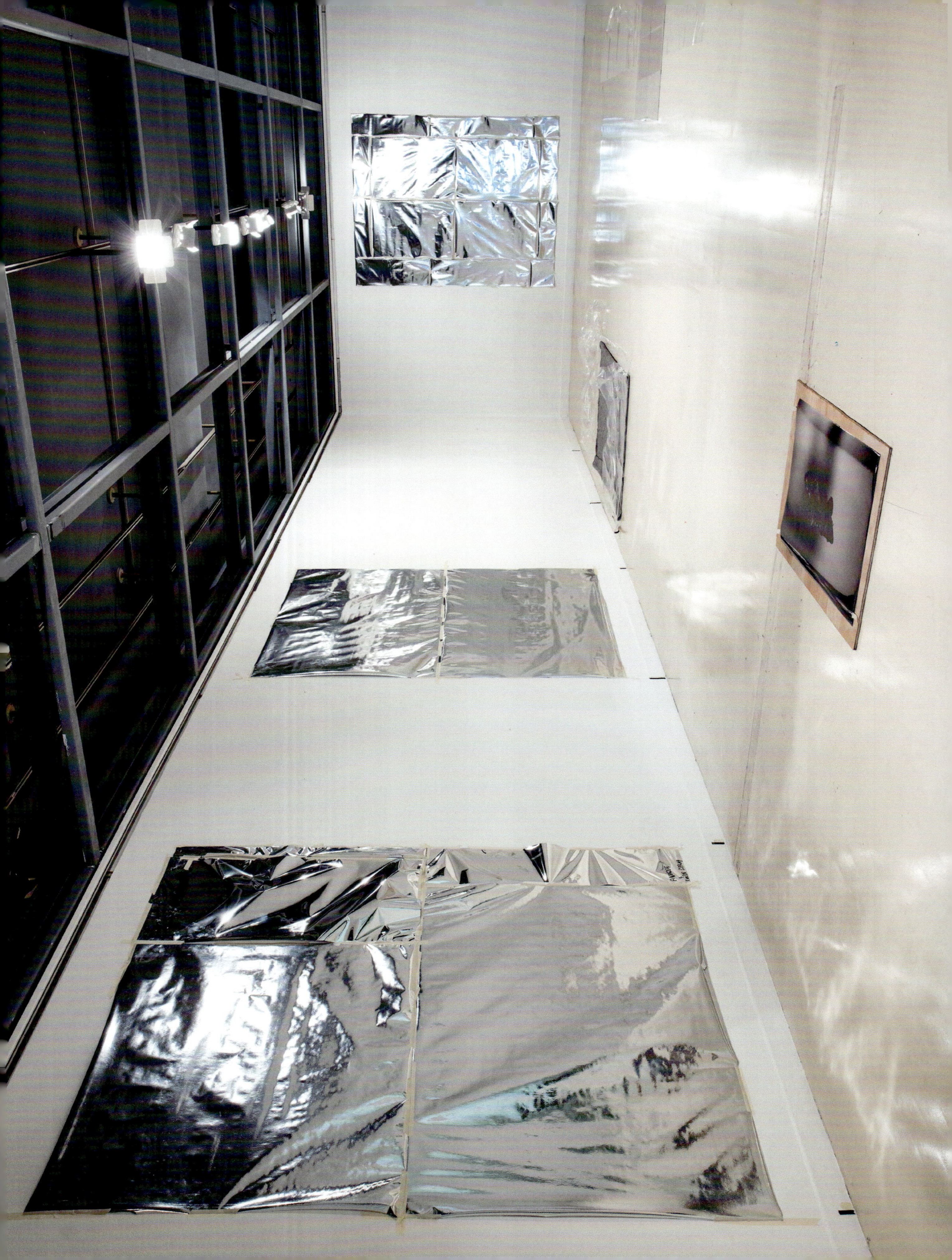

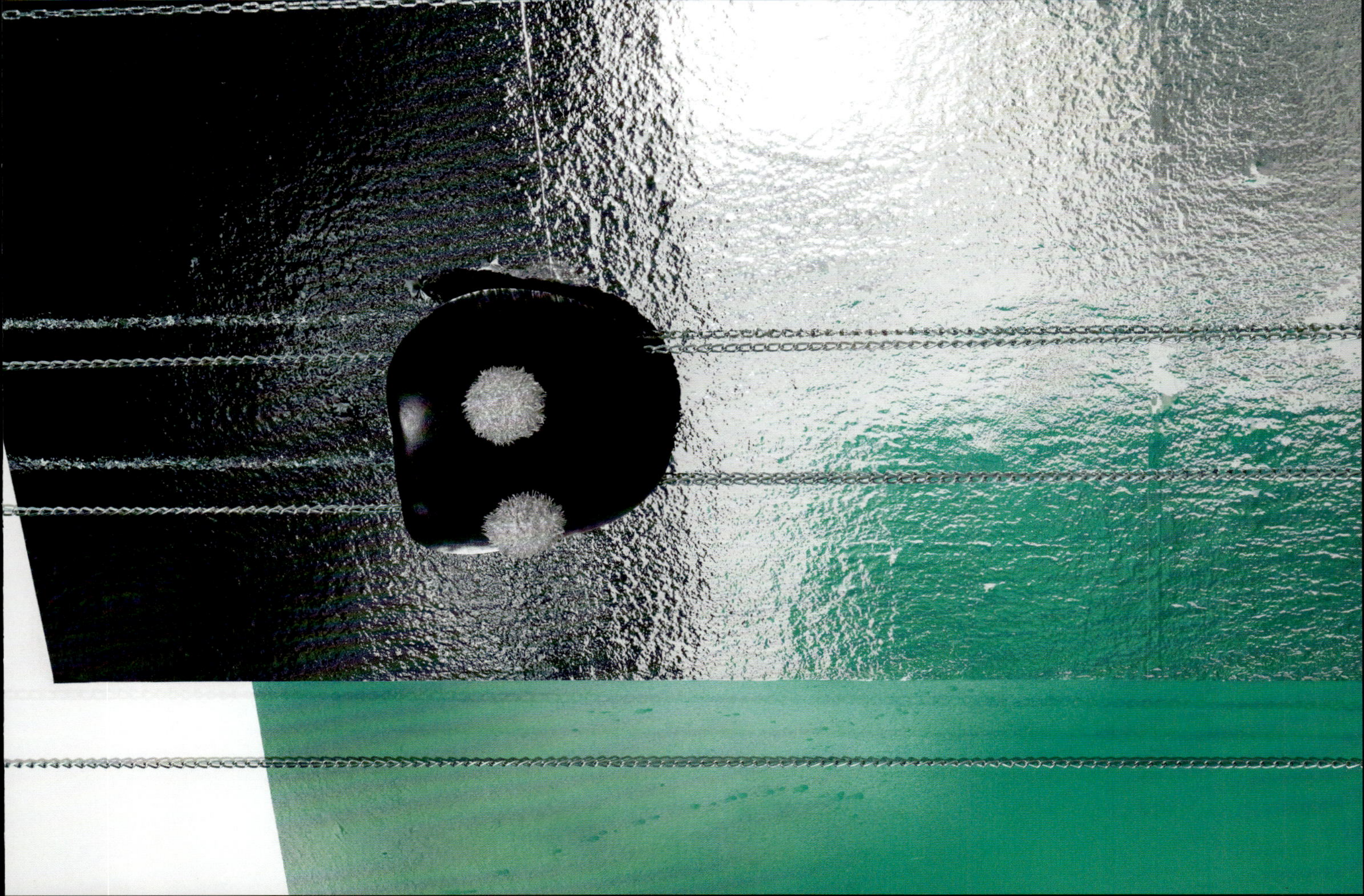

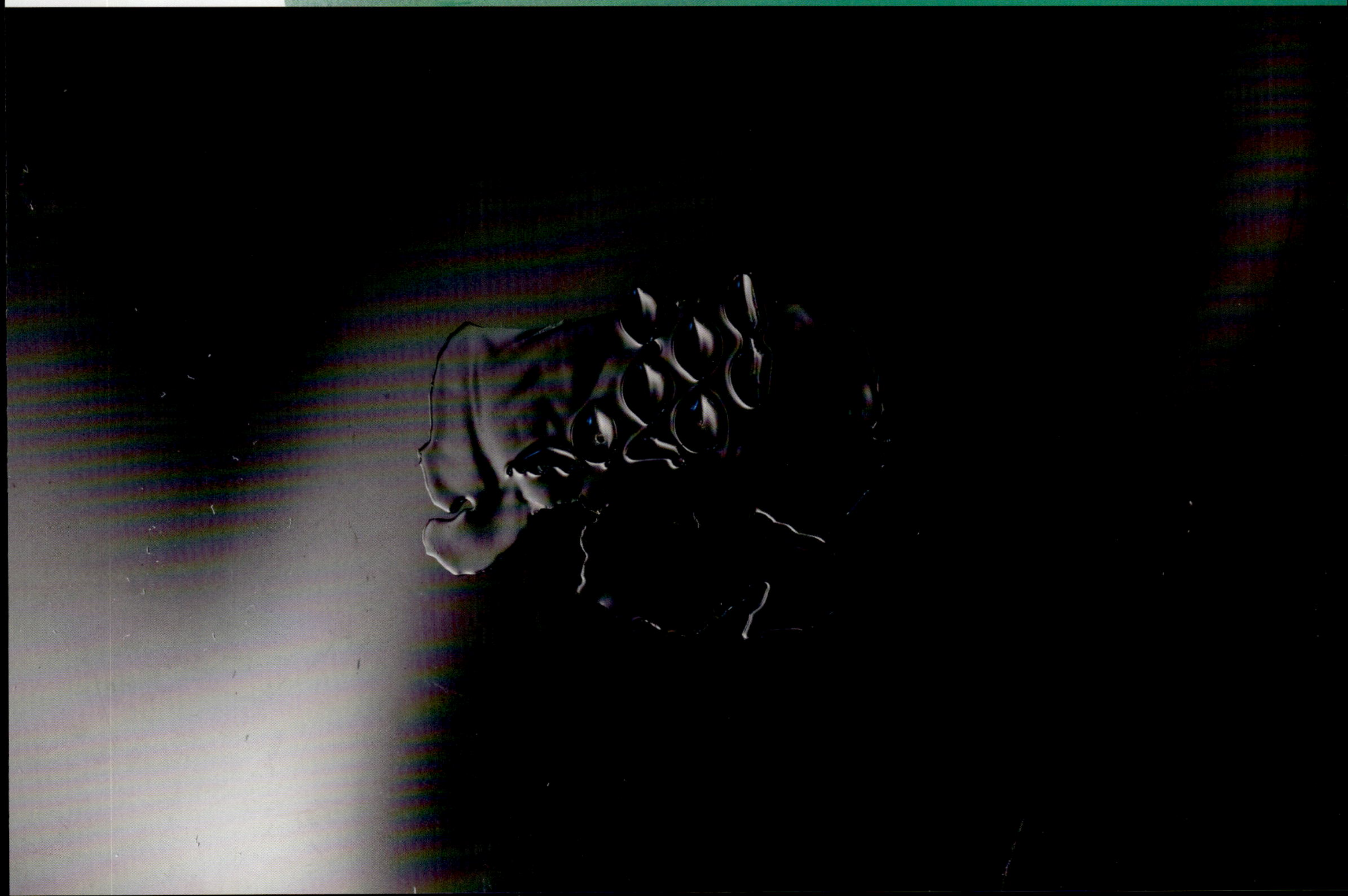

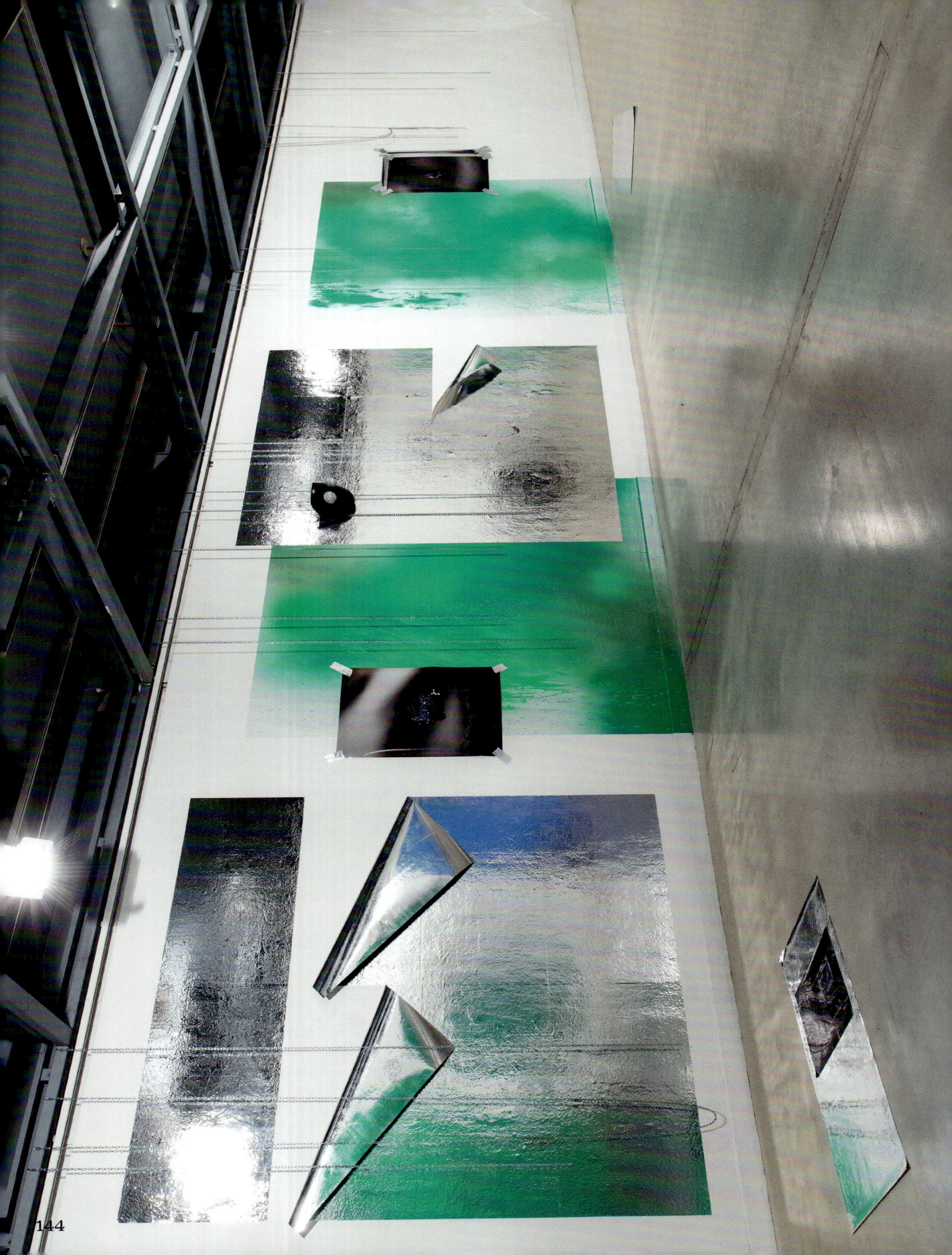

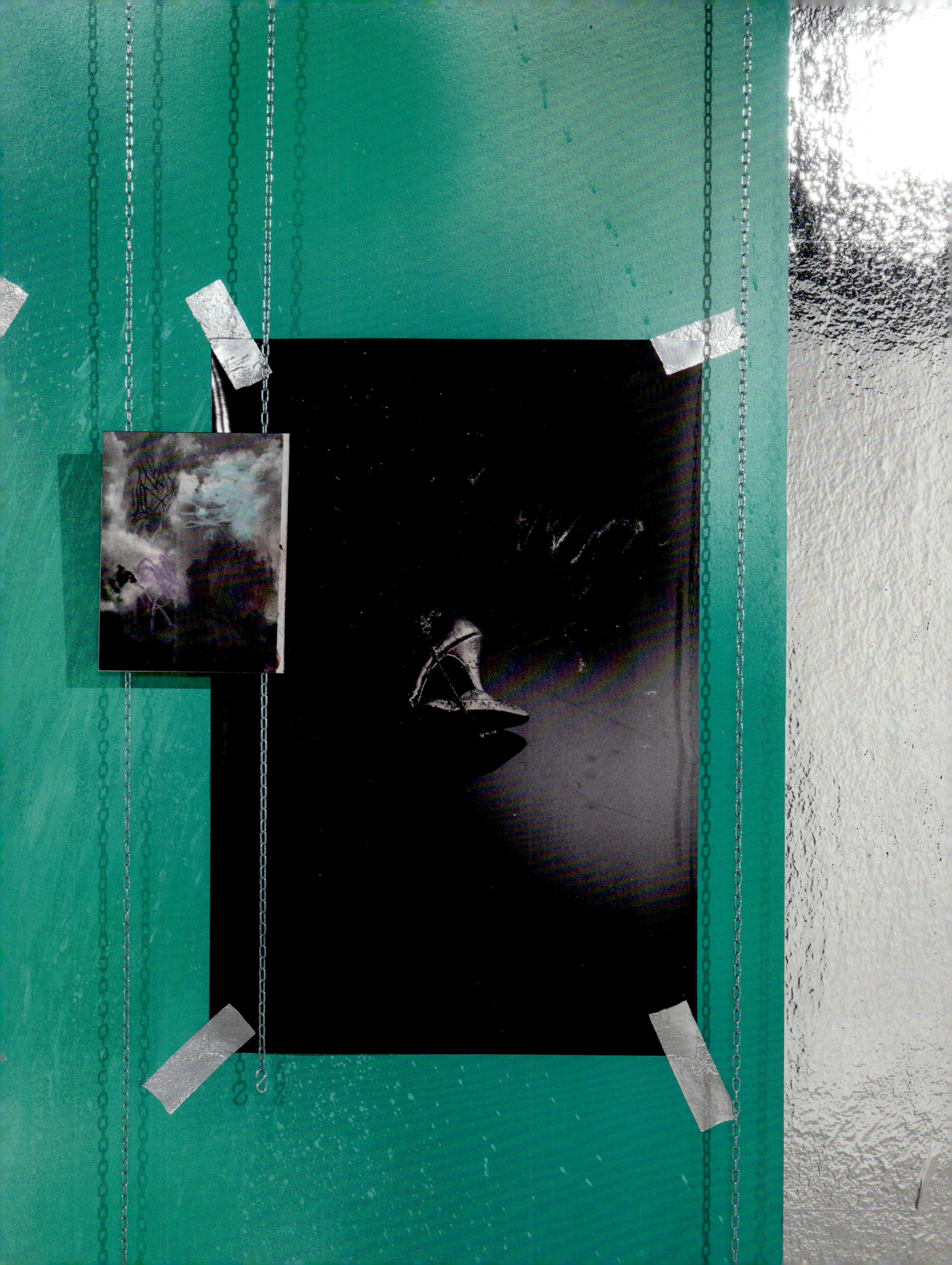

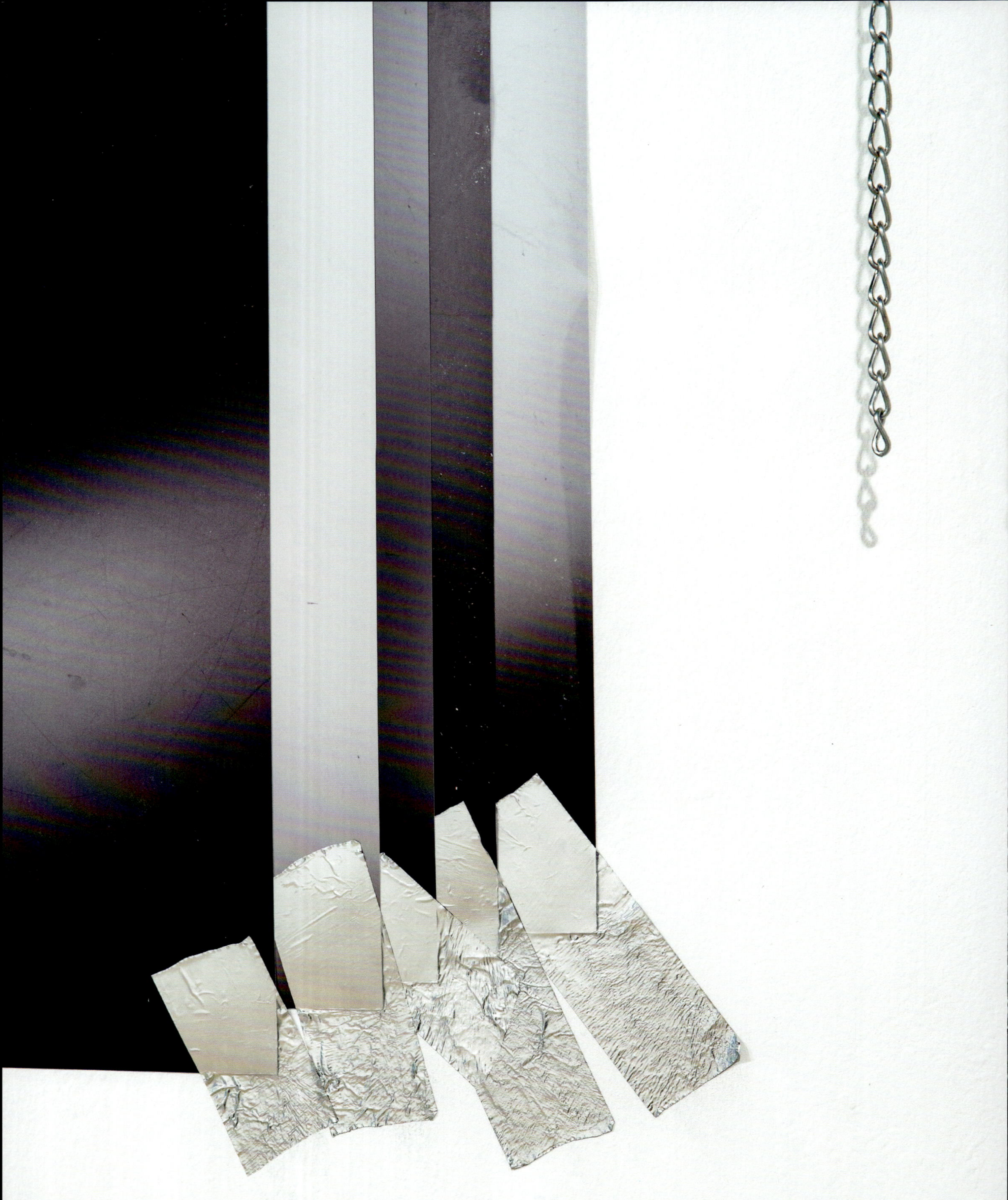

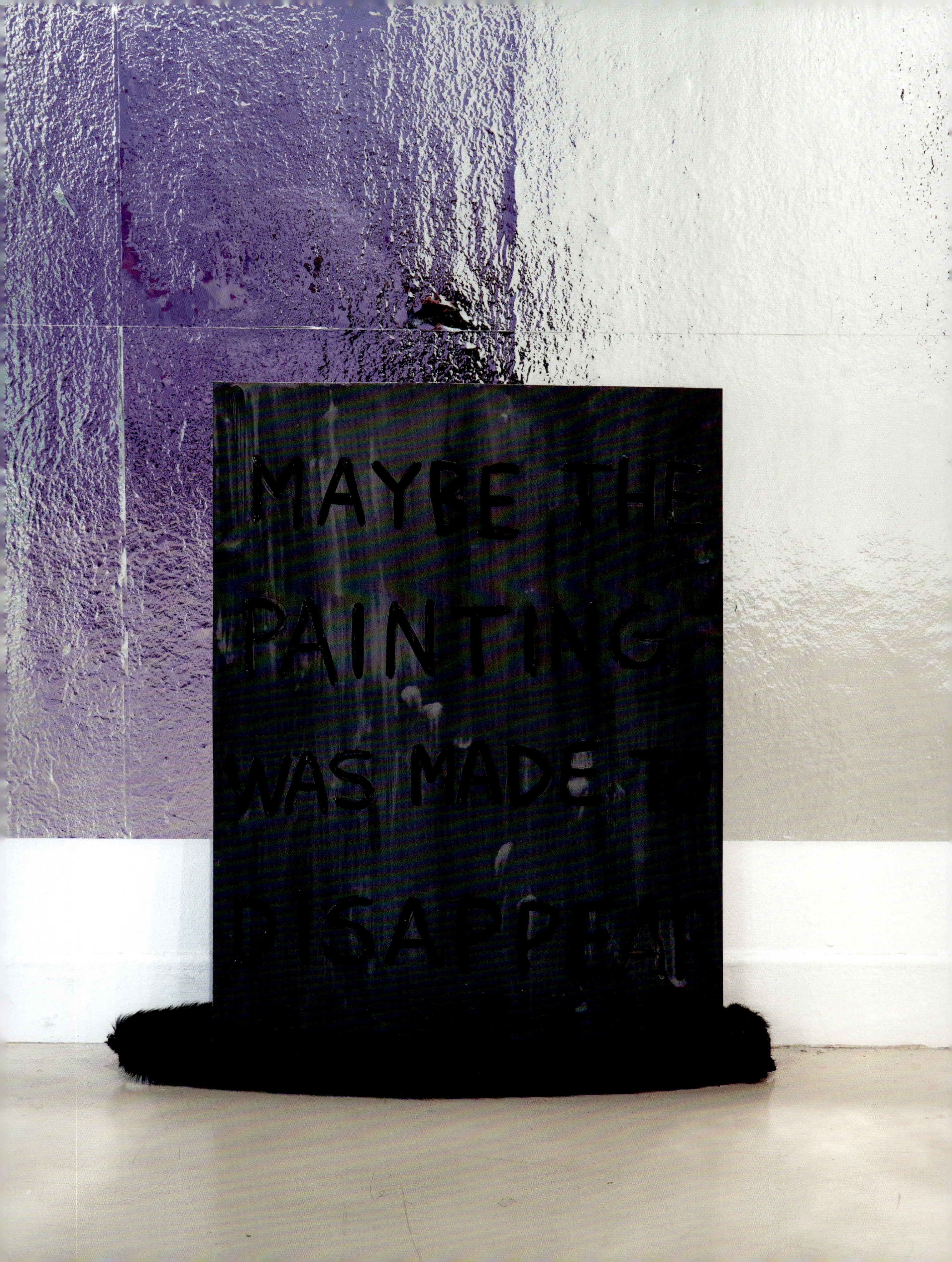
MAYBE THE
PAINTING
WAS MADE
DISAPPEA

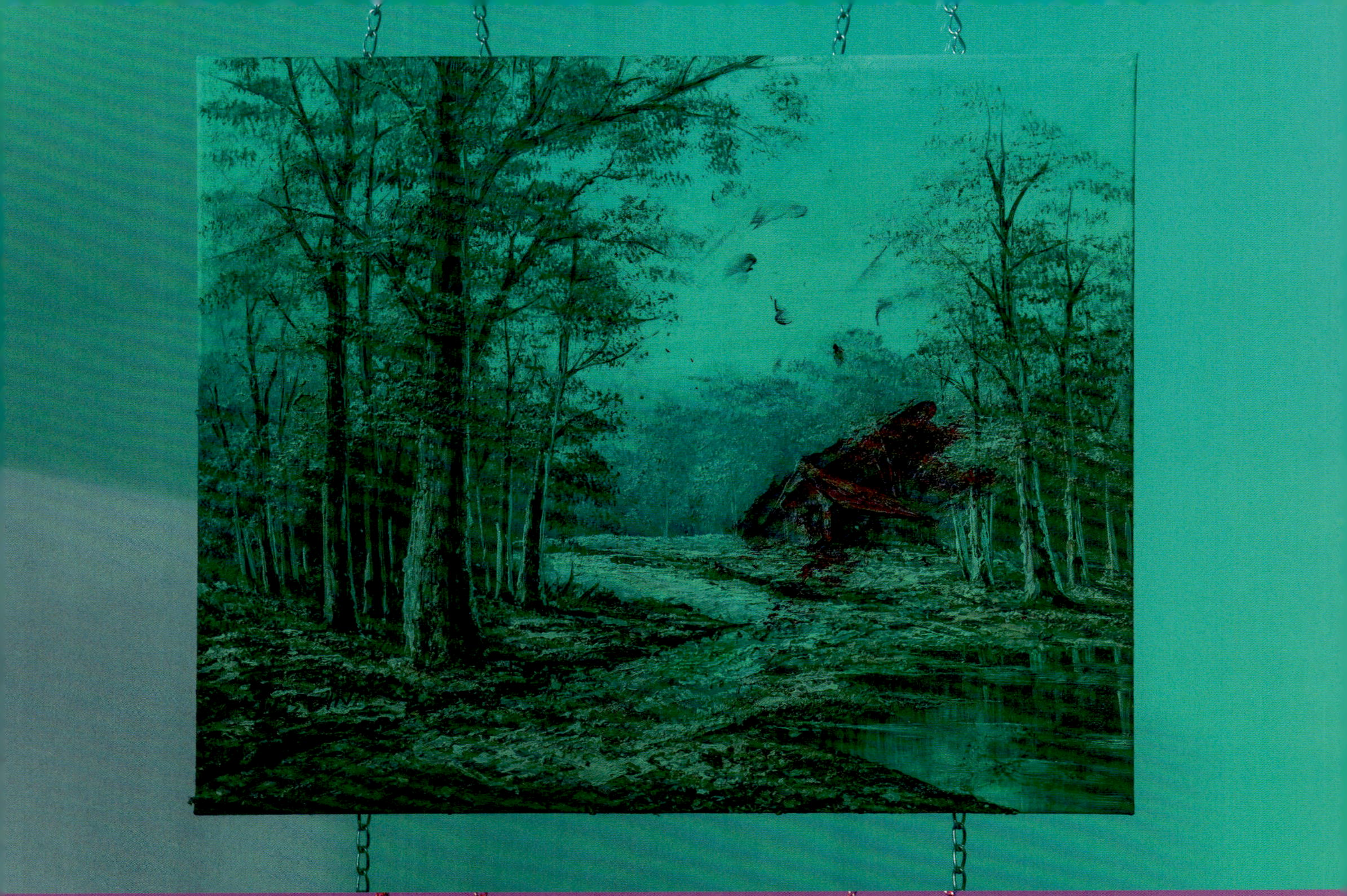

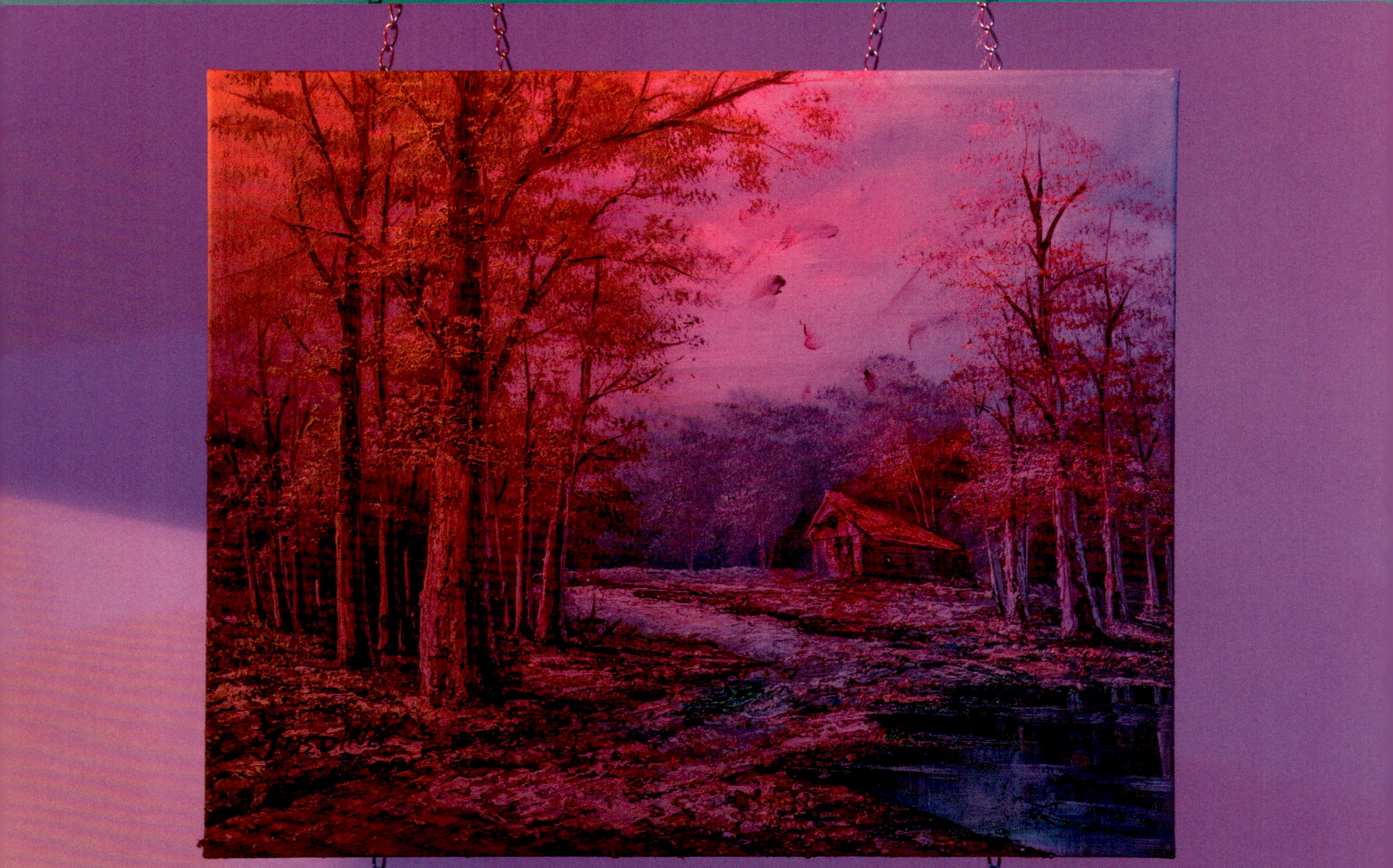

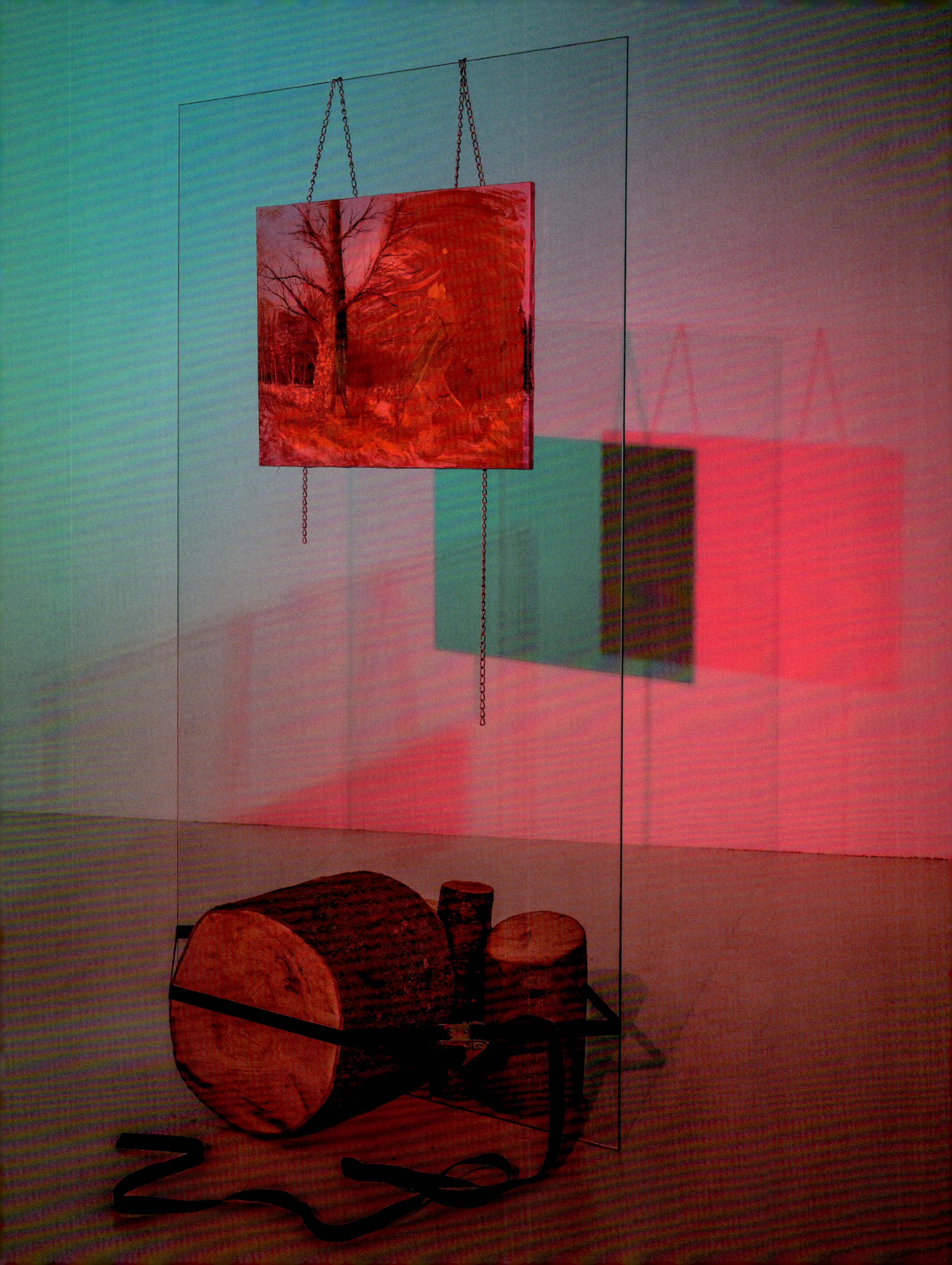

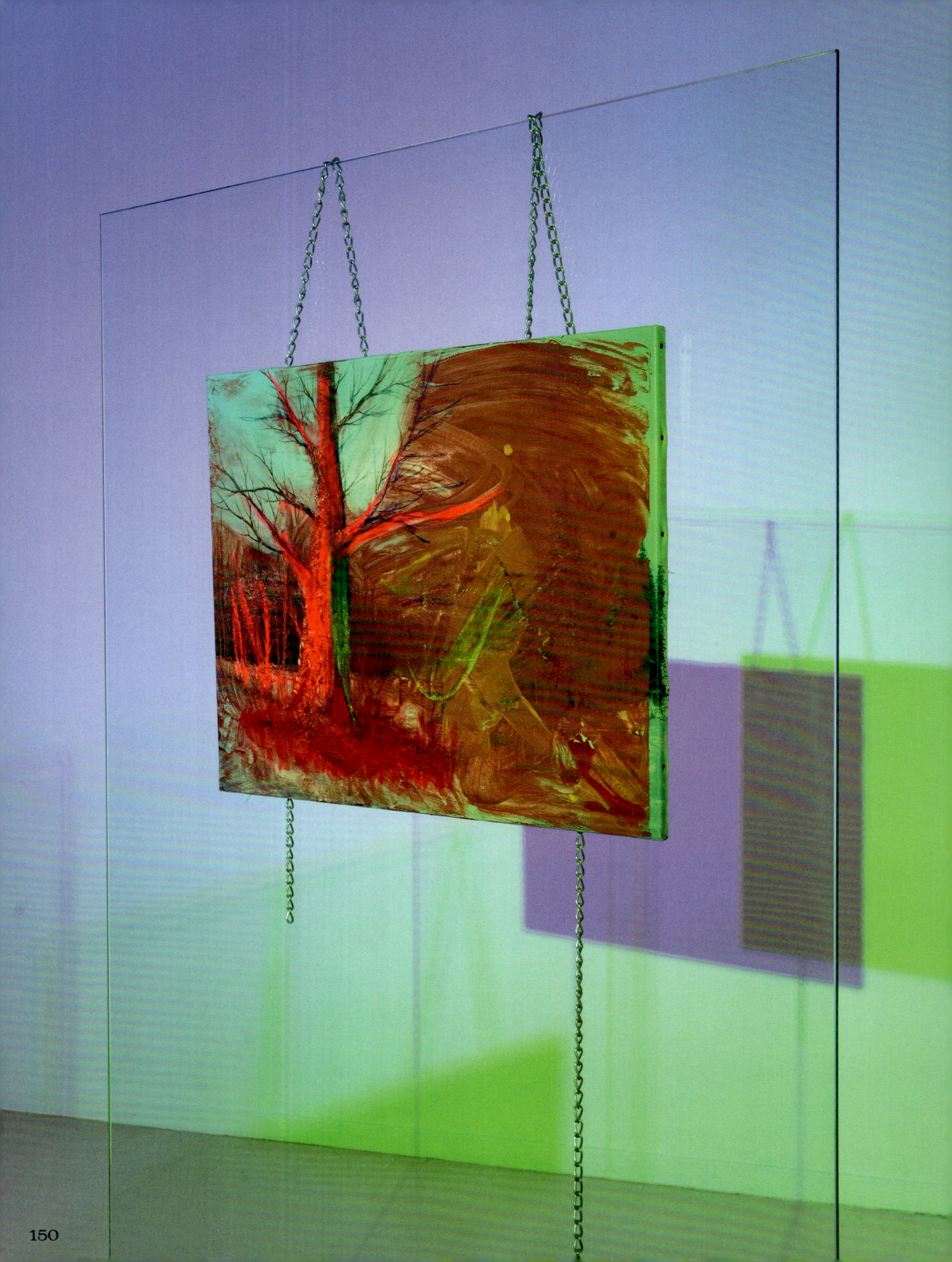

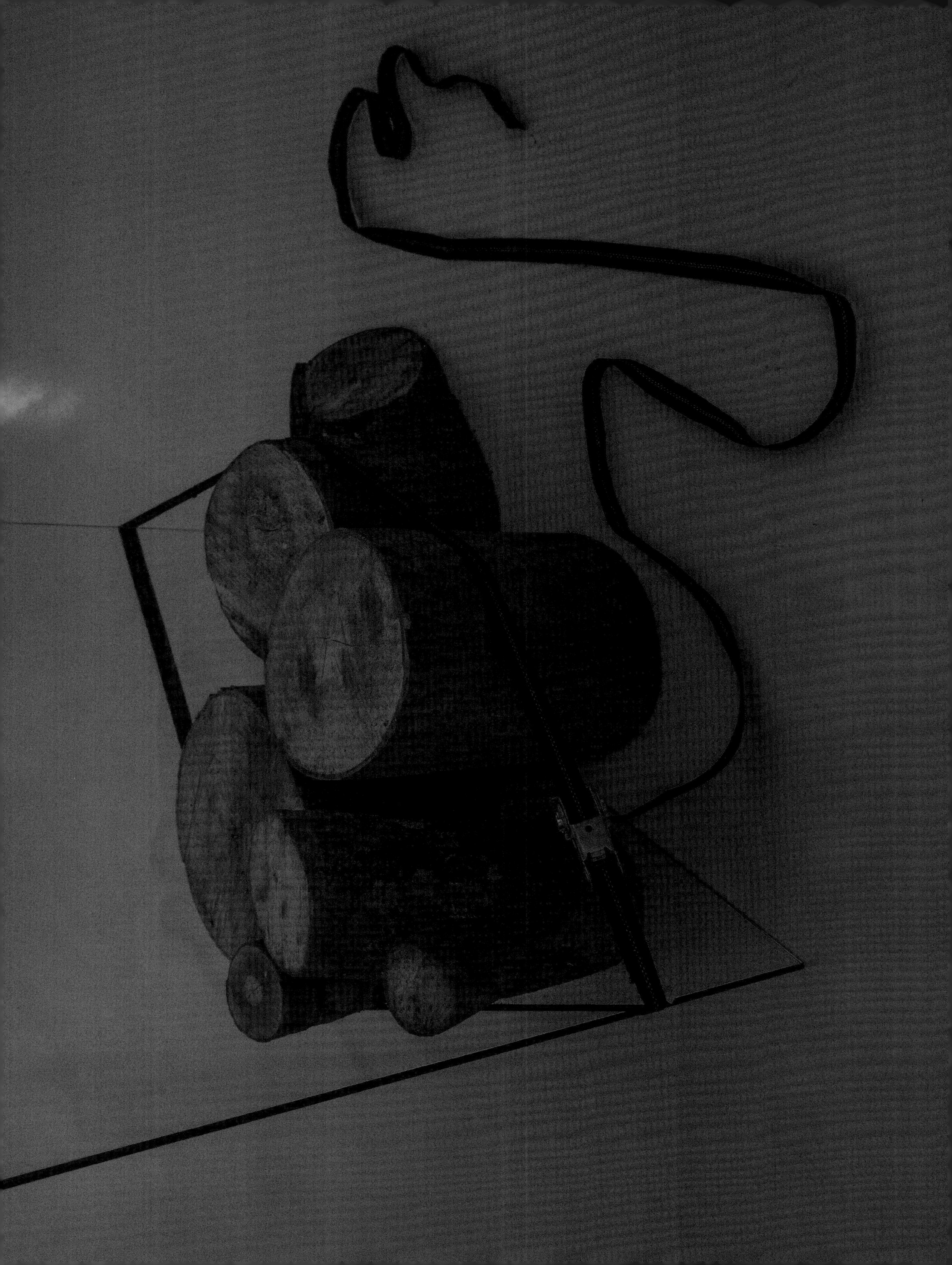

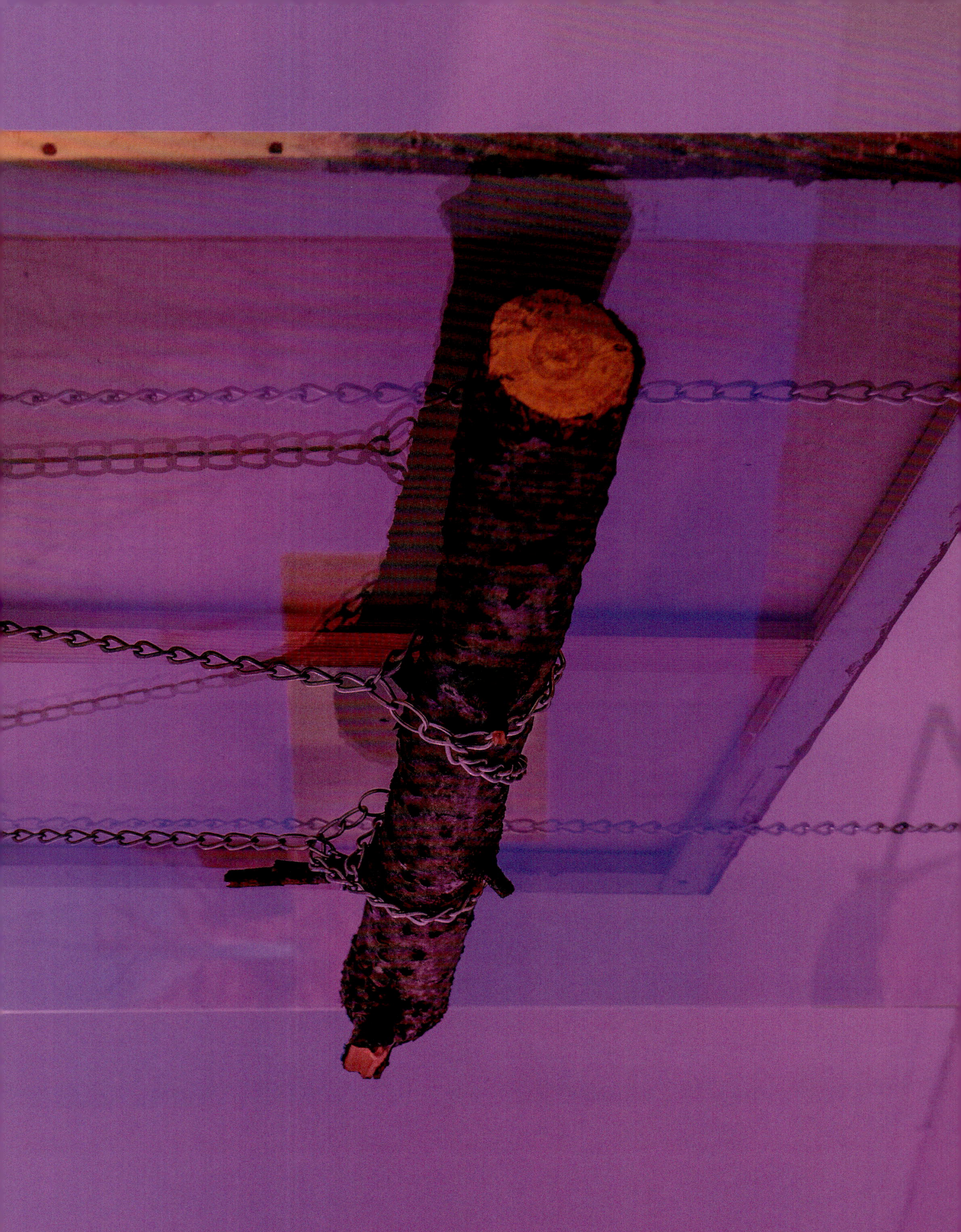

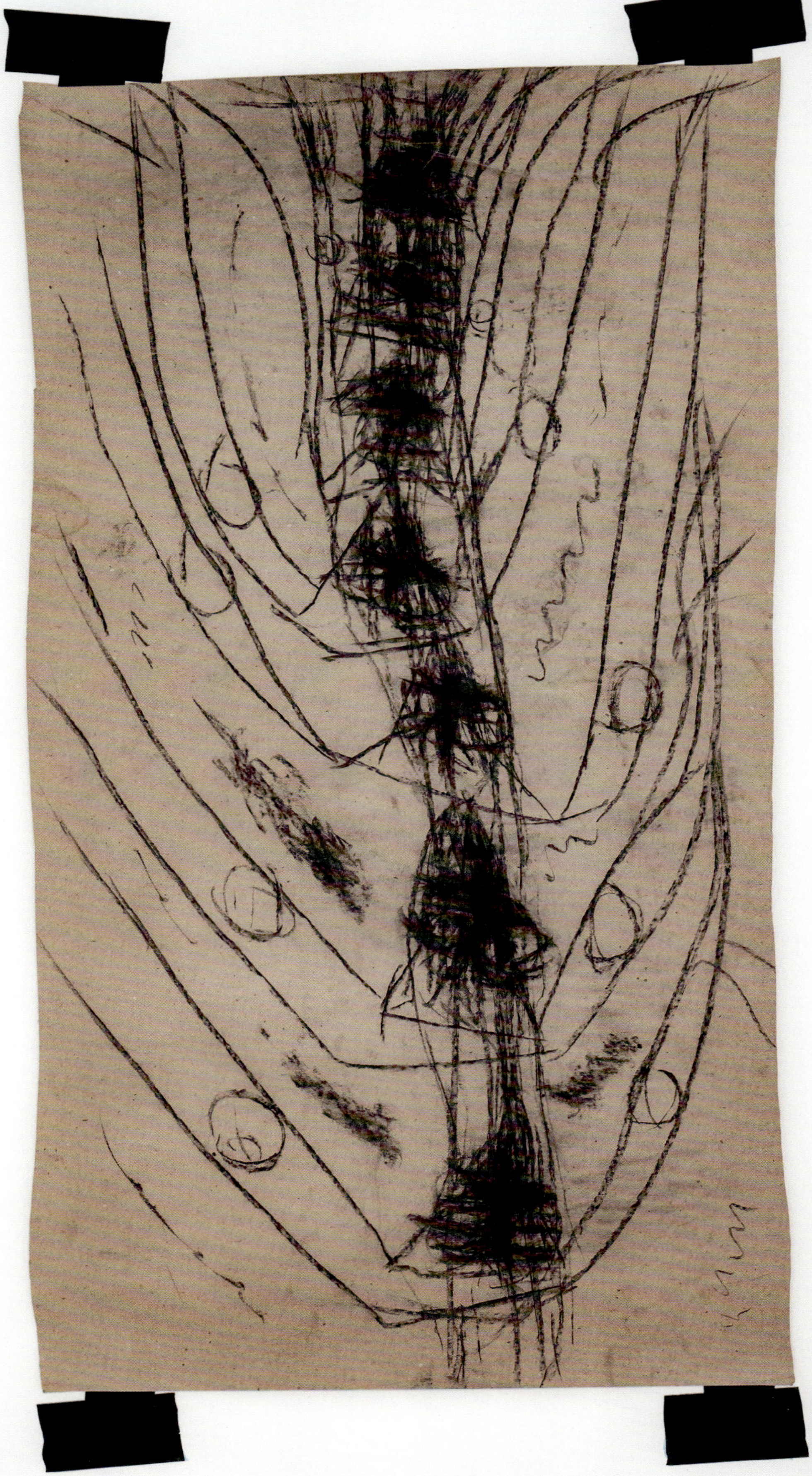

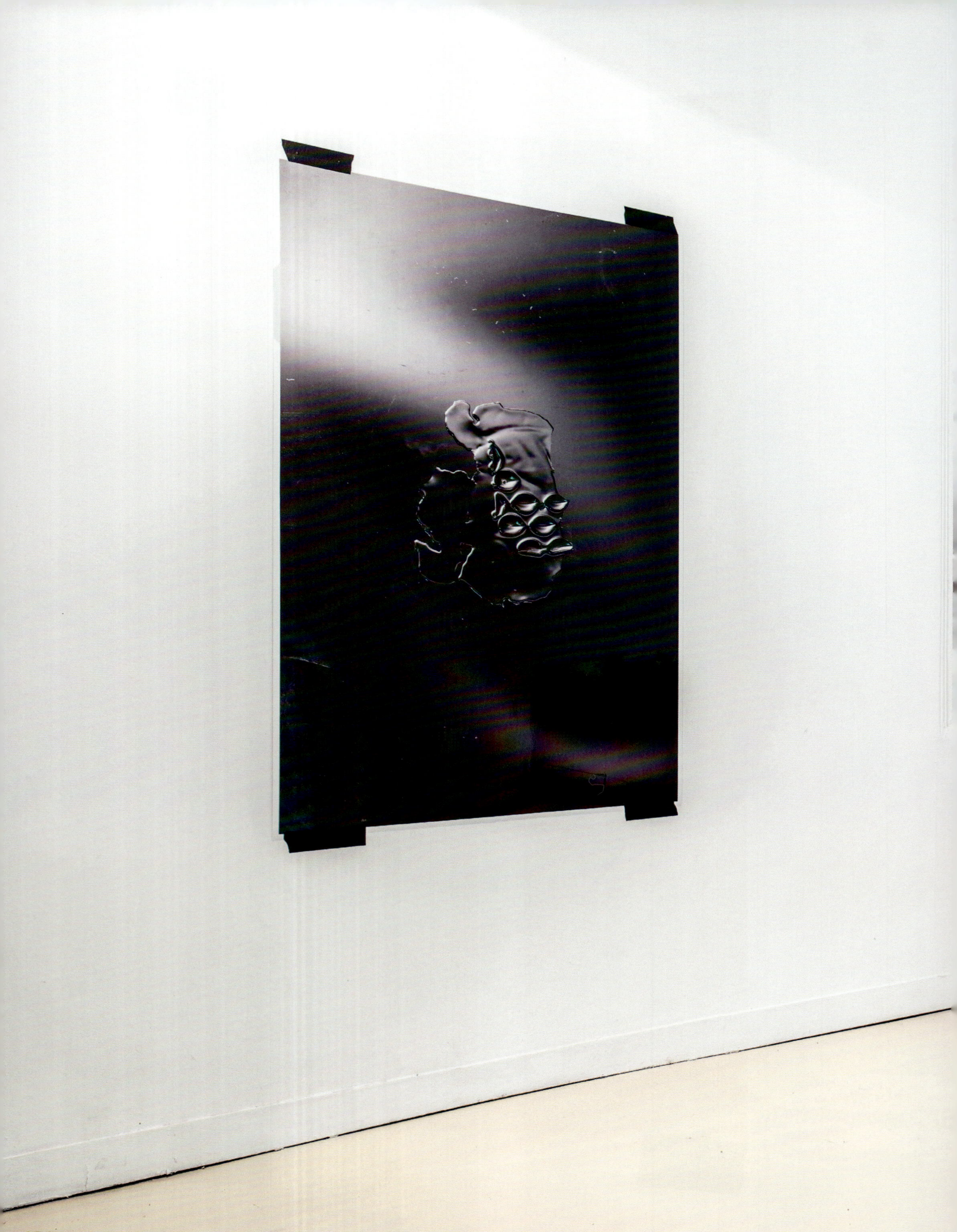

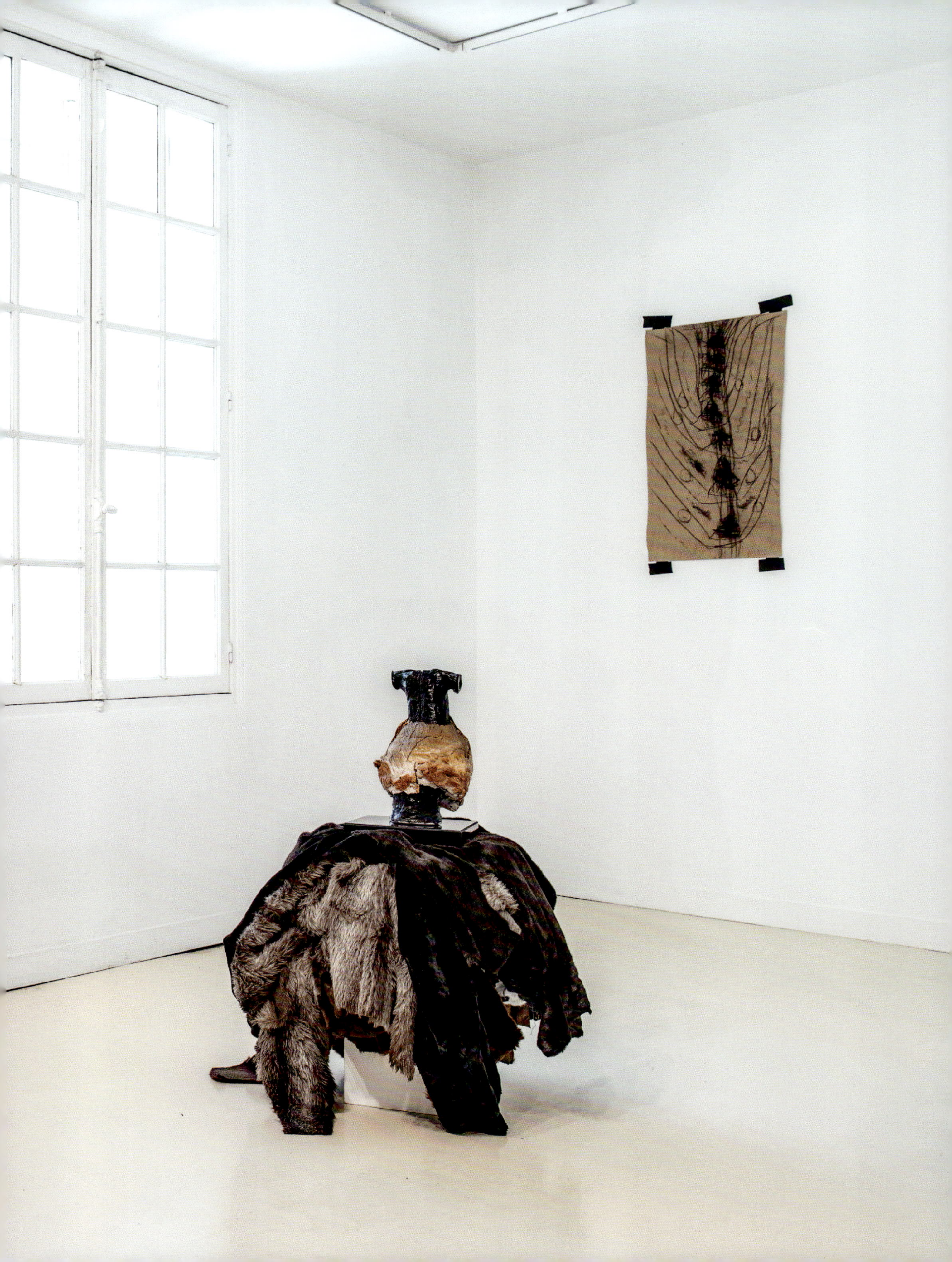

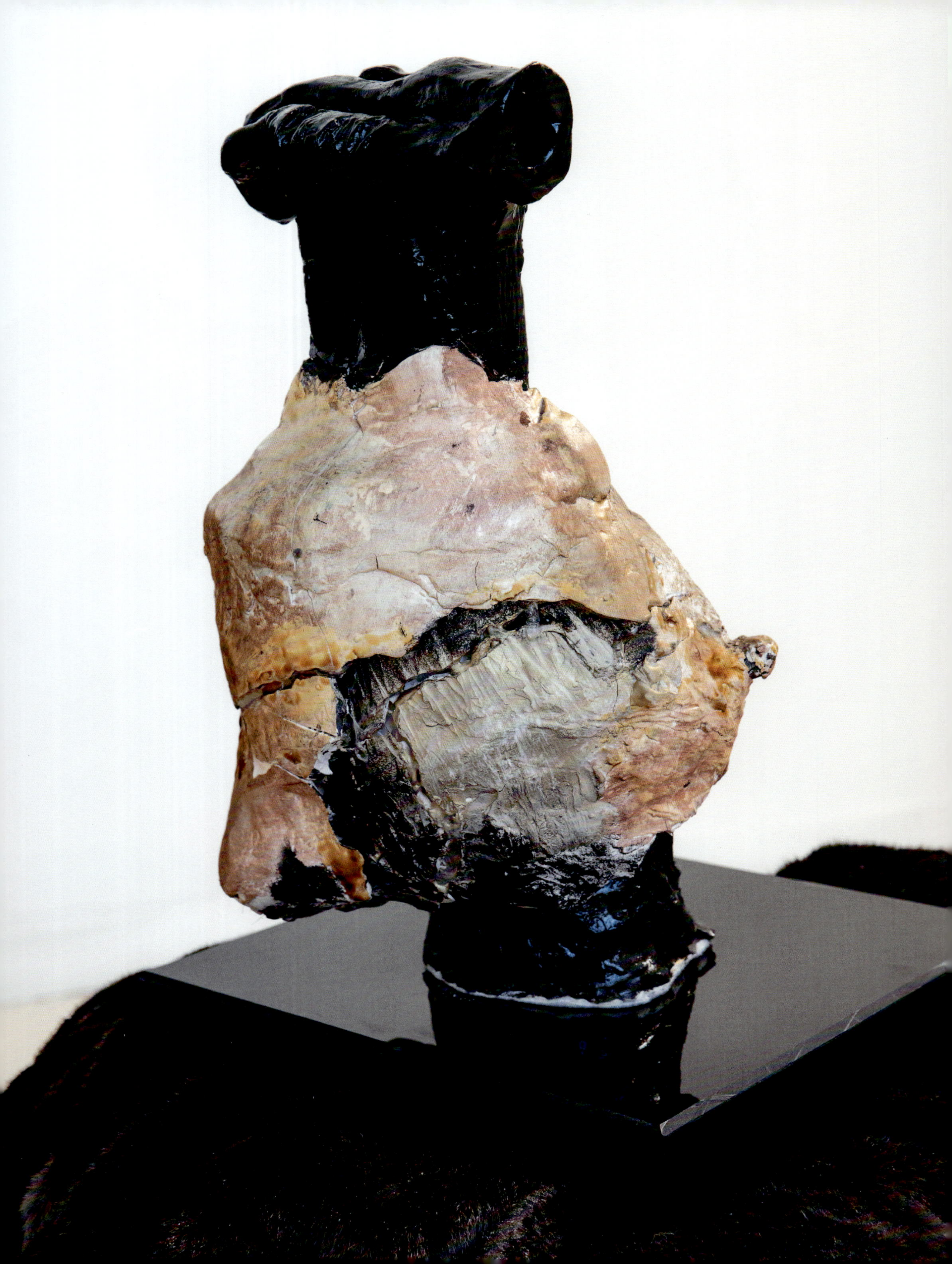

Mélange doré
2019

Dans le cadre de l'exposition collective en plusieurs temps *Rhum Perrier Menthe Citron* (Flora Moscovici, Jagna Ciuchta, Basile Ghosn & Guests) à Fræme, Friche la Belle de Mai, Marseille, 2019, commissariat : Cédric Aurelle et Julien Creuzet.

À la manière d'un passage de relais, plusieurs artistes ont été invitéxs à prendre en charge successivement l'espace d'exposition. Pour la première étape, Flora Moscovici a immergé l'espace dans la couleur, en peignant son sol et ses colonnes dans une gamme de couleurs jaune. Jagna Ciuchta y a réalisé une installation, comme une *scénographie vide*, modulable et disponible, propice à accueillir le public et à servir de support au travail des artistes à venir. Intitulée *Mélange doré*, construite avec des bottes de paille, chaînes en métal, sangles, rideaux et Plexiglas noir, l'installation produisait des modules semblables à du mobilier d'accueil, des gradins, des canapés, ainsi que des dispositifs de présentation, des socles, des tables, des cimaises et des miroirs, et une *black box* en paille et rideaux noirs, pouvant aussi se transformer, selon la position des rideaux, en une salle lumineuse, un pavillon de paille. *Mélange doré* évoque la première exposition fictionnelle de *The House of Lust*, intitulée *Libido of the Forest* (p. 114).

Par la suite, Basile Ghosn, le troisième artiste, a été invité par les commissaires à programmer pendant tout l'été un cycle de concerts, performances, projections et expositions d'autres artistes. Jagna Ciuchta lui a laissé carte blanche pour occuper son installation, la transformer, l'utiliser tel un jeu de construction à grande échelle, sans restriction.

Le titre *Mélange doré* faisait référence à la fois à la période *golden blend* de maturation dans le processus de fabrication du rhum, mais aussi du tabac, inscrite dans l'histoire de la Friche la Belle de Mai qui se trouve dans une ancienne fabrique de cigarettes Gitanes, ainsi qu'à l'expression argotique polonaise « *melanż* », pouvant décrire une fête excessivement arrosée.

Golden Blend
2019

As part of the multi-part group exhibition *Rhum Perrier Menthe Citron* [Rum, Perrier, Mint, Lemon] (Flora Moscovici, Jagna Ciuchta, Basile Ghosn & Guests) at Fræme, Friche la Belle de Mai, Marseille, 2019, curated by Cédric Aurelle and Julien Creuzet.

Several artists were invited to relay, successively taking charge of the exhibition space. For the first stage, Flora Moscovici immersed the space in color, painting its floor and columns in a range of yellow hues. Jagna Ciuchta then created an installation, like an empty, modular and open scenography, suitable for welcoming the public and the work of future artists. Entitled *Golden Blend*, constructed with straw bales, metal chains, straps, curtains and black Plexiglas, the installation was made up of furniture—like modules similar to bleachers or sofas, as well as presentation devices, pedestals, tables, modular walls and mirrors, and a *black box* made up of straw and black curtains, which could also be transformed into a sunny straw pavilion. *Golden Blend* evokes *The House of Lust*'s first fiction exhibition, entitled *Libido of the Forest* (p. 114).

Then, Basile Ghosn, the third artist, was invited by the curators to program a summer-long cycle of concerts, performances, screenings and exhibitions. Ciuchta gave him carte blanche to occupy her installation, transform it and use it as a large-scale construction set, without restrictions.

The title *Golden Blend* referred both to the golden blend period of maturation in the process of making rum, but also tobacco, inscribed in the history of the Friche la Belle de Mai, which is located in a former Gitanes cigarette factory. It also references the Polish slang expression "melanż," which can describe a drunken party.

P. 158 –162 Jagna Ciuchta, *Mélange doré*, 2020, vues d'installation ; avec la peinture sur sol et piliers : Flora Moscovici, *Before the Rocks*, 2020.

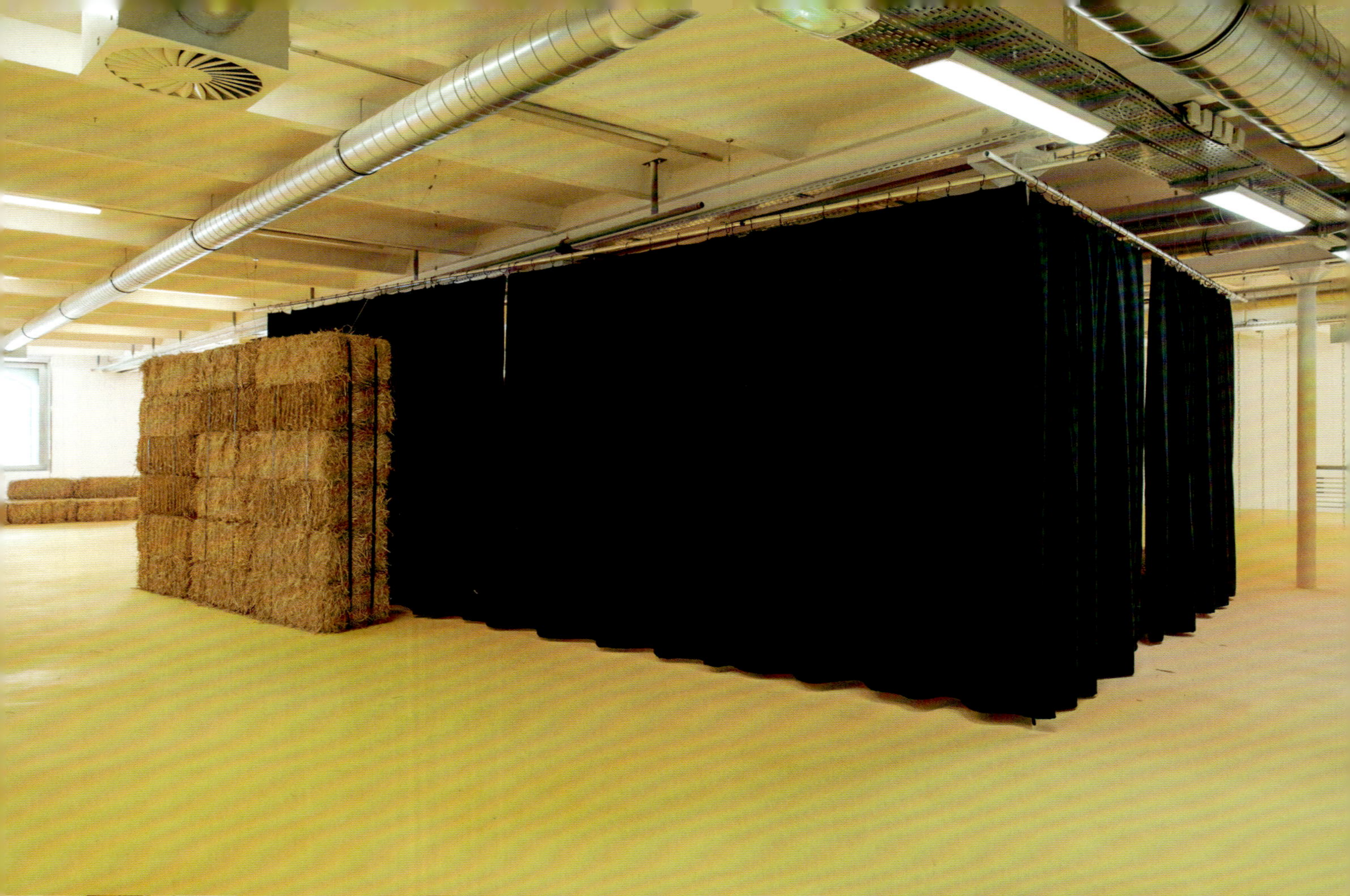

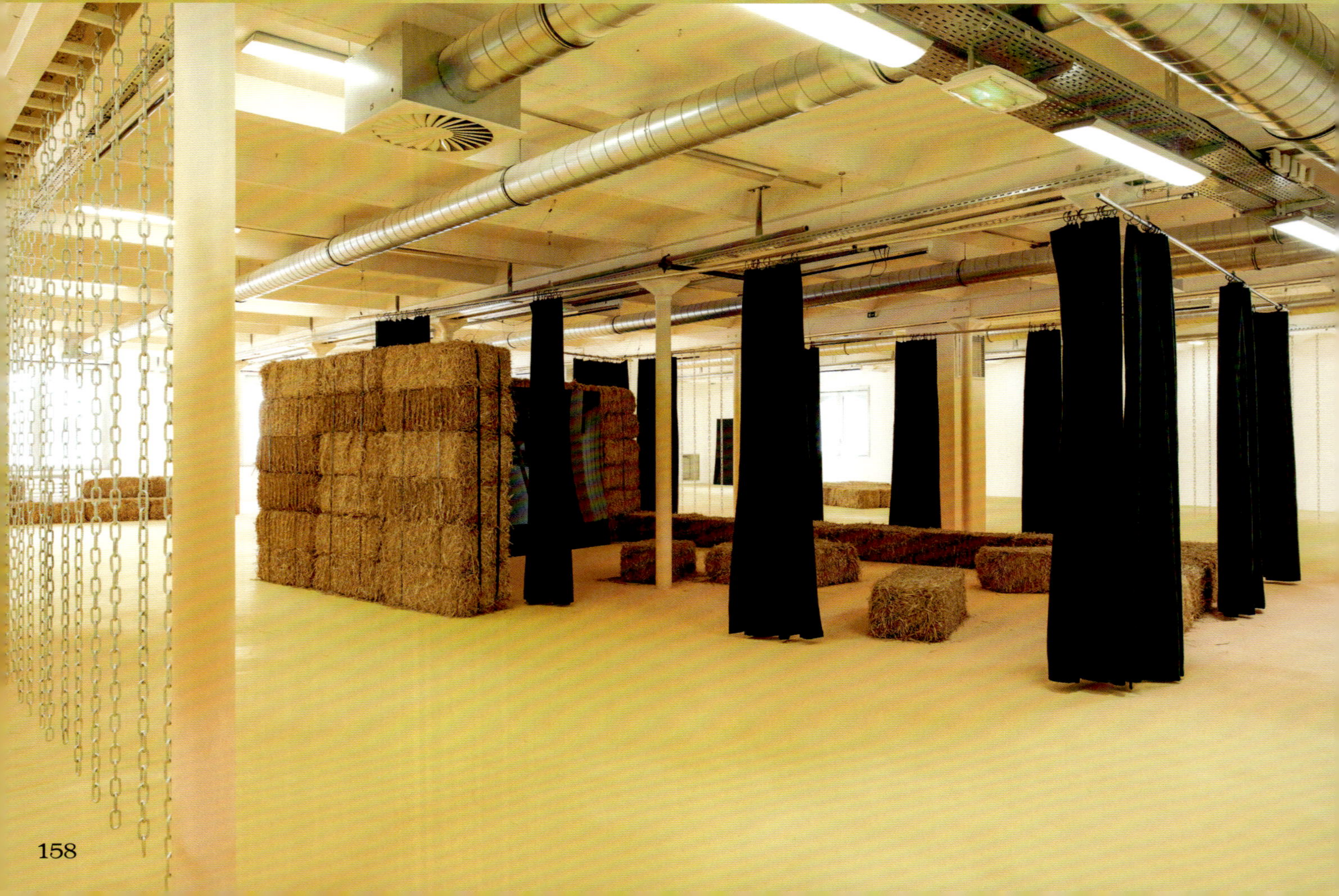

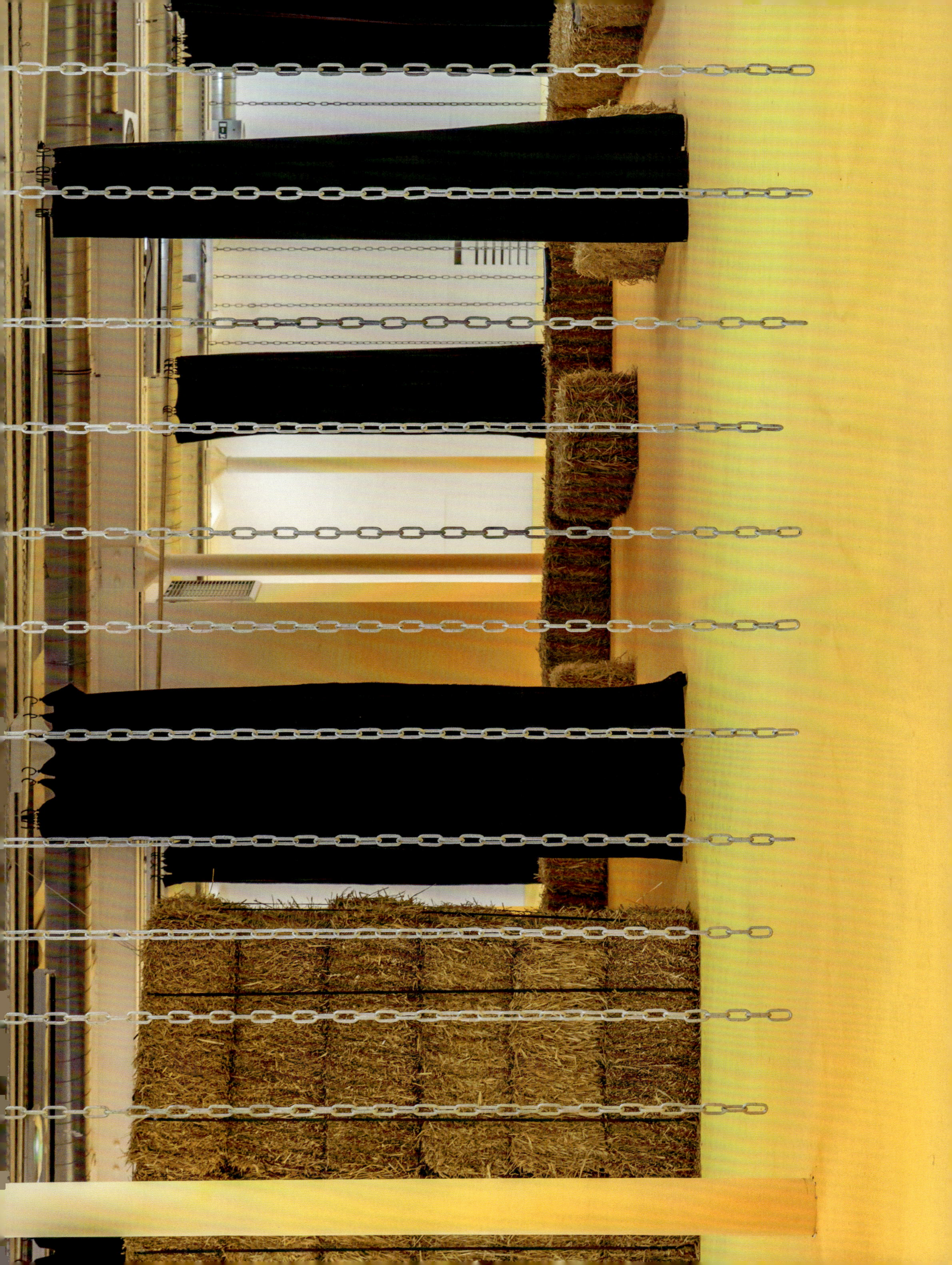

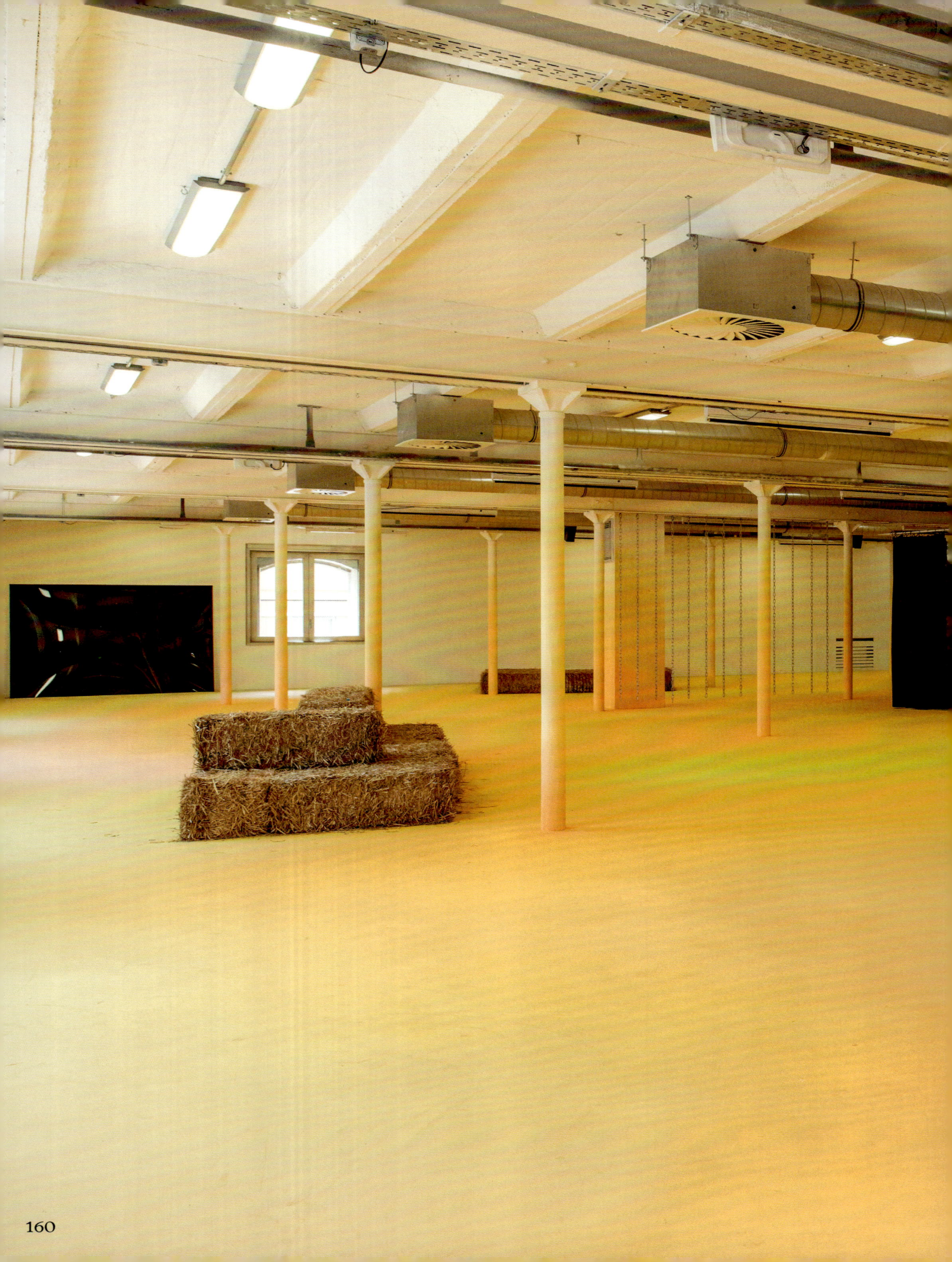

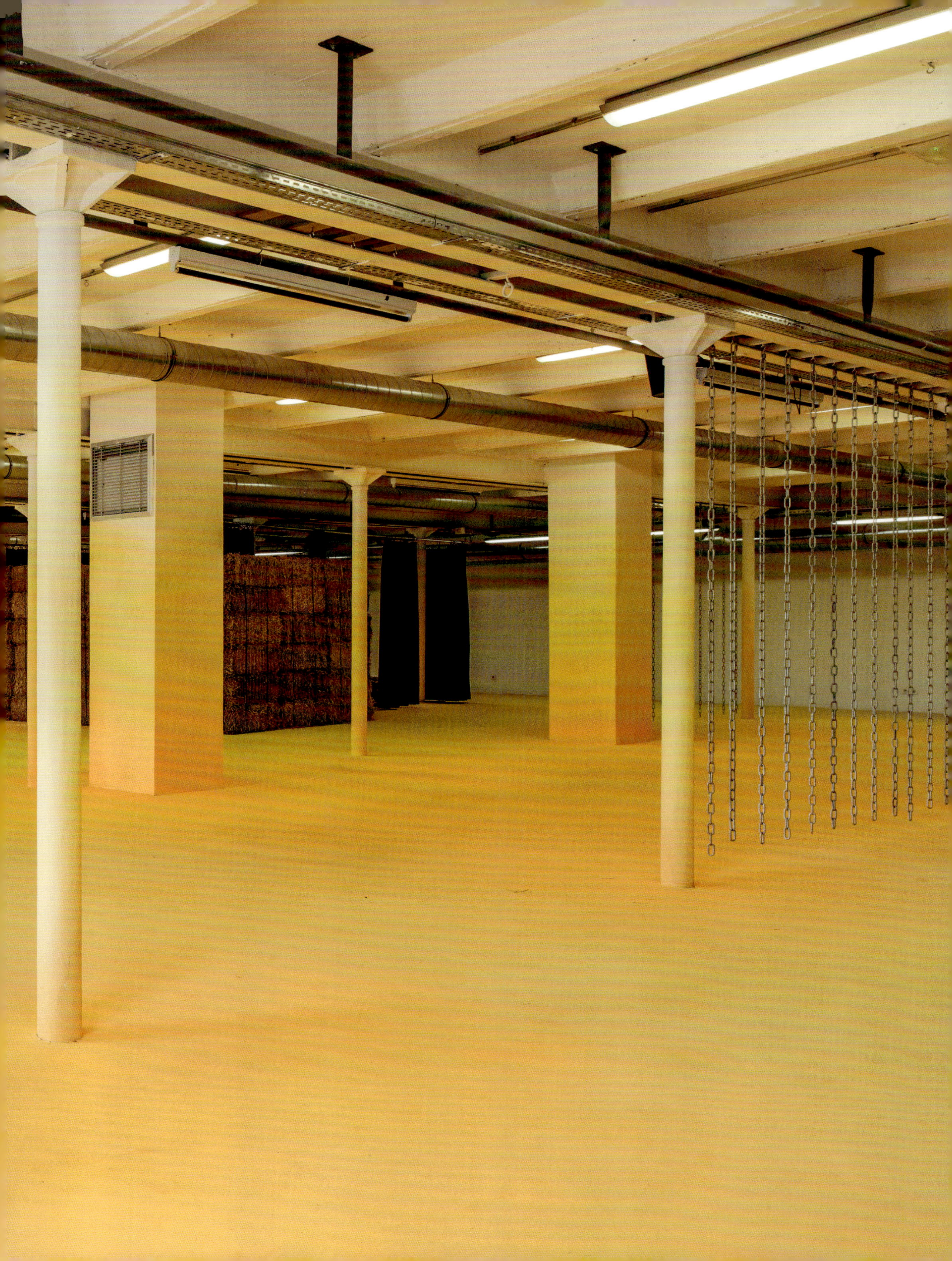

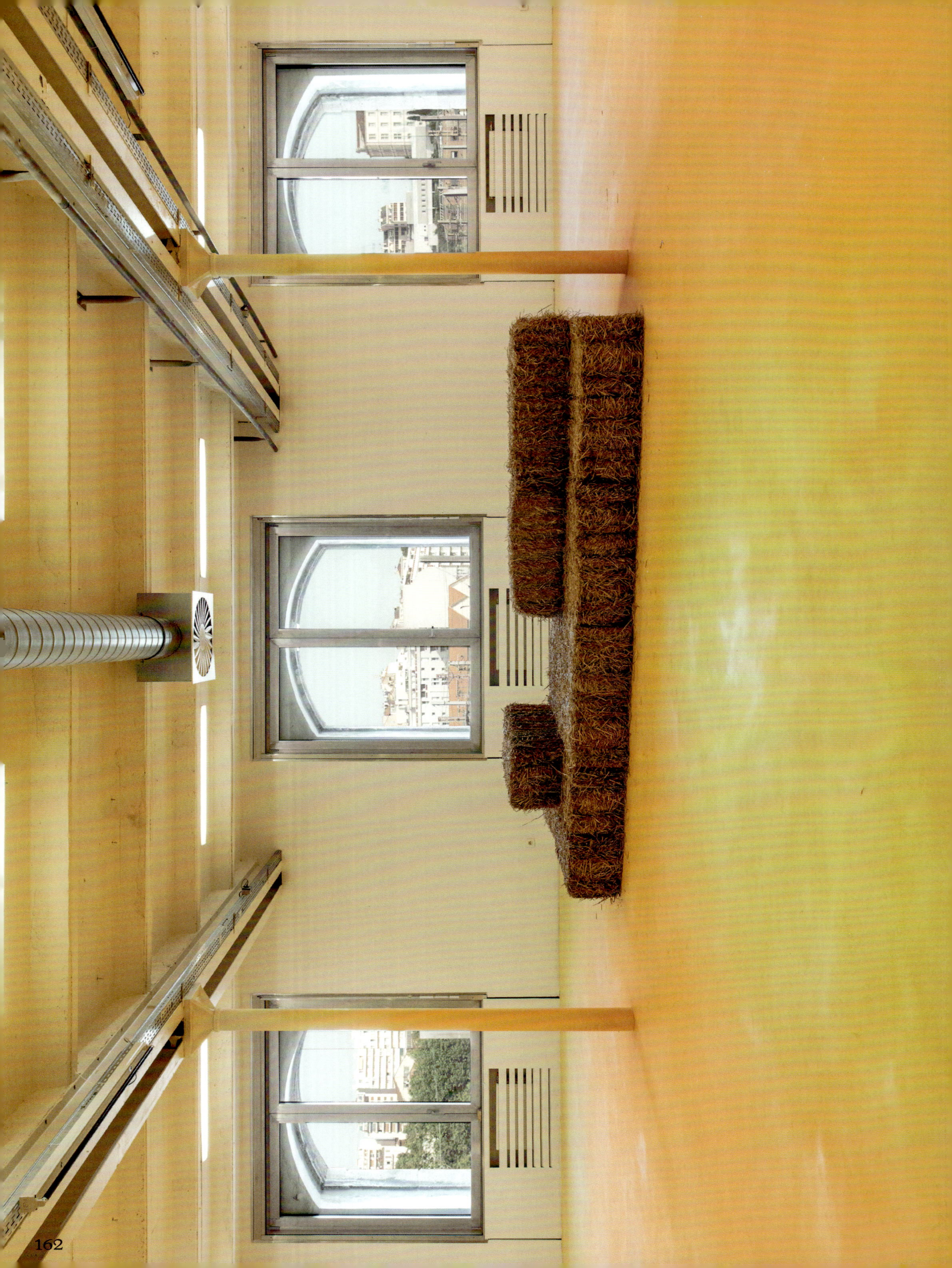

Dans le cadre du festival *Closer Music*, Lafayette Anticipations, Paris, 2020, commissariat : Gilles Baume.

Avec les œuvres de Chloé Dugit-Gros, Marta Huba, Laura Porter et Benjamin Swaim.

À l'occasion du festival *Closer Music*, Jagna Ciuchta a imaginé une exposition et un dispositif scénique. Elle a convoqué différents médiums et matériaux — peinture murale, photographies, peaux de bêtes synthétiques, bâche (ayant servi de protection lors de la réalisation de la peinture murale), bandes adhésives, miroirs noirs — pour créer une ambiance sombre et enveloppante, rustique et synthétique. On y retrouve les formes de virevents de haute montagne (voir *Henry's Dream*, w83) et les fourrures synthétiques en self-service (voir *L'un dans l'autre*, p. 128).

Au-delà des œuvres d'artistes invitéxs par Jagna Ciuchta, *House of Goats* a accueilli des *Warm Up Sessions* (séances d'échauffement) à talons hauts de Jean-Biche, une *Anthologie du Raï* par Katia Kameli, une *Ode à Kate Bush* de Bertrand Lamarche, les concerts de Lavascar et Maria Teriaeva, et un DJ-set d'Anadol.

House of Goats
2020

As part of the *Closer Music* festival, Lafayette Anticipations, Paris, 2020, curated by Gilles Baume.

With works by Chloé Dugit-Gros, Marta Huba, Laura Porter and Benjamin Swaim.

For the *Closer Music* festival, Jagna Ciuchta created an exhibition and stage set. She brought together a variety of media and materials—mural paint, photographs, synthetic animal skins, plastic drop cloth (used for protection when the mural was painted), adhesive tape, black mirrors—to create a dark, enveloping atmosphere, both rustic and synthetic. Once again you see the shapes of high-mountain chalet woof trim (see *Henry's Dream*, 83) and self-service synthetic furs (see *L'un dans l'autre* [One Within the Other], 128).

In addition to works by artists invited by Ciuchta, *House of Goats* hosted a special "high heeled" *Warm Up Sessions* by Jean-Biche, a *Raï Anthology* by Katia Kameli, an *Ode to Kate Bush* by Bertrand Lamarche, concerts by Lavascar and Maria Teriaeva, and a DJ-set by Anadol.

P. 164–165 *House of Goats*, 2020, vue d'installation avec l'œuvre de Chloé Dugit-Gros, *BAD IDEAS*, 2018-2020, plâtre.
P. 166 Vue d'installation avec l'œuvre de Benjamin Swaim, *Sexes chaussés*, 2011, encre de chine sur terre non cuite, fourrure et chaussure en cuir.
P. 167 Vue d'installation avec le reflet des œuvres de Chloé Dugit-Gros, *BAD IDEAS*, 2018-2020, plâtre.
P. 168 Vue d'installation avec l'œuvre de Jagna Ciuchta, *Sol LeWitt for Goats (Avoriaz)*, 2016, photographie.

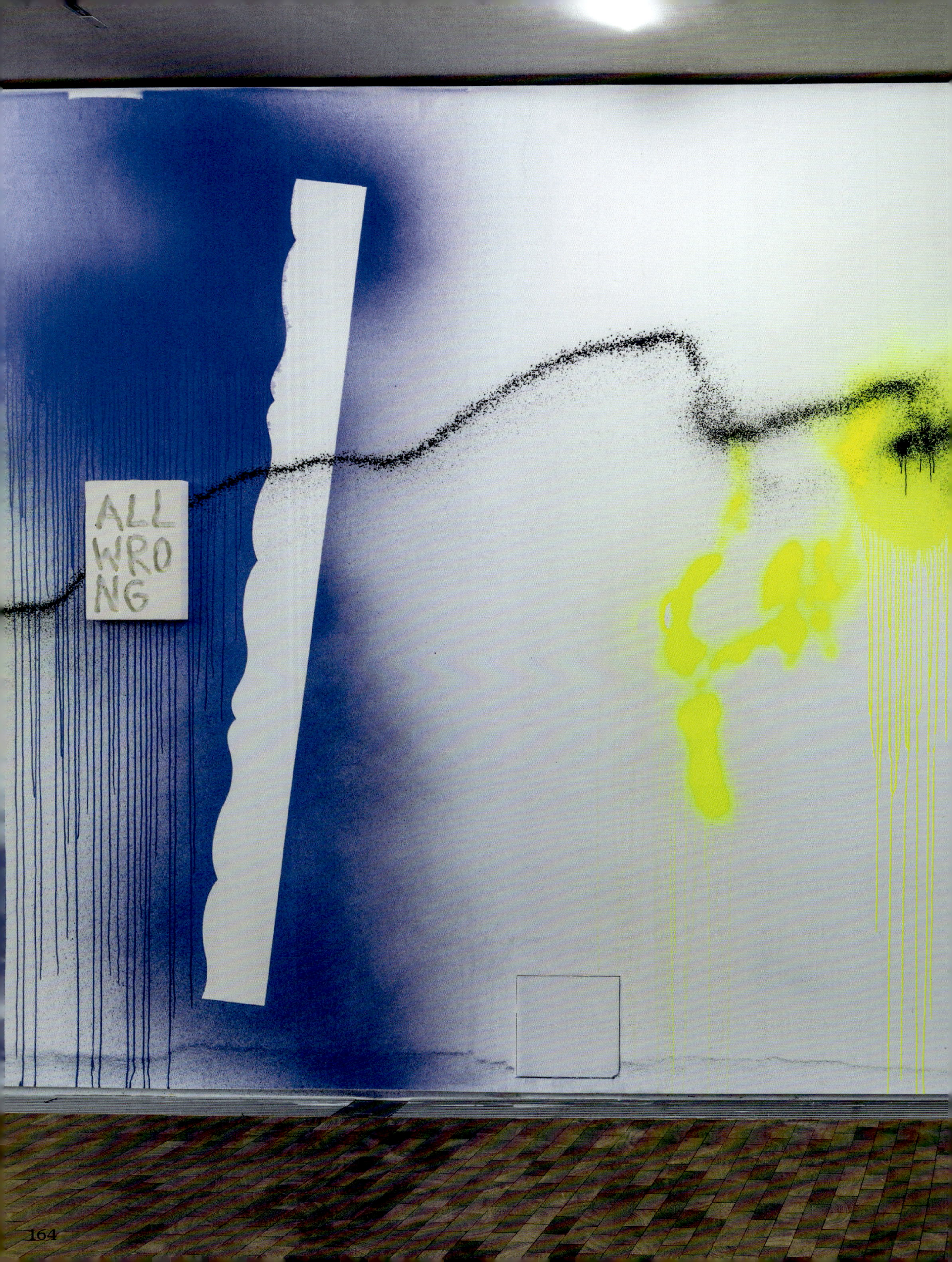
ALL
WRO
NG

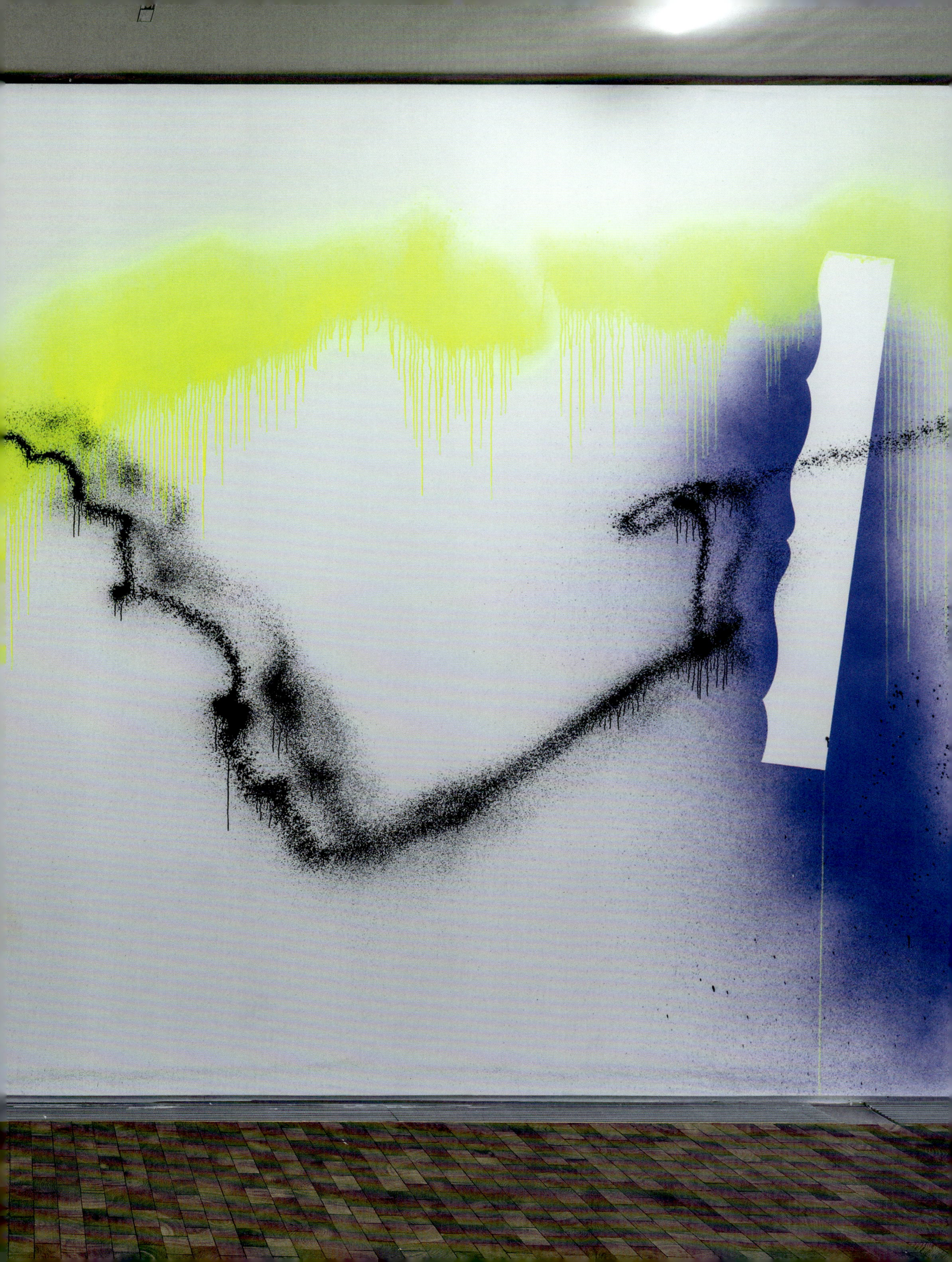

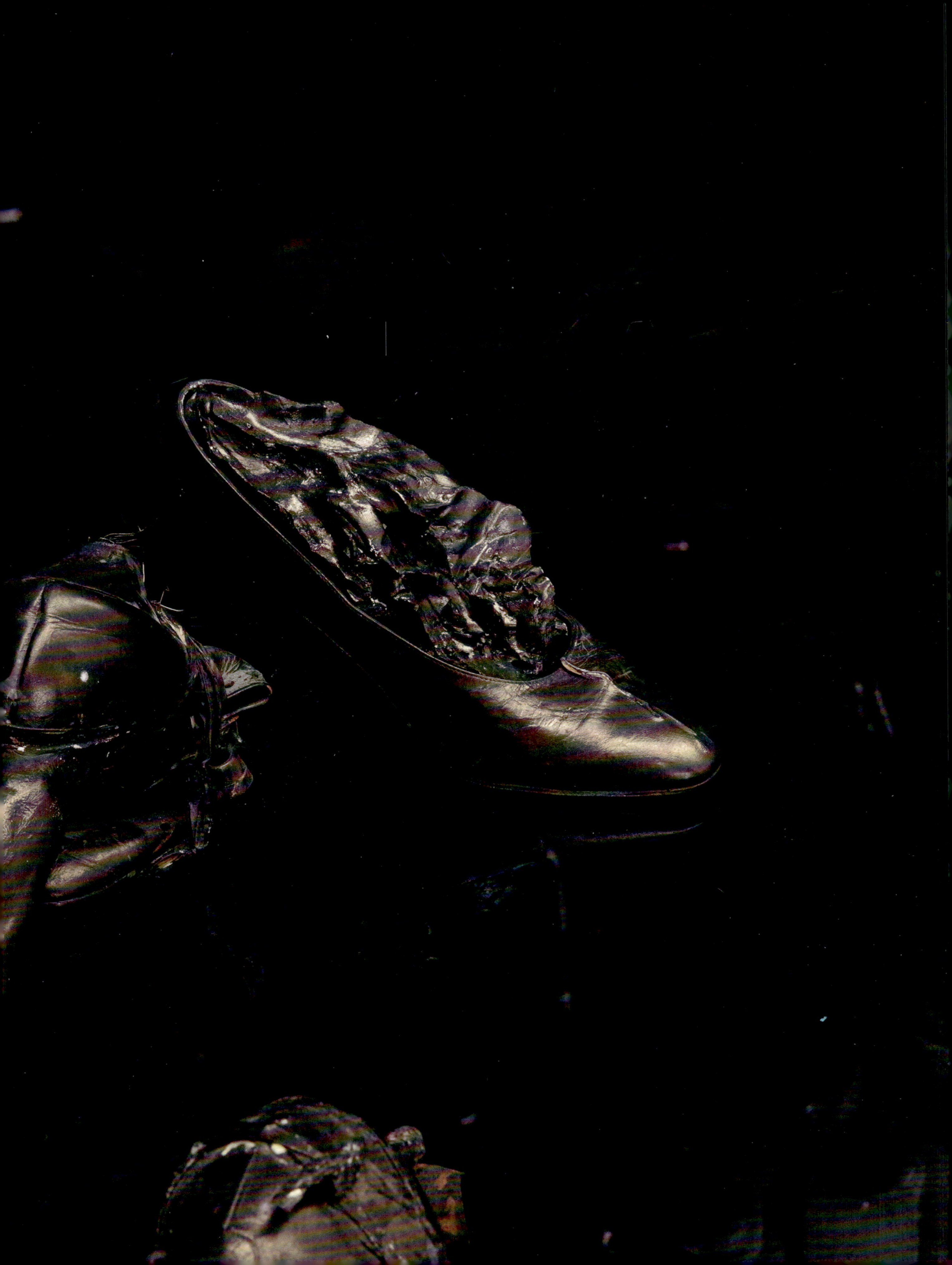

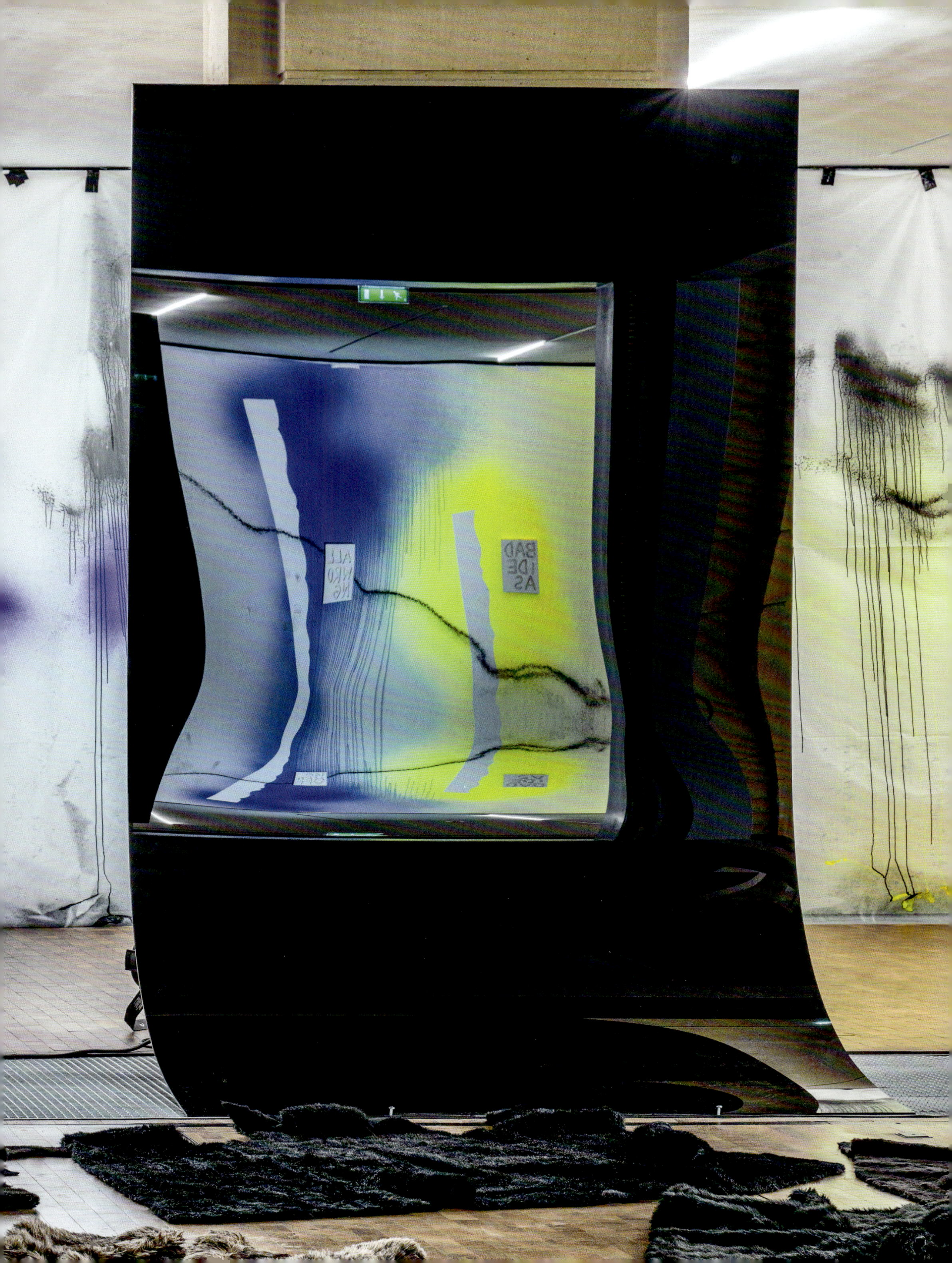
ALL
WRO
NG
BAD
IDE
AS

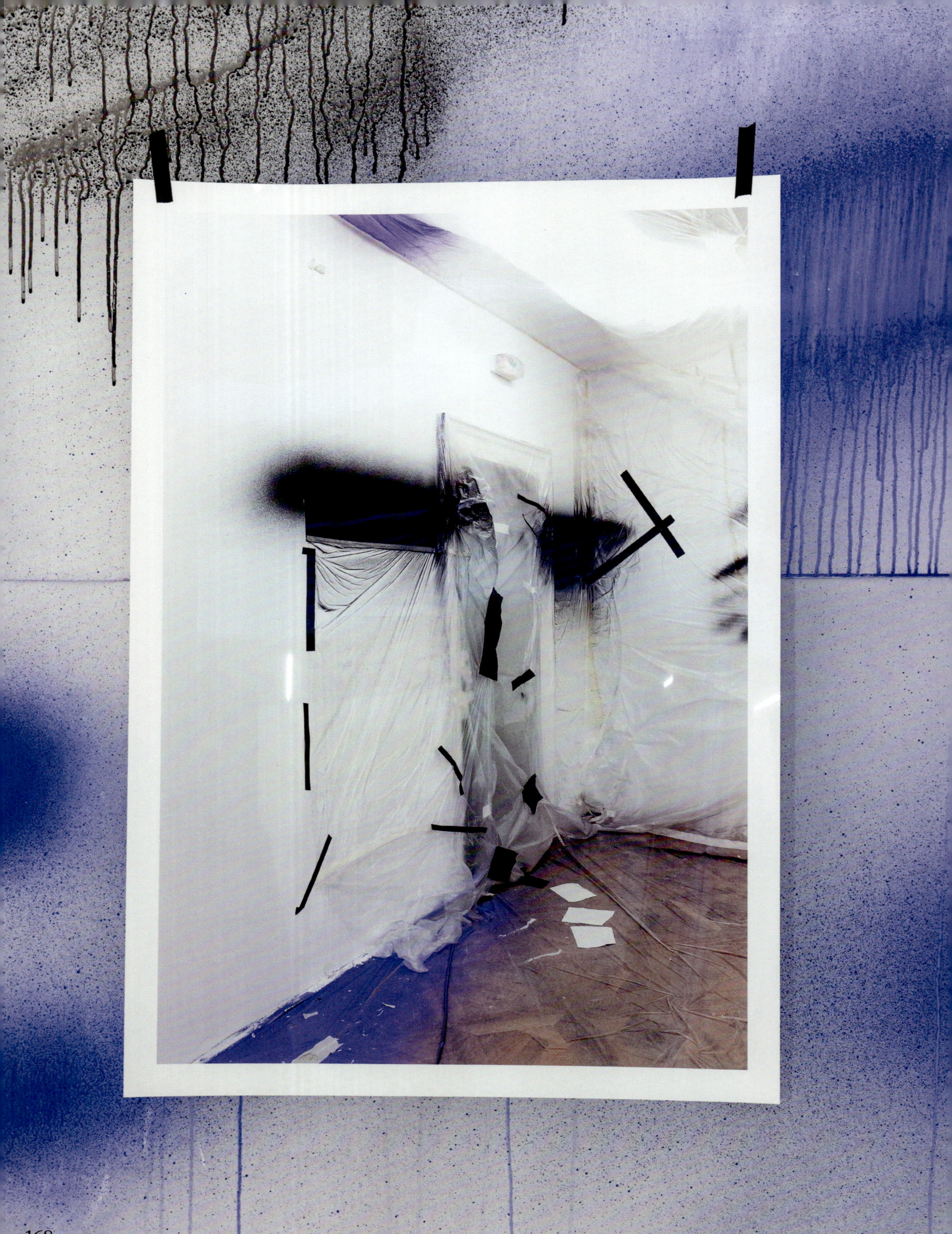

Maud Jacquin

« Découvertes masticatoires » : incorporer l'exposition

En 1971, l'artiste polonaise Alina Szapocznikow expose pour la première fois *Photosculptures*, une série de photographies montrant un chewing-gum dans différentes configurations, étiré, replié sur lui-même, marqué par les dents, la langue, la bouche de l'artiste. Elle explique son geste dans un texte qui accompagne l'œuvre (et auquel cet article emprunte son titre), dans lequel elle invite à considérer la mastication comme une action créative. Cinquante ans plus tard, l'artiste Jagna Ciuchta présente à nouveau *Photosculptures* dans *Le pli du ventre cosmique*, une exposition en deux chapitres qui s'est ouverte en juin 2021 au centre d'art image/imatge à Orthez pour se déployer ensuite au centre d'art et de recherche parisien Bétonsalon dans une forme adaptée et étendue. Lorsqu'elle a été invitée à concevoir cette exposition, Jagna Ciuchta, dont le travail a plusieurs fois fait référence à celui d'Alina Szapocznikow (notamment dans la série *Missing Alina*, commencée en 2012), a immédiatement pensé à cette œuvre qu'elle considère maintenant comme « l'un des centres mouvants de l'exposition[1] ». De mon point de vue, si cette série d'Alina Szapocznikow s'est imposée à l'artiste comme une évidence, c'est qu'elle reflète l'un des aspects fondamentaux de l'œuvre de Jagna Ciuchta : le corps y est présent, non pas comme sujet de la représentation, mais comme vecteur, conduit, contenant, ce par quoi la matière doit passer pour prendre forme. Il est le plus souvent invisible, mais toujours omniprésent. Il est le processus par lequel s'élaborent les projets de l'artiste et aussi, souvent, l'espace que pénètrent les visiteureuxs.

Depuis *The Grey Room* (2011), la plupart des projets de Jagna Ciuchta sont des structures d'accueil pour les œuvres d'autres artistes qu'elle invite, des scénographies d'exposition aux formes changeantes qu'elle construit pour et avec les créations d'autrui. En lien avec ces projets, l'artiste convoque souvent des images et des termes qui, comme le chewing-gum d'Alina Szapocznikow, ont trait à des processus d'incorporation : ingestion, digestion, pénétration. Pour *Eat the Blue* (2013), dont le titre renvoie à l'absorption corporelle d'une couleur, Jagna Ciuchta a transformé sa scénographie au fur et à mesure de l'ajout de nouvelles œuvres par les artistes invitéxs jusqu'à composer un espace qu'elle a tour à tour décrit comme une « grotte vaginale » et une « bouche, une cavité sensible[2] ». *L'un dans l'autre* (2017), conçue en dialogue avec *The House of Dust* d'Alison Knowles — une architecture-poème évoquant elle aussi un espace utérin — présentait des œuvres mettant en scène une confusion des registres (réel et fantasme) et des espaces (intérieur et extérieur), et qui possédaient une forte charge érotique à laquelle le titre, emprunté à une peinture de l'artiste surréaliste Toyen, faisait écho.

Avec *Darlingtonia, la plante cobra* (2019), une œuvre-exposition placée sous le signe de cette plante à l'allure de serpent qui leurre et digère lentement ses proies, Jagna Ciuchta commence à parler d'« œuvres carnivores » pour qualifier ses photographies qui mettent en scène les créations d'autres artistes[3]. Aujourd'hui, *Le pli du ventre cosmique* prolonge et approfondit cette relation au corps en invitant à prendre au sérieux le motif du ventre pour rendre compte des processus à l'œuvre dans la pratique de l'artiste. L'une des spécificités de cette exposition est de réunir une majorité d'artistes femmes et des œuvres qui, pour la plupart, font explicitement référence au corps. À son exultation lorsqu'il entre en résonance avec la nature (Fadma et Allal El Karmoudi, Suzanne Husky, Janka Patocka) ou qu'il est envahi de désir pour l'autre (Nan Goldin, Patti Chang, Samir Ramdani, Arnaud Cousin, Dorothea Tanning), mais aussi à sa souffrance lorsqu'il s'expose à des injonctions patriarcales et racistes (Chloé Dugit-Gros, Nan Goldin, Karima El Karmoudi), à des formes d'intrusion (Marta Huba, Patti Chang, T. Venkanna) et que l'érotisme devient menaçant voire destructeur (T. Venkanna, Dorothea Tanning, Samir Ramdani). Autre spécificité de cette exposition, plusieurs artistes invitéxs entretiennent des rapports de filiation ou de transmission[4] — y compris Jagna Ciuchta, qui a convié sa propre mère, Janka Patocka —, ce qui nous engage à penser le ventre non seulement du point de vue de la digestion ou de la sexualité, mais aussi comme ventre maternel, lieu d'accueil et de transmission.

Enchevêtrements fluides

Cette conception d'une exposition comme ventre, pénétrable par les spectateurixs, rappelle les environnements immersifs représentant le corps féminin imaginés ou construits par d'autres femmes artistes à la fin des années 1960. Le plus célèbre d'entre eux, *Hon – en katedral* (1966) de Niki de Saint Phalle (en collaboration avec Jean Tinguely et Per Olof Ultvedt), a été décrit par sa créatrice comme une « grande déesse de la fertilité, accueillante et confortable dans son immensité et sa générosité » qui « reçut, absorba, dévora des milliers de visiteurs[5] ». On pense également à *The House of Dust* (1967-1972) d'Alison Knowles, évoqué plus haut, à *A casa é o corpo : penetração, ovulação, germinação, expulsão* « La maison est le corps : pénétration, ovulation, germination, expulsion, 1968 » de Lygia Clark, dont la structure pénétrable était composée de matériaux (bois, tissu, Plexiglas, miroirs) également présents dans la scénographie de Jagna Ciuchta, ou encore à *Parts of a Body House* (1966, 1970, 1972) de Carolee Schneemann, qui a pris la forme d'une série de dessins, d'un texte performatif et d'un livre d'artiste[6]. Ces œuvres ont en commun de solliciter la participation active des visiteureuxs (ou des lecteurixs dans le cas de Carolee Schneemann), d'insister sur la dimension sensorielle et affective de l'expérience, et de mettre en œuvre des principes de transformation de l'architecture. *Parts of a Body House*, par exemple, invite læ lecteurix à se déshabiller avant de pénétrer dans la première pièce de cette maison-corps, la *Cat House*, et de « s'allonger parmi les chats [...] certains chats malaxent tes cheveux ton ventre ils reniflent ton menton tes oreilles ta cuisse tes aisselles ton sexe des dizaines de formes à fourrure de différents poids de différentes textures marchent sur toi bougent autour de toi se frottent contre toi te lèchent ». Quelques pièces plus loin, dans la *Heart Chamber/Cunt Chamber*, l'architecture est animée d'une pulsation douce ; ses « murs énormes mous velouteux chauds humides arrondis striés » se contractent, s'étendent et enserrent ainsi le corps entier de l'hôte de passage[7].

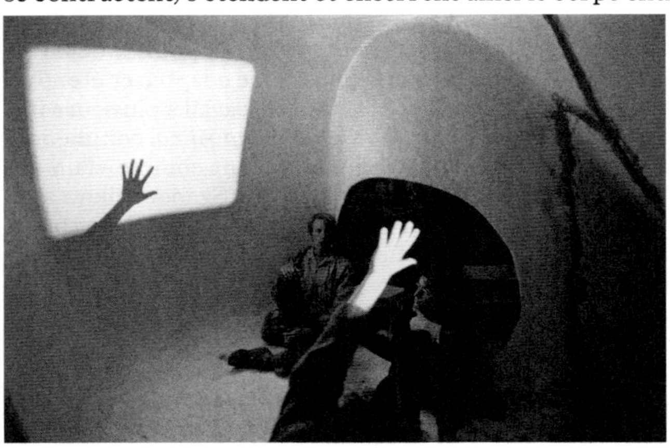

Alison Knowles, *The House of Dust*, Orientation Bonfire, 1971, courtesy du California Institute of the Arts Library & Institute Archives, photo Dan Wilt.

Au-delà de son titre, l'exposition de Jagna Ciuchta évoque le corps et, comme les environnements de ses prédécesseurxs, elle met en jeu des modalités d'expérience ancrées dans les sensations et le mouvement. À image/imatge, la scénographie épouse l'architecture du centre d'art, ses formes courbes, pour construire un parcours en spirale qui conduit à une cabane enroulée sur elle-même, faite de châssis de peinture, de tissus et de matières miroitantes. À Bétonsalon, l'impression d'immersion vient de la présence de structures circulaires qui composent des espaces à la fois ouverts et enveloppants, mais aussi des sensations produites par la peinture jaune fluo qui, comme si une vague avait déferlé sur le centre d'art, imprègne les murs à des hauteurs différentes. À Orthez comme à Paris, l'enveloppement de la scénographie symbolise celui du corps et fait écho à l'implication réelle du corps des visiteureuxs à travers les effets vibratoires des couleurs fluo et la sensualité de certaines matières comme les tissus, les cheveux, les œufs de yoni ou les peaux de bêtes synthétiques. Plus fondamentalement, la participation active des visiteureuxs vient de la manière dont l'artiste se réapproprie et déjoue la logique classique de la muséographie, celle d'un parcours qui dirige le public et isole les œuvres[8]. À l'encontre de ce format traditionnel, elle conçoit des scénographies qui renouvellent constamment les points de vue et créent des relations inattendues entre les propositions artistiques. C'est ce que permet par exemple le dispositif en spirale à image/imatge, ou encore l'utilisation dans les deux lieux d'exposition de surfaces courbes et miroitantes qui reflètent et entremêlent les œuvres de manière changeante. Les effets d'écho et de superposition que produisent les miroirs se rejouent au sein des œuvres elles-mêmes puisque, par exemple à Bétonsalon, le film *Sun Tunnels* de Nancy Holt apparaît à nouveau dans une petite photographie de Jagna Ciuchta, visible entre les pattes d'un singe en rocaille qui lui-même renvoie à celui figuré dans le polyptyque de Miriam Cahn[9]. Ces jeux de renvois et de reflets permanents suscitent une attention particulière de la part des spectateurixs et provoquent des rencontres imprévisibles avec et entre les œuvres. En cela, *Le pli du ventre cosmique* peut être considérée comme une « exposition comme milieu » au sens où l'entend la critique d'art Mathilde Roman dans son ouvrage *Habiter l'exposition. L'artiste et la scénographie.* « Penser l'exposition comme milieu, écrit-elle, c'est donner une place centrale à l'individu qui la parcourt et évacuer l'idée d'une globalité autonome[10]. » C'est aussi « une manière de réfléchir et de proposer des "espaces de réciprocité" inspirés par ceux que la philosophe étasunienne Donna Haraway projette entre les différentes espèces[11] ». Or, Donna Haraway est une référence importante pour Jagna Ciuchta, et la notion de transformation réciproque se trouve au cœur de son exposition.

Comme *Le pli du ventre cosmique, Parts of a Body House* et *Hon* de Niki de Saint Phalle accueillaient d'autres œuvres en leur sein. *Hon* contenait des œuvres de Jean Tinguely et de Per Olof Ultvedt, mais aussi une exposition de faux tableaux imitant le style de célèbres peintres abstraits (Pierre Soulages, Jean Fautrier, Jackson Pollock, etc.) réalisés par le critique d'art Ulf Linde et visibles depuis un toboggan installé pour les enfants. Si, comme l'ont analysé certainxs historiennxs, cette exposition constituait une critique satirique de la haute culture et du consumérisme de l'art[12], il me semble que son attaque portait également sur la construction d'une histoire de l'art héroïque qui repose sur la valorisation du style et de la signature de *grands maîtres* et exclut ainsi les artistes femmes. Le toboggan peut être interprété comme le signe d'un musée devenu attraction, mais aussi comme une invitation à percevoir et donc à juger les œuvres sous un autre rapport, davantage corporel. Placé au cœur de l'institution, le corps de femme aux proportions gigantesques conçu par Niki de Saint Phalle repoussait donc les limites patriarcales du musée de multiples manières[13]. Quant à *Parts of a Body House*, c'est aussi un livre d'artiste qui rassemble des éléments du corpus de Carolee Schneemann (des dessins, des photographies, des correspondances, des recettes de cuisine, etc.), sans hiérarchie ni catégorisation. Bouleversant les attentes formelles et conceptuelles d'une monographie d'artiste, Carolee Schneemann est intervenue manuellement sur l'ouvrage (elle a coupé, peint, collé, écrit, laissé des traces de fluides corporels…) pour générer des entrelacements, des superpositions entre les œuvres, et exprimer quelque chose de la relation émotionnelle qui la lie à la matière qu'elle rassemble. Ici encore, la référence au corps s'accompagne d'une critique radicale des manières traditionnelles (comprendre *patriarcales*) de mettre l'art en récit. On voit bien les similarités avec le travail de Jagna Ciuchta : dans ses expositions, elle n'a de cesse de défaire les hiérarchies en invitant des artistes de différentes générations et appartenant à différents champs de l'art ; elle crée des enchevêtrements entre les œuvres, qu'elle refuse de rassembler selon des critères soi-disant rationnels ; et enfin, elle établit et révèle de nouvelles généalogies comme un geste de contestation du récit institutionnel, mais aussi pour affirmer des affinités affectives avec et entre certaines pratiques artistiques. En ce sens, *Le pli du ventre cosmique* répond à la description que donne l'historienne de l'art féministe Griselda Pollock de ce qu'elle appelle un « musée féministe virtuel », c'est-à-dire un musée en perpétuel devenir, fondé sur la rencontre (au sens fort) avec et entre des œuvres et non sur les « catégories muséales liées à la nation, au style, à la période, au mouvement, au maître, à l'œuvre[14] ». Elle écrit : « En brisant courageusement toutes les règles du musée et de l'histoire de l'art sur ce qui peut être assemblé avec quoi, le musée féministe virtuel […] s'oppose aux récits héroïques, nationalistes et formalistes de l'histoire de l'art pour découvrir d'autres significations en osant tracer des réseaux et des interactions transformatives entre les images différemment assemblées dans des conversations encadrées par l'analyse et la théorie féministes[15]. » Pour ce qui nous concerne ici, il est intéressant de constater que Griselda Pollock lie la conceptualisation de son musée féministe virtuel au corps féminin et à la maternité à travers la théorie matrixielle de la philosophe et psychanalyste féministe Bracha Ettinger (nous y reviendrons). Plus récemment, dans son livre *Alma Matériau*, l'écrivaine Émilie Notéris rapproche également l'écriture d'une histoire de l'art féministe de ce qu'elle appelle une « maternité queer » : « Il ne s'agit pas […] de substituer, par un binarisme formel, la maternité à la paternité artistique, mais plutôt de proposer une forme de "maternité queer", non hiérarchique et non verticale, en invoquant notamment des relations entre artistes et autrices sous forme de constellations, de rhizomes[16]. »

Hospitalité cannibale

Comme je l'ai brièvement indiqué plus haut, les environnements de Niki de Saint Phalle, Alison Knowles, Lygia Clark et Carolee Schneemann sont tous animés par des processus de transformation. En effet, penser la relation au corps, c'est penser l'installation (ou l'exposition) comme un organisme vivant, soumis aux lois du métabolisme (ce terme, qui désigne l'ensemble des transformations chimiques et biologiques qui s'accomplissent dans l'organisme, vient du grec ancien *metabolè* qui signifie « changement »). Dans les expositions de Jagna Ciuchta, les œuvres des artistes invitéxs sont *métabolisées* au sens où elles sont transformées par le décor, l'éclairage, la relation aux autres œuvres, mais aussi parfois par des interventions de l'artiste qui dépassent la mise en scène scénographique. Dans *Le pli du ventre cosmique*, Jagna Ciuchta intervient sur les papiers découpés de sa mère Janka Patocka et sur l'un des dessins d'Allal El Karmoudi (*La Sorcière Soumia*, 2018) à tel point qu'elle cosigne les œuvres avec elleux. Dans les deux cas, l'intégrité de l'œuvre d'origine est respectée, mais elle est assemblée à d'autres éléments (des fonds miroitants, une pochette, un morceau de plastique peint dans le cas de Janka Patocka ; une photocopie du même dessin et une chaîne en métal dans le cas d'Allal El Karmoudi), formant un ensemble composite qui reflète la rencontre de deux subjectivités. Cette rencontre se matérialise également dans les deux « œuvres carnivores » qu'accueille l'exposition : des photographies peintes de Jagna Ciuchta mettant en scène le jardin en permaculture de Suzanne Husky qui, dans le contexte de sa pratique, atteint quasiment le statut d'œuvre.

Au-delà des œuvres des artistes invitéxs, c'est la scénographie elle-même qui s'adapte et se transforme. Comme l'a expliqué Jagna Ciuchta, « la mise en scène se construit au contact des propositions, elle est la contre-forme, l'ensemble complémentaire et disponible[17] ». La « construction au contact des propositions » dont parle l'artiste va bien au-delà de la mise en valeur scénographique : ses « installations-décors » empruntent leurs styles, formes, couleurs ou textures aux œuvres qu'elles accueillent et se modifient au gré des besoins de chacune. Dans *Le pli du ventre cosmique*, les couleurs fluo reprennent celles des dessins de Fadma El Karmoudi et l'usage des surfaces miroitantes et du dispositif en spirale fait écho aux plis des papiers découpés de Janka Patocka. À image/imatge comme à Bétonsalon, l'artiste n'a pas hésité à transformer la cabane centrale pour héberger la performance d'Eden Tinto Collins selon des modalités propres à chaque lieu. Avant cette exposition en deux chapitres, d'autres projets de Jagna Ciuchta avaient mis en œuvre ces principes d'adaptation ou de transformation de manière plus radicale encore. Dans *Eat the Blue*, l'arrivée successive tout au long de l'exposition des œuvres des artistes invitéxs impliquait le réarrangement constant de la scénographie qui « s'accordait progressivement à son contenu[18] ». En lien avec son analyse de la *Nouvelle Babylone* de Constant, qu'il considère comme un exemple de ce qu'il nomme l'« hospitalité extrême », l'historien de l'architecture Mark Wigley a qualifié d'« hospitalier » un type d'architecture capable de se laisser transformer par celleux qu'elle accueille. « La véritable générosité de l'hôte ne consiste pas à inviter quelqu'un ou quelque chose à occuper un espace, mais à inviter une transformation de l'espace. C'est l'espace lui-même qui doit faire l'invitation, en se laissant profondément changer par les choses qu'il accueille. [...] L'architecture hospitalière tente de défaire sa propre autorité, en supprimant autant de contraintes que possible afin d'offrir un accueil large et profond, mais aussi en acceptant d'être défaite encore et encore par les personnes, les actions et les idées qu'elle accueille[19]. »

Appréhender les expositions de Jagna Ciuchta à travers la notion de métabolisme, c'est donc à la fois souligner la manière dont les artistes invitéxs sont *digéréxs* par ses propositions plastiques, au point de devoir partager leur statut d'auteurix, *et* mettre en évidence l'hospitalité extrême de ses installations qui se laissent défaire (au sens de Mark Wigley) par celleux qu'elles accueillent. En d'autres termes, c'est rendre compte d'une tension entre assimilation de l'autre et effacement de soi qui traverse de nombreux projets de l'artiste. À travers cette tension, elle attire l'attention sur les enjeux de pouvoir et les risques de cannibalisation réciproque inhérents à l'accueil ou au désir de l'autre. Dans *Le pli du ventre cosmique*, ces questions sont explicitement abordées par le diaporama de Nan Goldin qui témoigne de sa difficulté à trouver la bonne distance avec ses partenaires masculins et de son déchirement entre la peur de la solitude (« *Don't wanna be all by myself* », chante Eartha Kitt) et celle de se soumettre à des rapports amoureux violents. Il en est de même pour la série d'aquarelles de T. Venkanna où les corps, humains et non humains, s'interpénètrent et se confrontent jusqu'à s'entre-dévorer. Ou encore pour les personnages intergalactiques du film fantastique de Samir Ramdani dont la rencontre charnelle produit la destruction des univers.

Subjectivité dilatée

Si l'exploration des relations de pouvoir, au sein du système de l'art et au-delà, est bien l'un des enjeux de la pratique de Jagna Ciuchta, *Le pli du ventre cosmique* invite également à penser autrement le rapport à autrui, non plus comme la confrontation de sujets autonomes, ou objets l'unx de l'autre, mais comme la co-émergence de sujets *partiels*, pris dans des processus d'échange et de transformation réciproque[20]. Dans l'exposition, à l'entremêlement des œuvres répond l'entremêlement des subjectivités, entre elles et avec le monde vivant. Si *All by Myself* (1995) de Nan Goldin expose des situations de violence masculine, c'est aussi un autoportrait à plusieurs, une manière d'affirmer que ce n'est que dans la relation que l'on se construit en tant que sujet. Dans les papiers pliés et découpés de Janka Patocka, le corps féminin est habité de motifs organiques, d'animaux et de plantes, comme pour signifier la porosité des limites et la multiplicité qu'enveloppe l'unité. C'est d'ailleurs le sens que Gilles Deleuze donne au pli : à l'opposé du point qui commence et termine un parcours, le pli est toujours plissé à l'infini puisqu'il est ce qui se passe entre, au milieu[21]. Dans *Étude pour cousins* et dans la série de dessins et de sculptures molles qu'elle produit à la même époque, Dorothea Tanning met en scène des figures humaines et/ou à l'apparence animale entrelacées dans des postures ambiguës (entre l'érotisme, le soin, la domination) qui toutes témoignent d'un rapport au toucher et au plaisir qui efface les limites du sujet autonome[22]. C'est cette ouverture à l'altérité que la jeune Aïcha Atala, âgée de six ans, saisit intuitivement dans son poème improvisé mis en musique par sa mère, Sheila Atala — « I'm in the star [...], I'm in the flower, I'm in everything... » — et qui s'exprime également dans les céramiques et les collages d'Arnaud Cousin où s'imbriquent des formes phalliques et féminines, humaines et végétales, dans une irisation de couleurs. Dans le film de Suzanne Husky, *Earth Cycle Trance* (2019), l'écrivaine et militante écoféministe Starhawk conduit une transe qui nous invite à faire l'expérience incarnée d'un devenir autre (devenir bourgeon, feuille, champignon, racine, arbre, et à nouveau bourgeon...) pour ressentir la profonde interdépendance des êtres vivants, leur transformation réciproque. « Elle change tout ce qu'elle touche et tout ce qu'elle touche change », répète Starhawk comme une incantation. Dans les dessins d'Allal El Karmoudi, cette transformation atteint un paroxysme puisque les êtres humains et les plantes deviennent indistinguables, toutxs animéxs du même mouvement dansant.

Là encore, le motif du ventre peut nous aider à éclairer ce qui se joue ici. Que l'on considère les principes du microbiote intestinal ou l'expérience d'« hospitalité charnelle » que constitue la maternité, le ventre suppose des modes de cohabitation et de co-émergence qui obligent à repenser la subjectivité[23]. En effet, les découvertes récentes sur le microbiote intestinal révèlent des relations symbiotiques avancées : les milliards de bactéries, virus et micro-organismes qui habitent notre système digestif se nourrissent de notre alimentation et ont, en retour, une influence profonde sur notre nutrition, notre immunité, notre équilibre physiologique et psychique[24]. Ces découvertes offrent un nouveau regard sur la relation entre l'être humain et la nature et remettent profondément en question la manière dont, dans notre culture (en biologie, en immunologie, mais aussi en psychanalyse), le non-soi est défini comme menaçant pour le soi. Plutôt que des rapports d'opposition, il s'agit de reconnaître l'entrelacement de l'individu avec ce qui lui est étranger. Dans un mouvement parallèle, Bracha Ettinger reformule la relation entre le sujet et son autre, entre le *je* et le *non-je*, en affirmant l'existence d'une « couche psychique » ou « strate subjectivisante » qu'elle nomme « matrixielle ». Distincte de la strate phallique, cette strate matrixielle, qu'elle qualifie aussi de « subjectivité-comme-rencontre », rend compte de la manière dont les sujets peuvent s'ouvrir les unxs aux autres et s'affecter mutuellement tout en préservant leurs différences. Alors que dans les relations phalliques l'autre tend à être assimiléx ou rejetéx par le soi, les relations matrixielles supposent un devenir-ensemble, une co-émergence dans la différence. Pour Bracha Ettinger, la « subjectivité-comme-rencontre » trouve son origine et son référent symbolique dans la relation entre le fœtus et sa mère au dernier stade de la grossesse. Comme elle l'a clairement affirmé, « la rencontre du féminin et du prénatal est le modèle qu'[elle] utilise pour des relations et des processus de transformations et d'échanges dans lesquels le non-je est non-connu (c'est-à-dire saisi par des processus non cognitifs) du *je*, sans être intrus pour autant[25] ». Dans ce contexte, le terme « matrixiel » fait référence à la matrice que constitue l'utérus, mais repensée comme « matrix », c'est-à-dire non plus comme réceptacle passif, mais comme « *espace-de-bord transformatif de rencontre* où le *je* et le *ni-fusionné ni-rejeté non-connu non-je*, co-émergent[26] ». Pour la théoricienne, la rencontre intra-utérine, qui concerne aussi bien les hommes que les femmes, laisse des traces dans la psyché et produit un désir matrixiel, réprimé dans la culture patriarcale. Encourager ce type de désir et donc permettre l'émergence de la strate matrixielle de la subjectivité constitue ainsi un geste politique fort.

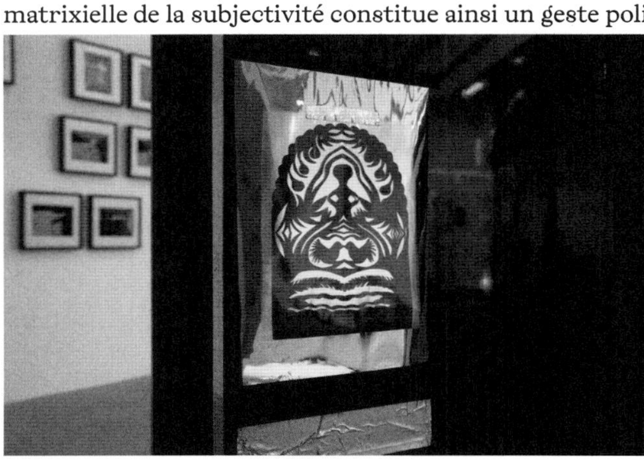

Jagna Ciuchta et Janka Patocka, *Le pli du ventre cosmique*, 2021, détail, papiers découpés de Janka Patocka, collages, Plexiglas noir, panneaux laqués, MDF alvéolé, papier miroir, bandes adhésives, peinture, courtesy des artistes © Adagp, Paris, 2024, photo Jagna Ciuchta.

Dans *Le pli du ventre cosmique*, les références au ventre et à la maternité ainsi que la présence d'œuvres où le sujet s'ouvre à l'altérité engagent à penser l'exposition comme « espace-de-bord transformatif de rencontre » où s'affirment des relations autres que phalliques. Plutôt que de considérer la cosignature des œuvres d'Allal El Karmoudi et de Janka Patocka comme une forme d'assimilation de l'autre, pourquoi ne pas y voir l'expression d'une subjectivité partagée dans le respect des différences de chacunx ? Une rencontre dans la « matrix » plutôt qu'une ingestion (n'oublions pas que Janka Patocka est la mère de l'artiste) ? Dans sa thèse, lorsqu'elle aborde la question des invitations faites à d'autres artistes dans le cadre de sa pratique, Jagna Ciuchta a cette très belle phrase : « L'exposition qui en découle est une forme sympoïétique, la projection d'un *nous*, ce "je qui s'est dilaté" comme des pupilles par l'amour, le désir ou l'hallucination[27]. » Cette idée d'un *nous* qui ne résulte pas de la juxtaposition de *je*, de sujets autonomes, mais de la dilatation du *je* est empruntée à l'écrivaine Marielle Macé, qui elle-même convoque le linguiste Émile Benveniste. Dans son magnifique article « Nouons-nous », elle écrit : « "Nous" n'est pas le pluriel de "je", il est, précise Benveniste, la "jonction" indéterminée de "je" avec du "non-je", le résultat d'un "je" qui s'est ouvert à ce qu'il n'est pas [...] et qui s'est "dilaté"[28]. » Marielle Macé rejoint ici l'essence de la pensée de Bracha Ettinger : envisager le collectif et la relation à partir d'un modèle où la rencontre et la transformation réciproque précèdent les positions autonomes du sujet (« du point de vue matrixiel, le devenir-ensemble précède l'un[29] », écrit la psychanalyste). Parmi les expositions de Jagna Ciuchta, la singularité du *Pli du ventre cosmique* réside dans le fait que la dilatation du soi apparaît de manière explicite dans les œuvres des artistes invitéxs, et aussi dans l'intuition que semble avoir l'artiste du lien qui unit la maternité et la construction de relations autres que phalliques. Cela dit, pour Jagna Ciuchta, et comme l'indique l'expression « ventre cosmique » dans le titre, la maternité dépasse l'expérience humaine et les relations autres que phalliques doivent s'étendre à l'animal, au végétal, à l'ensemble du monde vivant[30].

Dans un texte datant de 1958, l'artiste situationniste Asger Jorn fait une distinction entre l'« explication » qui est de l'ordre de l'abstraction et la « compréhension » qui est « non seulement une perception, mais l'adaptation du moi à une nouvelle situation », à travers la métaphore de l'ingestion. Il écrit : « Expliquer c'est cracher le morceau : comprendre c'est l'avaler. Il y a des morceaux que l'on crache avant de les avoir avalés, rien qu'en les goûtant, d'autres que l'on peut digérer, qui transforment l'être[31]... » En invoquant le motif du ventre, c'est bien à cette compréhension profonde, incarnée, que nous invite Jagna Ciuchta. À travers ses expositions libérées des attentes muséales, elle nous place dans une relation intime et sensible avec les œuvres, avec les autres et avec le monde vivant, dans le but de provoquer non seulement une reconnaissance, ou une acceptation, mais aussi une transformation mutuelle.

1 Dans l'entretien avec Cécile Archambeaud à l'occasion de l'exposition au centre d'art image/imatge, Jagna Ciuchta explique que la juxtaposition du terme image et de sa traduction en occitan dans le nom du centre d'art a résonné pour elle avec les glissements et traductions à l'œuvre dans la pièce d'Alina Szapocznikow : transformations successives du chewing-gum, passage de la sculpture à la photographie, rencontre entre deux subjectivités (puisque les photographies ont été réalisées par Roman Cieslewicz).

2 Jagna Ciuchta a utilisé le terme « grotte vaginale » lors d'une conversation avec moi et celui de « bouche, cavité sensible » dans le portfolio accompagnant la thèse pratique qu'elle a soutenue en 2019 dans le cadre de son doctorat SACRe. Voir Jagna Ciuchta, portfolio de thèse, in *Expositions ; je dilaté, images liquides et plantes carnivores*, thèse de doctorat en Art, Université Paris Sciences & Lettres et École nationale supérieure des beaux-arts, Paris, 2019, p. 12.

3 D'autres projets de l'artiste ont fait référence à des processus d'incorporation. En 2013, Jagna Ciuchta et moi avons travaillé ensemble à un projet malheureusement non réalisé qui s'intitulait *Marching Lips. Toxic if Ingested*. En 2019, elle a conçu *Paysage avec peinture et deux bouches*, une installation qui incluait une série d'images carnivores présentée au centre d'art Micro Onde à Vélizy-Villacoublay.

4 Dans cette exposition, Aïcha Atala est la fille de Sheila ; Allal et Fadma El Karmoudi sont les parents de Karima, et Susanne Husky est liée à l'écrivaine et militante écoféministe Starhawk par des rapports de transmission. La question de la transmission et des dépendances familiales est au cœur de la vidéo de Patti Chang qui met en scène l'artiste embrassant ses deux parents jusqu'à ce que leurs bouches laissent apparaître un oignon partagé.

5 Niki de Saint Phalle, « Un peu de mon histoire avec toi, Jean », in Monica Wyss (éd.), *Museum Jean Tinguely Basel. The Collection*, Bâle, musée Tinguely ; Berne, Benteli, 1996, p. 24.

6 Le texte performatif a fait partie de *Fantastic Architecture* de Dick Higgins et Wolf Vostell publié par Something Else Press (New York) en 1970 puis a été inclus par l'artiste dans son livre *Parts of a Body House Book* publié par Beau Geste Press (Devon) en 1972.

7 Les citations sont des extraits du texte *Parts of a Body House* tel qu'il est reproduit dans *Fantastic Architecture*. Dans cet article, les traductions sont les miennes, sauf mention contraire.

8 Au centre d'art image/imatge en particulier, Jagna Ciuchta s'est appliquée à construire (puis à défaire) un parcours à travers l'installation d'un premier panneau qui sert d'introduction, le positionnement de figures féminines à des endroits clés pour accueillir les visiteureuxs, et l'utilisation de l'architecture pour orienter leurs déplacements. Autre exemple de la manière dont Ciuchta déjoue les règles classiques de la scénographie : à Orthez, les photographies de Szapocznikow sont accrochées à des distances inégales, ce qui crée une déstabilisation corporelle à peine perceptible.

9 Les effets d'écho s'étendent même au-delà de l'exposition puisque les motifs circulent d'une exposition de l'artiste à une autre. La petite photographie décrite ici provient par exemple de la documentation d'une exposition antérieure intitulée *L'un dans l'autre* (La Galerie, centre d'art contemporain de Noisy-le-Sec) qui elle-même incluait *Sun Tunnels* en référence à une fiction d'exposition écrite par Jagna Ciuchta dans le cadre de son projet *The House of Lust* (The James Gallery, City University of New York).

10 Mathilde Roman, *Habiter l'exposition. L'artiste et la scénographie*, Paris, Manuella Éditions, 2020, p. 81.

11 *Ibid.*, p. 16.

12 Voir par exemple Benoît Antille, « "Hon – en katedral": Behind Pontus Hultén's Theatre of Inclusiveness », *Afterall: A Journal of Art, Context and Enquiry*, n° 32, 2013, p. 72-81.

13 Sur la dimension préféministe de *Hon*, voir par exemple Annika Öhrner, « Niki de Saint Phalle Playing with the Feminine in the Male Factory: *Hon – en katedral* », *Stedelijk Studies*, n° 7, 2018, p. 1-16.

14 Griselda Pollock, *Encounters in the Virtual Feminist Museum. Time, Space and the Archive*, Londres, Routledge, 2007, p. 10.

15 *Ibid.*, p. 11.

16 Émilie Notéris, *Alma Matériau*, Paris, Paraguay, 2020, p. 35.

17 Jagna Ciuchta, *Expositions ; je dilaté, images liquides et plantes carnivores*, *op. cit.*, p. 10.

18 *Ibid.*, p. 12.

19 Mark Wigley, *Constant's New Babylon. The Hyper-Architecture of Desire*, Rotterdam, Witte de With Center for Contemporary Art ; 010 Publishers, 1998, p. 122.

20 J'emprunte le vocabulaire de Bracha Ettinger que j'évoquerai plus tard.

21 Voir Gilles Deleuze, *Le Pli. Leibniz et le baroque*, Paris, Les Éditions de Minuit, 1988.

22 C'est ce que démontre notamment Anna Watz dans son article intitulé « Maternities: Dorothea Tanning's Aesthetics of Touch », *Journal of the Association for Art History*, février 2022, p. 12-34. Cet article est d'autant plus pertinent en lien avec *Le pli du ventre cosmique* que l'historienne de l'art considère la pratique de Dorothea Tanning à travers les écrits de Julia Kristeva, Hélène Cixous et Luce Irigaray sur le « maternel-féminin » pour affirmer que le travail de l'artiste surréaliste nous « confronte à une intimité qui simultanément menace l'autonomie du sujet et suggère la possibilité d'une version de la subjectivité radicalement différente, moins solitaire et indépendante » (p. 25).

23 J'emprunte le concept d'« hospitalité charnelle » à la féministe, psychanalyste et politologue Antoinette Fouque qui, dans les années 1970, a écrit : « Je dis depuis longtemps que la gestation est le paradigme de l'éthique parce qu'elle est accueil, dans le corps d'une femme, d'un corps étranger. C'est l'hospitalité charnelle. » Antoinette Fouque, citée dans l'ouvrage collectif *Accueillir l'autre : l'hospitalité charnelle*, Paris, Éditions des femmes, 2017, p. 13.

24 Voir par exemple Patrice Debré, *L'Homme microbiotique*, Paris, Éditions Odile Jacob, 2015 ; ou *Microbiote. Les fabuleux pouvoirs du ventre*, 2019, le documentaire de Sylvie Gilman et Thierry de Lestrate sur Arte.

25 Bracha Lichtenberg Ettinger, *Regard et espace-de-bord matrixiels*, Bruxelles, La Lettre Volée, 1999, p. 75.

26 *Ibid.*, p. 74.

27 Jagna Ciuchta, *Expositions ; je dilaté, images liquides et plantes carnivores*, *op. cit.*, p. 10.

28 Marielle Macé, « "Nouons-nous." Autour d'un pronom politique », *Critique*, 2017/6-7, n° 841-842, Paris, Les Éditions de Minuit, p. 473.

29 Bracha Lichtenberg Ettinger, *Regard et espace-de-bord matrixiels*, *op. cit.*, p. 86.

30 Le terme de « ventre cosmique » évoque la « *Great Mother* » des spiritualités écoféministes.

31 Asger Jorn, « Structure et changement », in *Pour la forme*, Paris, Éditions Allia, 2001, p. 65. Merci à l'historienne de l'art Vanessa Theodoropoulou d'avoir partagé cette référence avec moi.

Maud Jacquin

“Masticatory Discoveries”: Ingesting the Exhibition

In 1971, Polish artist Alina Szapocznikow exhibited *Photosculptures* for the first time, a series of photographs depicting chewing gum in different configurations: stretched, folded over itself, bearing the marks of the artist's teeth, tongue, and mouth. In a text accompanying the work (from which this article borrows its title), Szapocznikow explained her approach, inviting us to consider mastication as a creative act. Fifty years later, *Photosculptures* reappears as part of Jagna Ciuchta's exhibition *Le pli du ventre cosmique* [The Fold of the Cosmic Belly], a two-part exhibition that opened in June 2021 at the art center image/imatge in Orthez, and then in an adapted and extended format at Bétonsalon–centre d'art et de recherche, in Paris. When she was invited to conceive this exhibition, Ciuchta, whose work has often made references to that of Szapocznikow (notably in the *Missing Alina* series, initiated in 2012), immediately thought of *Photosculptures*, which she now considers to be “one of the moving centers of the exhibition.”[1] From my point of view, Szapocznikow's series appeared to the artist as self-evident because it reflects one of the fundamental aspects of Ciuchta's work: the body appears not as a subject of representation, but as a vector, conduit, or container through which matter must pass to take shape. It is most often invisible but always omnipresent. It is the process through which the artist's projects are developed and also the space that visitors penetrate.

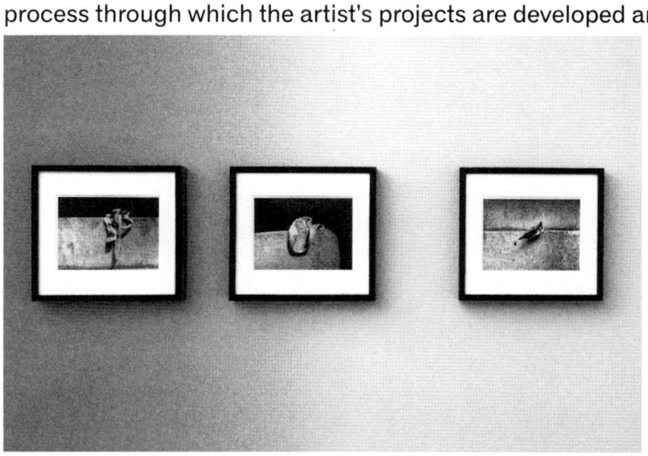

Le pli du ventre cosmique [The Fold of the Cosmic Belly], 2021, installation view with Alina Szapocznikow, *Fotorzeźby* [Photosculptures], 1971-2007, detail, twenty gelatin silver prints and a collage with text on paper, photo Roman Cieslewicz, courtesy The Estate of Alina Szapocznikow/Piotr Stanisławski/Galerie Loevenbruck, Paris/Hauser & Wirth ©Adagp, Paris, 2024, photo Jagna Ciuchta.

Since *The Grey Room* (2011), most of Ciuchta's projects act as hosting structures that include the works of other artists she invites, protean exhibition displays she builds with and for other people's work. In connection with these projects, the artist often summons images and terms that, like Szapocznikow's chewing gum, are related to processes of incorporation: ingestion, digestion, penetration. For *Eat the Blue* (2013), whose title refers to the bodily absorption of a color, Ciuchta gradually transformed her display as new works by invited artists were added, until a space was formed that she, in turn, has described as a "vaginal cave" and a "mouth, a sensitive cavity."[2] *L'un dans l'autre* [One Within the Other, 2017], created as a dialogue with Alison Knowles's *The House of Dust*, an architecture-poem that also evokes a uterine space, presented works depicting confusion between realms (reality/fantasy) and spaces (interior/exterior) and possessing a strong erotic charge that was reflected in the title, borrowed from a painting by surrealist artist Toyen. And since *Darlingtonia, la plante cobra* [Darlingtonia, the Cobra Plant, 2019], a work-exhibition conceived in the spirit of this snake-like plant that lures and slowly digests its prey, Ciuchta uses the term "carnivorous works" to describe her photographs that feature the work of other artists.[3] Now, *Le pli du ventre cosmique* extends and deepens this relationship with the body, inviting viewers to consider the idea of the "belly" as a means of understanding the processes at work in her practice. One of the specificities of this exhibition is that it brings together a majority of women artists and works that, in most cases, explicitly refer to the body. To its jubilation when it comes into contact with nature (Fadma and Allal El Karmoudi, Suzanne Husky, Janka Patocka) or is overwhelmed by desire for the other (Nan Goldin, Patti Chang, Samir Ramdani, Arnaud Cousin, Dorothea Tanning), but also to its suffering when subjected to patriarchal and racist injunctions (Chloé Dugit-Gros, Nan Goldin, Karima El Karmoudi), to forms of intrusion (Marta Huba, Patti Chang, T.Venkanna), and when eroticism becomes threatening or even destructive (T.Venkanna, Dorothea Tanning, Samir Ramdani). Another specific feature: several artists have filial relationships, either symbolic or not (including Ciuchta who invited her own mother, Janka Patocka), which leads us to think about the belly not only in terms of digestion or sex, but also as the maternal womb, a place of welcoming and transmission.[4]

Fluid Entanglements

This image of the exhibition as a belly, penetrable by viewers, recalls immersive environments representing the female body that were imagined or constructed by other women artists at the end of the 1960s. The most famous one, *Hon–en katedral* (1966) by Niki de Saint Phalle (in collaboration with Jean Tinguely and Per Olof Ultvedt), was described by the artist as a "great fertility goddess, welcoming and comfortable in her immensity and generosity" that "received, absorbed, devoured thousands of visitors".[5] We might also think of *The House of Dust* (1967-1968) by Alison Knowles, mentioned earlier; of *A casa é o corpo: penetração, ovulação, germinação, expulsão* [The House is The Body: Penetration, Ovulation, Germination, Expulsion, 1968] by Lygia Clark, whose penetrable structure was built with materials (wood, fabric, Plexiglas, mirrors) also used by Ciuchta; or even of *Parts of a Body House* (1966, 1970, 1972) by Carolee Schneemann, which took the form of a series of drawings, a performative text, and an artist's book.[6] These works all involve viewer participation (or readers, in Schneemann's case), focus on an experience's sensorial and emotional dimension, and activate principles of architectural transformation. *Parts of a Body House*, for example, invites readers to undress before entering the first room of this house-body, called the *Cat House*, and to "lie down among cats [...] some cats knead your hair your belly they sniff your chin your ears your thigh your armpits your sex dozens of furry shapes different weights textures walk on you move around you brush against you lick you." A few rooms later, in the *Heart Chamber/Cunt Chamber*, the architecture is animated by a gentle pulse; its "enormous soft velvety warm damp walls round ridged" contract and expand, squeezing the temporary guest's entire body.[7]

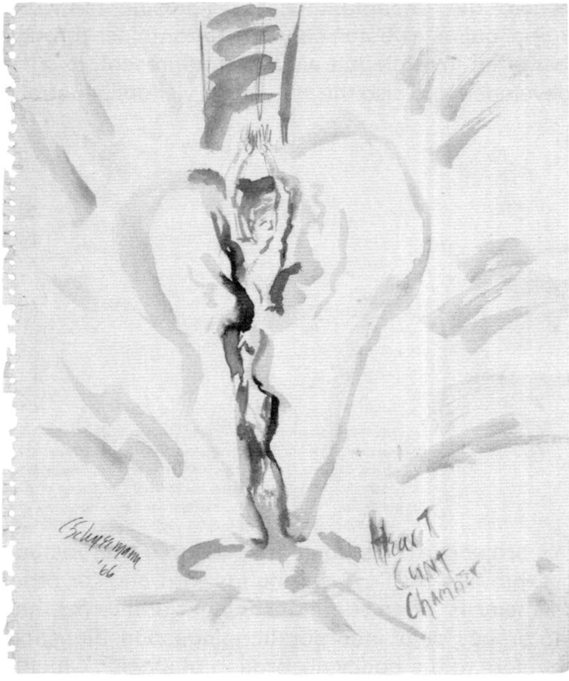

Parts of a Body House–Heart Chamber/Cunt Chamber, 1966

Beyond its title, Jagna Ciuchta's exhibition alludes to the body and, like the environments of its predecessors, brings into play experiential conditions anchored in sensation and movement. At image/imatge, her environment follows the art center's architecture and its curved shapes to build a spiral path leading to a snail-shaped cabin made of painting stretchers, fabric, and mirrored materials. At Bétonsalon, the feeling of immersion comes not only from the presence of circular structures that create open and enveloping spaces, but also from the sensations created by the neon yellow paint that covers the walls at different heights, as if a wave had flooded into the gallery. In Orthez as in Paris, the choice of an enveloping layout symbolizes the body and echoes the actual involvement of the viewer's bodies through the vibratory effects of the neon colors and the sensuality of materials like fabric, hair, yoni eggs, or synthetic furs. More fundamentally, active viewer participation comes from the artist's way of reappropriating and thwarting the traditional logic of exhibition display—a circuit that guides visitors and isolates the works.[8] In contrast to this traditional format, she designed environments that continuously offer different viewing angles and create unexpected relationships between the works. This is what occurs, for example, with the spiral apparatus at image/imatge, or in both venues, with the use of mirrored and curved surfaces that reflect and blend the works in ever-changing ways. The echoing and layering effects produced by the mirrors are duplicated within the works themselves: at Bétonsalon, for example, the film *Sun Tunnels* by Nancy Holt reappears in a small photograph by Ciuchta, which can be seen between the legs of a rocaille monkey, which itself is echoed in Miriam Cahn's polyptych.[9] These references and reflections demand a greater level of attention from the viewer and generate unpredictable encounters with and between the works. In that way, *Le pli du ventre cosmique* can be thought of as an "exhibition as milieu" as defined by art critic Mathilde Roman in her book *Habiter l'exposition. L'artiste et la scénographie* [Inhabiting the Exhibition. The Artist and the Set Design]. "Conceiving of the exhibition as milieu," she writes, "means putting emphasis on the individual visiting it and dispelling the idea of an autonomous whole".[10] It is also "a way of thinking and offering 'spaces of reciprocity' inspired by those that North American philosopher Donna Haraway projects between difference species."[11] Haraway is an important reference for Ciuchta and the notion of reciprocal transformation is central to her exhibition.

Just like *Le pli du ventre cosmique, Parts of a Body House* and Niki de Saint Phalle's *Hon* hosted other artworks within them. In the case of *Hon*, those of Jean Tinguely and Per Olof Ultvedt, but also an exhibition of fake paintings imitating the style of famous abstract painters (Pierre Soulages, Jean Fautrier, Jackson Pollock, etc.) produced by art critic Ulf Linde and visible from a children's slide. If this exhibition offered a satirical critique of high culture and art consumerism, as some historians have analyzed, it seems to me that its attack also targeted the construction of a heroic history of art based on ascribing value to style and the signature of "great masters," thereby excluding women artists.[12] The slide can be interpreted as the sign of a museum-turned-attraction, but also as an invitation to perceive and therefore judge artworks from a different, more corporeal angle. Placed in the heart of the institution, Niki de Saint Phalle's gigantic female body thus pushed the museum's patriarchal boundaries in multiple ways.[13] As for *Parts of a Body House*, it is also an artist's book that collects elements of Schneemann's "corpus" (drawings, photographs, correspondence, recipes, etc.) free of any hierarchy or categorization. Upsetting the formal and conceptual expectations of an artist's monograph, Schneemann manually tampered with the book (she cut, painted, glued, wrote, left traces of body liquids...) to generate entanglements, layer the different works, and express something of the emotional relationship that connected her to the materials she gathered. Once again, the reference to the body comes with a radical criticism of traditional (read "patriarchal") methods of narrativizing art. We can clearly see the similarities with Ciuchta's work: in her exhibitions, she constantly dismantles hierarchies by inviting artists from different generations and different fields of art; she creates overlaps between works that she refuses to assemble based on so-called rational criteria; and she establishes and reveals new genealogies not only as an act of protest against institutional narratives, but also as a way of asserting emotional ties with and between certain artistic practices. In that way, *Le pli du ventre cosmique* responds to feminist art historian Griselda Pollock's description of what she calls a "virtual feminist museum," that is, a museum in a constant state of becoming based on encounters (in the fullest sense) with and between works and not on the "museal categories of nation, style, period, movement, master, œuvre".[14] She writes: "Daringly breaking all the museal and art historical rules about what can be put together with what [...], the virtual feminist museum [...] counters the narratives of heroic, nationalist and formalist art history to discover other meanings by daring plot networks and transformative interactions between the images differently assembled in conversations framed by feminist analysis and theory."[15] In light of what concerns us here, it is interesting to note that Pollock connects the conceptualization of her virtual feminist museum to the female body and maternity through philosopher and psychoanalyst Bracha Ettinger's matrixial theory (more on that later). More recently, in her book *Alma Matériau* [Alma Material], writer Émilie Notéris also ties the writing of a feminist art history to what she calls "queer maternity": "The point is not [...] to substitute, by means of a formal binary opposition, an artistic maternity and paternity, but rather to propose a kind of non-hierarchical and non-vertical 'queer maternity,' in particular by favoring relations between artists and authors that are like constellations, rhizomes."[16]

As I briefly mentioned above, the environments created by Niki de Saint Phalle, Alison Knowles, Lygia Clark, and Carolee Schneemann are all brought to life through transformation processes. Considering a relationship to the body means considering the installation, or the exhibition, as a living organism, subjected to the laws of metabolism (this term, which refers to the set of chemical and biological transformations that occur within the organism, comes from the ancient Greek *metabolè*, which means "change"). In Jagna Ciuchta's exhibitions, works by invited artists are *metabolized* in the sense that they are transformed by the decor, the lighting, their relationship with other works, and also by the artist's meddling with them in a way that largely exceeds what is expected from an exhibition display. In *Le pli du ventre cosmique*, Ciuchta tampers with her mother Janka Patocka's paper cut-outs and one of Allal El Karmoudi's drawings—*La Sorcière Soumia* [The Witch Soumia, 2018]—enough for her to co-sign the works. In both cases, the integrity of the original work is respected but when joined with other elements (mirrored backgrounds, a sleeve, a piece of painted plastic in Patocka's case; a photocopy of the same drawing and a metal chain in El Karmoudi's case), they form a composite whole that reflects the encounter between two subjectivities. Moreover, the exhibition hosts two "carnivorous works," Ciuchta's painted photographs showing Suzanne Husky's permaculture garden, which, in the context of her practice, can nearly qualify as an artwork in itself.

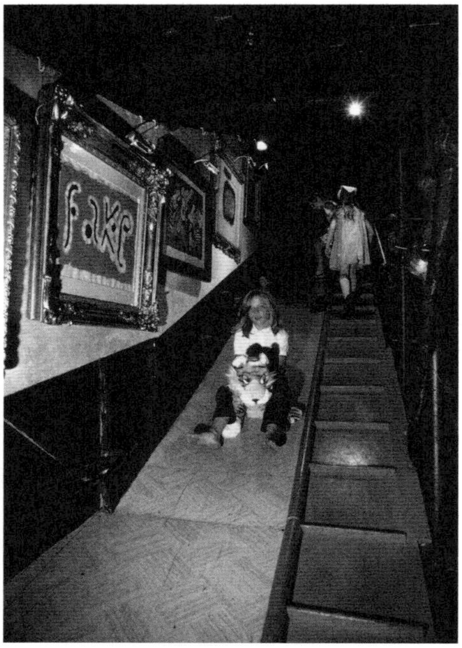

Niki de Saint Phalle, Jean Tinguely, Per Olof Ultvedt, *Hon-en katedral*, 1966, photo Hans Hammarskiöld/Moderna Museet.

Beyond the invited artists' works, it is the display itself that adapts and transforms. As Ciuchta explained, "the setting evolves as it comes in contact with the works, it is a counter-form, a complementary and hospitable structure."[17] This "evolution through contact with works" the artist refers to goes far beyond a mere display highlight: her "installation-displays" borrow their styles, shapes, colors, and textures from the works they host and change according to their respective needs. In *Le pli du ventre cosmique*, the neon colors recall those of Fadma El Karmoudi's drawings, and the use of mirrored surfaces and the spiral apparatus echoes the folds in Janka Patocka's paper cut-outs. In Orthez as in Paris, Ciuchta did not hesitate to transform the central cabin to host Eden Tinto-Collins's performance, according to each location's specificities. Before this two-part exhibition, Ciuchta's other projects had employed these same adaptation/transformation principles even more radically. Over the entire course of *Eat the Blue*, the successive arrival of invited artists' works involved continuously rearranging the display, such that it "gradually adapted to its content".[18] In connection with architecture historian Mark Wigley's analysis of Constant's *New Babylon*, which he considers to be an example of what he calls "extreme hospitality," he describes as hospitable an architecture that can be transformed by those it welcomes. "The real generosity of the host is not to invite someone or something to occupy a space, but to invite a transformation of the space. The space itself has to make the invitation, allowing itself to be profoundly changed by the things that it hosts. The architecture of hospitality [...] tries to undo its own authority, removing as many constraints as possible in order to offer the widest and deepest welcome but wants to be undone again and again by the people, actions, and ideas that it hosts."[19]

Approaching Ciuchta's exhibitions through the notion of metabolism highlights how the invited artists are *digested* by her creations to such a degree that they must share their authorship *and* it draws attention to the extreme hospitality of her installations, which let themselves be undone (according to Wigley's definition) by those they welcome. In other words, this expresses the tension between assimilation of the other and self-effacement, which appears in several of the artist's projects. Through this tension, she points to the power dynamics and risks of reciprocal cannibalization inherent in the welcoming or desiring of the other. In *Le pli du ventre cosmique*, these questions are explicitly tackled by Nan Goldin's slideshow, which reveals her struggle to establish the right distance with her male partners and her anguish over choosing between the fear of loneliness ("Don't wanna be all by myself," sings Eartha Kitt), and the fear of violent sexual relations. The same can be said of T. Venkanna's watercolors, in which human and non-human bodies intermingle and confront each other to the point of devouring one another. And with the intergalactic characters from Samir Ramdani's fantasy film, whose carnal encounters lead to the destruction of universes.

Dilated Sujectivity

While the exploration of power dynamics within the art world and beyond is clearly one of the issues tackled by Ciuchta's practice, *Le pli du ventre cosmique* also invites us to rethink our relationship to others, no longer as the confrontation between autonomous subjects, or each other's objects, but as the co-emergence of "partial" subjects caught in sharing and reciprocal transformation processes.[20] Within the exhibition, the intermingling of artworks corresponds to the intermingling of subjectivities, between each other and with the living world. While Goldin's *All by Myself* (1995) depicts situations of male violence, it is also a group self-portrait, a way of asserting that it is only within a relationship that we are constructed as a subject. In Patocka's folded and cut-out papers, the female body is inhabited by organic motifs, animals, and plants, as if to point to the porosity of limits and the multiplicity contained within the unit (that is actually the meaning Deleuze gives to the fold: unlike the point that begins and ends a path, the fold is always folded to infinity, since it is what happens between, in the middle).[21] In *Étude pour cousins* [Study for Cousins] and in the series of drawings and soft sculptures she produced during the same period, Dorothea Tanning featured human and/or animal-like figures intertwined in ambiguous poses (in between eroticism, care, and domination) that speak to the relationship of touch and pleasure that erases the limits of the autonomous subject.[22]

It is this openness to otherness that six-year-old Aïcha Atala intuitively grasps in her improvised poem put to music by her mother Sheila Atala—"I'm in the star [...], I'm in the flower, I'm in everything..."—and that is also expressed in Arnaud Cousin's ceramics and collages of nested iridescent phallic/feminine, human/plant forms. In Husky's film *Earth Cycle Trance* (2019), eco-feminist writer and activist Starhawk conducts a trance, inviting us to physically experience a becoming-other (becoming a bud, leaf, mushroom, root, tree, and again a bud...) in order to feel the deep interdependence between living beings, their reciprocal transformation. "She changes everything she touches, and everything she touches changes," repeats Starhawk like an incantation. In Allal El Karmoudi's drawings, this transformation reaches its apex since human beings and plants become indistinguishable, as they are all animated by the same dancing movement.

Once again, the belly motif can help us shed light on what is at play here. Whether we consider the principles of intestinal microbiota or the experience of "corporeal hospitality" that defines maternity, the belly implies modes of cohabitation and co-emergence that force us to rethink subjectivity.[23] Indeed, recent discoveries about intestinal microbiota reveal advanced symbiotic relationships: billions of bacteria, viruses, and micro-organisms that inhabit our digestive system feed off our food and, in return, have a profound influence on our nutrition, our immune system, and our physiological and mental balance.[24] These discoveries bring a new perspective on the relationship between human beings and nature by deeply questioning the way in which, in our culture (in biology, immunology, and psychoanalysis), the non-self is defined as threatening to the self. Rather than adversarial relationships, it is a matter of recognizing the intermingling of the individual with that which is foreign. With a similar thrust, feminist psychoanalyst Bracha Ettinger reformulates the relationship between the subject and its other, between the *I* and *non-I*, by claiming the existence of a "psychic layer" or "stratum of subjectivization," which she calls "matrixial." Distinct from the phallic stratum, this matrixial stratum, which she also calls "subjectivity-as-encounter," unpacks how subjects can open up to and affect each other while preserving their differences. While in phallic relationships, the other tends to be assimilated or rejected by the self, matrixial relationships involve a becoming in-togetherness, a co-emergence in difference. For Ettinger, the "subjectivity-as-encounter" finds its origin and symbolic referent in the relationship between the fetus and its mother during the final stage of pregnancy. As she clearly states, she takes "the feminine/prenatal meeting as a model for relations and processes of change and exchange in which the *non-I* is unknown to the *I* (or rather unrecognized: known by a non-cognitive process), but not an intruder."[25]

In this context, the term "matrixial" refers to the uterus reconsidered as "matrix," that is, no longer as a passive receptacle, but as the "*transforming border space of encounter of the co-emerging I and the neither fused nor rejected unrecognized non-I*."[26] For the theorist, the in utero encounter, which concerns men and women equally, leaves traces in the psyche and produces a matrixial desire, repressed in patriarchal culture. Encouraging this kind of desire and thus enabling the emergence of the matrixial stratum constitutes a powerful political act.

In *Le pli du ventre cosmique*, references to the belly and to maternity, as well as artworks in which the subject opens up to the other, invite us to consider the exhibition as a "transforming border space of encounter" where relationships other than phallic are asserted. Rather than considering the co-signature of the works of El Karmoudi and Patocka as a form of assimilation of the other, why not see it as the expression of a shared subjectivity that respects the others' differences? An encounter in the "matrix" instead of an ingestion (let's not forget that Janka Patocka is the artist's mother). In Ciuchta's doctoral thesis, when she tackles the question of inviting other artists as part of her practice, she frames it beautifully this way: "The resulting exhibition is a form of sympoiesis, the projection of a we, a 'self that has expanded' like pupils dilating with love, desire or hallucination."[27] This idea of a *we* that does not result from a juxtaposition of several "I's" but from the expansion of the "I", is borrowed from author Marielle Macé. In her essay *"Nouons-nous." Autour d'un pronom politique* ["Binding ourselves." Around a political pronoun], expanding on linguist Émile Benveniste, she writes: "'We' is not the plural of 'I', it is the indeterminate junction between the 'I' and the 'non-I', the result of an 'I' that opened up to what it isn't [...] and expanded."[28] Here Macé is in tune with the essence of Ettinger's thinking: approaching the collective and the relationship from a model where encounter and reciprocal transformation precede the subject's autonomous positions ("from the matrixial perspective, the becoming-together precedes being-one,"[29] writes the psychoanalyst). Among Ciuchta's exhibitions, what sets *Le pli du ventre cosmique* apart is the expansion of the self appearing explicitly in the works of the invited artists, and her intuition about the link connecting maternity and the construction of non-phallic relationships. That said, for Ciuchta, and as the expression "cosmic belly" in the title points out, maternity goes beyond human experience, and non-phallic relationships need to be extended to animals, plants, and the living world as a whole.[30]

In a text from 1958, Situationist artist Asger Jorn makes a distinction between "explanation," which belongs to abstraction, and "understanding," which is "not merely a perception but the self-adapting to a new situation" through the metaphor of ingestion. He writes: "Explaining is spilling the beans: understanding is swallowing them. There are beans we spill before we even swallow them, just by tasting them, others we can digest, and they transform us..."[31] By invoking the belly motif, Ciuchta guides us towards this profound, embodied understanding. Through her exhibitions freed from museal expectations, she positions us in an intimate and sensory relationship with artworks, with others, and with the living world in order to provoke not only recognition or acceptance, but also mutual transformation.

1 In the interview conducted by Cécile Archambeaud during the exhibition at image/imatge, Ciuchta explains that the juxtaposition of the term image and its translation in Occitan in the name of the art center resonated for her with the shifts and translations occurring in Szapocznikow's piece: the successive transformations of the chewing gum, the passage from sculpture to photography, the encounter between two subjectivities (since the photographs were taken by Roman Cieslewicz).

2 Ciuchta used the term "vaginal cave" during a conversation with me and that of "mouth, sensitive cavity" in the portfolio accompanying the practice-based thesis she defended in 2019 in the context of her SACRe doctorate. See Jagna Ciuchta's PhD diss. portfolio: *Expositions; je dilaté, images liquides et plantes carnivores* (SACRe, Beaux-Arts de Paris, 2014-2019), 12.

3 Some of the artist's other projects made references to processes of incorporation. In 2013, Ciuchta and I worked together on a project that was unfortunately never completed called *Marching Lips. Toxic if Ingested.* In 2019, she created *Paysage avec peinture et deux bouches* [Landscape With Painting and Two Mouths], an installation including a series of carnivorous images shown at the Micro Onde centre d'art in Vélizy-Villacoublay.

4 In this exhibition, Aïcha Atala is Sheila's daughter; Allal and Fadma El Karmoudi are Karima's parents, and Susanne Husky's connection with eco-feminist writer and activist Starhawk is based on transmission. The question of transmission and familial dependence is at the heart of Patti Chang's video, which features the artist kissing her parents until an onion begins to protrude from their mouths.

5 Niki de Saint Phalle, *Un peu de mon histoire avec toi, Jean*, in *Museum Jean Tinguely Basel. The Collection*, ed. Monica Wyss (Bern: Benteli, 1996), 24. (Our translation.)

6 The performative text was part of *Fantastic Architecture* by Dick Higgins and Wolf Vostell published by Something Else Press (New York) in 1970 and was then included by the artist in her book *Parts of a Body House Book* published by Beau Geste Press (Devon) in 1972.

7 The quotes are excerpts from *Parts of a Body House* as reproduced in *Fantastic Architecture*.

8 At image/imatge in particular, Ciuchta deliberately set up (and withdrew) a planned path by installing an introductory panel, placing female figures in key spots to welcome visitors, and using architecture to guide their movements. Another example of how Ciuchta thwarts the rules of traditional exhibition display: in Orthez, Szapocznikow's photographs are hung at unequal distances, which destabilizes the body in a barely perceptible way.

9 These echoing effects even extend beyond the exhibition since the motifs circulate from one of Ciuchta's exhibitions to the other. The small photograph described here, for example, comes from the documentation of a previous exhibition titled *L'un dans l'autre* (La Galerie, centre d'art contemporain de Noisy-le-Sec) which itself included *Sun Tunnels* in reference to a fictional exhibition written by Ciuchta as part of her project *The House of Lust* (The James Gallery, City University of New York).

10 Mathilde Roman, *Habiter l'exposition. L'artiste et la scénographie* (Paris: Manuella Éditions, 2020), 81. (Our translation.)

11 Roman, *Habiter l'exposition*, 16. (Our translation.)

12 See for example Benoît Antille, *Hon–en katedral: Behind Pontus Hulteén's Theatre of Inclusiveness*, in *Afterall: A Journal of Art, Context and Enquiry*, no.32 (Spring 2013), 72–81.

13 On the pre-feminist aspect of *Hon*, see, for example Annika Öhrner, *Niki de Saint Phalle Playing with the Feminine in the Male Factory: Hon–en katedral*, Stedelijk Studies, no.7 (Fall 2018), 1–16.

14 Griselda Pollock, *Encounters in the Virtual Feminist Museum. Time, Space and the Archive* (London: Routledge, 2007), 10.

15 Pollock, *Encounters*, 11.

16 Émilie Notéris, *Alma Matériau* (Paris: Paraguay, 2020), 35. (Our translation.)

17 Ciuchta, PhD diss. portfolio, 10. (Our translation.)

18 Ciuchta, PhD diss. portfolio, 12. (Our translation.)

19 Mark Wigley, *Constant's New Babylon. The Hyper-Architecture of Desire* (Rotterdam: 010 Publishers, 1998), 122.

20 Here, I'm already borrowing from Bracha Ettinger's vocabulary (more on her later).

21 See Gilles Deleuze, *Le Pli. Leibniz et le baroque* [The Fold: Leibniz and the Baroque] (Paris: Les Éditions de Minuit, 1988).

22 Anna Watz demonstrates this in her article titled "Maternities: Dorothea Tanning's Aesthetics of Touch, Journal of the Association for Art History" (February 2022), 12–34. This article is even more relevant in relation with *Le pli du ventre cosmique* since the art historian considers Dorothea Tanning's practice through the writings of Julia Kristeva, Hélène Cixous and Luce Irigaray and the "maternal-feminine" to affirm that the work of the surrealist artist confronts us "with an intimacy that simultaneously threatens the autonomy of the subject and suggests the possibility of a radically different, less solitary and independent, version of subjectivity," 25.

23 I borrowed the concept of "corporeal hospitality" from feminist psychoanalyst and political scientist Antoinette Fouque, who in the 1970s wrote: "I have long said that gestation is the paradigm of ethics because the woman's body welcomes, receives, a foreign body. It is corporeal hospitality." Antoinette Fouque quoted in the collective work Accueillir l'autre: l'hospitalité charnelle [Welcoming the Other: Corporeal Hospitality] (Paris: Éditions des femmes, 2017), 13. (Our translation.)

24 See for instance Patrice Debré, *L'Homme microbiotique* [The Microbiotic Man] (Paris: Éditions Odile Jacob, 2015) or *Microbiote. Les fabuleux pouvoirs du ventre* [Microbiota. The Fabulous Powers of The Belly], a documentary film by Sylvie Gilman et Thierry de Lestrate accessible on Arte TV.

25 Bracha Lichtenberg Ettinger, *The Matrixial Gaze, The Matrixial Borderspace* (Minneapolis: University of Minnesota Press, 2005), 63.

26 Ettinger, *The Matrixial Gaze*, 63.

27 Ciuchta, PhD diss. portfolio, 10. (Our translation.)

28 Marielle Macé, «"Nouons-nous." Autour d'un pronom politique», *Critique*, no.841-842 (June-July 2017): 473. (Our translation.)

29 Ettinger, "The Matrixial Gaze," 48.

30 The term "cosmic belly" brings to mind the "Great Mother" in eco-feminist spirituality.

31 Asger Jorn, *Structure et changement*, in *Pour la forme* [For Form's Sake] (Paris: Éditions Allia, 2001), 65. (Our translation.) Thank you to art historian Vanessa Theodoropoulou for sharing this reference with me.

Stéphanie Garzanti

« Ielle avait tellement envie de bien faire qu'ielle avait l'impression que ça læ figeait alors qu'ielle aurait voulu être fluide, généreuX et tendre pour elleux afin de leur donner autant qu'elleux lui apportaient. »

Auteurix anonyme, XXIIe siècle.

Il y a bien longtemps, pendant quelques années, mon envie oscillait entre devenir artiste ou commissaire d'exposition. J'ai d'abord étudié dans une école d'art puis j'ai intégré une formation curatoriale. Je n'ai finalement pas eu à choisir puisque rien n'a fonctionné comme prévu. Aujourd'hui, je dessine et j'écris. Quand j'ai découvert il y a sept ans le travail de Jagna Ciuchta, d'abord par des images sur les réseaux sociaux, celui-ci a réactivé mes vieux souvenirs, mon attirance pour les œuvres et les expositions. Son œuvre m'est apparue alors comme un fantasme absolu : complexe, conceptuel et décoratif à la fois, semblant opérer un non-choix de genre, mélangeant ostensiblement les pratiques, relevant d'une grande liberté. Alors qu'au tournant des années deux mille le monde de l'art voyait l'apogée de la figure du commissaire-artiste, Jagna Ciuchta opère depuis une dizaine d'années une sorte de renversement doux en construisant progressivement une pratique non seulement d'artiste-commissaire qui s'affirme au fur et à mesure des collaborations, mais aussi au-delà, une posture plus floue, plus trouble dans laquelle elle fait circuler les rôles aussi bien des personnes engagées (commissaires, artistes, techniciennxs, amateurixs...), des lieux (centres d'art, écoles, galeries, espaces de publication...), que des formes traditionnelles de l'art (expositions, résidences, dispositifs scéniques...). La clairière devient son médium et certes, à travers elle, elle explore chaque aspect possible des éléments qui constituent la pratique de l'art, mais elle en fait un espace instable, qui se transforme au fil de sa durée et des événements qui s'y produisent.

J'ai vu des images de ses projets sur Internet et dans son portfolio,
j'ai visité plusieurs de ses clairières :

DARLINGTONIA, LA PLANTE COBRA à la galerie Édouard-Manet/École municipale des beaux-arts à Gennevilliers en 2019. HOUSE OF GOATS à Lafayette Anticipations à Paris en 2020. LE PLI DU VENTRE COSMIQUE à Bétonsalon–centre d'art et de recherche à Paris en 2021. PRÉMONITION à L'Artothèque, Espaces d'art contemporain à Caen en 2022. PLEINE LUNE EN POISSONS aux Capucins, centre d'art contemporain à Embrun en 2022. TOUTXS À LA FOIS MUTANTXS ET MULTIPLES à La Chaufferie, galerie de la Hear à Strasbourg en 2023.

J'ai établi d'autres relations plus privilégiées avec son travail :

Je possède une de ses œuvres sous la forme d'une page de son portfolio. Elle m'a demandé de remplacer sa voix à la Nuit Blanche pendant *Zizanies, la veillée polyphonique* de Clara Schulmann à l'occasion de sa clairière à Bétonsalon. Elle a intégré mes dessins et m'a invitée à lire mes textes dans la clairière PRÉMONITION. Je l'ai invitée à collaborer à la conception d'un dessin.

Son travail embrasse de multiples champs de réflexion. Il est si foisonnant, si complet que je voudrais parler de tout sans avoir à choisir un de ses différents aspects. On pourrait écrire sur son plaisir à la peinture sur les murs de ses clairières, des traces de rouleaux de *Eat the Blue* aux pulvérisations plaquées-coulées plus récentes en passant par les barbouillages de *The House of Lust*. On pourrait écrire sur l'importance des bâches, qui de protection deviennent de présentation. On pourrait écrire sur les choix des tableaux qu'elle accroche dans ses clairières, des peintres, célébréxs ou anonymes, des toiles sans châssis, des toiles posées par-dessus des châssis, des toiles enlevées des châssis, des châssis qui servent à autre chose. On pourrait écrire sur la dimension sculpturale des structures qu'elle fabrique, des objets-supports, des bibliothèques debout et écroulées, des parois-paravents, des pains d'argile-cales, des parpaings-cales, des bûches de bois-cales, des blocs ensoclants, des bottes de paille qui construisent, des sangles qui dessinent, des piles de fausses fourrures, *alors, est-ce que je sors les fourrures ?*, de l'utilisation du mobilier, des plaques, des crochets, des scotches, des mousses. On pourrait écrire sur le rôle primordial de la photographie dans ses pratiques, les photographies documentaires, plasticiennes, de clairière, écrire sur les photographies que Jagna Ciuchta prend tout le temps, *donnez-moi vingt minutes, j'ai quatre photos à faire*, qui se transforment en cinq cent cinquante-cinq clichés dans le double de temps. On pourrait écrire sur son approche des scénographies et du display, de sa capacité à faire émerger les liens discursifs entre les œuvres, à nuancer les œuvres entre elles, à imaginer des espaces de beauté intelligente par et avec les œuvres. On pourrait écrire sur les trouées qui créent des perspectives. Sur les vidéos sur des écrans, dans des moniteurs, des films qui nous déplacent jusqu'à des cinémas en dehors des villes. De la lumière, des néons blancs comme des lasers, de tous ses éclairages colorés qui teintent les œuvres. On pourrait écrire sur ce qui relève du *work in progress* dans ses projets, du jamais fini, du *syndrome de Bonnard*. Des mises en abyme, des œuvres qui ressortent d'une clairière à l'autre. On pourrait écrire sur sa manière d'anéantir les hiérarchies dans tous les domaines, sur comment, de l'intérieur, elle s'approprie l'Institution en transformant ses règles habituelles pour la forcer à accueillir celleux qui en sont excluxs généralement.

Mais je ne veux pas choisir, parce que Jagna Ciuchta, elle, ne choisit pas, elle travaille *tout à la fois*. Parler séparément des éléments qui composent ses œuvres reviendrait à démanteler un travail qui se construit justement pour créer une unité, un ensemble cohérent. Il ne reste plus alors qu'à tenter d'écrire aussi *tout à la fois*. Tout à la fois et pas toute seule, avec des procédés amis et des personnes compagnes : des citations, des descriptions, des réécritures, de l'intelligence artificielle, du cut-up, du tissage, des croquis sagittaux ainsi que des êtres réels que j'invite à écrire avec moi, pour ce texte, à propos du travail de Jagna Ciuchta. Tout est finalement ici question de désir, d'envies, question de relations aux autres, toutxs les autres. Et puisqu'il s'agit de cercle d'affinités, de relations affectives, j'emploierai ici le *je* dilaté de Jagna Ciuchta, le *je* qui n'est pas seulement moi, le *je nous*, le *jnous*. Un *je* qui veut penser ensemble. Un *je* qui va par circlusion envelopper d'autres *je* afin d'inventer un *je* collectif. Après ce préambule d'usage qui, en utilisant mon *je* ordinaire, tente de situer clairement ma position, laissons place au *je* augmenté qui s'incarnera dans d'autres entités, absorbera d'autres personnes pour circuler dans le travail de Jagna Ciuchta, à travers un texte qui se dessine comme une introduction à son travail, introspection, méditation, qui conduira je l'espère à aller voir ses clairières afin de s'en créer ses propres images, celles qui feront communauté dans toutxs nos mémoires futures.

Être soi-même, un peu les autres. Jagna Ciuchta : l'apparition d'un romantisme collectif

Un texte de Stéphanie Garzanti, avec Louise Aleksiejew, Elsa Aloisio, Honoré de Balzac, Cécile Bicler, Caroline Boucherit, Chat GPT, *Jagna Ciuchta*, Nathanaëlle Guetté, Nancy Holt, Ursula K. Le Guin et Monique Wittig.

[image 1] × (Allons-y dans le désordre, donc.)

Tout a commencé avec le train

C'est comme ça, pour voir le travail de Jagna Ciuchta, que j'ai pris le train. La dernière fois, il a fallu jongler avec les annulations mais nous avons fini par nous retrouver à Strasbourg. En décalé mais ensemble, pas toutxs mais un groupe.

Jaune_-_.

La lumière m'éblouit un peu. La pièce, un grand volume de vitres et de béton, est ponctuée d'éléments divers : dessins collés, photos sous verre, petites sculptures sur une table basse, écrans, fils qui courent ou pendent. Et surtout, ce grand pan de mur jaune_-_-_-_-_-_-_ Fluo jaune_-_, complètement phosphorescent en plein jour.

Des images par tous les moyens,
regarde-moi, Ekphrasis mon amour ![1]

C'est une feuille. Les pages 201 et 202 détachées soigneusement d'un livre. Un de ses bords se déchire en tout petits crans de papier arrachés au dos collé. Le rectangle de papier se glace légèrement et mesure environ vingt-huit par vingt et un centimètres. Côté 202, celui que je préfère, deux photographies verticales se superposent. Elles ont presque la même taille, si bien que l'une fait un cadre gris_-_
à l'autre, du plus clair en haut à gauche, jusqu'au noir_-_
en bas à droite, en passant par une infinité de gris_-_
différents. Le noir_-_
n'est pas que teinte mais matière aussi, des grains s'y forment. La petite image montre un espace intérieur réel en pleine lumière. La vue n'est pas frontale mais de biais. La plinthe d'un mur traversant de gauche à droite file dans le tiers supérieur de l'image. Mur bombé irrégulièrement de vert tropico. La peinture colorée coule par endroits, s'arrête net aux trois-quarts en laissant une partie du mur, presque un rectangle blanc visible en haut à gauche, trace du *white cube* d'origine. Au sol crémeux, une feuille épaisse effet miroir s'étale en diagonale, formant un angle aigu avec le mur sans le toucher. S'y reflète sur une grande partie de la surface le tropico_-_-_-_-_-_-_-_-_-_-_-_
du mur, un huitième plus sombre, provenant d'un élément hors-champ et l'effet blanc métallique d'un miroir surexposé. Dans le coin en bas à gauche, le nombre 202 s'appose en blanc.

Les images défilent à un rythme régulier. Le cliquetis de l'appareil à diapositives ponctue le passage des images. Il fait chaud dans l'obscurité de cette tente. Ce n'est d'ailleurs pas vraiment une tente, mais plutôt un assemblage de grands draps noirs recouvrant des châssis. L'ensemble est assez irrégulier, un peu comme une cabane construite hâtivement avec ce qu'on aurait eu sous la main, des éléments récupérés d'un autre projet. Ce doit être des draps de laine ou peut-être de feutre pour que règne cette chaleur. Mais les images me retiennent. Des enlacements de corps, des surfaces de peau souvent nue, des draps défaits, des traînées de maquillage sous des regards hagards. Les images sont projetées sans distance. Je me tiens là, tout près de ces corps, prise dans leur intimité. Le souffle de la ventilation bourdonne doucement dans mon dos. J'ai la sensation étrange d'être au creux d'une membrane chaude, palpitante, qui respire. L'image du visage de Nan Goldin apparaît. Je sors de la tente.

Dans *Weaving Mutation*, la créature arachnide de Rose-Mahé Cabel traverse l'espace. Et c'est comme sortir le fil-ruban de l'histoire de soi, d'entre ses pattes, le partager avec le public. Les mots de mains en mains, je reconnais ceux d'Ursula K. Le Guin : chose d'humain que de mettre une chose que vous voulez dans un sac, parce que cette chose est utile. sur l'autel ou dans le musée, à l'endroit vénéré. je suis un être humain après tout. Pleinement, dans le sac aux étoiles. Noir_-_-_-_
et blanc. Puis, le texte s'enroule sur une navette minimaliste avant de devenir un fil-ruban de trame qui vient remplir un tissage chantant : [image 2]

que j'avais, ou même que je voulais une part de tout ça, tant que l'on expliquait l'origine et le devel
ant être un humain moi aussi, j'ai cherché des preuves que je l'étais. Mais s'il fallait pour cela fabri
particulièrement déficiente comme humain peut-être même pas un humain du tout [...] si
utile, comestible ou belle, de la placer dans un panier, dans de l'écorce ou dans une feuille enroulée
choses que l'on doit faire pour pouvoir continuer à cueillir de l'avoine sauvage et raconter des histoires
depuis notre coin d'avoine sauvage, au milieu du maïs extra-terrestre, que, plutôt que de renoncer à

ne histoire que les gens pourront peut-être poursuivre lorsque l'ancienne se sera achevée. Peut-être.

celle-ci, comme dans toute fiction, il y a assez de place pour garder l'être humain là où il doit être, à
es tritons, et pour la suite, car cette histoire n'est pas terminée. Il y a encore des graines à récolter, et

Éléments de biographie rêvée[2] :

Une leçon d'art transformée pour la création des vieilles peintresses, des chattes et des personnes-araignées. Ou comment on voudrait que s'origine en partie le travail de Jagna Ciuchta.

Montrer mon œuvre, susurra la vieille chouette imperturbable. Oui, oui, elle n'est pas terminée mais me plaît déjà bien. Demain, elle pensera ! Pour cheminer, je regarderai vaguement les petites amatrices de la couleur, je verrai globalement les tableaux de ma grand-mère, cette pauvre chauve-souris ; j'ai, comme cette impuissante peintresse, finalisé mes formes dans un ton foncé avec une pâte raide et maigre, car la lumière n'est qu'un accident, *oublie ça ma grande*. Puis je repartirai sur mon travail, et au moyen de teintes saturées et d'empâtements dont j'augmenterai de plus en plus l'opacité, j'enlèverai les clartés les plus molles et, jusqu'au blanc, les moins évidentes ; car les lumières des extraordinaires peintresses sont d'une autre culture que leurs tons sombres ; ce sont des essences de bois, de l'aluminium, du plastique transparent, c'est tout ce que je voudrais. On sent que si leurs formes restaient immobiles, les places éclairées se saliraient et deviendraient sombres. Chez moi la noirceur se révèle sur la transparence de la lumière la plus infime ! Jaune_-_

fluo et noir_-_ -_-_-_-_-_.
Comme celles qui savent dessiner moyennement parce qu'elles font une surface bâclée pleine de bavures, j'ai marqué grossièrement les bords intérieurs de ma forme et caché jusqu'au plus grand ensemble de la structure. En cela les sculptrices sont comme nous, elles s'éloignent du mensonge. *Ne pleurez pas, vieilles chattes ! Nous tisserons bien nos fils !* Les surfaces sont les moyens par lesquels les êtres-araignées se rendent compte de l'effet de l'obscurité sur les objets ; mais il n'y a pas de surfaces dans la culture où tout est vide : c'est en déformant qu'on dessine, le prélèvement de la nuit prend entre autres l'essence de la pensée ! Aussi ai-je continué les formes secondaires, j'ai accumulé à l'intérieur une quantité de teintes saturées brunes_-_-_-_-_-_-_-_-_-_-_-_-_-_-_ et froides qui fait que l'on saurait vaguement poser le doigt sur la place où l'intérieur se sépare avec les fonds peints. Mais en s'approchant, tout s'amollit, part et s'attache ; la pensée s'immobilise, les lignes deviennent insignifiantes, on ne sent pas la réalité demeurer au-dedans. Pour sûr, il faudrait enfouir plusieurs surfaces, et il vaudrait mieux finir une ligne par le bout en s'attachant ensuite aux échancrures les plus sombres, pour commencer par la totalité la plus claire. C'est ainsi que procède la lune, cette infernale peintresse de l'univers.

[image 3]

Parce que la couleur :

Tu vas voir, le rose_-_ sera moins puissant après, et ça ne tient pas pareil sur tout le monde. Mais même si ça ne tient pas du tout, tu auras l'air super cool, décolorée !

Je regarde Jagna Ciuchta, les mains encore gantées de plastique, parler de la vague rose et violette_-_ qu'elle a peinte à l'arrière, en suivant l'implantation. Ou peut-être de son travail. Est-ce que c'est grave, si ça ne tient pas ?

Chez Jagna Ciuchta, les images ne tiennent pas : ce sont nos reflets qui déperlent à la surface de l'autocollant métallique, c'est l'adhésif qui garantit que les photographies imprimées sur papier glossy soient bien déplaçables, c'est les chaînes qu'elle utilise en renfort mais qui n'emprisonnent rien du tout, c'est la coulure qui échappe à l'adresse du poignet, c'est la clairière d'avant qui déborde dans la clairière d'après, et celle d'après dans celle d'avant, parce que celle d'avant recommence, en fait.

Je voulais faire un dégradé du rose_-_ au violet_-_, mais il n'a pas pris, ça a fait deux bandes, plutôt. J'aurais dû mélanger les deux couleurs avant de les appliquer, pas le faire directement.

Il reste du produit colorant,
Jagna me propose d'être la prochaine à renoncer au brun_-_-_-_-_-_-_-_-_-_-_-_-_-_-_-_-_-_.
Je souris sans répondre, à moins que mon sourire ne soit déjà une réponse, mais une réponse dont j'ignore moi-même l'issue. Il se passe quoi, quand ça ne prend pas ?

Un contrat en blanc couleurs, merci pour vos vibrations, votre sens de la justice, vos couleurs.

Un grand visage constitué d'une centaine de petites feuilles crayonnées fait une bande à côté de three fingers please, qui fait une bande à côté d'un coup de bombe rose_-_-_-_-_-_ transformant une porte en arche, qui fait une bande à côté d'un paravent dont la structure apparente dit sa capacité d'accueil, qui fait une bande à côté d'une spirale sur écran, baignée dans une lumière arc-en-ciel. On ne sait plus bien ce qui a été mis en premier, par-dessus ou par-dessous le reste. Mais quand on regarde de loin, ça frôle le dégradé.

des coulées de peintures drippent sur la surface,
elles s'accumulent dans son reflet
je est une autre
je me réjouis
de ses baisers
elles s'articulent et se recroquevillent
les rectangles fluo n'y voient que du feu
au sol, ils accueillent les formes nouvelles
accolées à leur flanc tel un soutien
de tous les instants
Elles explosent en base de données
des plaques jouent la transparence
l'une dans l'autre la pièce est absorbée
la clair' est œuvre la vie est dedans

Jagna essuie, à l'aide d'un papier absorbant, la goutte de teinture rose_-_-_-_-_-_-_-_-_-_ qui dégouline. Mais le rose_-_ s'est imprégné dans la jointure entre le parquet et le mur de L'Artothèque, et je le retrouve avec plaisir à chaque nouvelle exposition de la programmation. Il faut croire que ça a pris, il faut croire que ça tient.

Séquence principale,
un alignement du même type spectral

Dans le cas de Jagna Ciuchta, je ne crois pas au hasard. Ça n'est pas un hasard si c'est le nom qu'elle avait proposé qui a été tiré au sort un soir de mai pour nommer une étoile. zig vember, lors d'une performance au Sample à Bagnolet, avait évoqué dans son texte le cosmos et acheté une étoile en direct. Elle avait disposé une urne afin que les spectateurixs proposent un nom qui serait tiré au sort et inscrit sur le certificat de propriété. Cette étoile s'appelle désormais Manastabal. Je savais que c'était Jagna Ciuchta qui avait déposé ce papier avec ce nom car elle était à ce moment-là plongée dans *Virgile, non.* Ça n'est pas un hasard, c'est même un signe, parce que les étoiles forment une ligne dans son travail depuis si longtemps, elles filent d'une clairière à l'autre, par des signes presque invisibles parfois, et par l'apparition régulière des *Sun Tunnels* de Nancy Holt.

J'imagine les étoiles étincelantes qui t'accompagnent. Je pense que le besoin de regarder le ciel — la lune et les étoiles — est très basique, et c'est en chacunx de nous.

Atterrissage → La Chaufferie → plateforme-vitrine → vaisseau de présentation → *Déesses fossiles* → ïan Larue → Plexiglas troué → compter les trous → seize, dix-sept, non dix-neuf → Parfois, les étoiles se manifestent par des trous → Draco, Perseus, Columba, Capricorn → reflets de lumière et de peinture → Jaune_-_. [image 4.1]

Retournement

↓

Préambule → grande photo Fujiflex (*Sun Tunnels* + *La Singe* + la tente) + *Le Big Bang* → ïan Larue

↓

→ → → → → → →

↓

Le pli du ventre cosmique, Bétonsalon → petite photo → creux extérieur tente → photo expo + *Sun Tunnels*, le film [image 4.2]

↓

Point de vue *Singe* → Pascal Butto → par-dessus l'épaule [image 4.3]

↓

Une maison de pierre/dans une métropole/utilisant tout type d'éclairage/habitée par ceux qui invitent les autres → La Galerie, Noisy-le-Sec → *L'un dans l'autre* → *Sun Tunnels*, le film

↓

← ← ← ← ← ← ← ← ← ← ← ← ← ←

↓

The House of Dust by Alison Knowles → James Gallery, New York → *The House of Lust* → poème → Coiled inside Sun Tunnels our Spacecraft by the Moon

↓

Décollage que l'étoile noire pour finir te couronne, te donnant de t'asseoir à m/es côtés à l'apogée de la figuration de l'amour lesbien m/a plus inconnue[3].

Des clairières

La clairière est un motif poétique. Elle évoque un espace ouvert, dégagé de l'ombre et de la densité des arbres. La lumière, à travers les feuillages en bordure, crée des zones d'ombre et de jour mobiles qui dansent. Elle génère des petites lueurs, parfois des flashs, s'enrichit et se réajuste constamment. Mais elle sait aussi laisser passer le temps, celui nécessaire aux connexions. La clairière peut symboliser un moment de clarté dans l'esprit des créateurixs, une révélation, une illumination. C'est un espace ouvert et fermé à la fois qui se ressent comme un lieu de libération, de rupture avec les contraintes. Il en émane une atmosphère de beauté, de sérénité et d'échanges intimes de coexistence entre tous les éléments qui la constituent. Il est même arrivé que Jagna Ciuchta réalise une clairière dans la clairière d'une forêt, c'était à Prague, c'était *Sunday Display, Wavy Edges* en 2017, j'aurais voulu à l'orée marcher entre les arbres à ce moment-là...

Les œuvres cohabitent sans me dire qui elles sont. Elles semblent se raconter des histoires entre elles, sans se soucier des spectateurixs. Des fragments de tableaux de la Renaissance sont distillés dans l'accrochage. Photocopiés en noir_-_-_-_-_-_-_-_-_-_-_-_-_-_-_-_-_-_-_ et blanc, ils s'immiscent comme des fantômes. Ils se mêlent, s'emmêlent aux autres images. Des surfaces réfléchissantes dédoublent les œuvres en reflets, les déforment autant qu'elles les enveloppent. L'œil suit ces étendues miroitantes et se laisse glisser. Un lien, ce « entre », ce jeu de surfaces qui absorbent, diffractent, diffusent.

en dehors de nous il y a aussi les autres
leurs corps leurs cœurs leurs formes en mouvement
diluées l'une dans l'autre et pourtant si présentes
à nous-mêmes
les chaînes nous resserrent les sangles nous contiennent
Tu m'as engloutie dans une danse d'images
absorbée par une bâche de chantier
Les fausses fourrures n'y feront rien, je danse !

Parfois, la clairière peut être associée à des rencontres romantiques, à des moments de réunion, d'union. Elle peut être un lieu de rendez-vous secret, un lieu de célébration de toutxs les amours. Dans le cas des clairières de Jagna Ciuchta, elles deviennent des espaces intimes et protégés, ouverts et partageants.

Poly
Poly
Poly
Poly
Poly
Poly
Poly
Poly
Poly
Poly
Poly
Poly

Suspendue à tes lèvres tes mots me font chavirer
Tout au fond du trou de lumière, une percée
Ton corps est un socle pour me présenter

Liaisons possibles, liaisons dangereuses, liaisons queer, liaisons féministes. Rassemblement coloré, teinté de bombes de peintures incandescentes, rassemblement heureux, l'iris explosé par ton rose_-_ fluo, ton jaune_-_, ton violet_-_.
J'en prends plein les yeux, c'est généreux, c'est sauvage, un éclatement.
Jagna Ciuchta aime les secrets, je crois. Accepter une invitation dans une clairière de Jagna Ciuchta, c'est accepter une demande en mariage (elle est poly, faut le savoir). Le contrat est clair : ce sera platonique, intéressé (des deux côtés), réel, coloré. Chaque artiste invitéx se laissera porter, enchanter, guider, marier en blanc couleurs.

Je passe d'un espace
à l'autre
je me glisse dans les interstices
entre le mur et l'affiche
qui se réfléchit à trop penser
entre le toi&moi et le vouvoiement
pour garder une distance entre deux pans

Une œuvre composée de centaines d'autres, générosité du partage, de l'invitation, curiosité des langages, embrasement. Le collectif comme une force vive, un rugissement commun, des peintures à la bombe sur les murs comme les fumigènes roses_-_-_-_-_-_-_-_-_-_-_-_-_-_ et blanc de nos manifestations.

→ prochains SNCF Connect → Autres clairières à la beauté expressive → ailleurs. Des projets comme de réelles projections, des desseins comme des images futures, des œuvres que l'on regarde comme dans des boules de cristal, des artistes comme des oracles et des chèvres, peut-être. Rose_-_. Des peintures partout, noir_-_, la couleur endomètre qui recouvre les parois des clairières pour une période, jaune_-_-_-_-fluo, et qui disparaîtra pour revenir ailleurs. Violet_-_. Quoi de mieux aujourd'hui, que d'habiter les clairières pour fabriquer ensemble des images d'anticipation à l'abri des étoiles ?

Je suis floue, je suis découpée, je suis multiple, je suis reconstituée. En fulgurance.

1 Une partie du paragraphe *Des images par tous les moyens, regarde-moi, Ekphrasis mon amour !* a été écrite pendant l'atelier d'écriture *Écrire avec des moufles* organisé par Elena Lespes Muñoz à Bétonsalon, c'est une description d'une œuvre de Jagna Ciuchta.

2 Une partie du paragraphe *Éléments de biographie rêvée* a été écrite pendant l'atelier d'écriture *How to SupPRESS University Writing* organisé par Émilie Notéris, c'est une réécriture d'un fragment de la tirade de Frenhofer dans *Le Chef-d'œuvre inconnu* d'Honoré de Balzac (1831).

3 La dernière phrase de *Séquence principale, un alignement du même type spectral* est tirée du *Corps lesbien* de Monique Wittig (1973).

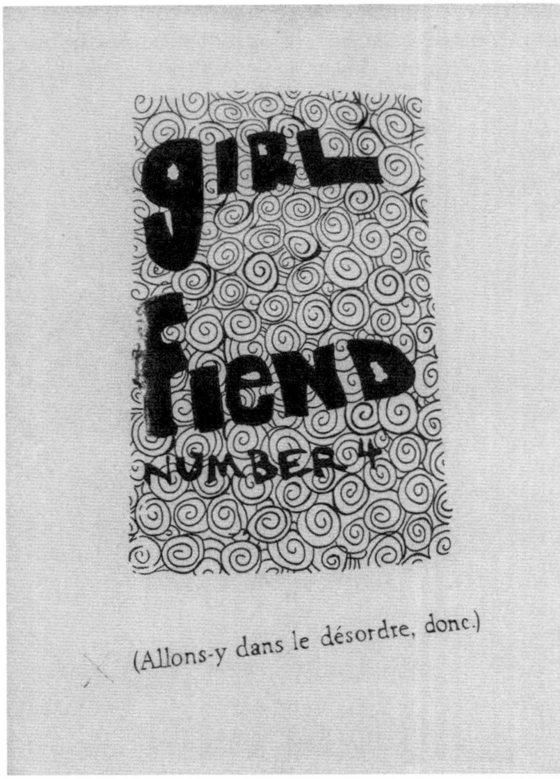

[1] Stéphanie Garzanti & Jagna Ciuchta, × *(Allons-y dans le désordre, donc.)*, 2023. C'est un dessin collaboratif réalisé à l'occasion de #wittig2023, à partir d'éléments proposés par Jagna Ciuchta : la reproduction de la couverture d'un fanzine créé par Cookie Tuff en 1992, associée à une citation extraite de *Virgile, non*, choisie et marquée par Jagna d'une croix au crayon de papier dans la marge de la page 20 du livre de Monique Wittig.

[1] Stéphanie Garzanti & Jagna Ciuchta, × *(Allons-y dans le désordre, donc.)* [And so, in no particular order.], 2023. This is a collaborative drawing made on the occasion of #wittig2023, from elements proposed by Jagna Ciuchta: a reproduction of the cover of a zine by Cookie Tuff in 1992, associated with a quote from *Virgile, non [Virgil, No]*, chosen and marked with a cross in lead pencil by Jagna in the margin of page 20 of Wittig's book.

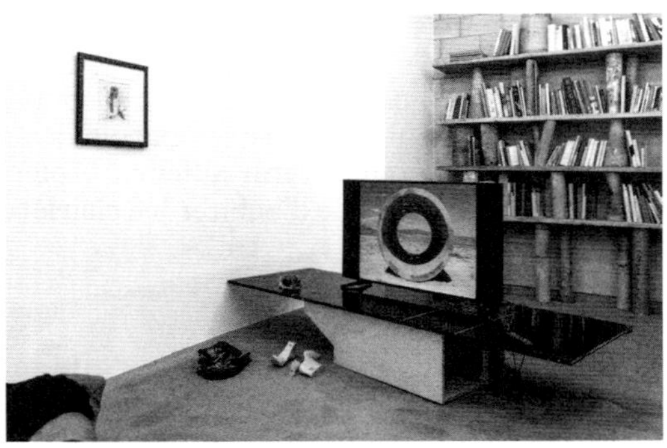

[4.2] Le film *Sun Tunnels* (1978) de Nancy Holt a été présenté dans les expositions *L'un dans l'autre* à La Galerie, Noisy-le-Sec en 2017, et ici dans *Le pli du ventre cosmique* à Bétonsalon en 2021, entouré des œuvres de Dorothea Tanning, Marta Huba et Romain Grateau.

[4.2] Nancy Holt's film *Sun Tunnels* (1978) was presented in the exhibitions *L'un dans l'autre* [One Within the Other] at La Galerie, Noisy-le-Sec in 2017, and here in *Le pli du ventre cosmique* [The Fold of the Cosmic Belly] at Bétonsalon in 2021, surrounded by works by Dorothea Tanning, Marta Huba and Romain Grateau.

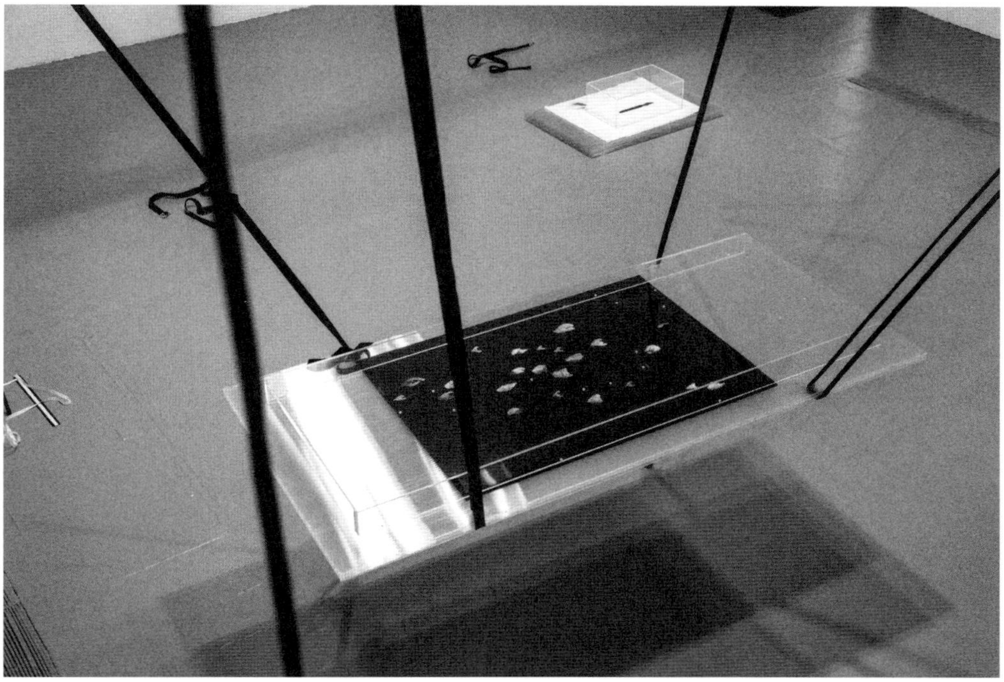

[4.1] Sur la surface en Plexiglas de la vitrine contenant les *Déesses fossiles*, 2016 — 23 sculptures en cire de bijouterie et technique mixte de ïan Larue — se trouvent 18 trous. Ils correspondent aux 18 sculptures en céramique d'Arnaud Cousin, *Sans titre*, non datées, qui y étaient fixées lors de l'exposition *Le pli du ventre cosmique* à Bétonsalon en 2021. Au second plan de cette photographie, *La Dague (Iris)*, 2020 de Rose-Mahé Cabel.

[4.1] 18 holes can be seen on the Plexiglas surface of the display case containing *Déesses fossiles* [Fossil Goddesses], 2016—23 sculptures in jewellery wax and mixed media by ïan Larue. They were made to attach the 18 ceramic sculptures by Arnaud Cousin, *Sans titre* [Untitled], undated, for the exhibition *Le pli du ventre cosmique* [The Fold of the Cosmic Belly] at Bétonsalon in 2021. *La Dague (Iris)* [Dagger (Iris)], 2020 by Rose-Mahé Cabel can be found in the background of this photograph.

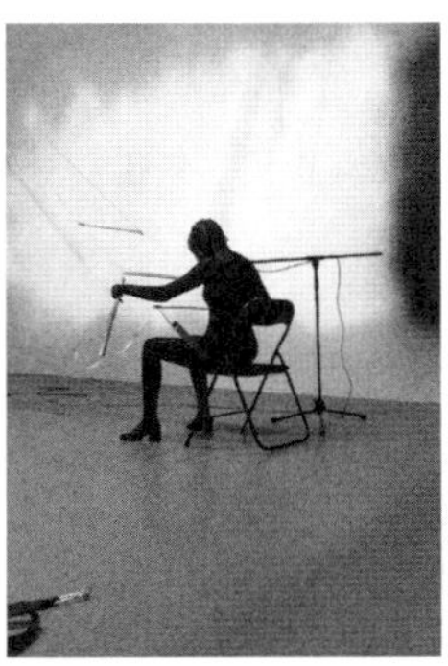

[2]

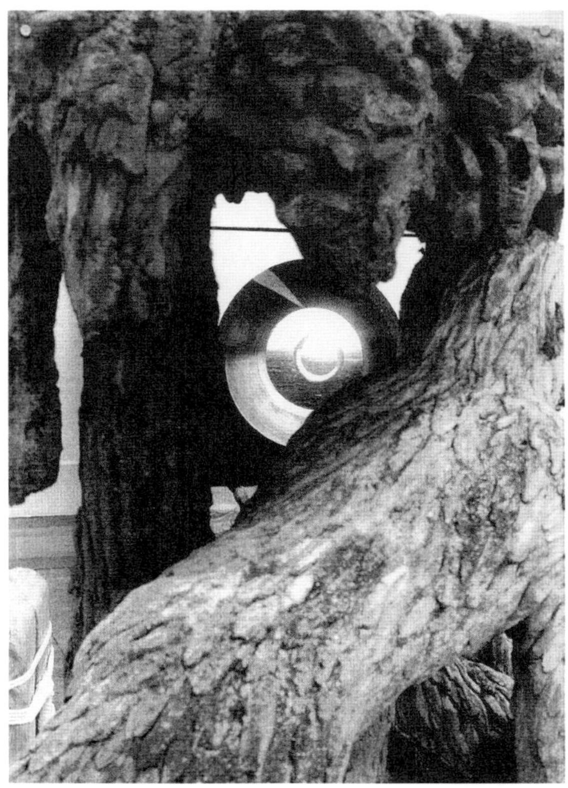

[4.3] Photocopie représentant une vue du film *Sun Tunnels* (1978) de Nancy Holt par-dessus l'épaule du *Singe* (2005) en rocaille de Pascal Butto dans l'exposition *L'un dans l'autre*, 2017 à La Galerie, Noisy-le-Sec.

[4.3] Photocopy showing a view of Nancy Holt's film *Sun Tunnels* (1978) over the shoulder of Pascal Butto's rockwork *Monkey* (2005) in the exhibition *L'un dans l'autre* [One Within the Other], 2017 at La Galerie, Noisy-le-Sec.

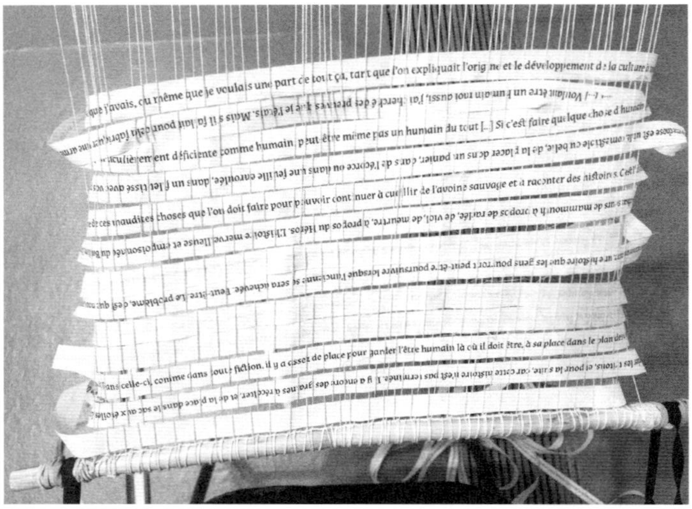

[2] Deuxième volet de la performance *Weaving Mutation* de Rose-Mahé Cabel dans la clairière *Toutxs à la fois mutantxs et multiples* de Jagna Ciuchta à La Chaufferie, galerie de la Hear à Strasbourg le 17 juin 2023. Un montage à partir du texte *Le fourre-tout de la fiction, une hypothèse* d'Ursula K. Le Guin est déroulé, lu, enroulé et tissé dans un moment de lecture collective et de chant.

[2] Second part of the performance *Weaving Mutation* by Rose-Mahé Cabel in the clearing *Toutxs à la fois mutantxs et multiples* [All Simultaneously Mutants and Multiples] by Jagna Ciuchta at La Chaufferie, Hear Strasbourg's gallery, June 17, 2023. A montage from the text *The Carrier Bag Theory of Fiction* by Ursula K. Le Guin is unrolled, read, rolled and woven in a moment of collective reading and singing.

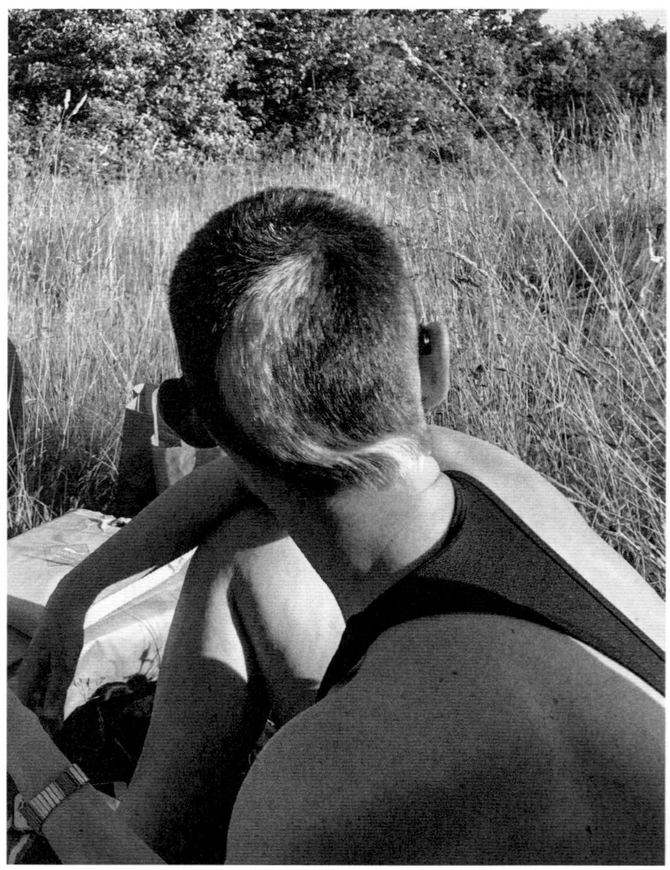

[3] Teinture réalisée par Jagna Ciuchta le 31 mai 2023.

[3] Hair dye by Jagna Ciuchta, May 2023.

Stéphanie Garzanti

"They so desperately wanted to do the right thing that it made them freeze, even when they wanted to be fluid, generous, and gentle toward the others and to give back as much as they had received from them."

Anonymous author, 22nd century

A long time ago, for a few years, I vacillated between wanting to be an artist or a curator. I first went to art school and then trained as a curator. In the end, I never had to choose because nothing worked out as I had planned. Today, I draw and write. Seven years ago, when I discovered the work of Jagna Ciuchta, first through images on social media, it reactivated these old memories, my attraction to art *AND* exhibitions. Her work seemed to be an absolute fantasy: complex, conceptual and decorative all at once, seemingly operating outside of the gender binary, ostensibly blending practices with a great deal of freedom. While the figure of the curator-artist reached its zenith at the beginning of the 2000s, over the past decade or so Jagna Ciuchta has gently reversed this by gradually honing her practice not only as an artist-curator who evolves through her collaborations, but beyond that, a more blurred and muddled position in which she circulates the roles of not only the people she works with (curators, artists, technicians, art-audiences...), but also the venues (art centres, schools, galleries, publishing spaces...), and traditional art forms (exhibitions, residencies, display strategies...). The clearing becomes her medium. Through it, she explores each potential aspect of the elements that constitute an art practice, but also makes it an unstable space that transforms itself over its duration and the events that take place within it.

I saw images of her projects online and in her portfolio; I visited many of her clearings:

DARLINGTONIA, LA PLANTE COBRA [DARLINGTONIA, THE COBRA PLANT] at Galerie Édouard-Manet/École municipale des beaux-arts in Gennevilliers, in 2019. HOUSE OF GOATS at Lafayette Anticipations in Paris, in 2020. LE PLI DU VENTRE COSMIQUE [THE FOLD OF THE COSMIC BELLY] at Bétonsalon–centre d'art et de recherche, in Paris, in 2021. PRÉMONITION [PREMONITION] at L'Artothèque, Espaces d'art contemporain in Caen, in 2022. PLEINE LUNE EN POISSONS [FULL MOON IN PISCES] at Capucins, centre d'art contemporain in Embrun, in 2022. TOUTXS À LA FOIS MUTANTXS ET MULTIPLES [ALL SIMULTANEOUSLY MUTANTS AND MULTIPLES] at La Chaufferie in Strasbourg, in 2023.

I've had other, more personal encounters with her work:

I own one of her works in the form of a page from her portfolio. She asked me to stand in for her at Nuit Blanche during *Zizanies, la veillée polyphonique* [Zizanies, a Polyphonic Vigil] by Clara Schulmann, on the occasion of her clearing at Bétonsalon. She integrated my drawings and invited me to read my texts in her clearing titled PRÉMONITION. I invited her to collaborate on the creation of a drawing.

Her work incorporates multiple fields of thought. It is so abundant, so complete that I would like to discuss everything about it without having to choose any one of its different aspects. I could write about her fondness for painting the walls of her clearings, from applying it with a roller in *Eat the Blue*, to her more recent smeared paint sprays, drips and expressive mark-making in *The House of Lust*. I could write about the importance of tarps, which normally protect but now present. I could write about the paintings she chooses to hang in her clearings, by famous or anonymous painters, unframed paintings, paintings hung on top of stretchers, canvases taken off their stretchers, stretchers used for some other purpose. I could write about the sculptural dimension of the structures she builds, object-supports, standing and collapsed bookcases, partition-screens, bases made out of strapped together bags of clay, cinder blocks, or logs, pedestal-like blocks, straw bales that build, straps that draw, piles of fake fur, *so, should I pull out the furs?*, the use of furniture, plates, hooks, tape, foam. I could write about the essential role of photography in her practice, documentary photography, art photography, clearing views, writing about Jagna Ciuchta's photography takes a lot of time, *give me twenty minutes, I have four photos to shoot*, which becomes five hundred and fifty-five shots in twice that amount of time. I could write about her approach to installation and display, on her ability to reveal discursive links between the works, for the works to add nuance to each other, to imagine spaces of intelligent beauty through and with them. I could write about the gaps that create viewpoints. About the videos on screens, on monitors, of films that make us go to cinemas outside of the city. About the light, white neon like lasers, and all of her colored lighting that tints the works. I could write about what is revealed by the "work in progress" aspect of her projects, the eternally incomplete, the *Bonnard Syndrome*. About the *mises en abyme*, of works that emerge from one clearing to the next. I could write about her ability to destroy hierarchies in every field, on how, from the inside, she appropriates the Institution by transforming its usual rules and forcing it to welcome those it generally excludes.

But I don't want to choose, because Jagna Ciuchta doesn't choose, she works with *everything at once*. To speak separately of the elements that comprise her works would mean dismantling a practice that is actually built on creating unity, a coherent whole. And so the only way forward is to also try to write about *everything at once*. All at once and with others, with companion processes and people: quotes, descriptions, rewritings, artificial intelligence, cut-ups, weaving, sagittal drawings and real individuals whom I invite to write with me, for this very essay on the work of Jagna Ciuchta. In the end, it's a question of desires, wants, of relationships with others, each and every other. And since we're talking about social circles, of emotional relationships, I want to use Jagna Ciuchta's expanded *I*, the *I* that is not only me, the *I we*, the *Iwe*. An *I* that wants to think collectively. An *I* that will by circlusion envelop other *I*s to invent a collective *I*. After this preamble which, by using my usual *I* tries to clearly locate my position, let's leave room for the augmented I that will incarnate itself in other entities, will absorb other people to move through Jagna Ciuchta's work, through an essay that outlines itself as an introduction to her work, introspection, meditation, that will hopefully lead others to go see her clearings in order to come up with their own images, ones that will create community in all of our future memories.

Being Oneself, and a Bit of Others. Jagna Ciuchta:

The Appearance of a Collective Romanticism

Text by Stéphanie Garzanti, with Louise Aleksiejew, Elsa Aloisio, Honoré de Balzac, Cécile Bicler, Caroline Boucherit, Chat GPT, *Jagna Ciuchta*, Nathanaëlle Guetté, Nancy Holt, Ursula K. LeGuin, and Monique Wittig.

[image1] × (And so, in no particular order...)

It all started with the train

That's the way it is—to see Jagna Ciuchta's work I took the train. The last time, we had to contend with several cancellations, but we managed to meet in Strasbourg. Slightly off schedule, but together; not everyone, but a group.

Yellow_—_.

The light blinds me a bit. The room, a large volume of windows and concrete, is punctuated by various elements: glued drawings, photos under glass, small sculptures on a low table, screens, cords that hang or run across the floor. And most of all, this large expanse of yellow wall. Neon yellow_—_—_—_—_—_—_—_—_—_—_—_ —_—_—_—_—_—_—_—_—_—_—_, completely phosphorescent in daylight.

Images by any means,
look at me, Ekphrasis my love![1]

It's a sheet of paper. Pages 201 and 202 carefully removed from a book. One of its sides has tiny jagged edges from having been torn from its glued spine. The rectangular piece of paper is slightly coated and measures approximately twenty-eight by twenty-one centimeters. On the 202 side, my favorite, two vertical photos are superimposed. They are almost the same size, but one creates a grey_—_ frame for the other, from lightest on the top left, to black_—_—_—_—_—_—_—_—_—_—_—_—_—_—_ on the lower right and through countless greys_—_—_—_—_—_—_—_—_—_—_—_—_—_—_—_—_ in between. The black_—_ isn't just a tint, but matter as well, there is grain forming within it. The small image shows a real interior light-filled space. It's shot on an angle rather than a frontal view. The baseboard of a wall that spans from left to right occupies the upper third of the image. The wall is spray-painted irregularly in a tropical green_—_. The colored paint runs down in some areas, stops suddenly three quarters of the way, leaving part of the wall, almost a white rectangle, visible on the top left, a remnant of the original white cube. On the cream-colored floor, a thick sheet of reflective paper lies diagonally to form an acute angle with the wall, without touching it. It reflects a large part of the green_—_—_—_ colored wall, one-eighth darker due to something out of frame and the white metallic effect of an overexposed mirror. In the lower left corner, the number202 appears in white.

Images scroll past at a regular rhythm. The clicking of the slide projector punctuates the passing images. It's warm in this dark tent. It's actually not really a tent but rather a bunch of large black sheets draped over wooden stretcher frames. The whole thing is a bit haphazard, like a hastily built shelter made from whatever is lying around, things salvaged from another project. They must be wool or felt blankets for it to be so warm in here. But the images are compelling. Interlaced bodies, the surface of often naked skin, rumpled bedsheets, smeared makeup under crazed eyes. The images are projected at close range. I stand there, close to these bodies, trapped in their intimacy. The blowing fan hums softly at my back. I have the strange feeling of being inside the cavity of a warm, pulsing, breathing membrane. The image of Nan Goldin's face appears. I leave the tent.

In *Weaving Mutation*, Rose-Mahé Cabel's arachnid creature moves across the room. And it's like removing the ribbon thread of one's history from between its legs, and sharing it with the public. The words that are passed from hand to hand I recognize as Ursula K. Le Guin's: it's human to put something you want in a bag, because it's useful. on the altar or in a museum, in a venerated spot. I'm a human being, after all. Fully, in the bag of stars. Black_—_—_—_ and white. Then, the text is wound around a minimalist shuttle before becoming the weft ribbon thread that fills the singing weaving: [image2]

felt grounded before. So long as culture was explained as originating from and elaborating upon t
rusting, killing. Wanting to be human too, I sought for evidence that I was; but if that's what it took, to mak
ill with it, then evidently I was either extremely defective as a human being, or not human at all [...] if
seful, edible, or beautiful, into a bag or a basket, or a bit of rolled bark or lea , or a net woven of your own
se damned things you have to do in order to be able to go on gathering wild oats and telling stories
ries at all, some of us out here in the wild oats, amid the alien corn, think we'd better start telling ano

start telling another one, which maybe people can go one with when the old one's finished. Maybe.

In it, as in all fiction, there is room enough to keep even Man where he belongs, in his place in the sch
sten to Ool's joke, and watch newts, and still the story isn't over. Still there are seeds to be gathered, and

Dreamed biographical elements:[2]

An art lesson transformed by the creation of old paintresses, female cats, and spider-people. Or how we would like Jagna Ciuchta's work to originate, at least in part.

Showing my work, whispered the old unflappable owl. Yes, yes, it's not done yet but I ike it already. Tomorrow, it will think! To begin, I will vaguely look at the little women color hobbyists. I will globally see my grandmother's paintings, this poor bat; I have, like this powerless female painter, finished my forms in a dark tone with a thin, stiff paint, because the lighting is accidental, *forget about it, my dear*. And I'll start again on my work, and using saturated tints and impastos that I will make more and more opaque, I'll take away the softest light right down to the white; because the lights of extraordinary paintresses are of another culture entirely than their dark tones; they are essences of wood, aluminum, clear plastic, that's all that I would want. We sense that if their shapes remained still, the lit areas would get dirty and become dark. In my work, darkness is revealed against the transparency of an infinitesimal amount of light! Neon yellow_—_—_—_—_—_—_—_—_ and black_—_ Like those who can sort of draw because they make a botched surface full of drips, I crudely marked up the interior edges of my form and for the most part masked the structure. In that way, sculptresses are like us, they steer clear of lies. *Don't cry old pussies! We'll weave our threads right!* Surfaces are the means by which spider-beings realize the effect of darkness on objects; but there are no surfaces in a culture where everything is hollow: we draw by deforming, the sampling of night takes on the essence of thought, among other things! So I continued with secondary forms accumulating within it a quantity of saturated brown_—_—_—_—_—_—_—_—_—_—_—_—_—_ and cool tones in such a way that we would vaguely know to point our finger at where the interior separates itself from the painted backgrounds. But upon closer inspection, everything softens, leaves and attaches itself; thoughts immobilize themselves, lines become insignificant, reality doesn't seem to live there. We'll certainly have to bury many surfaces, and better to finish a line at the end of it by fastening ourselves to the darkest notch, to first start by the clearest totality. This is how the moon operates, that infernal paintress of the universe.

[image3]

Because color:

You'll see, pink_—_ won't be as powerful after that, and it doesn't hold the same on everyone. But even if it doesn't hold, you'll have a really cool discolored look!

I watch Jagna Ciuchta, still wearing her latex gloves, talking about the pink_—_—_—_—_ and purple_—_ wave she's dying at the back of my head in the shape of my hair's growth pattern. Or maybe about her work. Is it bad if it doesn't hold?

With Jagna Ciuchta, images don't hold up: we see this in our reflections that hover on the surface of the metallic, adhesive vinyl; it's in the adhesive that ensures that the photographs printed on glossy paper are movable; it's in the chains she uses as reinforcements, but which don't imprison anything; it's in the trickle that escapes from the dextrous wrist; it's in the previous clearing that overflows into the next one, and the next one into the previous one, because the previous one begins again, in fact.

I wanted to make a fade from pink_—_—_—_—_—_—_—_—_—_—_—_—_—_—_—_—_—_—_—_ to purple_—_ but it didn't hold, it made two bands instead. I should have mixed the two colors before applying them instead of applying it directly.

There's some dye left, Jagna thinks I should get rid of the brown_—_—_—_—_—_—_—_. I smile without answering, unless my smile is already an answer, but an answer with an unknown outcome. What happens when it doesn't hold?

A contract in white colors, thank you for your vibrations, your sense of justice, your colors.

A large face made up of hundreds of small crayon-colored sheets forms a band next to three fingers please, which forms a band next to a blast of pink_—_—_—_—_—_—_—_—_—_—_ spray paint transforming a door into an archway, which forms a band next to a folding screen whose visible structure reveals its ability to include other works, which forms a band next to a spiral on a screen, bathed in a rainbow colored light. We can no longer tell what was laid down first, over or underneath the rest. But when we look at it from a distance, it verges on a gradation.

Trickles of paint drip onto the surface
They accumulate in her reflection
I is an other
I am overjoyed
By her kisses
They join and curl up
The neon rectangles don't notice a thing
On the ground, they welcome new forms
Appended to their flanks like a
constant support
They explode into databases
Plates play with transparency
One within the other the room is absorbed
The clear' is work; life is within

Using a paper towel, Jagna wipes the drop of pink paint_—_—_—_—_—_—_—_—_—_—_ that drips. But the pink_—_—_—_—_—_—_—_—_—_—_—_—_—_—_—_—_—_—_—_ has dripped between the parquet and wall of the Artothèque, and I happily look for it in every new show of their programming. I guess it worked, I guess it still holds.

Main Sequence,
an Alignment of the Same Spectral Type

In Jagna Ciuchta's case, I don't believe in chance. It isn't chance if the name that was chosen to name a star one night in May is the one that she had proposed. zig vember, during a performance at Sample in Bagnolet, had evoked the cosmos in her text and had purchased a star live. Viewers were invited to make suggestions for a name that would later be drawn from an urn and written on the owner's certificate. This star is now called Manastabal. I knew that it was Jagna Ciuchta who'd dropped the piece of paper with that name into the urn because at the time, she was deep into *Virgile, non* [Virgil, No]. It's no coincidence, it's a sign, even, because stars have formed a line in her work for so long, they run from one clearing to the next, through signs that are almost invisible sometimes and through the regular appearance of *Sun Tunnels* by Nancy Holt.

I think of the twinkling stars that are with you. I think that the need to look at the sky—the moon and the stars—is very basic, and it's in all of us.

Landing → La Chaufferie → platform-display case → presentation vessel → *Déesses fossiles* [Fossil Goddesses] → ïan Larue → perforated Plexiglas → counting the perforations → sixteen, seventeen, no nineteen → Sometimes, the stars manifest as holes → Draco, Perseus, Columba, Capricorn → reflected light and paint → Yellow_—_. [image4.1]
Reversal
↓
Preamble → large Fujiflex photo (*Sun Tunnels* + *the She-Monkey* + the tent) + *The Big Bang* → ïan Larue
↓
→ → → → → → →
↓
Le pli du ventre cosmique, Bétonsalon → small photo → hollow exterior tent → exhibition photo + *Sun Tunnels*, the film [image4.2]
↓
Monkey point of view → Pascal Butto → over the shoulder [image4.3]
↓
A House of Stone/In a Metropolis/Using All Available Light/Inhabited by Those Who Invite Others → La Galerie, Noisy-le-Sec → *L'un dans l'autre* [One Within the Other] → *Sun Tunnels*, the film
↓
← ← ← ← ← ← ← ← ← ←
↓
The House of Dust by Alison Knowles → James Gallery, New York → *The House of Lust* → poem → Coiled inside Sun Tunnels our Spacecraft by the Moon
↓
Liftoff May the black star finally crown you, giving you a seat in m/y cities at the height of lesbian love's figuration m/y most unknown.[3]

Clearings

The clearing is a poetic motif. It evokes an open space, free from shadows and the density of trees. Light, through leaves at its edges, creates moving areas of shade and light that dance. It generates subtle glimmers, sometimes flashes, it expands and readjusts itself constantly. But it also knows how to let the time pass by, the time required for connections. The clearing can symbolize a moment of clarity in the mind of its creators, a revelation, an illumination. It's both an open and closed space that feels like a space of liberation, a break from constraints. It exudes an atmosphere of beauty, serenity and intimate exchange of what coexists between all of its elements. Jagna Ciuchta even made a clearing within a clearing in the forest in Prague called *Sunday Display, Wavy Edges* in 2017. I would have liked to walk between the trees along its edges at that moment...

The works cohabit without telling me who they are. They seem to tell each other stories, without worrying about the viewers. Fragments of Renaissance paintings are spread throughout the exhibit. Photocopied in black_—_—_—_—_—_—_—_—_—_—_—_—_—_—_—_—_—_—_ and white, they weave their way in like ghosts. They blend in and tangle with the other images. Reflective surfaces mirror the works, deforming them as much as they envelop them. The eye follows these mirroring expanses and allows itself to glide. A link, this "between," this game of surfaces that absorbs, diffracts, diffuses.

Outside of us there are also others
Their bodies their hearts their moving forms
Diluted one in the other and yet so present
To ourselves
Chains bind us straps contain us
You engulfed me in a dance of images
Absorbed by a construction tarp
The fake furs won't do anything, I dance!

Sometimes the clearing is associated with romantic encounters, to moments of reunion and union. It can be a secret rendezvous spot, a place for celebrating all kinds of love. In the case of Jagna Ciuchta's clearings, they become intimate, protected, open, and sharing spaces.

Poly
Poly
Poly
Poly
Poly
Poly
Poly
Poly
Poly
Poly
Poly
Poly

Hanging from your lips your words knock me over
At the very bottom of the light hole, a breakthrough
Your body is a pedestal on which I present myself
Possible relationships, dangerous relationships, queer relationships, feminist relationships.
Colored gatherings, tinged with incandescent spray paint cans,
happy gatherings, your neon rose_—_—_—_—_—_—_—_—_—_—_—_—_—_—_—_—_
makes the iris explode, your yellow_—_—_—_—_—_—_—_—_—_—_—_—_—_—_—_,
your purple_—_.
I take it all in, it's generous, it's wild, it's a blowout.
Jagna Ciuchta likes secrets, I think. To accept an invitation into one of Jagna Ciuchta's clearings is to accept a marriage proposal (you know she's poly). The contract is clear: it will be platonic, interested (on both sides), real, colorful. Each invited artist will let themselves be carried, enchanted, guided, married in white colors.
I go from one space
To another
I slide in the interstices
Between the wall and the poster
That sees itself when it overthinks
Between the you&me and the formal you
To maintain a distance between two parts
A work composed of hundreds of others, the generosity of sharing, of invitation, curiosity of languages, unrest. The collective as a living force, a common roar, spray painting on walls like the pink_—_
and white smoke grenades of our protests.

→ next SNCF Connect → Other clearings of expressive beauty → elsewhere. Projects as real projections, intentions as future images, works we look at as if in a crystal ball, artists as oracles and goats, perhaps. Rose_—_. Paintings everywhere, black_—_—_—_—_—_—_—_—_—_—_—_—_—_—_—_—_—_—_—_, color as endometrium that temporarily covers the walls of the clearings, neon yellow _—_—_—_—_, and that will disappear only to come back elsewhere. Purple_—_—_—_—_—_—_—_—_—_—_—_. What better today than to inhabit these clearings to collectively make images of anticipation under the stars? I'm blurred, I'm cut up, I'm multiplied, I'm rebuilt. Blazingly.

1 Part of the paragraph *Images by any means, look at me, Ekphrasis my love!* was written during the writing workshop *Écrire avec les moufles* [Writing with Mittens] organized by Elena Lespes Muñoz at Bétonsalon. It is a description of a work by Jagna Ciuchta.
2 Part of the paragraph *Dreamed biographical elements* was written during the writing workshop *How to SupPRESS University Writing* organized by Émilie Notéris. It is a re-writing of a fragment of Frenhofer's tirade in *The Unknown Masterpiece* by Honoré de Balzac (1831).
3 The last sentence from "Main Sequence, an Alignment of the Same Spectral Type" is from *The Lesbian Body* by Monique Wittig (1973).

Le pli du ventre cosmique
2021

Une exposition en deux volets.

1
image/imatge, centre d'art, Orthez, 2021. Commissariat : Cécile Archambeaud.

Avec les œuvres d'Aïcha et Sheila Atala, Chloé Dugit-Gros, Karima El Karmoudi, Allal El Karmoudi, Fadma El Karmoudi, Nan Goldin, Marta Huba, Suzanne Husky, Janka Patocka, Martha Salimbeni, Alina Szapocznikow, et la performance d'Eden Tinto Collins (avec Nicolas Worms).

Installation utilisant : Plexiglas noir, bande adhésive aluminium, peinture murale, châssis de peinture en aluminium, tissus noir et blanc, surfaces miroitantes, foulard, peaux de bêtes synthétiques, bâche plastique peinte, éclairage LED, photographies dont photographies peintes, photocopies.

2
Bétonsalon – centre d'art et de recherche, Paris, 2021. Commissariat : Émilie Renard.

Avec les œuvres d'Aïcha et Sheila Atala, Miriam Cahn*, Patty Chang*, Arnaud Cousin, Chloé Dugit-Gros, Allal El Karmoudi, Fadma El Karmoudi, Karima El Karmoudi, Nan Goldin, Nancy Holt, Marta Huba, Suzanne Husky, Graciela Iturbide*, Janka Patocka, Samir Ramdani, Martha Salimbeni, Alina Szapocznikow, Dorothea Tanning*, T. Venkanna*, et la performance d'Eden Tinto Collins (avec Nicolas Worms, Nicolas Vair et Céline Shen).

Installation utilisant : Plexiglas noir et transparent, bande adhésive aluminium, peinture murale, châssis de peinture en aluminium, bancs et tables en contreplaqué et bois laqué, tissus noir et blanc, surfaces miroitantes, peaux de bêtes synthétiques, éclairage LED, photocopies.

Dans cette exposition, comme dans d'autres qui l'ont précédée, Jagna Ciuchta a tissé son travail autour de celui d'autres artistes, proches ou inconnuxs qu'elle aurait aimé connaître. Ces liens étaient fondés sur des relations de confiance et de respect depuis lesquelles les frontières de l'œuvre se sont floutées et des processus de cocréation se sont inventés. Associant le ventre à un lieu de désirs, de digestion, d'énergies, de sexualité, de reproduction et d'intelligence, elle en a fait la matrice d'une exposition collective qui s'est déployée en des formes enchevêtrées. Les deux volets de cette exposition font l'objet d'une description et d'une analyse détaillée dans le texte de Maud Jacquin qui leur est consacré (voir le texte *« Découvertes masticatoires » : incorporer l'exposition* de Maud Jacquin, p. 169).

The Fold of The Cosmic Belly
2021

A two-part exhibition.

1
image/imatge, centre d'art, Orthez, 2021. Curated by Cécile Archambeaud.

With works by Aïcha and Sheila Atala, Chloé Dugit-Gros, Karima El Karmoudi, Allal El Karmoudi, Fadma El Karmoudi, Nan Goldin, Marta Huba, Suzanne Husky, Janka Patocka, Martha Salimbeni, Alina Szapocznikow, and a performance by Eden Tinto Collins (with Nicolas Worms).

Installation using: Black Plexiglas, aluminum adhesive tape, wall paint, aluminum frames, black and white fabric, mirrored surfaces, scarf, synthetic animal skins, painted protective drop cloth, LED lighting, photographs and painted photographs, photocopies.

2
Bétonsalon – centre d'art et de recherche, Paris, 2021
Curated by Émilie Renard.

With works by Aïcha and Sheila Atala, Miriam Cahn*, Patty Chang*, Arnaud Cousin, Chloé Dugit-Gros, Allal El Karmoudi, Fadma El Karmoudi Karima El Karmoudi, Nan Goldin, Nancy Holt, Marta Huba, Suzanne Husky, Graciela Iturbide*, Janka Patocka, Samir Ramdani, Martha Salimbeni, Alina Szapocznikow, Dorothea Tanning*, T. Venkanna*, and performance by Eden Tinto Collins (with Nicolas Worms, Nicolas Vair and Céline Shen).

Installation using: black and transparent Plexiglas, aluminum adhesive tape, wall paint, aluminum frames, plywood and lacquered wood benches and tables, black and white fabric, mirrored surfaces, synthetic animal skins, LED lighting, photocopies.

In this exhibition, as in others that preceded it, Ciuchta wove her work around that of other artists, both close and unknown (but whom she would like to know). The links she established were founded on relationships of trust and respect, from which the boundaries of the work blurred and processes of co-creation were invented. Associating the belly with a place of desire, digestion, energy, sexuality, reproduction and intelligence, she made it the matrix of a collective exhibition that unfolded in tangled forms. The two parts of this exhibition are described and analyzed in detail in Maud Jacquin's text (see *"Masticatory Discoveries": Ingesting the Exhibition* by Maud Jacquin, p.175).

* Pour cette exposition, Jagna Ciuchta a collaboré avec le collectionneur Antoine de Galbert, à qui elle a emprunté plusieurs œuvres ; les noms de leurs auteurixs sont accompagnés d'un astérisque.

* For this exhibition, Jagna Ciuchta collaborated with collector Antoine de Galbert and borrowed several works from his collection; the names of their authors are indicated with an asterisk.

P. 200 Aïcha Atala (cinq ans), *I'm in Space*, 2020, couverture de *Tempête solaire*, le reader de l'exposition du *Pli du ventre cosmique* à image/imatge, centre d'art, Orthez, 2021, conception graphique Martha Salimbeni.

P. 201 204 –205 208 Jagna Ciuchta, *Le pli du ventre cosmique*, 2021, vue d'installation à image/imatge centre d'art, Orthez, avec l'œuvre (et son reflet dans les surfaces miroitantes) d'Alina Szapocznikow, *Fotorzeźby* [Photosculptures], 1971-2007, détail, vingt épreuves gélatino-argentiques originales et un collage avec texte sur papier, prises de vue Roman Cieslewicz, 1971-2007, courtesy The Estate of Alina Szapocznikow/Piotr Stanisławski/Galerie Loevenbruck, Paris, France.

P. 202 Vue d'installation avec l'œuvre d'Allal El Karmoudi, *Le chat a vu Moca et lui dit de faire attention au serpent*, 2018, dessin au stylo-bille.

P. 203 Jagna Ciuchta et Janka Patocka, *Le pli du ventre cosmique (Introduction)*, 2021 ; avec Janka Patocka, *Sans titre*, 2020-2021, série de papiers découpés, et Janka Patocka *Sans titre (autoportrait)*, 2020, collage ; Jagna Ciuchta, *Suzanne (Artichaut)*, avec le jardin de Suzanne Husky, 2020 et Jagna Ciuchta, *Suzanne (Choux)*, avec le jardin de Suzanne Husky, 2021, photographies ; Plexiglas noir, photocopies, papier miroir, bandes adhésives, peinture acrylique.

P. 206 Vue d'installation avec Marta Huba, *Stoned Belly, the Eggs*, 2021, vêtements, racines-ventouses, chaînes, éléments d'accrochage, sangle de poids lourd, seringue d'injection sous-cutanée (antagoniste des gonadotrophines), boîte plastique, aiguilles, œufs de yoni (quartz cristal, quartz rose, rhodonite), bas nylon ; Chloé Dugit-Gros, *BAD IDEAS*, 2018-2020, plâtre.

P. 207 Jagna Ciuchta, *Suzanne (Prêle)*, avec le jardin de Suzanne Husky, 2021, photographie, peinture acrylique.

P. 209 Vue d'installation à image/imatge, centre d'art, Orthez.

P. 210 –211 Vue d'installation à Bétonsalon-centre d'art et de recherche, Paris, avec les œuvres de Chloé Dugit-Gros, *BAD IDEAS*, 2018-2020, plâtre ; Graciela Iturbide, *Rosa, Juchitán, México* (série *Juchitán de las mujeres*), 1979, tirage argentique, courtesy Collection Antoine de Galbert, Paris ; Arnaud Cousin, *Sans titre*, 2017-2021, série de céramiques émaillées.

P. 212 Vue d'installation avec l'œuvre de Miriam Cahn, *Affentochter*, 2003, impression sur papier, huile sur toile, tirage argentique, fusain sur papier, huile sur bois, courtesy Collection Antoine de Galbert, Paris.
Vue d'installation avec les œuvres d'Arnaud Cousin, *Sans titre*, 2017-2021, céramique émaillée ; Allal El Karmoudi, *Sans titre* et *Deux oiseaux se regardent* et *Le chat a vu Moca et lui dit de faire attention au serpent* et *Le hérisson s'est approché pour manger le serpent, la main est venue les séparer*, 2018, dessins au stylo-bille sur papier ; Fadma El Karmoudi, *Tortue de la mer* et *L'arbre qui donne la vie* et *Sans titre*, 2018, pastels et stylo-bille sur papier.

P. 213 Vue d'installation avec l'œuvre de Samir Ramdani, *Styx*, 2016-2021, vidéo couleur, 23 min.

P. 214 –215 Jagna Ciuchta et Janka Patocka, *Le pli du ventre cosmique*, 2021, papiers découpés, collages, Plexiglas noir, panneaux laqués, médium alvéolé, papier miroir, bandes adhésives, peinture.

P. 216 Vue d'installation avec les œuvres d'Arnaud Cousin, *Sans titre*, 2017-2021, céramique émaillée.

P. 217 Allal El Karmoudi et Jagna Ciuchta, *Image, imatge, La Sorcière Soumia*, 2021, dessin encadré d'Allal El Karmoudi, 2018, sa photocopie, fil ciré, chaîne.

P. 218 Vue d'installation avec l'œuvre de Jagna Ciuchta, *La Singe*, 2017 (l'œuvre de Nancy Holt, *Sun Tunnels*, 1977, vidéo, vue par dessus l'épaule du *Singe* de Pascal Butto, 2005, sculpture en rocaille, dans l'exposition *L'un dans l'autre*), photocopie.

P. 219 Vue d'installation avec l'œuvre de Nan Goldin, *All by Myself*, 1995, diaporama comprenant 83 diapositives et bande sonore (Eartha Kitt, *All by Myself, Beautiful at Forty*, 1989) © Nan Goldin / Collection Frac Provence-Alpes-Côte-d'Azur ; Marta Huba, *Stoned Belly, the Eggs*, 2021, vêtements, racines-ventouses, chaînes, éléments d'accrochage, sangle de poids lourd, seringue d'injection sous-cutanée (antagoniste des gonadotrophines), boîte plastique, aiguilles, œufs de yoni (quartz cristal, quartz rose, rhodonite), bas nylon.

P. 220 Vue de *NUMIN*, concert-performance d'Eden Tinto Collins et Nicolas Worms dans *Le pli du ventre cosmique*, 2021, image/imatge, centre d'art, Orthez.

I’m in the moon,
I’m in the star,
I’m in the moon,
I’m in the space,
I’m in everything,
I’m in space,
I’m in the star,
I’m in everything,
I’m in the flower,

I’m in everything I want
I’m in space,
I’m in the ship,
I’m in everything I want

1

1. *I’m in Space*, Aïcha Atala, 2020

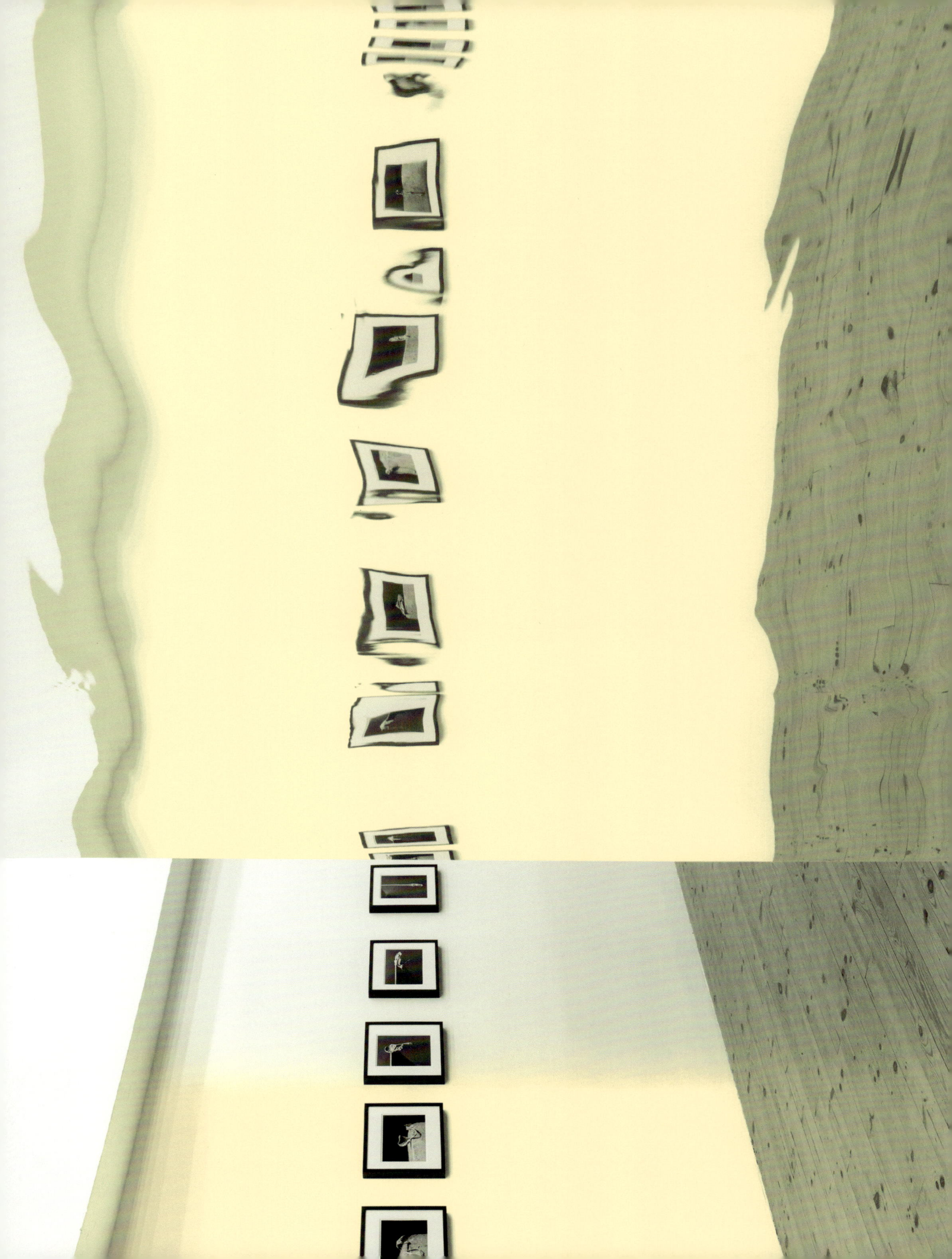

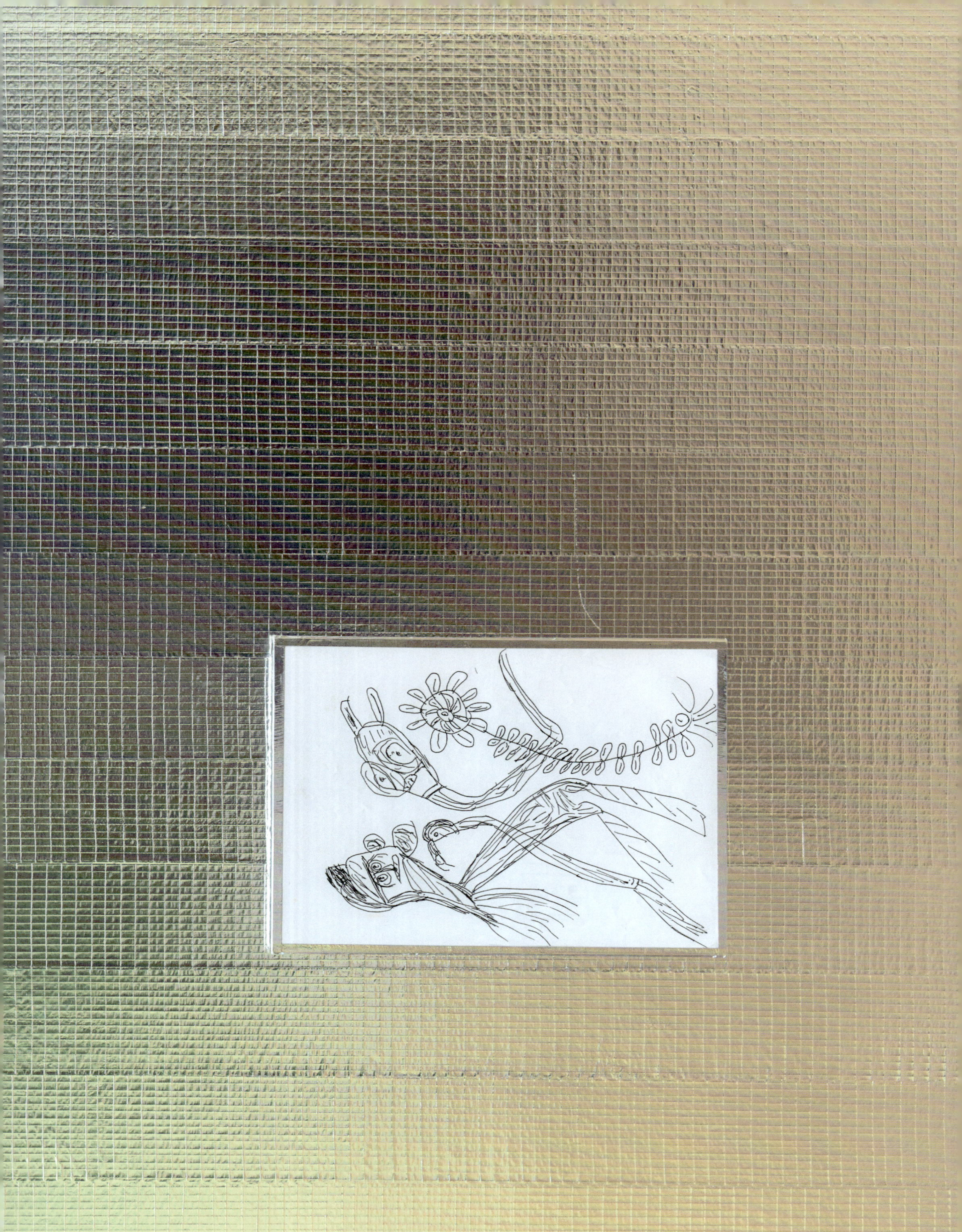

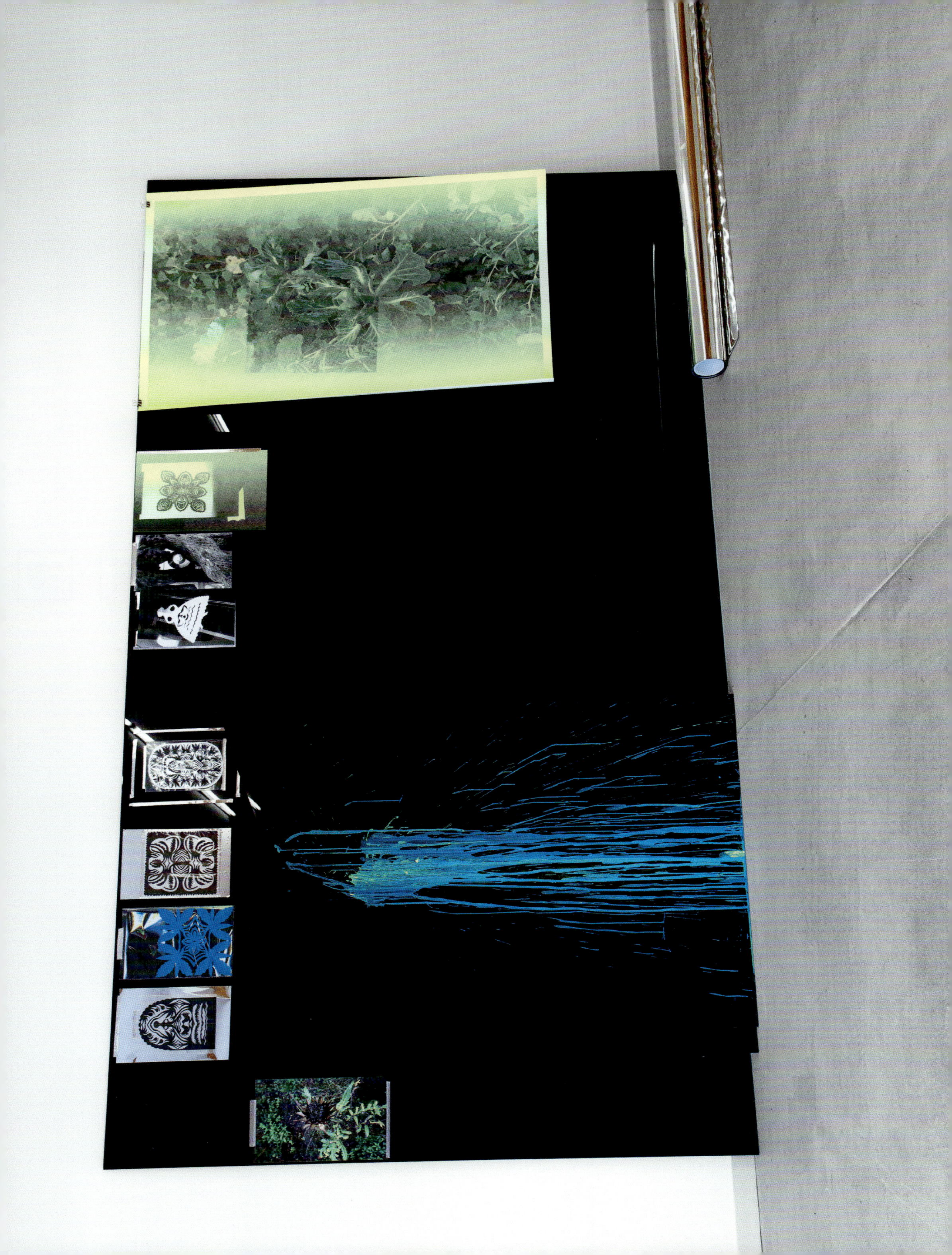

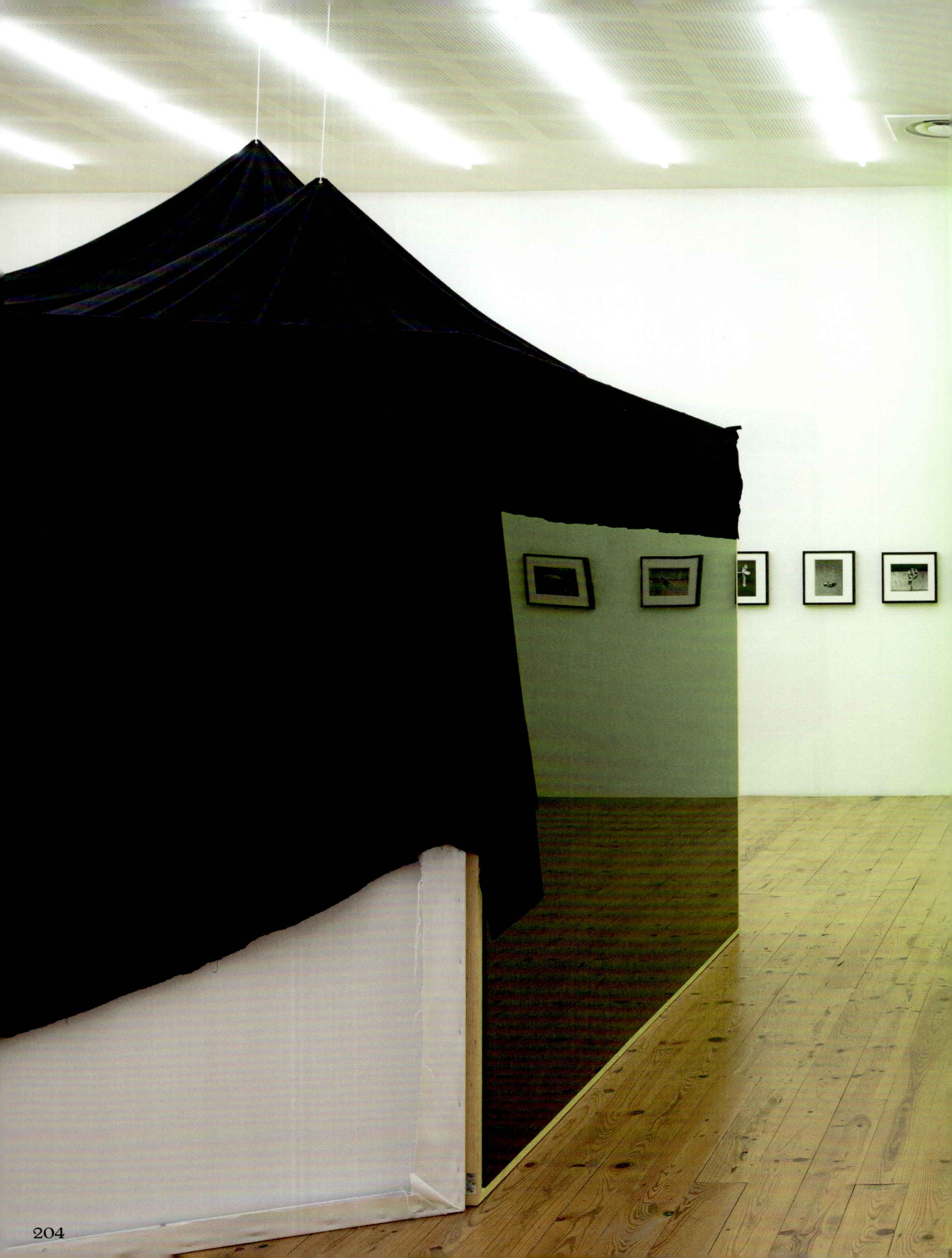

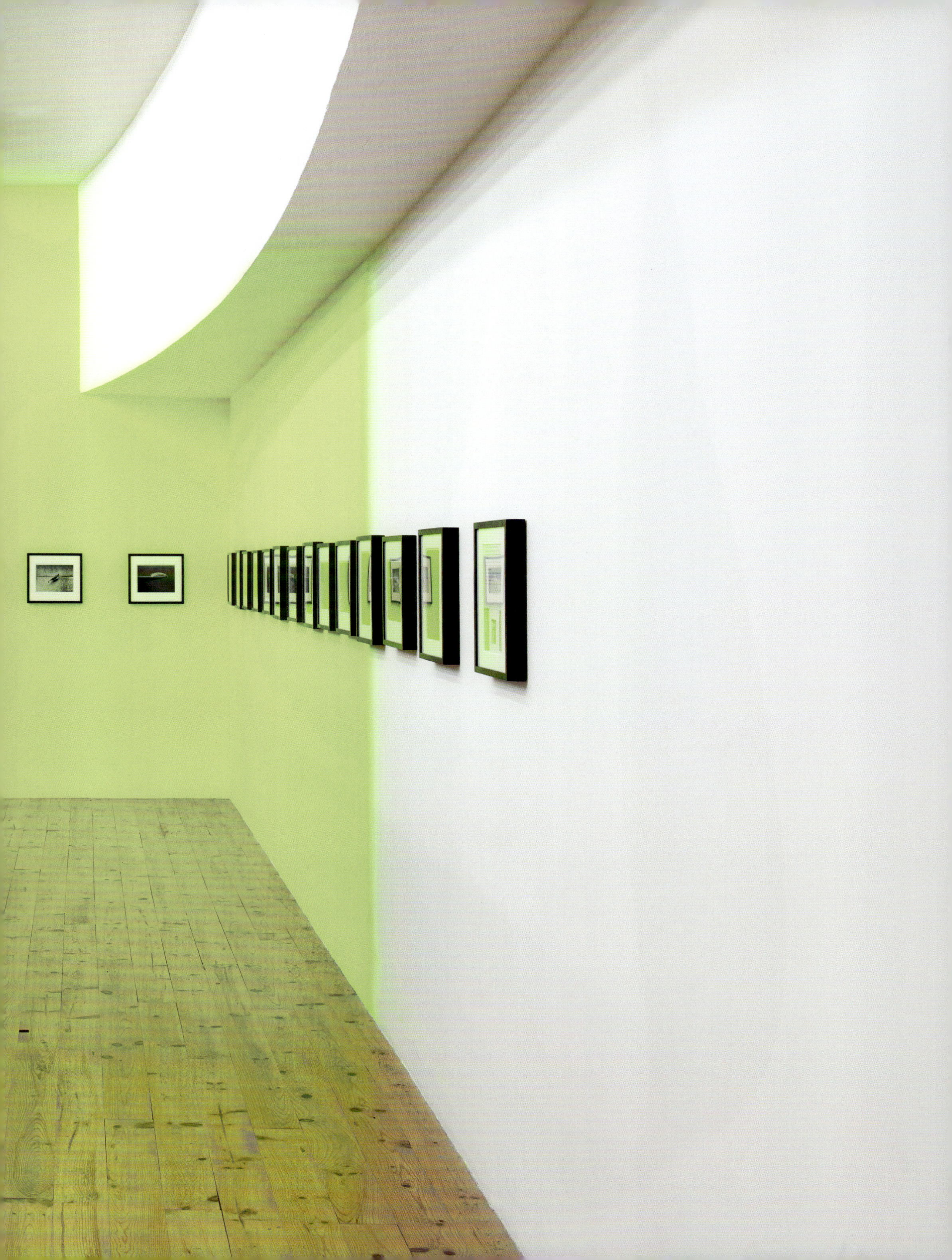

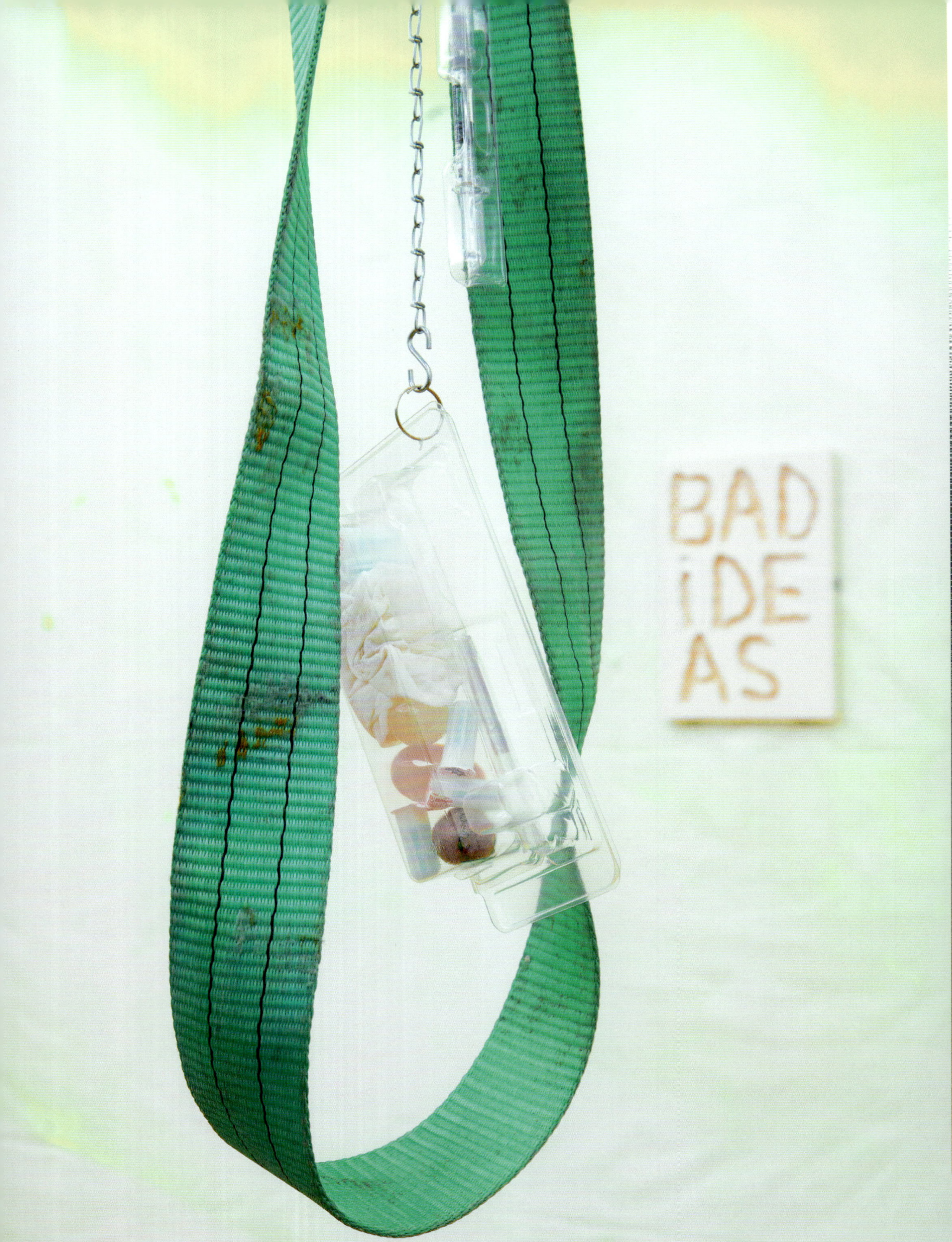
BAD
iDE
AS

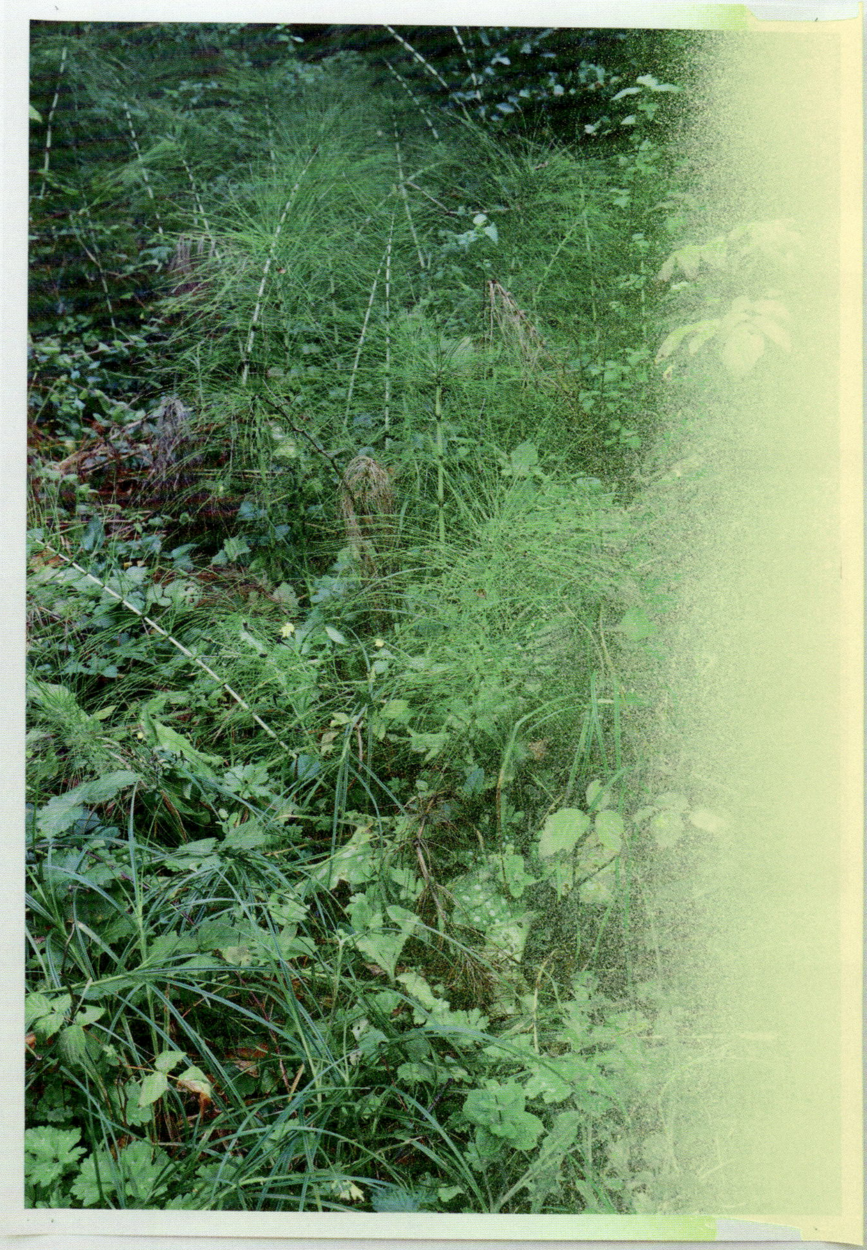

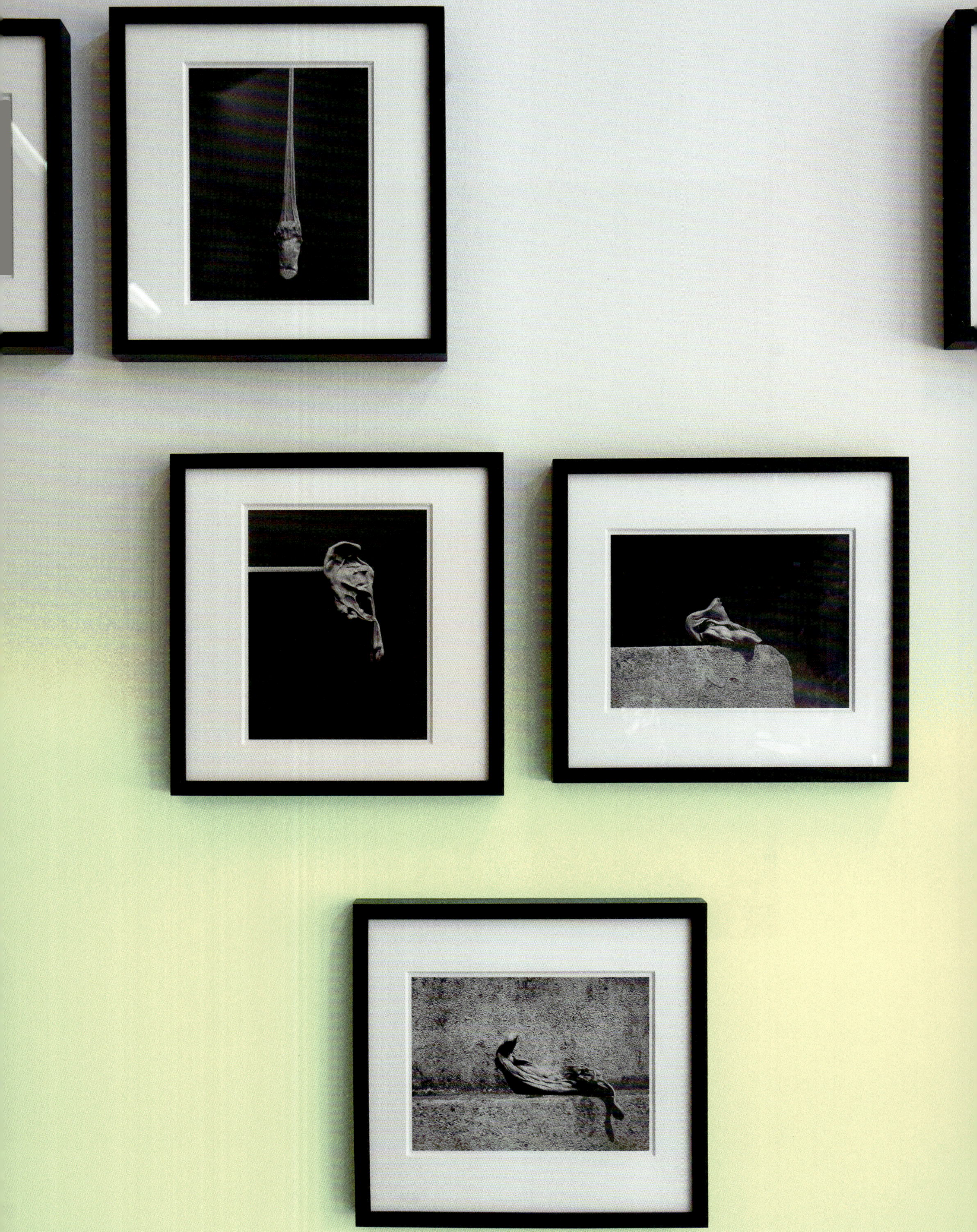

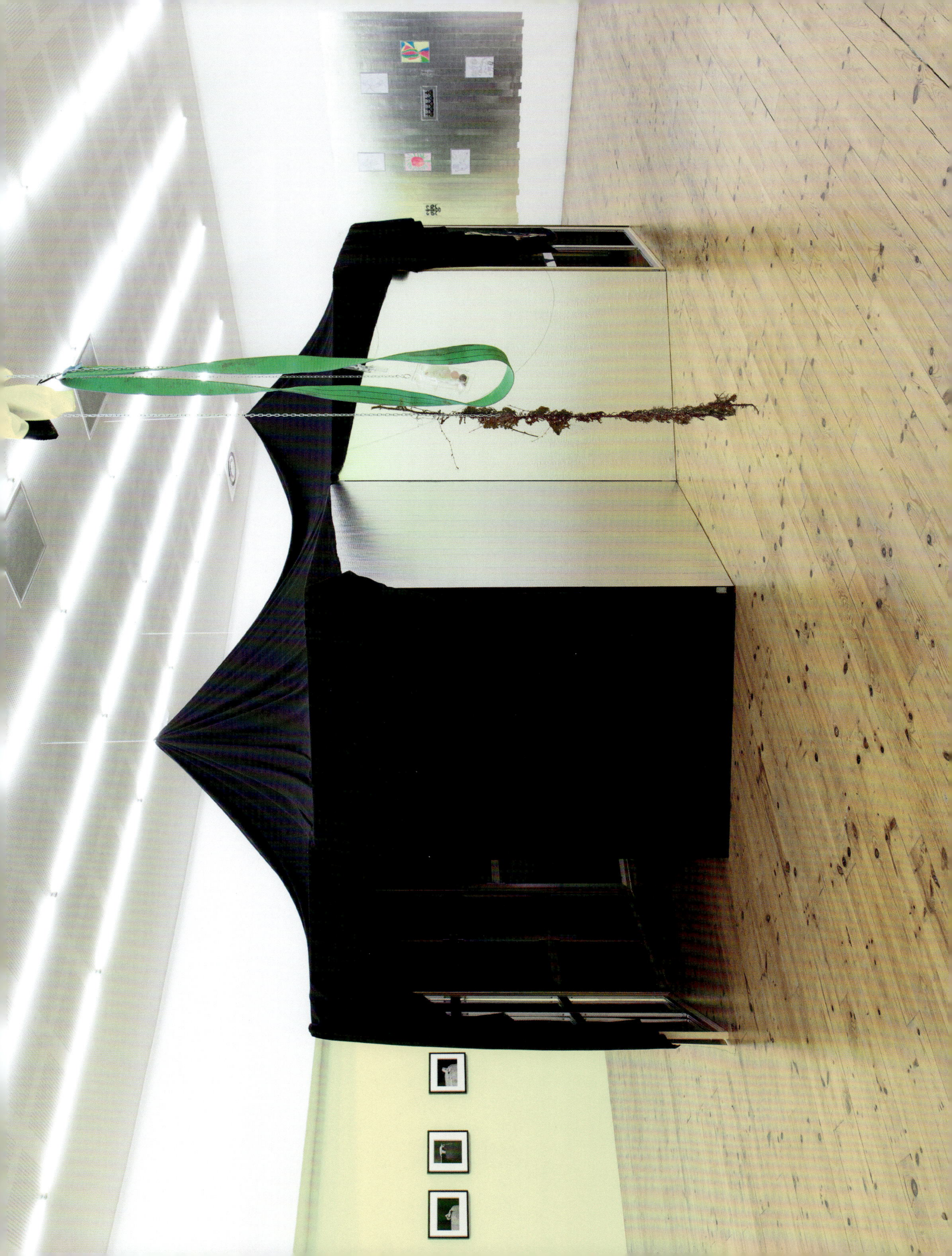

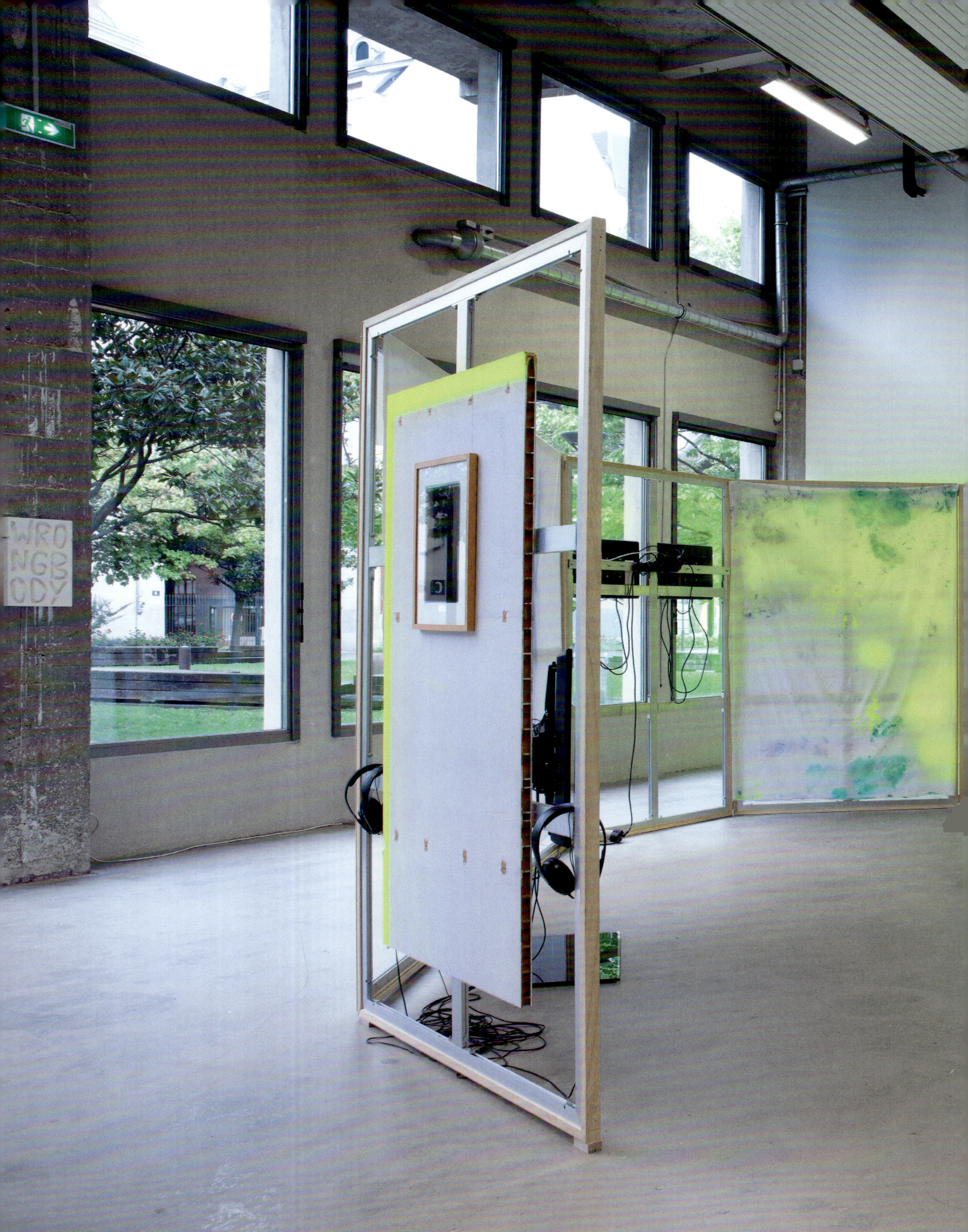
WRO
NGB
ODY

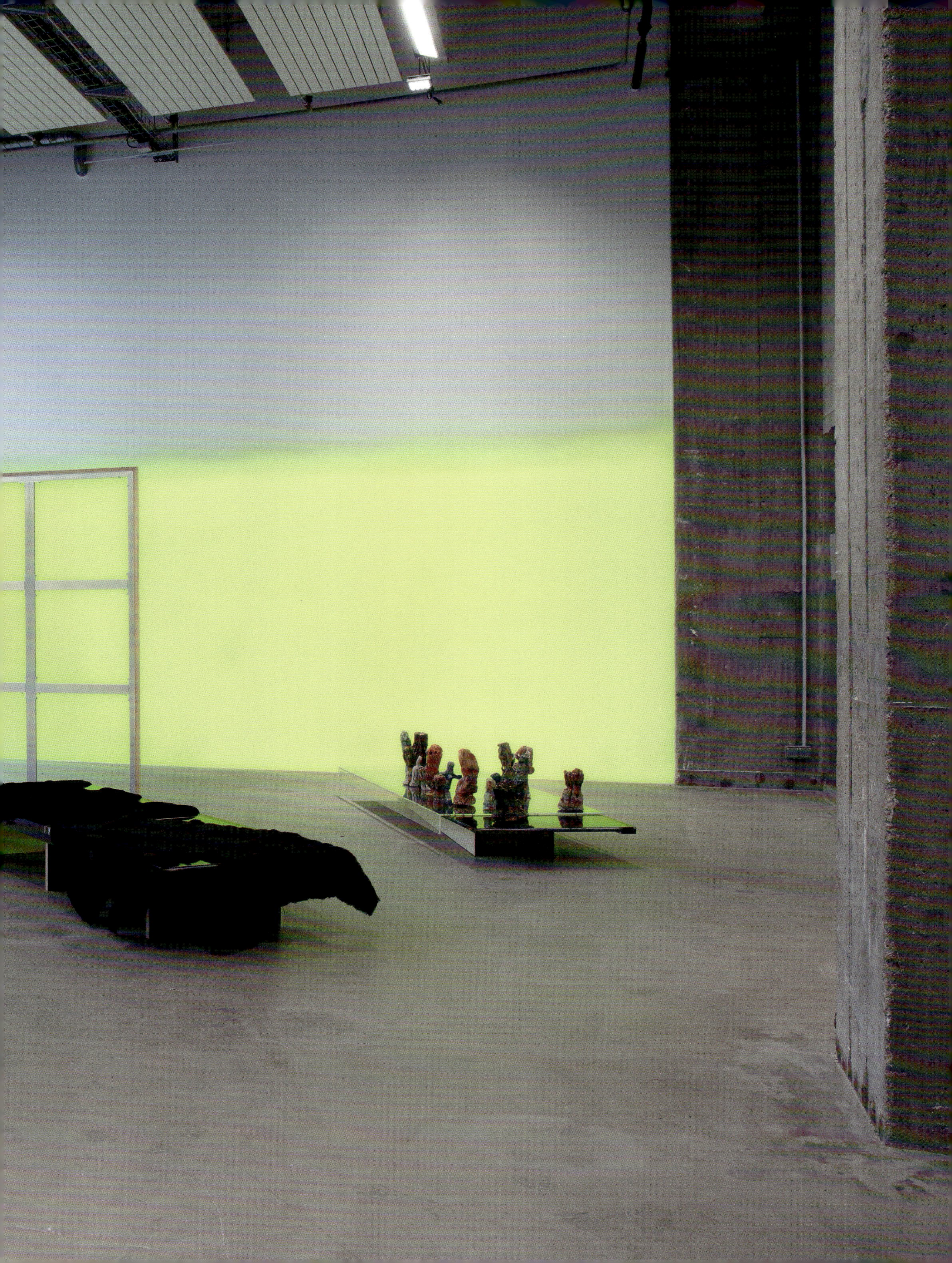

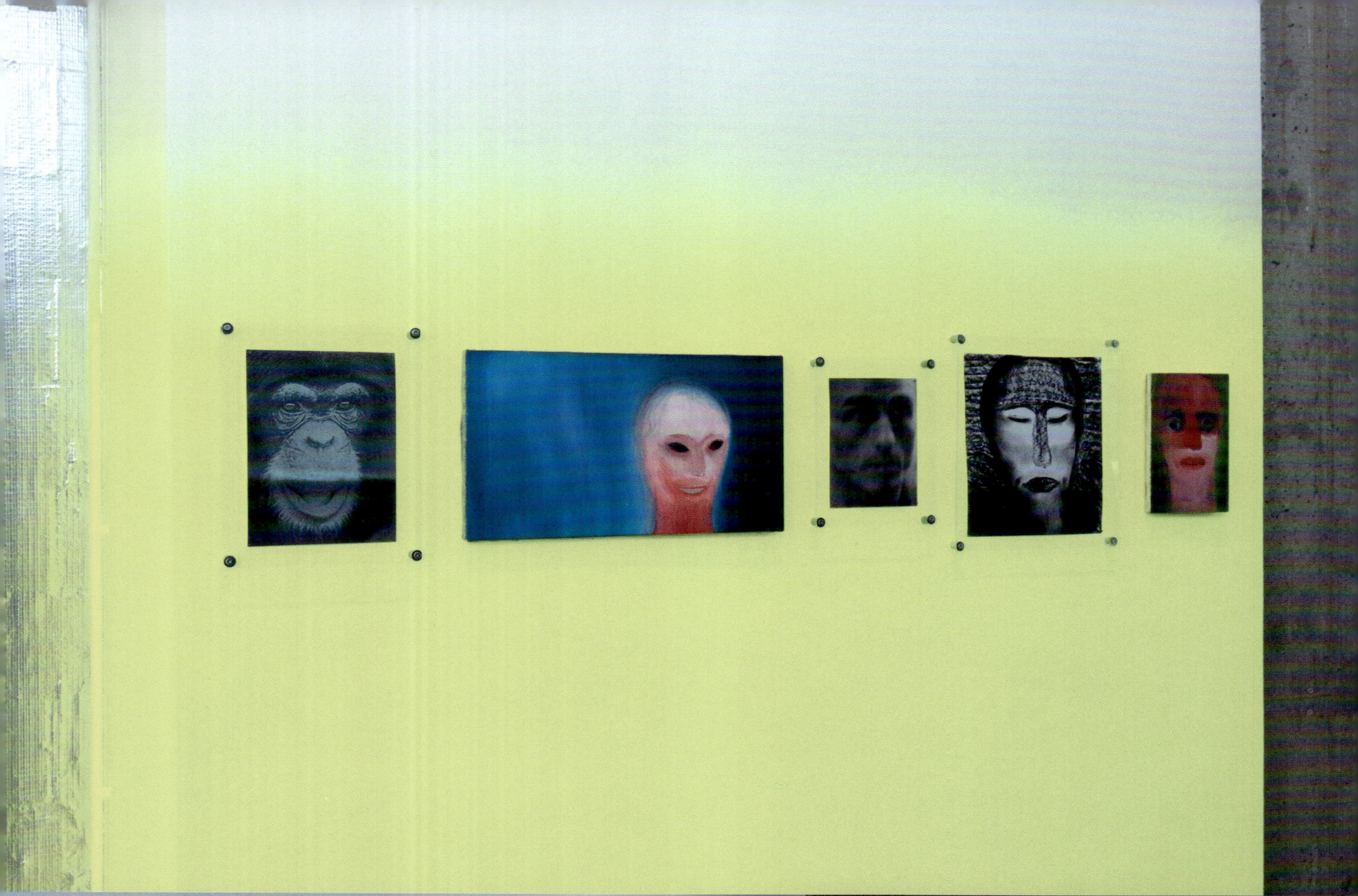

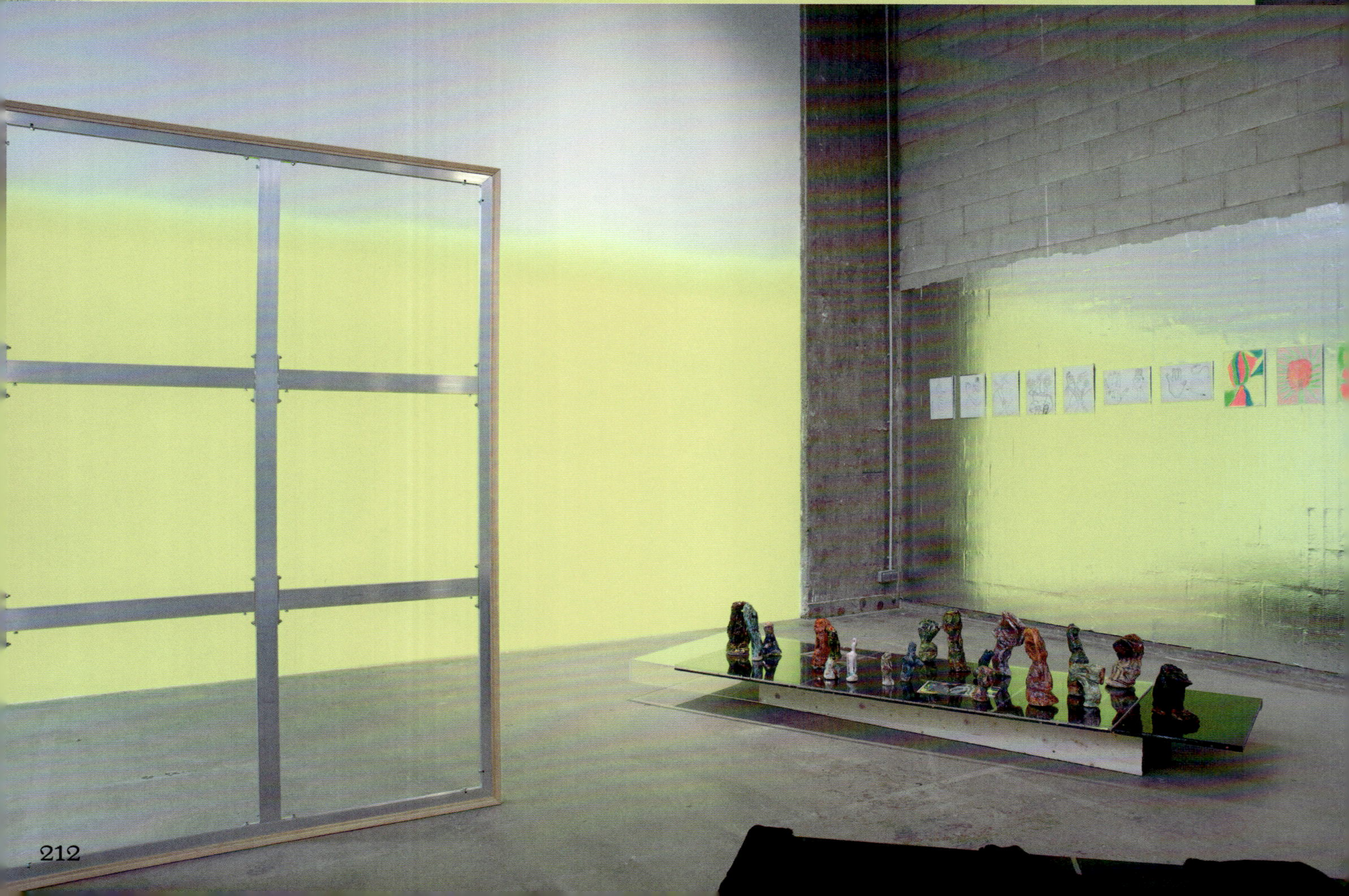

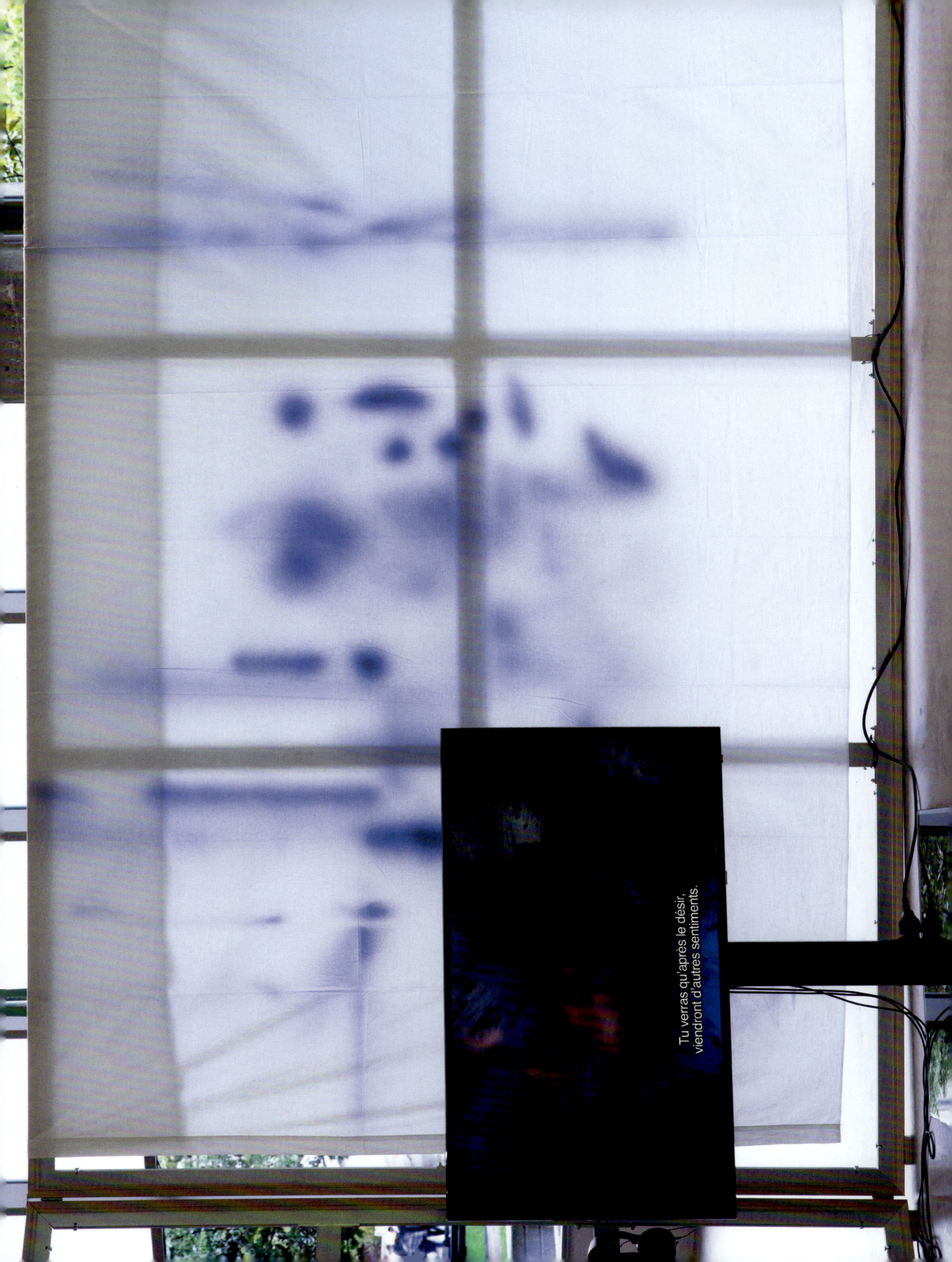
Tu verras qu'après le désir,
viendront d'autres sentiments.

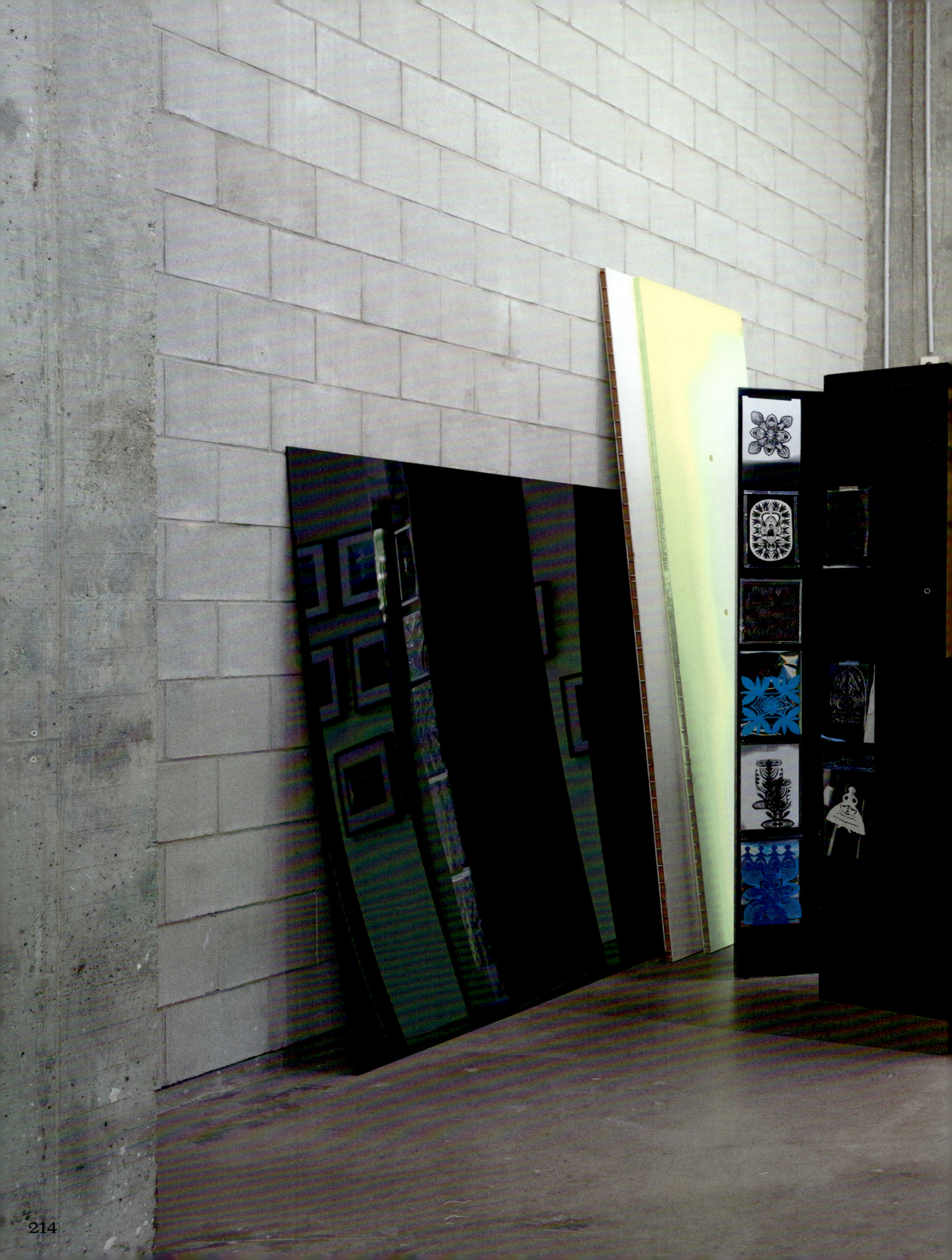

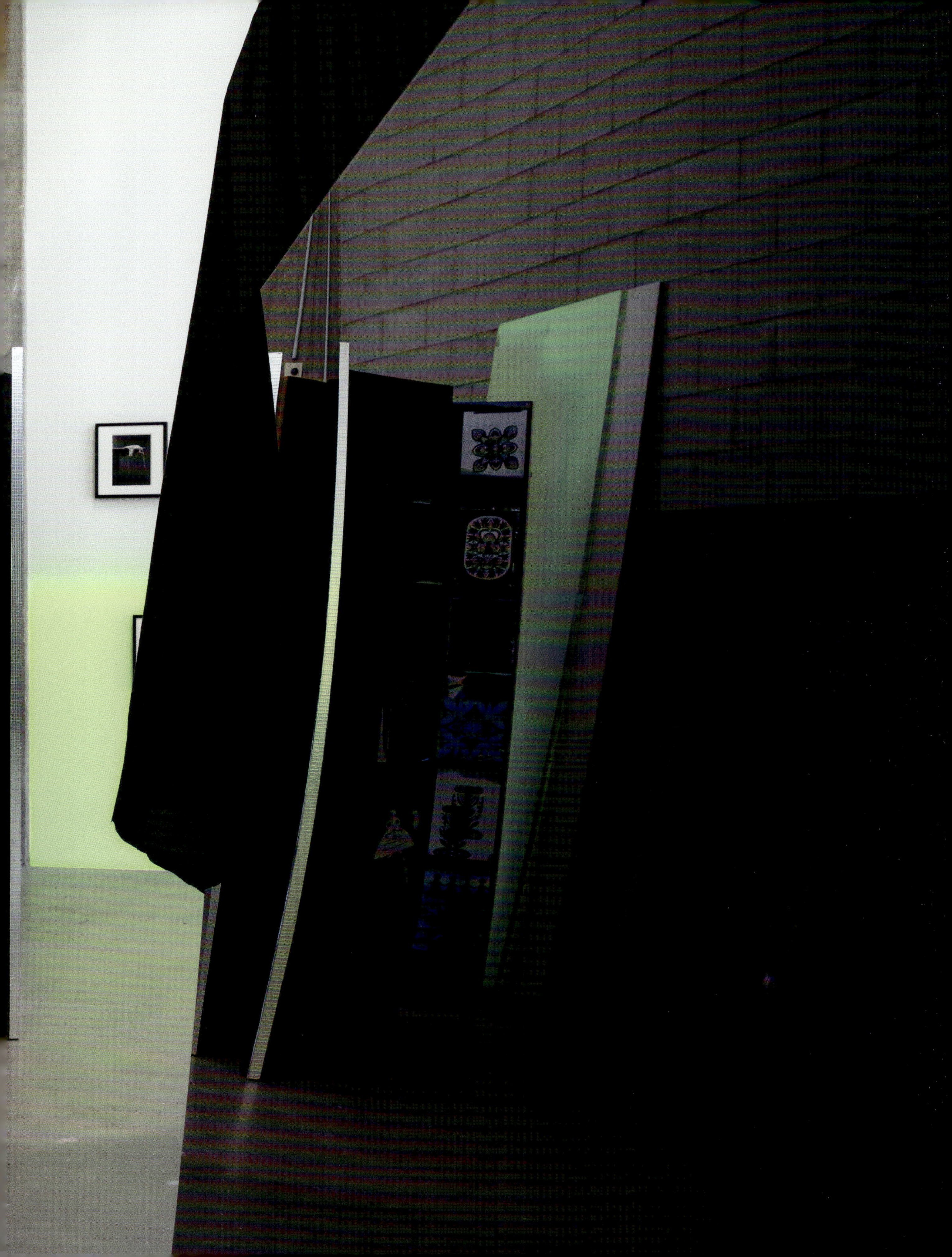

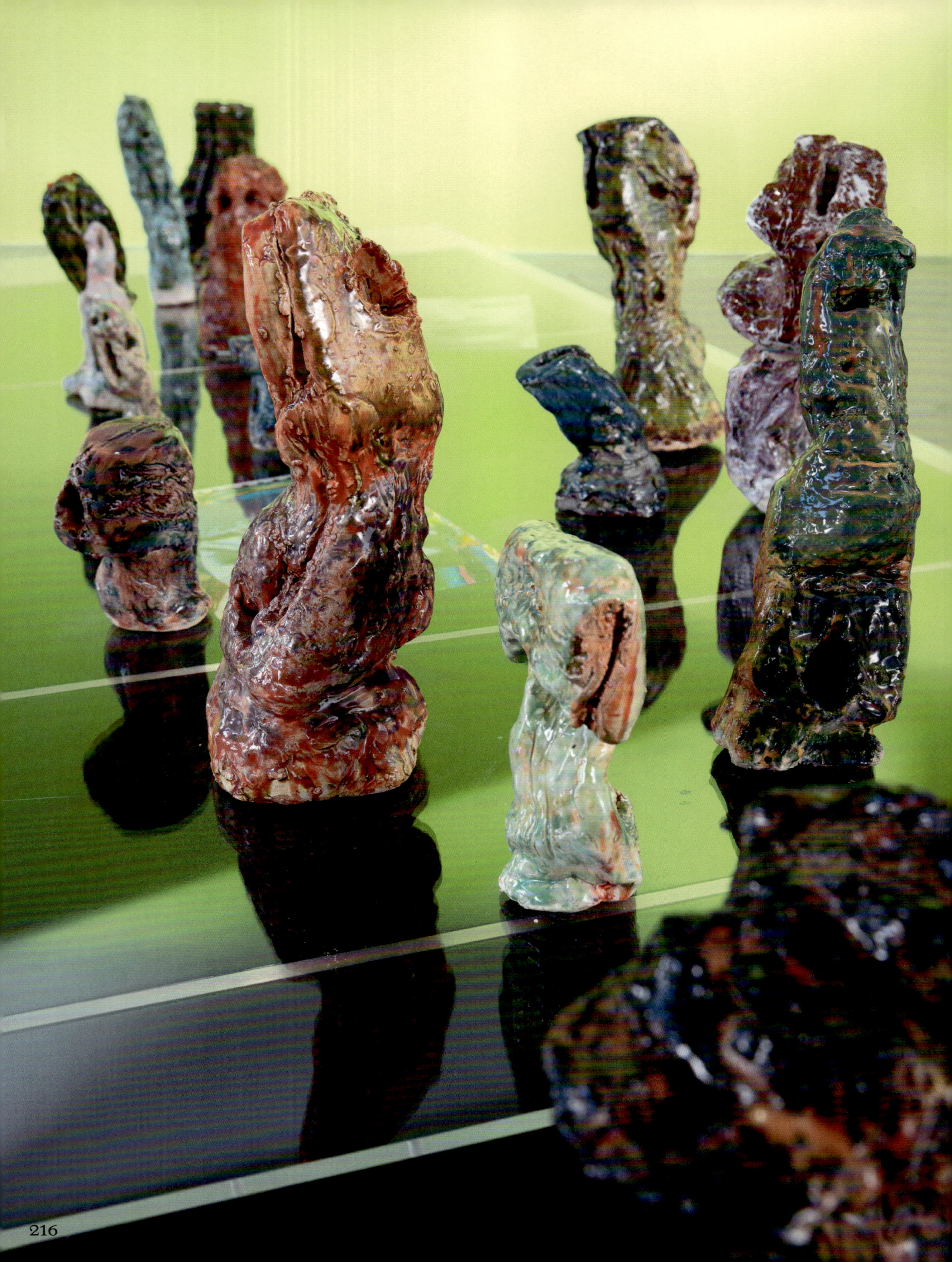

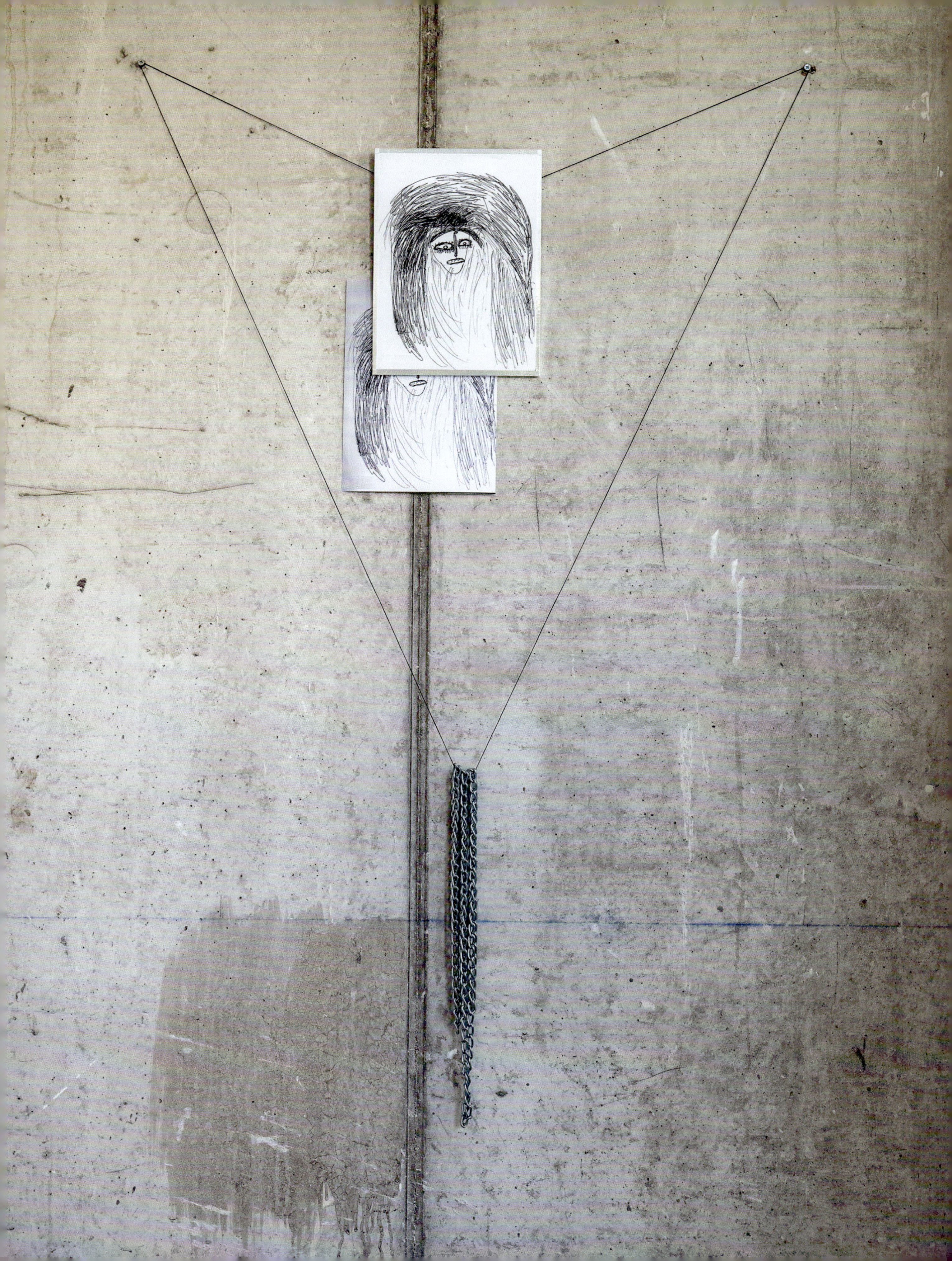

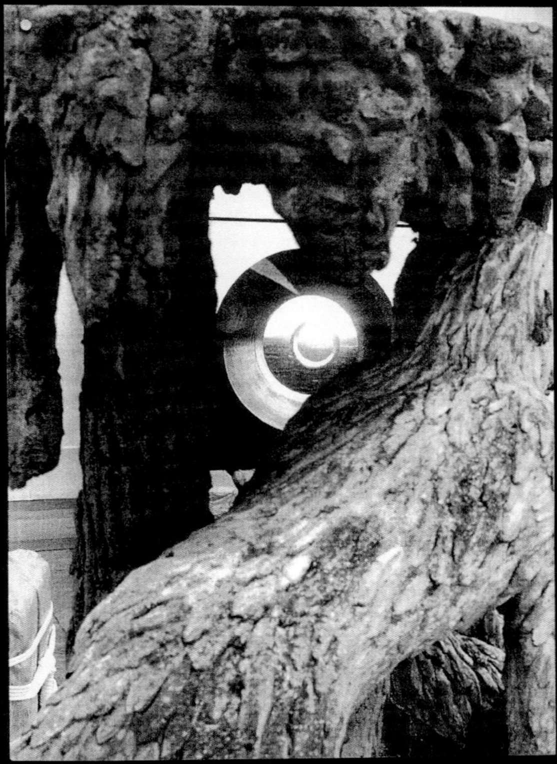

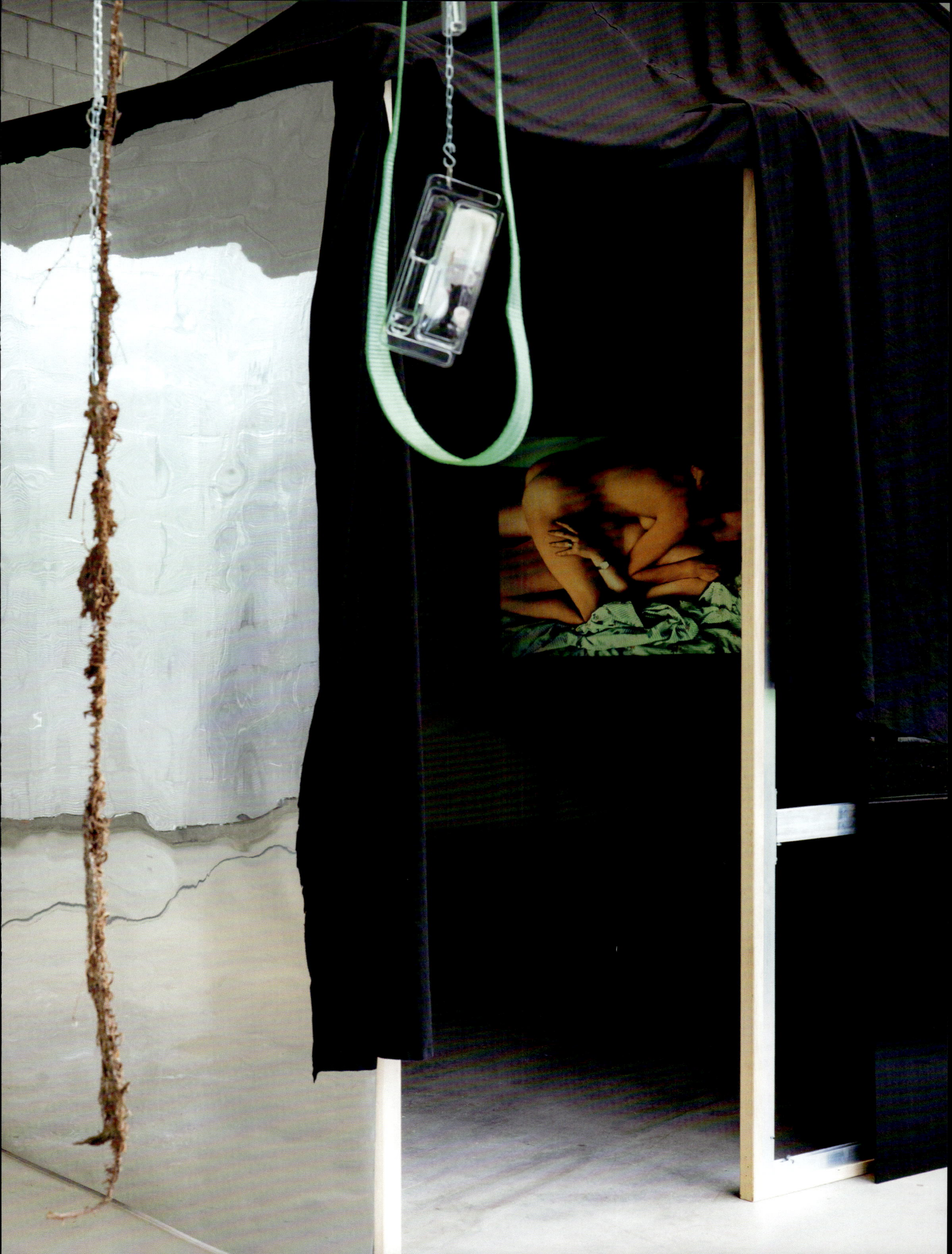

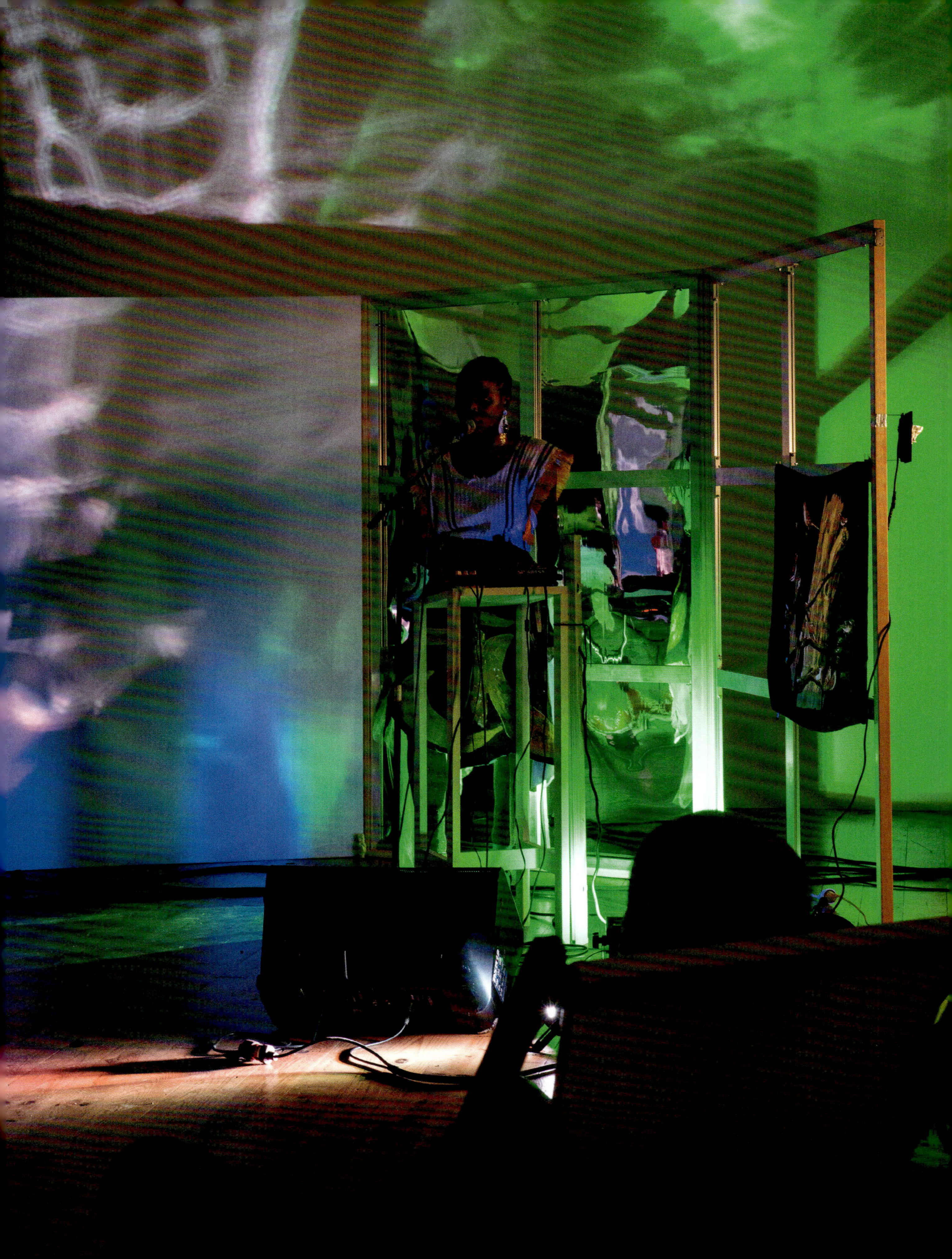

P. 222 Jagna Ciuchta, *Prémonition (Nuit)*, 2022, vue d'installation avec l'œuvre de Marta Huba, *Heather, Wind and Belly Legends*, 2021-2022, détail, photographies, œufs de yoni en pierres semi-précieuses, kits d'injection d'hormones, blisters en plastique, quincaillerie.
P. 223 Jagna Ciuchta, *Prémonition (Jour)*, 2022, vue d'installation avec l'œuvre d'Ewa Partum, *New Horizon is a Wave*, 1972.
P. 224 –225 *(Jour)*, vue d'installation avec l'œuvre de Harilay Rabenjamina, *Is This My Bio?*, 2021, série de quatre vidéos de 5 min ; Marta Huba, *Heather, Wind and Belly Legends*, 2021-2022 ; Stéphanie Garzanti, *Three Fingers Please*, 2016, crayons de couleur sur papier, courtesy Collection Laurence Michel.
P. 226 *(Entre-deux)*, vue d'installation avec l'œuvre de Cécile Bicler, *La Noyée*, 2022, crayons de couleur sur papier, courtesy Collection Alain Coulange.
P. 227 Jagna Ciuchta, *Prémonition (Nuit)*, 2022, détail, peinture murale, variation de lumière.
P. 228 *(Nuit)*, vue d'installation avec l'œuvre de Cécile Bicler, *Esprit 01*, 2018, crayons de couleur sur papier.
P. 229 *(Jour)*, vue d'installation avec l'œuvre d'Ewa Partum, *New Horizon is a Wave*, 1972 ; et Jagna Ciuchta, *Prémonition*, 2022, peinture murale.
P. 230 –232 *(Nuit)*, vue d'installation avec l'œuvre de Yuyan Wang, *One Thousand and One Attempts To Be an Ocean*, 2021, vidéo sonore, 11'.
P. 231 *(Jour)*, vue d'installation avec les œuvres de Stéphanie Garzanti, *Three Fingers Please*, 2016 ; et Marta Huba, *Heather, Wind and Belly Legends*, 2021.
P. 233 Lecture de Stéphanie Garzanti.
P. 234 –235 Vue de la performance de Fabiana Ex-Souza, *Entrer au Panthéon*, 2022.
P. 236 Vue de la performance de Sheila Atala, *Polyphony as Collaboration*, 2022.

Prémonition
2022

L'Artothèque de Caen, Espaces d'art contemporain, 2022, commissariat : Yvan Poulain.

Avec les œuvres de Sheila Atala, Cécile Bicler, VALIE EXPORT, Fabiana Ex-Souza, Stéphanie Garzanti, Marta Huba, Ewa Partum, Harilay Rabenjamina et Yuyan Wang.

Installation dans deux salles principales « jour/nuit », et deux espaces intermédiaires, avec plusieurs rencontres et performances laissant des traces dans l'exposition, et un éclairage produisant une variation sans fin des couleurs des œuvres.

Jour

Une grande vague vibrante rose/orange/rouge a été peinte sur trois murs de l'espace principal d'exposition, et a accueilli le travail d'Ewa Partum, *New Horizon is a Wave* (1972). Elle faisait face à un dessin monumental de Cécile Bicler. Une structure faite de châssis de peinture en aluminium portait, sur des chaînes en acier, les œuvres de Stéphanie Garzanti et de Marta Huba. Des écrans plats y étaient accrochés pour présenter une série de vidéos de Harilay Rabenjamina. Des photographies érotiques de Marta Huba étaient scotchées sur des surfaces miroitantes, réfléchissant, tout comme les baguettes en aluminium, la peinture murale se trouvant en face.

Le jour du vernissage, un socle recouvert de peaux de bêtes synthétiques servait de support pour la performance de Sheila Atala et la lecture de Stéphanie Garzanti. Après ce rendez-vous, les morceaux de fourrure ont migré sur la structure porteuse et sur des bacs faisant face aux écrans.

À la mi-temps de l'exposition, la peinture murale a servi de support pour une projection vidéo et pour un mot écrit à la craie, lors de la performance de Fabiana Ex-Souza. Le nom *EXU* d'une divinité brésilienne, un filet accroché sur le mur ainsi que d'autres objets, traces de la performance jonchant le sol, sont restés dans l'espace jusqu'à la fin de l'exposition.

Nuit

La peinture murale de l'espace principal se trouvait prolongée dans une salle plus petite et sans fenêtres dont elle recouvrait entièrement les murs. L'identification des teintes de cette œuvre était rendue impossible par la lumière colorée et changeante provenant de trois LED. L'effet de cette transformation chromatique pulsatoire se répercutait sur des dessins de Stéphanie Garzanti et Cécile Bicler, et sur une photographie érotique de Marta Huba ; l'ambiance hypnotique et psychédélique trouvait un écho dans la vidéo de Yuyan Wang, *One Thousand and One Attempts To Be an Ocean*.

Espaces intermédiaires

À l'entrée du centre d'art, qui est également une artothèque, une peinture sur coton (un drap ayant servi de chiffon pour la peinture murale de la grande salle) a été installée avec un système d'accrochage modulable en chaînes et crochets. Le public était invité à y arranger et réarranger des œuvres de leur choix dans la collection de L'Artothèque.

Une peinture sur bâche ayant protégé le sol lors de la peinture des murs de la petite salle a recouvert un mur à l'extérieur de cette salle et a servi de fond pour *Frau mit Würfel*, une sérigraphie de VALIE EXPORT issue de la collection de L'Artothèque.

Premonition
2022

L'Artothèque de Caen, Espaces d'art contemporain, 2022, curated by Yvan Poulain.

With works by Sheila Atala, Cécile Bicler, VALIE EXPORT, Fabiana Ex-Souza, Stéphanie Garzanti, Marta Huba, Ewa Partum, Harilay Rabenjamina and Yuyan Wang.

Installation in two main "Day/Night" rooms, and two intermediate spaces, with several events and performances leaving traces in the exhibition, as well as a light scheme producing an endless variation in the colors of the works.

Day

A large, vibrant pink/orange/red wave was painted on three walls of the main exhibition space, and hosted Ewa Partum's work, *New Horizon is a Wave* (1972). It faced a monumental drawing by Cécile Bicler. A structure of aluminum frames held works by Stéphanie Garzanti and Marta Huba on steel chains. Flat screens were also hung showing a series of videos by Harilay Rabenjamina. Erotic photographs by Marta Huba were taped to mirrored surfaces, reflecting (along with the aluminum structure) the mural on the opposing wall. On the opening day, a pedestal covered with synthetic animal skins served as a podium for Sheila Atala's performance and Stéphanie Garzanti's reading. After this event, the pieces of fur migrated onto the structure and into bins facing the screens.

Halfway through the exhibition, the mural was used for a video projection and for a word written in chalk during Fabiana Ex-Souza's performance. The word EXU—the name of a Brazilian deity—a net hung on the wall and other objects and traces of the performance were left strewn across the floor and remained in the space until the end of the exhibition.

Night

The mural in the main space was extended into a smaller, windowless room, covering its entire walls. Identifying the hues of this work was made impossible by the colored, changing light emanating from three LEDs. The effect of this pulsating chromatic transformation reverberated in drawings by Stéphanie Garzanti and Cécile Bicler, and in an erotic photograph by Marta Huba; the hypnotic, psychedelic mood was echoed in Yuyan Wang's video, *One Thousand and One Attempts To Be an Ocean*.

Intermediary Spaces

At the entrance to the art center, which is also an "artothèque" (artwork lending library), a painting, which was in fact the drop cloth that had been used for the mural in the main hall was installed on a modular hanging system of chains and hooks. The public was invited to arrange and rearrange works of their choice from the Artothèque collection.

A painting on a drop cloth that had protected the floor when the small room was painted, covered a wall outside this room and served as a backdrop for *Frau mit Würfel*, a silkscreen by VALIE EXPORT from the Artothèque's collection.

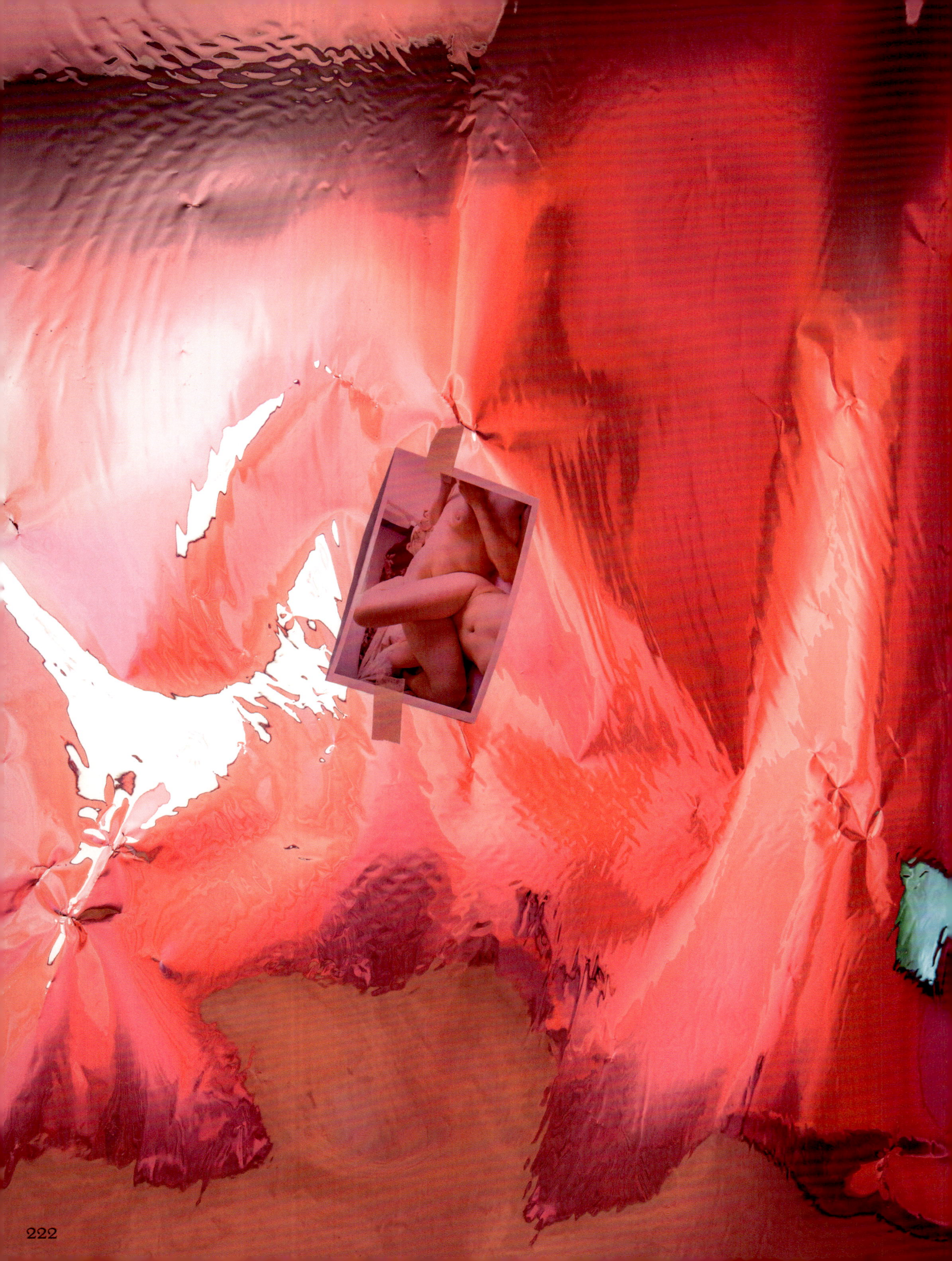

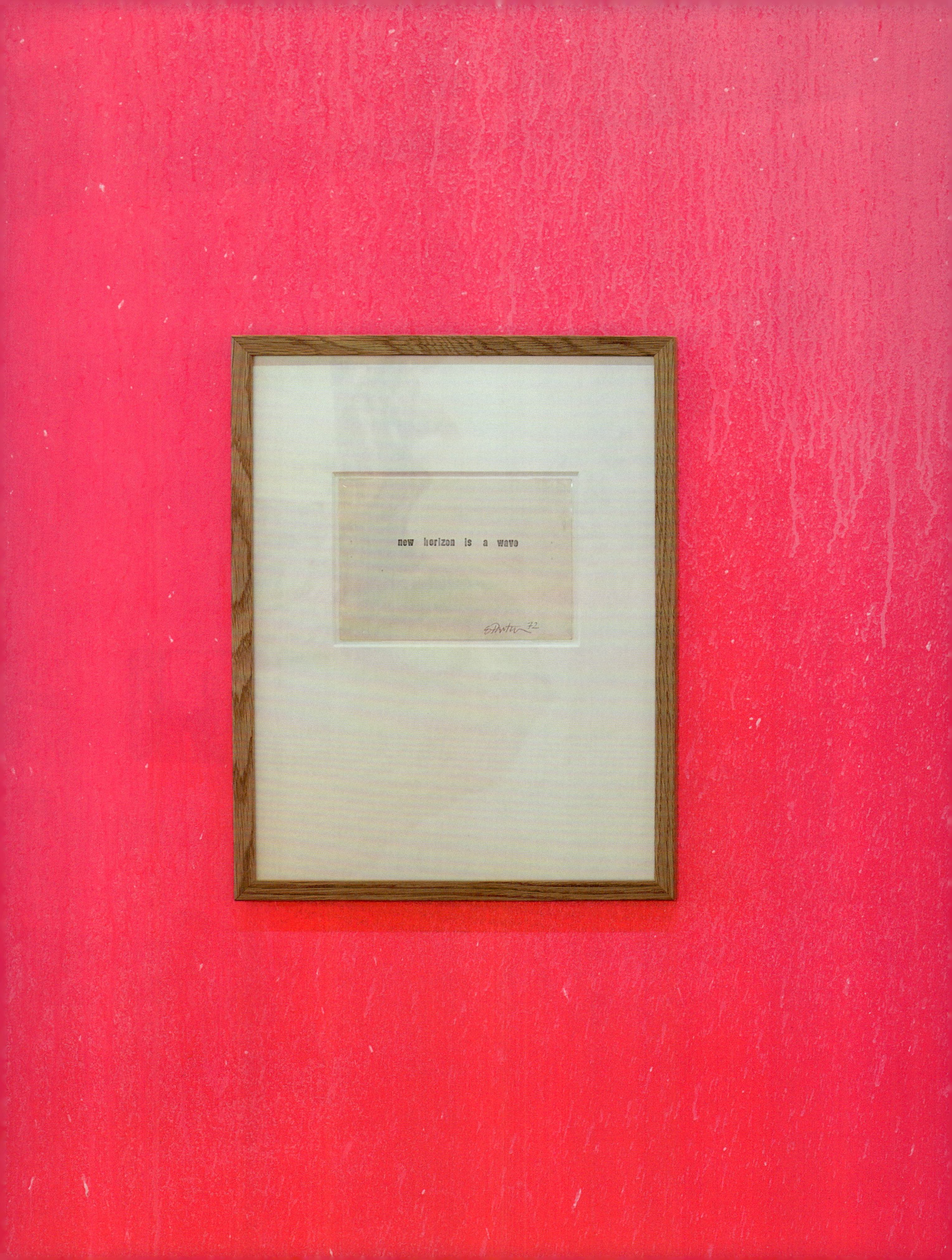
new horizon is a wave

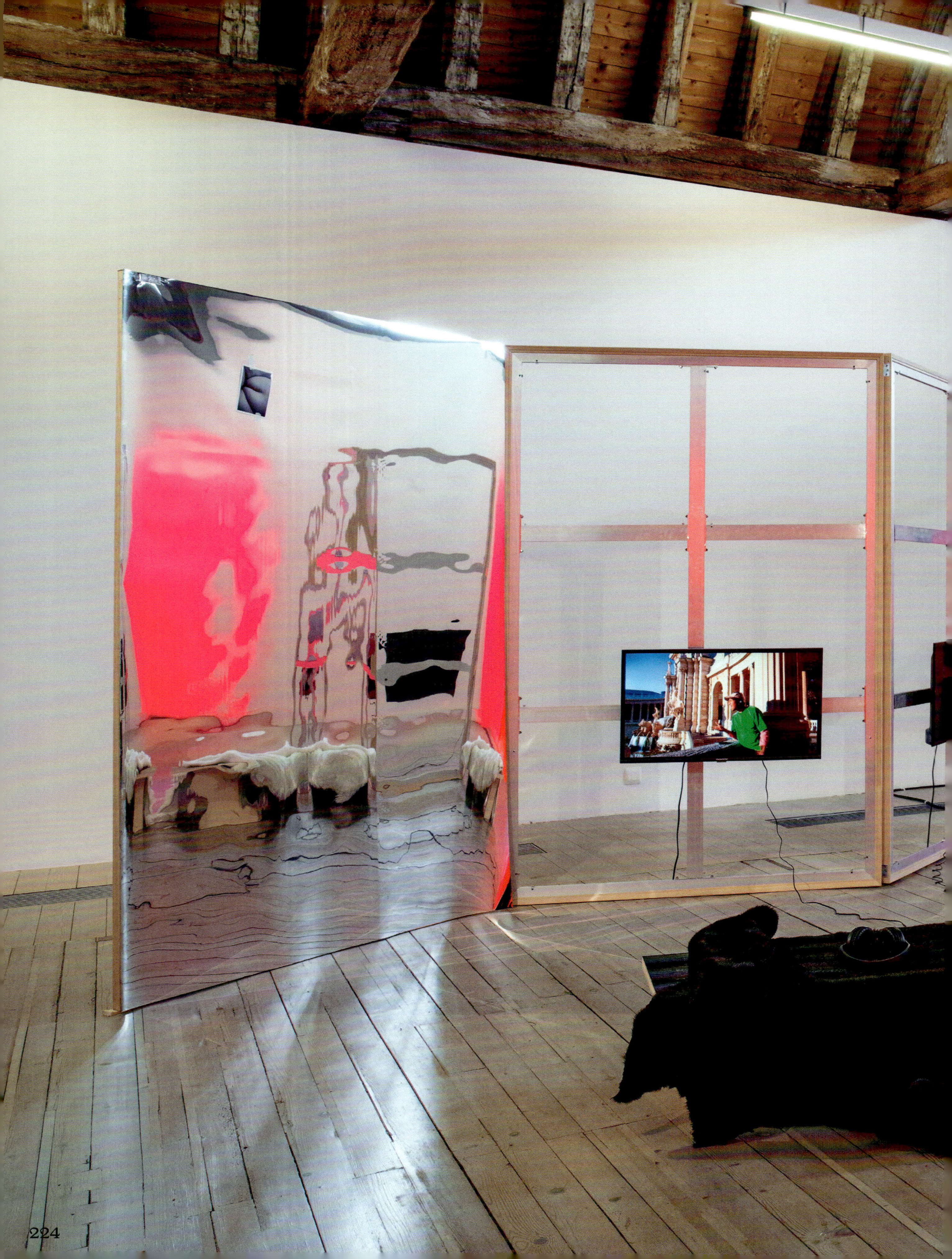

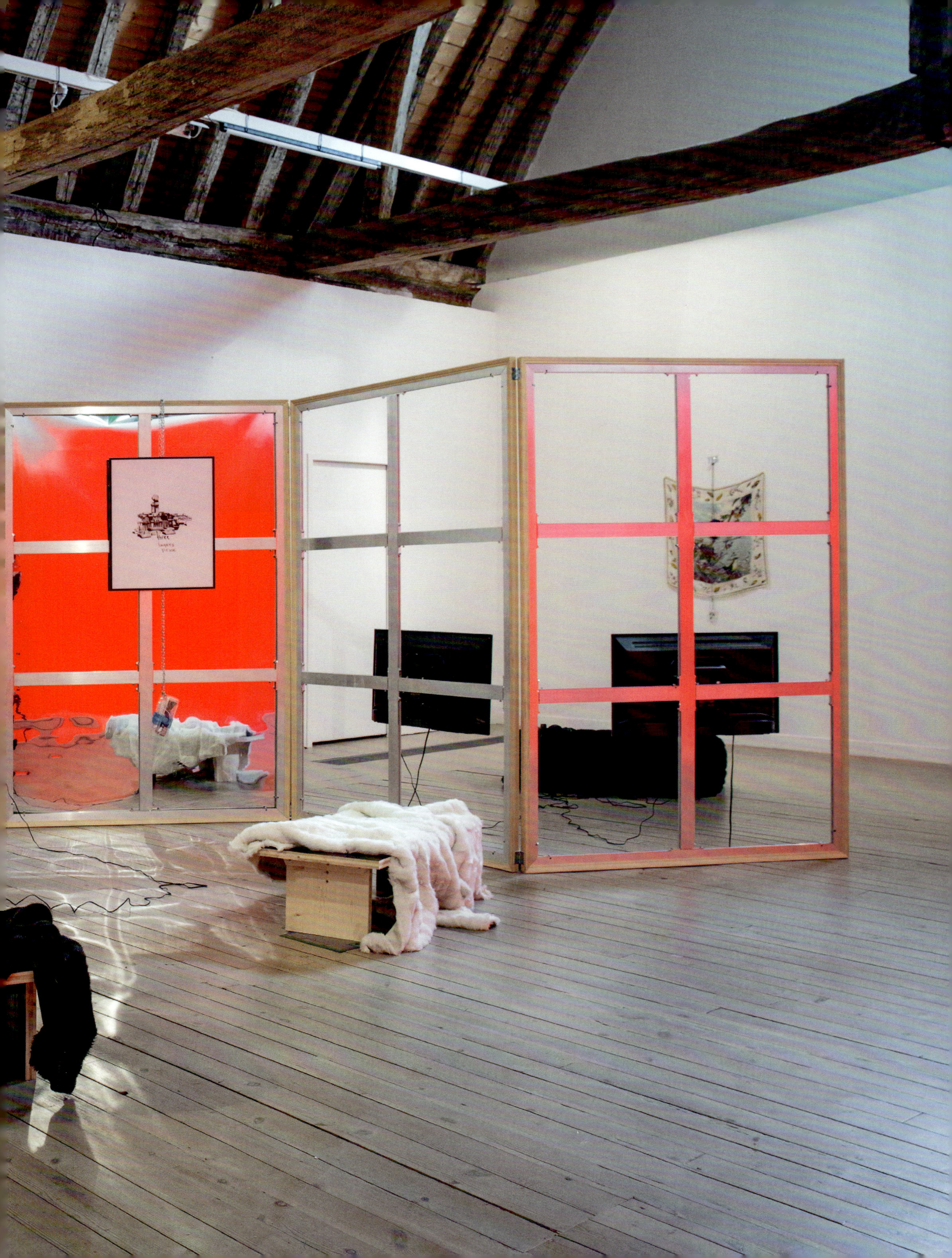

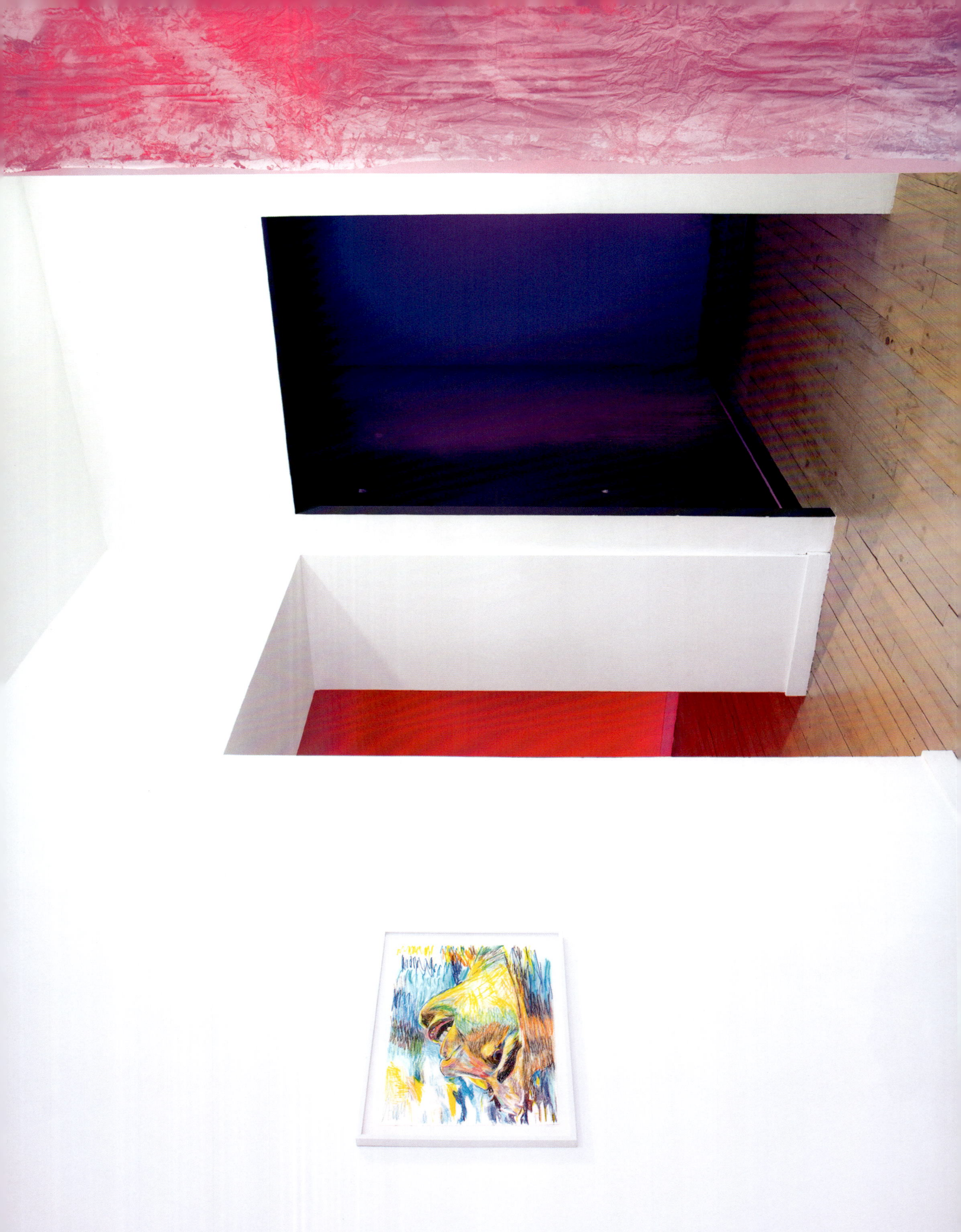

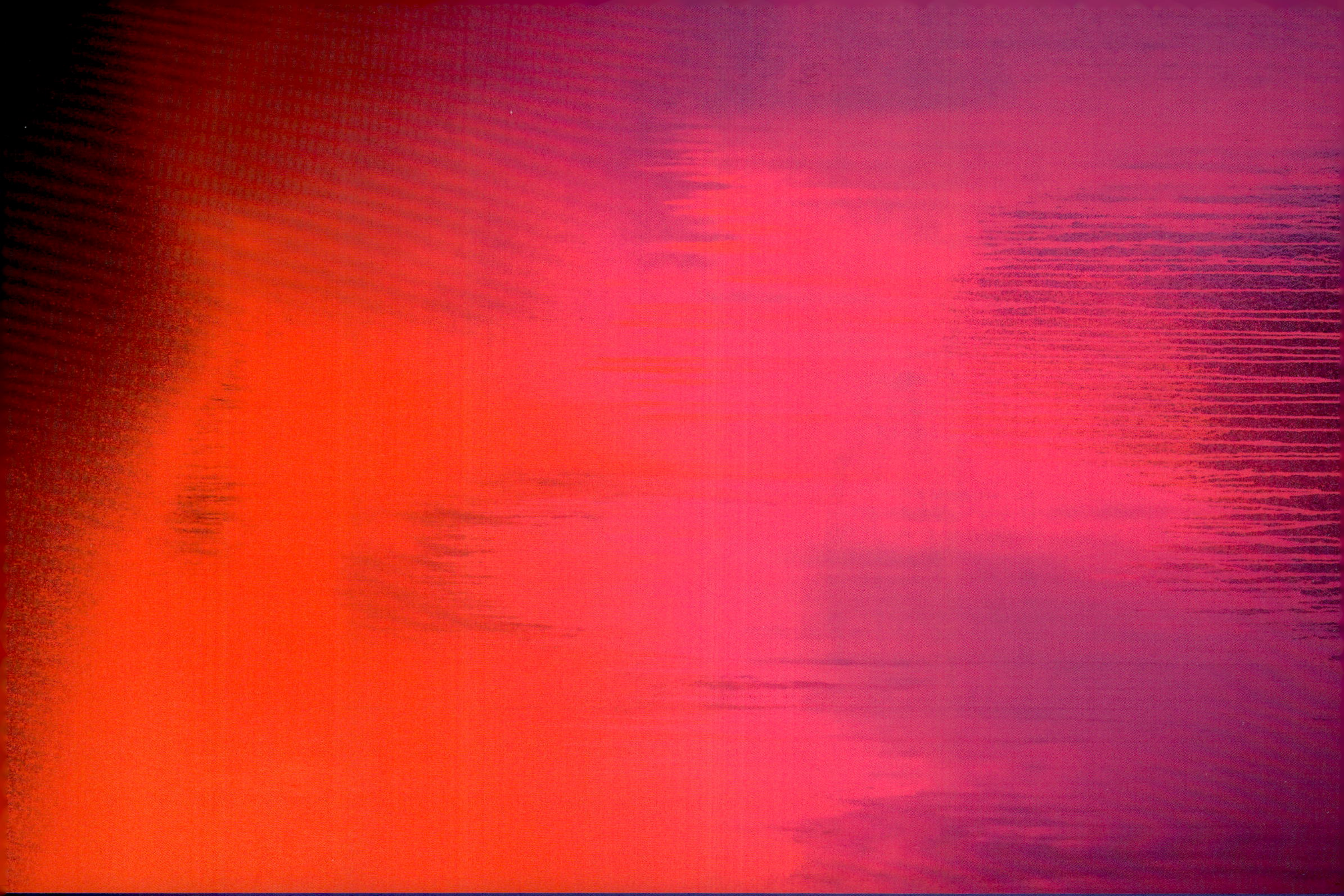
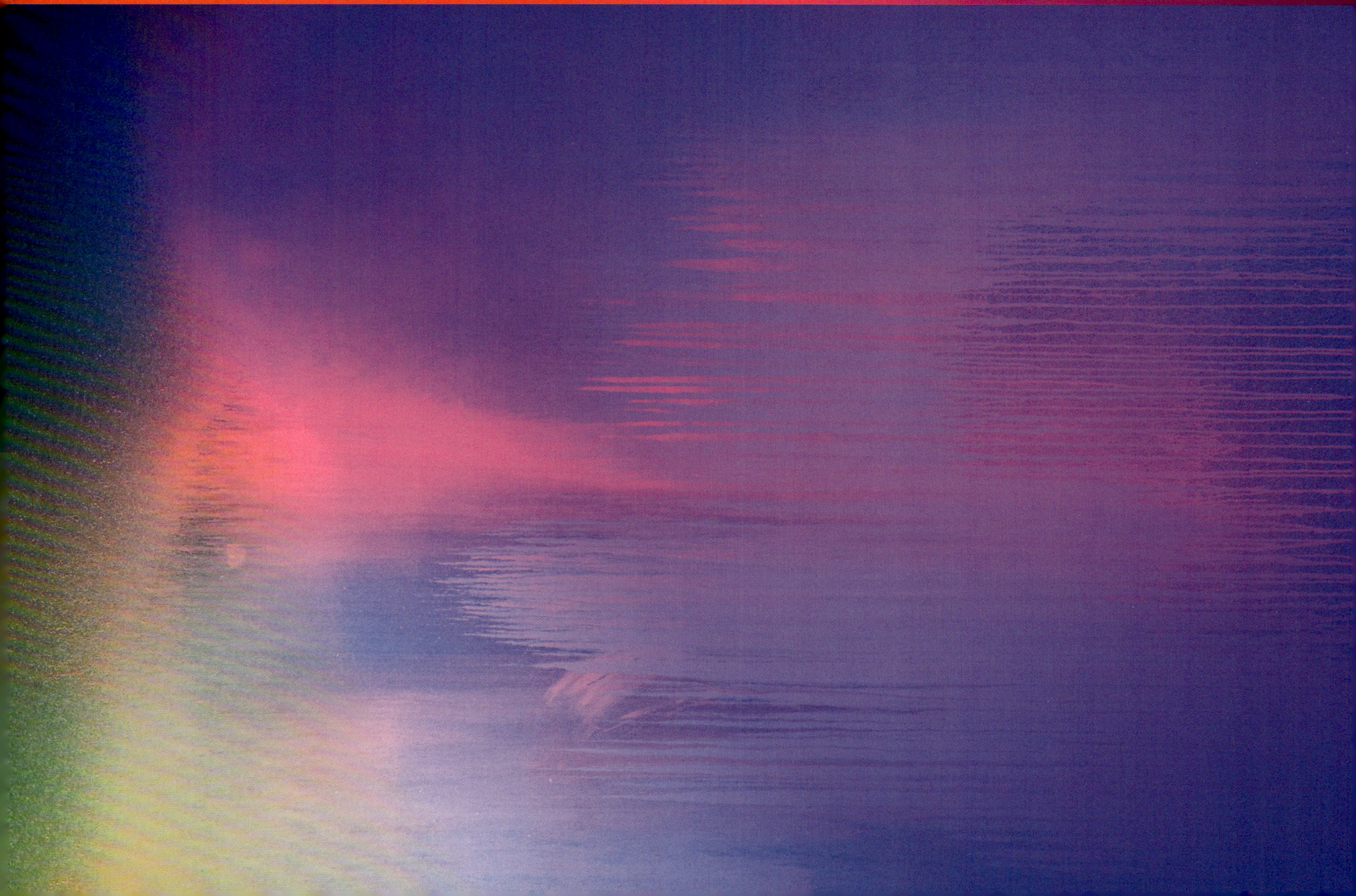

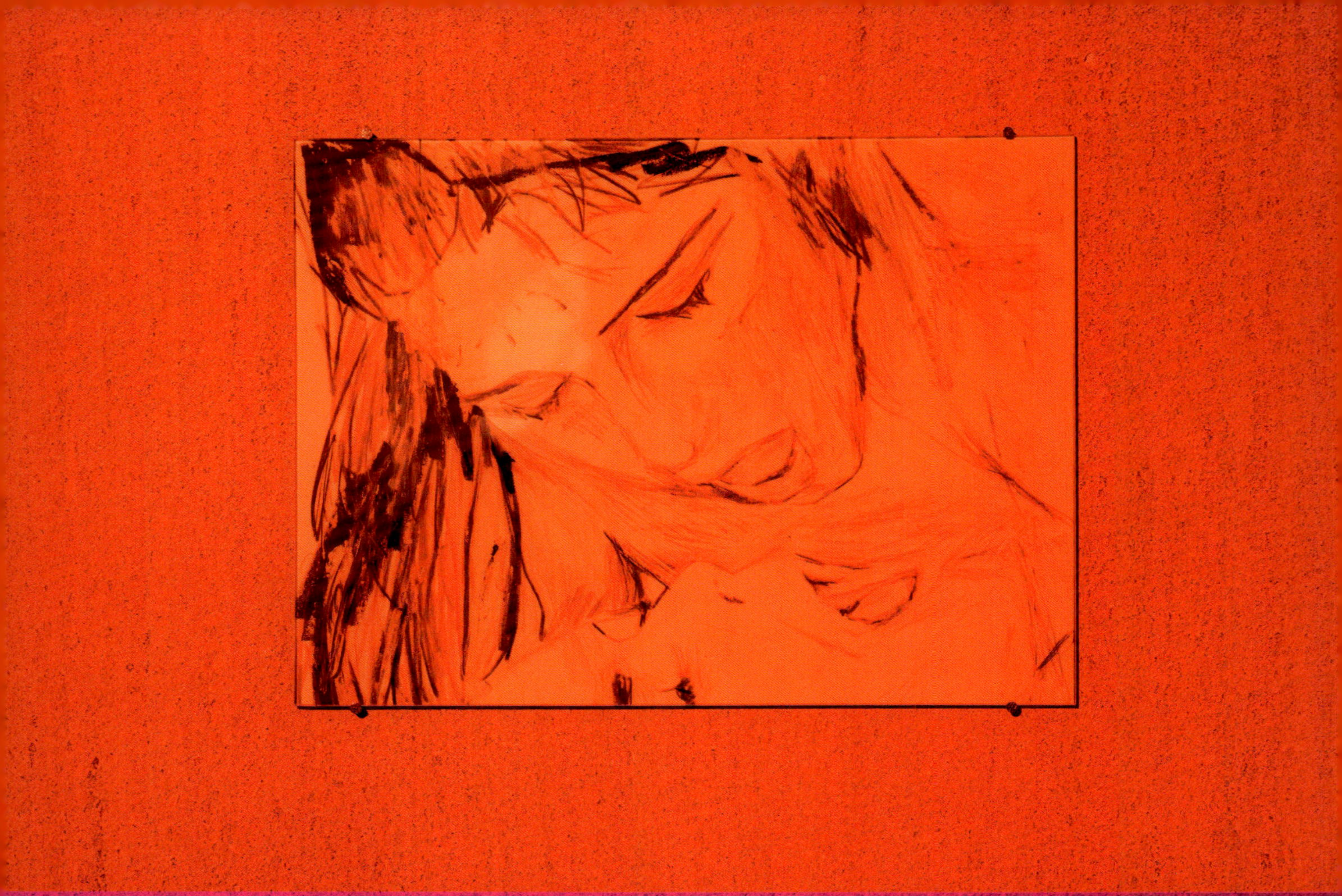

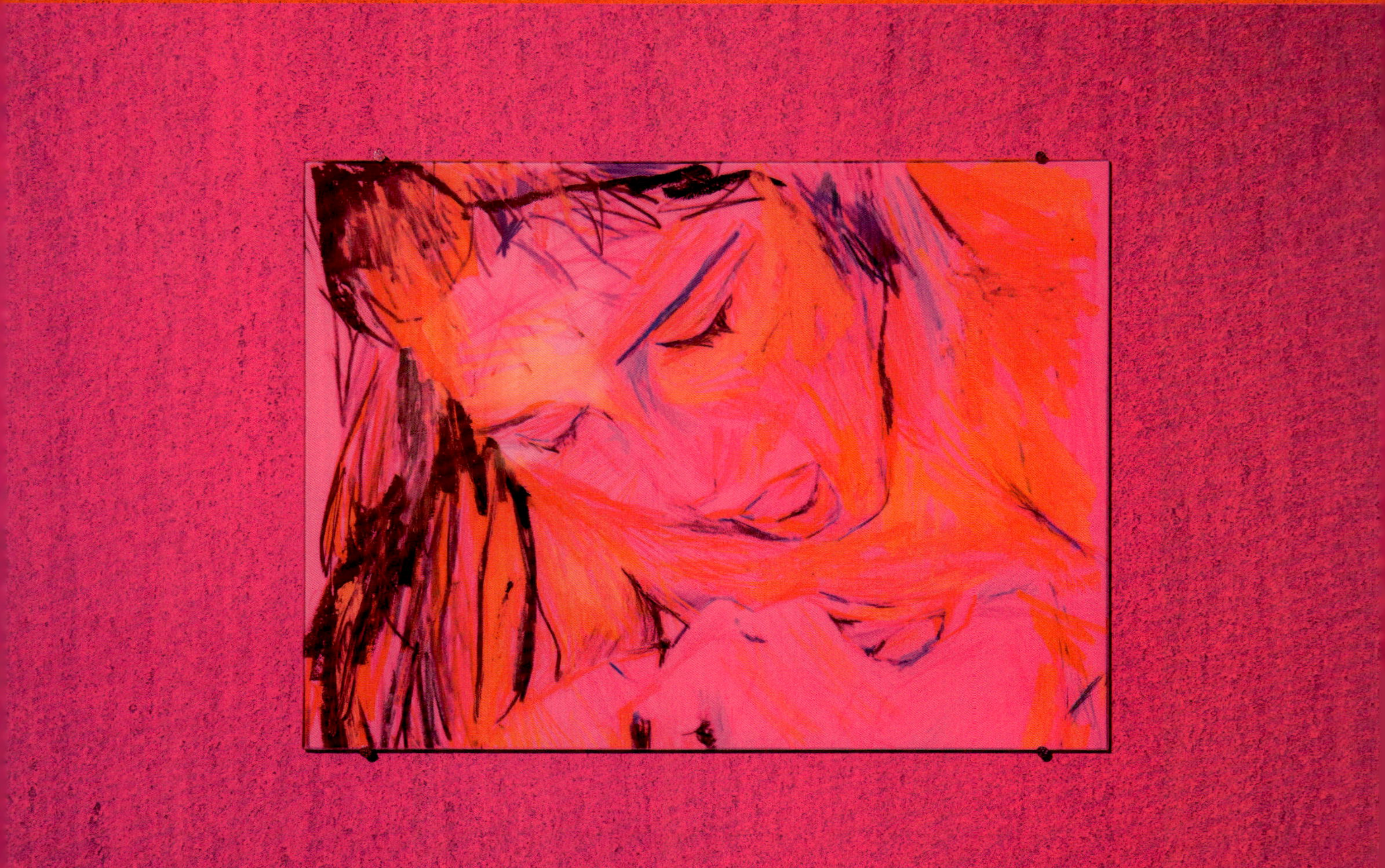

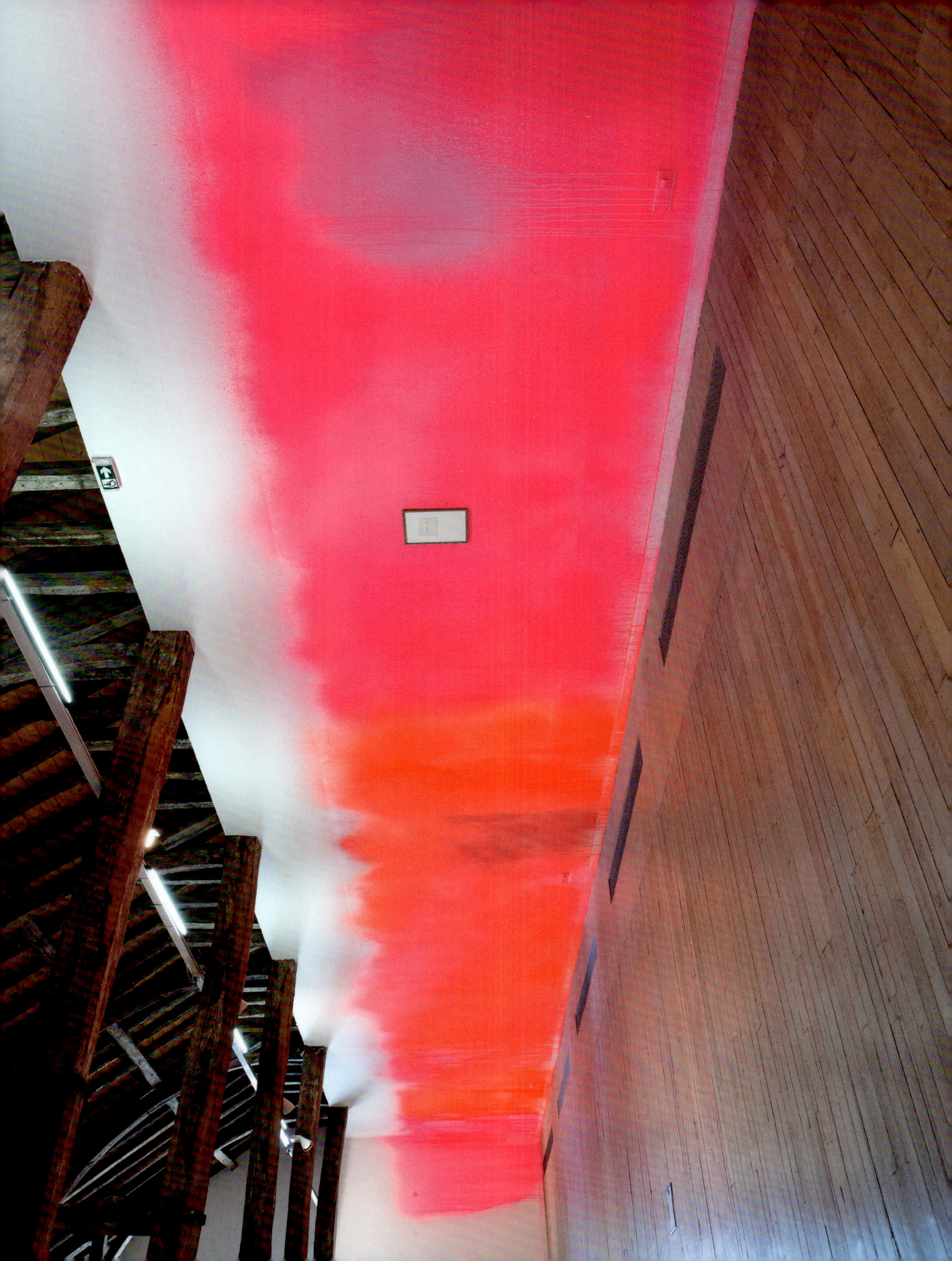

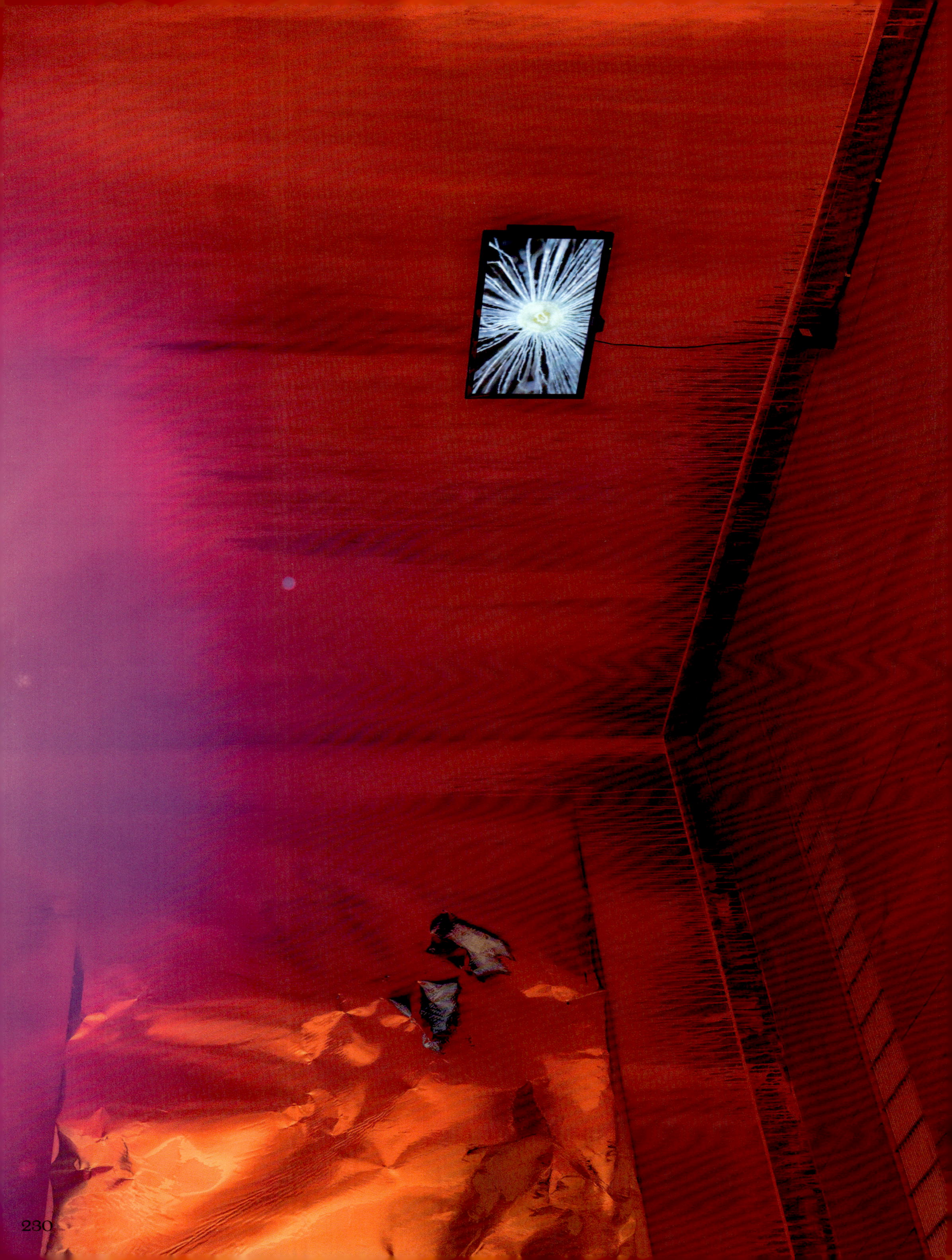

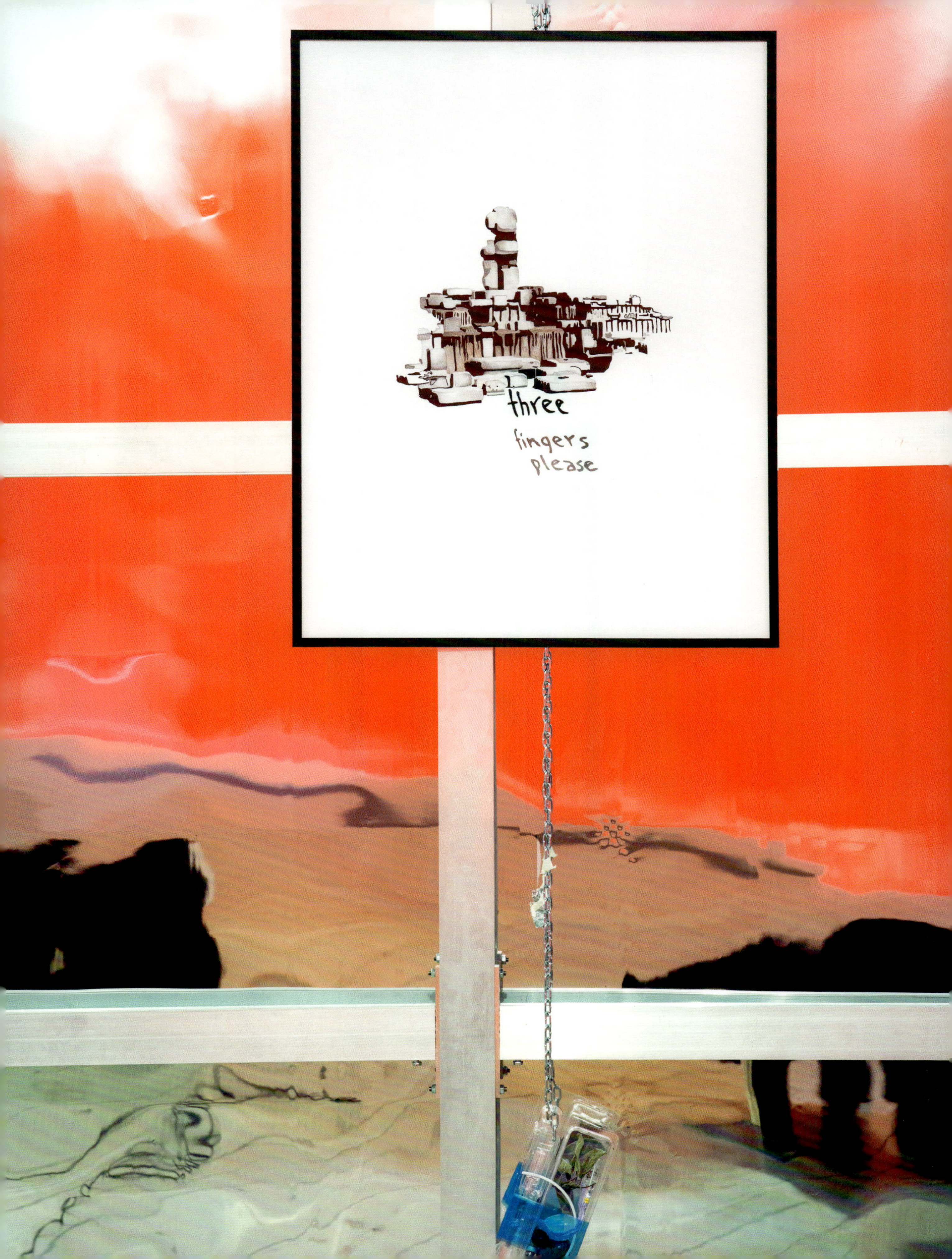
three
fingers
please

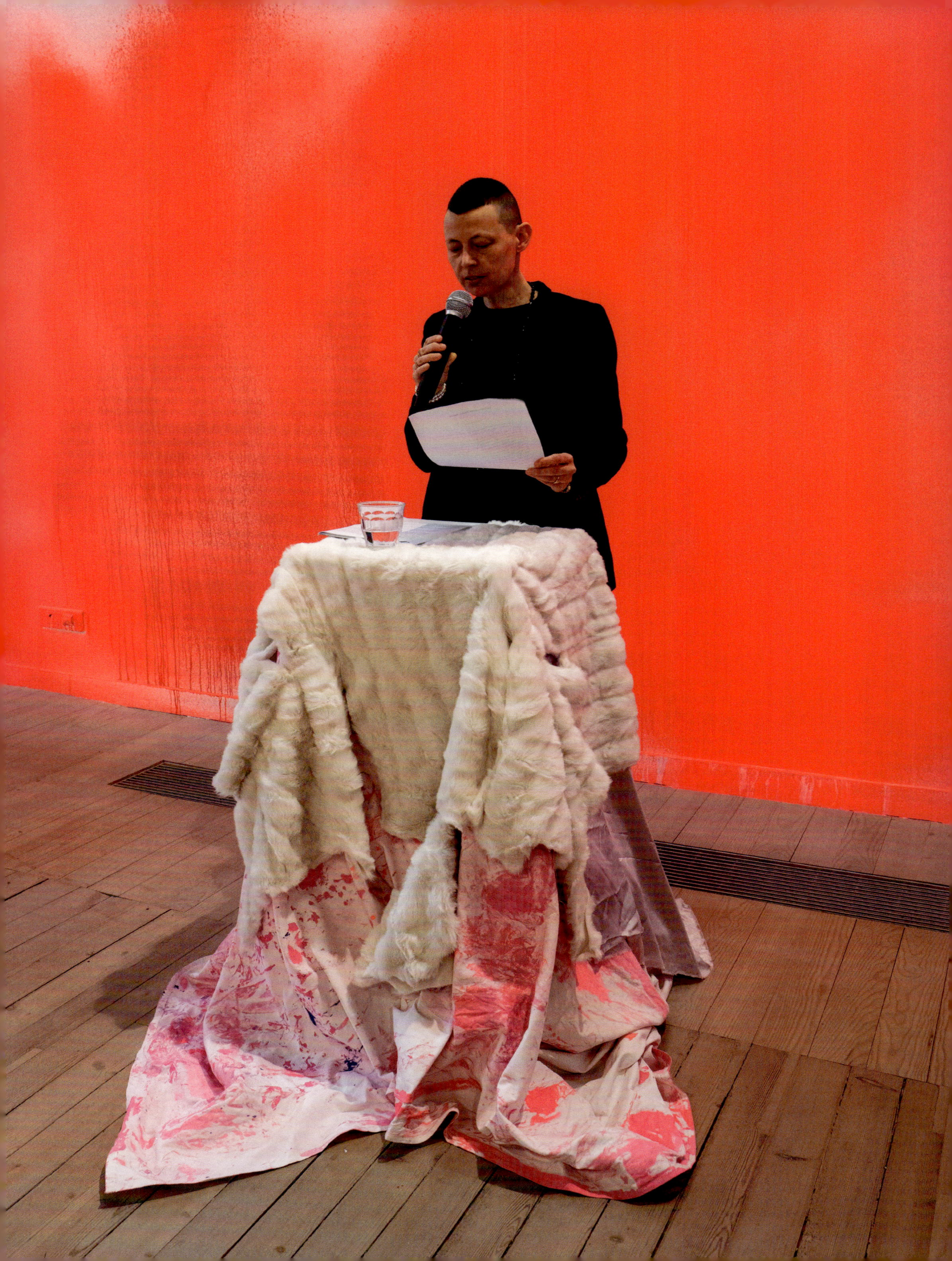

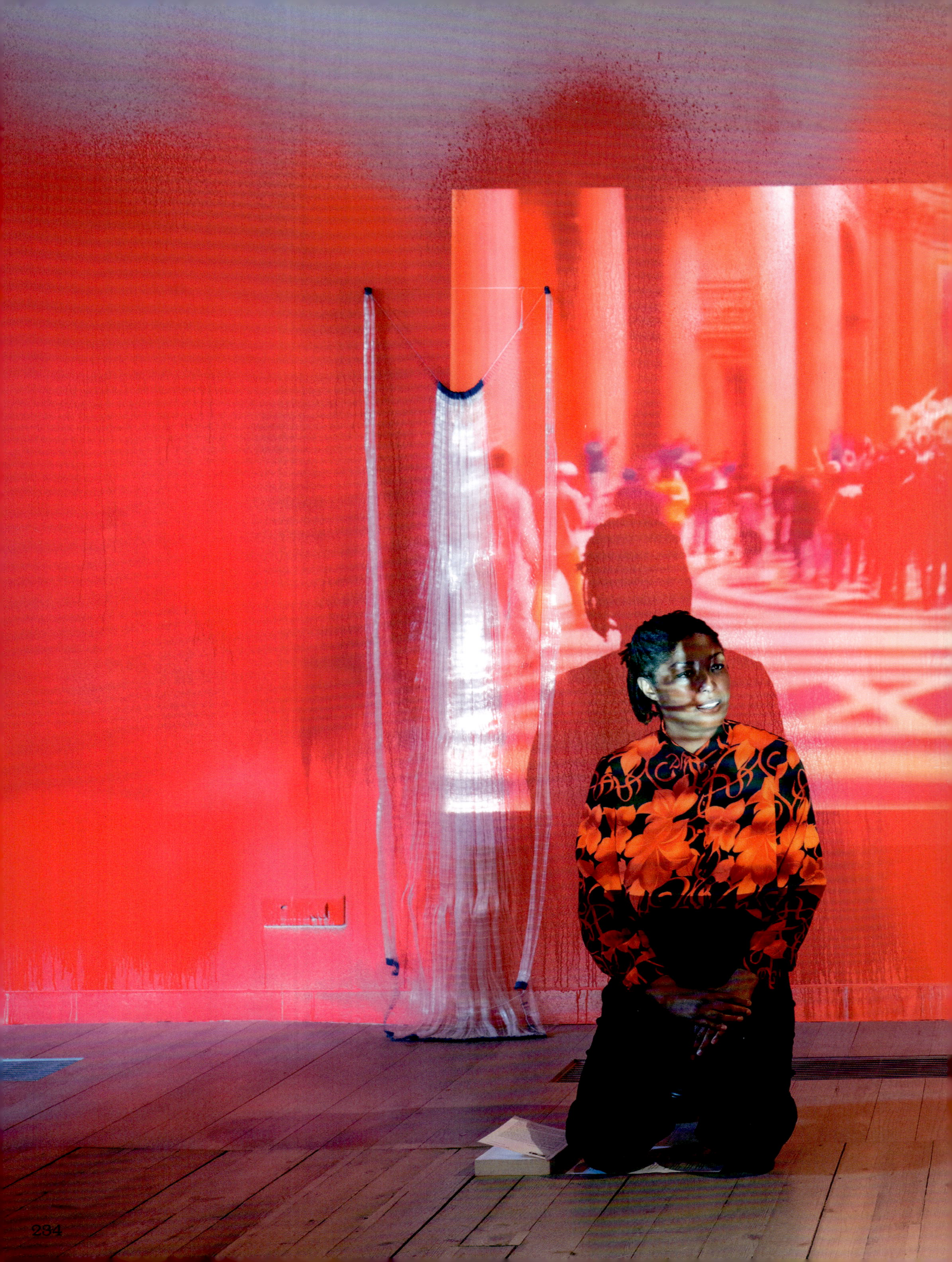

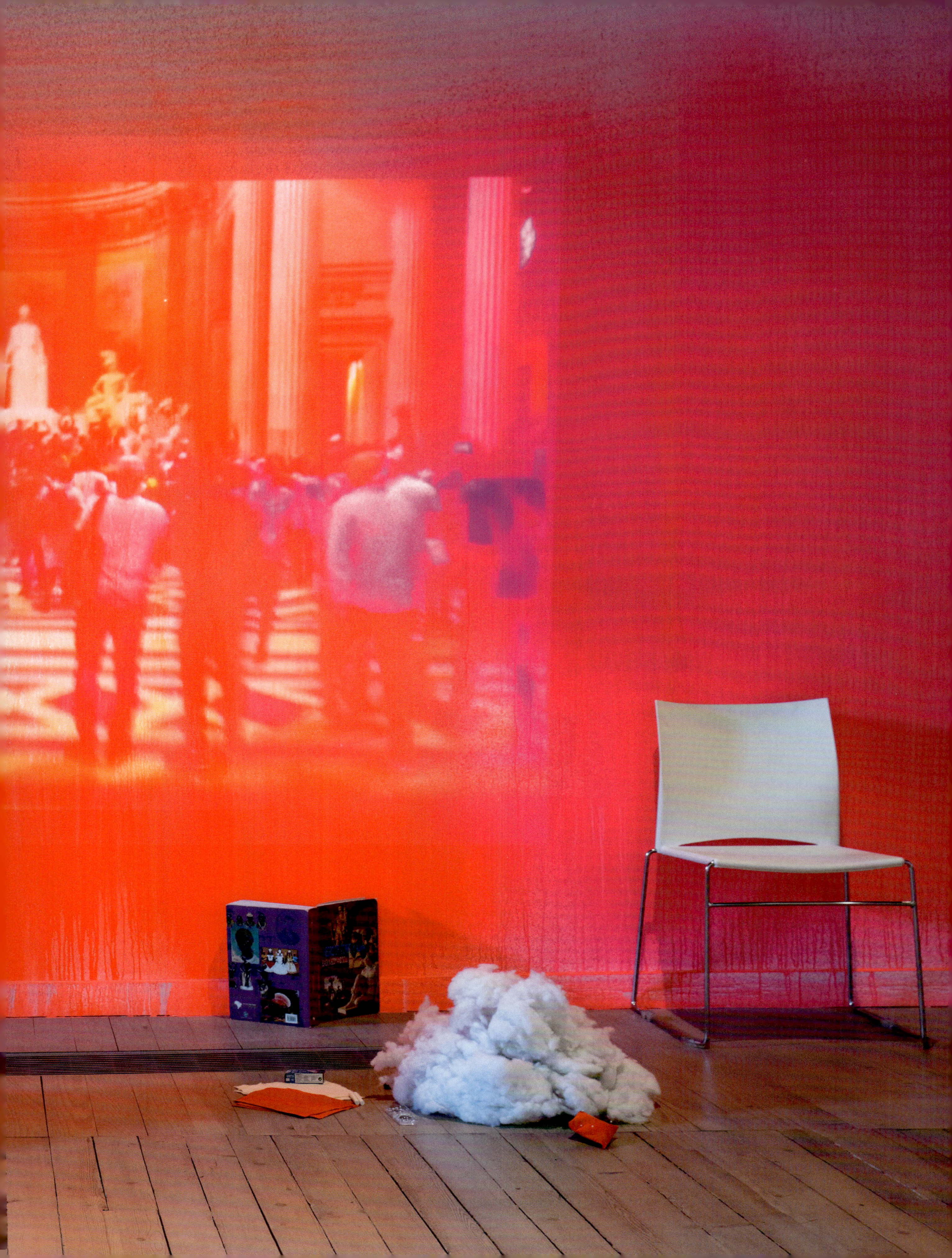

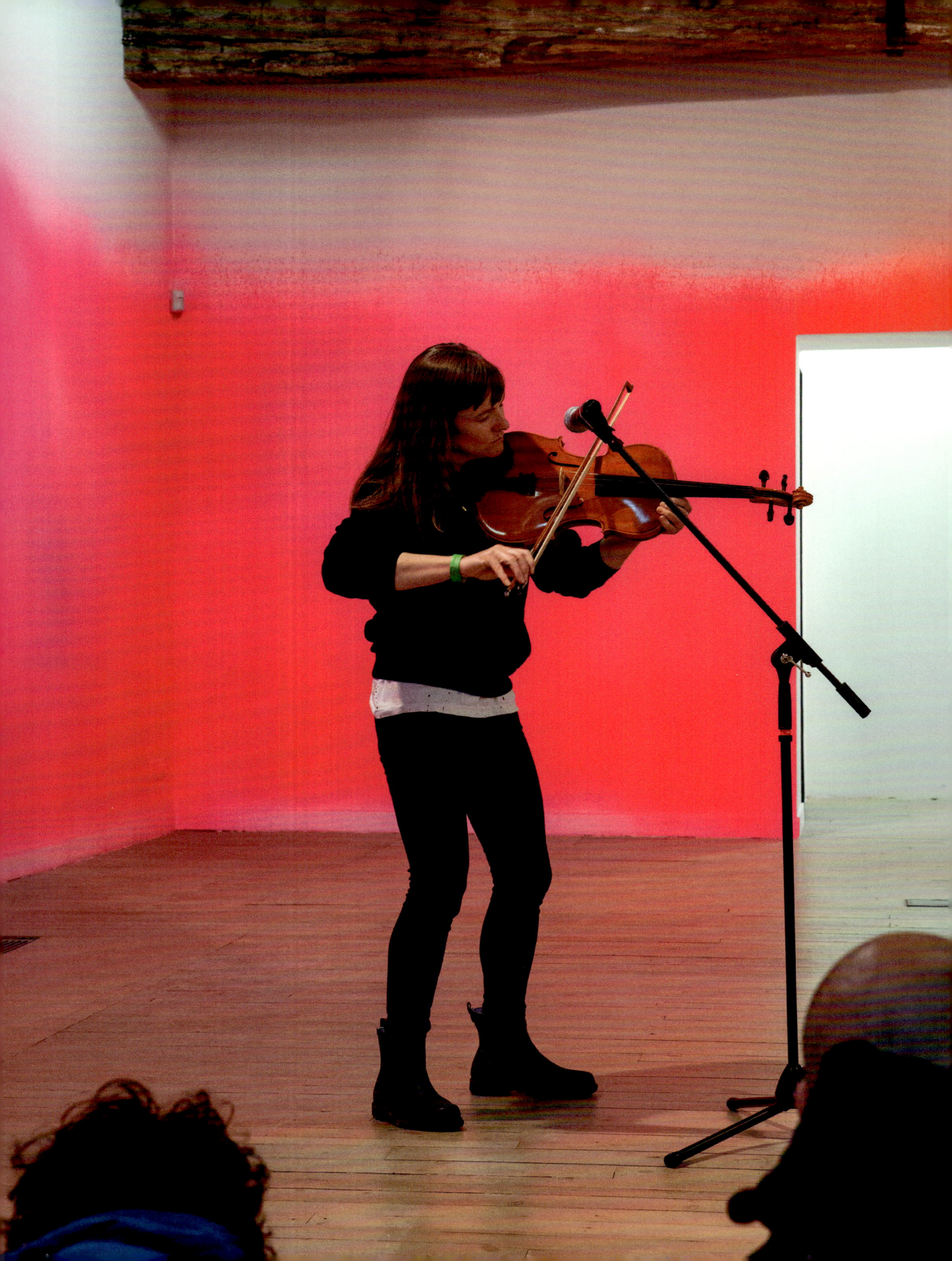

Pleine Lune en Poissons
2022

Les Capucins, centre d'art contemporain, Embrun, 2022, commissariat : Solenn Morel.

Avec les œuvres d'artistes invitéxs par la commissaire Solenn Morel : Louise Aleksiejew et Antoine Medes, Association Tiss'âges, Muriel Baïevitch-Coutens, Cécile Bart, Laura Ben Hayoun, Marie Bette, Dominique Blanc, Odile Bonnaffoux, Roxane Borujerdi, Lucile Bou, Simon Boudvin, Cécile Bouffard, Deborah Bowmann, Benoit Broisat, Jean-Sébastien Brunet, Samuel Brunet, Timéo Brunet, Angélique Buisson, Io Burgard, Éléonore Cheneau, Matthieu Clainchard, Étienne Cliquet, Matthieu Cossé, Fabrice Croux, Cubs Éditions (Agathe Lartigue et Julie Buffard-Moret), Christophe Cuzin, Jochen Dehn, François Deladerrière, Marine des Garets, Florent Dubois, Chloé Dugit-Gros, Éléonore False, Laure Fannière, Aurélie Ferruel et Florentine Guédon, Quentin Gilbert, Jérémie Gindre, Éric Giraudet de Boudemange, Élie Godard, Séverine Gorlier, Louise Hervé et Clovis Maillet, Hippolyte Hentgen, Suzanne Husky, Charlie Hamish Jeffery, Jihye Jung, Florentine et Alexandre Lamarche-Ovize, Lou-Andréa Lassalle-Villaroya, Élodie Lecat, Ronan Lecreurer, Seulgi Lee, Stephen Loye, Roxanne Maillet, Anne Massot, Nicolas Momein, Imane Otzenberger, Mathilde Paix, Jacques Paris, Emilie Perotto, Jennetta Petch et Szymon Kula, Marie Preston, Graziella Semerciyan et Line Gigot, Anna Principaud, Samir Ramdani, Tony Regazzoni, Paule Riché, Romane Riquier, Aria Rolland, Jean de Sagazan, Éléonore Saintagnan, Ernesto Sartori, Lina Schlageter, Yoan Sorin, Éric Tabuchi, David de Tscharner, Éva Taulois, Camille Tsvetoukhine, Lucille Uhlrich, Céline Vaché-Olivieri, Clotilde Viannay, Josselin Vidalenc, Thomas Voillaume.

Installation : structure métallique, Plexiglas transparent avec et sans son plastique de protection, plaques de plâtre peintes, peinture murale, osier, chaînes, quincaillerie, sangles.

Pour le dixième anniversaire du centre d'art, sa directrice Solenn Morel a imaginé un rassemblement de toutxs celleux ayant contribué à son histoire, artistes comme artisanxs, bénévoles, collaborateurixs, en les invitant à présenter une pièce au sein d'une installation conçue par Jagna Ciuchta. Les artistes ont eu carte blanche pour le choix de leurs œuvres, avec la seule contrainte qu'elles puissent être envoyées par la poste. Jagna Ciuchta a intitulé l'exposition selon le thème astral obtenu pour la date exacte de l'inauguration du centre d'art. *Pleine Lune en Poissons*, une lune intense, magnétique, affective, sexuelle, généreuse et fédératrice.

Pour l'ensemble éclectique et hasardeux de près d'une centaine d'œuvres, l'artiste a imaginé un accrochage qui n'utilisait pas les murs des Capucins ni des cimaises, mais qui permettait aux œuvres de flotter au milieu de la grande nef, tout en laissant un maximum de visibilité, d'air et de transparence. Elle a réalisé une structure composée de rails métalliques comme un châssis de cimaises dénudé. Monumentale, traversant l'espace des Capucins en une seule pièce faite de ramifications aux angles vifs, cette structure exhibait l'envers et l'endroit du décor sur un même plan. Des chaînes en acier permettaient la suspension d'œuvres, en exposant leurs faces et leurs dos à nu ou visibles à travers des plaques de Plexiglas. Le mouvement ondoyant de l'installation était prolongé visuellement par des projections de peinture murale s'étendant sur plusieurs mètres sur les parois de la grande nef du centre d'art.

Full Moon in Pisces
2022

Les Capucins, centre d'art contemporain, Embrun, 2022, curated by Solenn Morel.

With works by artists invited by curator Solenn Morel: Louise Aleksiejew and Antoine Medes, Association Tiss'âges, Muriel Baïevitch-Coutens, Cécile Bart, Laura Ben Hayoun, Marie Bette, Dominique Blanc, Odile Bonnaffoux, Roxane Borujerdi, Lucile Bou, Simon Boudvin, Cécile Bouffard, Deborah Bowmann, Benoit Broisat, Jean-Sébastien Brunet, Samuel Brunet, Timéo Brunet, Angélique Buisson, Io Burgard, Éléonore Cheneau, Matthieu Clainchard, Étienne Cliquet, Matthieu Cossé, Fabrice Croux, Cubs Éditions (Agathe Lartigue and Julie Buffard-Moret), Christophe Cuzin, Jochen Dehn, François Deladerrière, Marine des Garets, Florent Dubois, Chloé Dugit-Gros, Éléonore False, Laure Fannière, Aurélie Ferruel and Florentine Guédon, Quentin Gilbert, Jérémie Gindre, Éric Giraudet de Boudemange, Élie Godard, Séverine Gorlier, Louise Hervé and Clovis Maillet, Hippolyte Hentgen, Suzanne Husky, Charlie Hamish Jeffery, Jihye Jung, Florentine and Alexandre Lamarche-Ovize, Lou-Andréa Lassalle-Villaroya, Élodie Lecat, Ronan Lecreurer, Seulgi Lee, Stephen Loye, Roxanne Maillet, Anne Massot, Nicolas Momein, Imane Otzenberger, Mathilde Paix, Jacques Paris, Emilie Perotto, Jennetta Petch and Szymon Kula, Marie Preston, Graziella Semerciyan and Line Gigot, Anna Principaud, Samir Ramdani, Tony Regazzoni, Paule Riché, Romane Riquier, Aria Rolland, Jean de Sagazan, Éléonore Saintagnan, Ernesto Sartori, Lina Schlageter, Kristina Solomoukha and Paolo Codeluppi, Yoan Sorin, Éric Tabuchi, David de Tscharner, Éva Taulois, Camille Tsvetoukhine, Lucille Uhlrich, Céline Vaché-Olivieri, Clotilde Viannay, Josselin Vidalenc, Thomas Voillaume.

Installation: metal structure, transparent Plexiglas with and without its protective plastic, painted plasterboard, wall paint, wicker, chains, hardware, straps.

For the art center's tenth anniversary, its director Solenn Morel put together a gathering of all those who contributed to its history—artists, craftspeople, volunteers and collaborators—inviting them to present a piece within an installation designed by Jagna Ciuchta. The artists were given carte blanche to choose their works, the only constraint being that they should be sent by the post. Ciuchta titled the exhibition according to the astral theme of the exact date of the art center's inauguration. *Full Moon in Pisces*, an intense, magnetic, affective, sexual, generous and unifying moon.

For the eclectic and haphazard ensemble of nearly a hundred works, the artist imagined a structure that didn't use the Capucins' walls, but allowed the works to float in the middle of the great nave, giving maximum visibility, air and transparency. She created a structure of metal rails like a bare wall frame. Monumental, cutting through the space of the Capucins in a single sharp-edged piece, this structure displayed both sides on a single plane. Steel chains were used to suspend works of art, exposing their fronts and backs bare or visible through Plexiglas sheets. The undulating movement of the installation was visually prolonged by an airbrushed mural extending over several meters on the walls of the art center's great nave.

P. 238–239 Jagna Ciuchta, *Après La Pleine Lune en Poissons*, 2022, série photographique réalisée dans l'installation *Pleine Lune en Poissons*, sans les œuvres d'artistes invitéxs.

P. 239 *Pleine Lune en Poissons*, vue d'installation avec les œuvres de Muriel Baïevitch-Coutens, Kristina Solomoukha et Paolo Codeluppi, Anne Massot, Jennetta Petch et Szymon Kula, Ronan Lecreurer, Jean de Sagazan.

P. 240 Vue d'installation avec les œuvres d'Elie Godard, Simon Boudvin, Samuel Brunet, Timéo Brunet, Laure Fannière, Deborah Bowmann.

P. 241 Avec les œuvres de Jochen Dehn, Fabrice Croux, Quentin Gilbert, Romane Laillet.

P. 242–243 Avec les œuvres de Nicolas Momein, Matthieu Cossé, Charlie Jeffery, Camille Tsvetoukhine, Jochen Dehn, Fabrice Croux, Quentin Gilbert, Romane Laillet, Florent Dubois, Muriel Baïevitch-Coutens, Jennetta Petch et Szymon Kula.

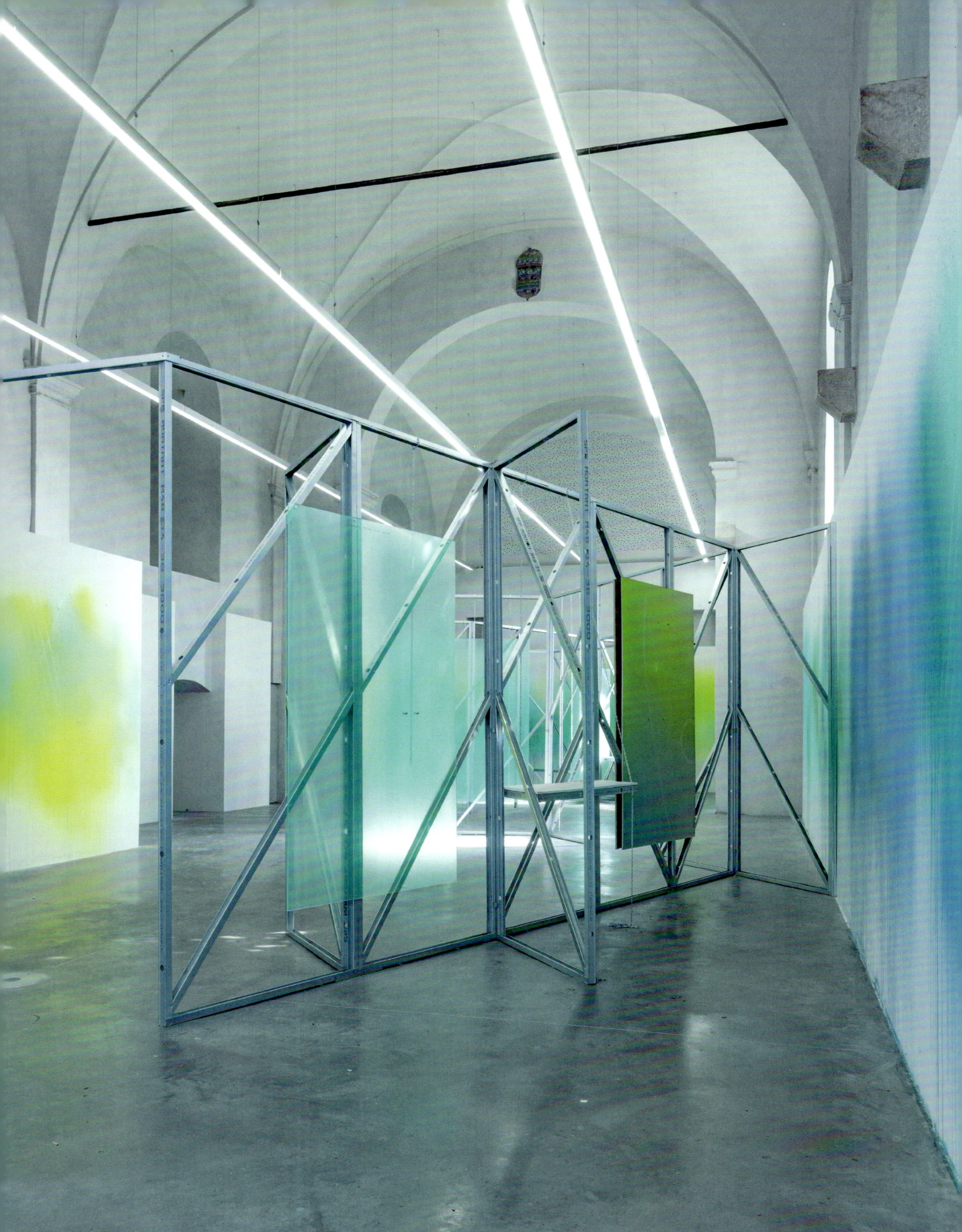

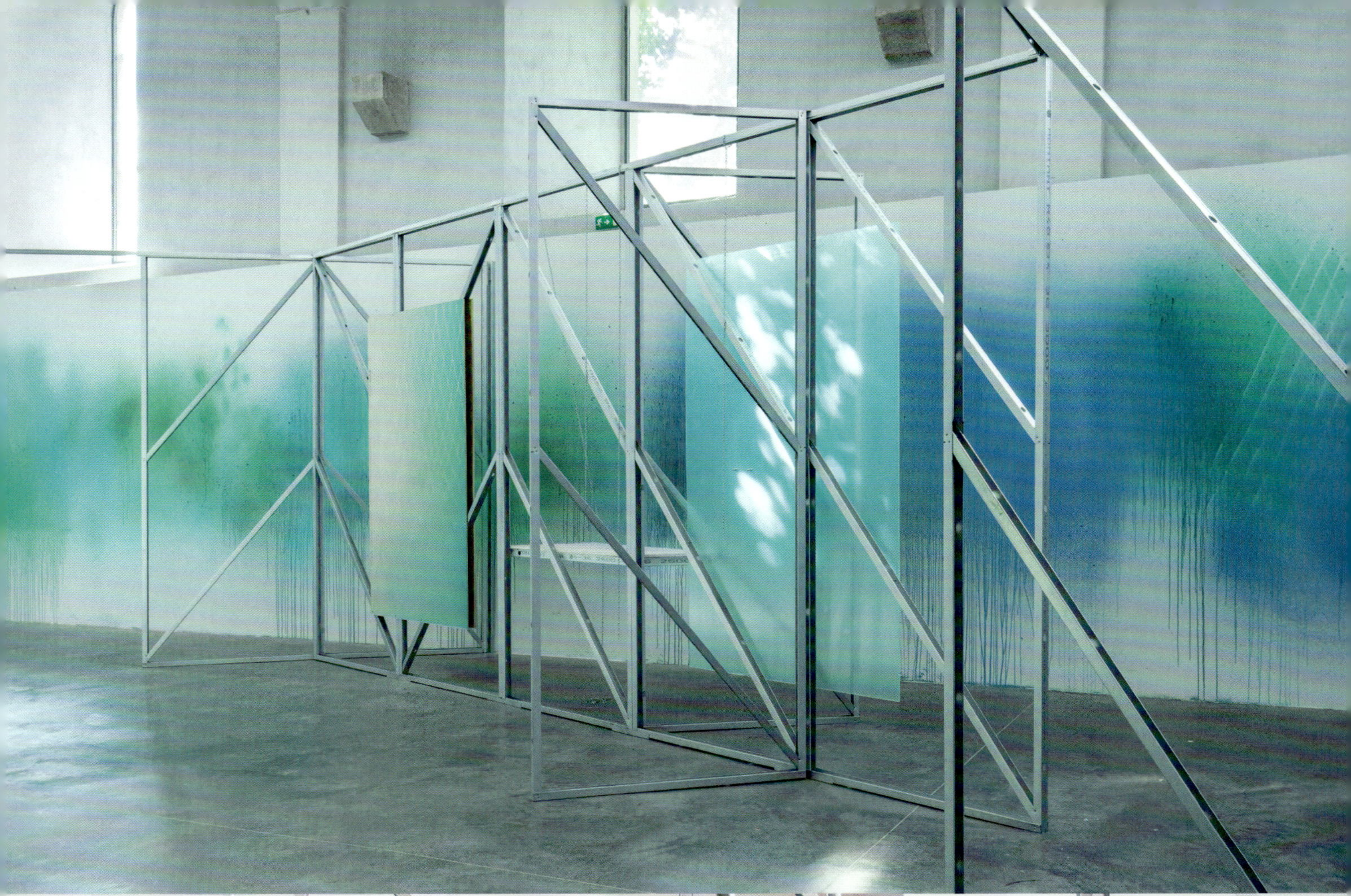

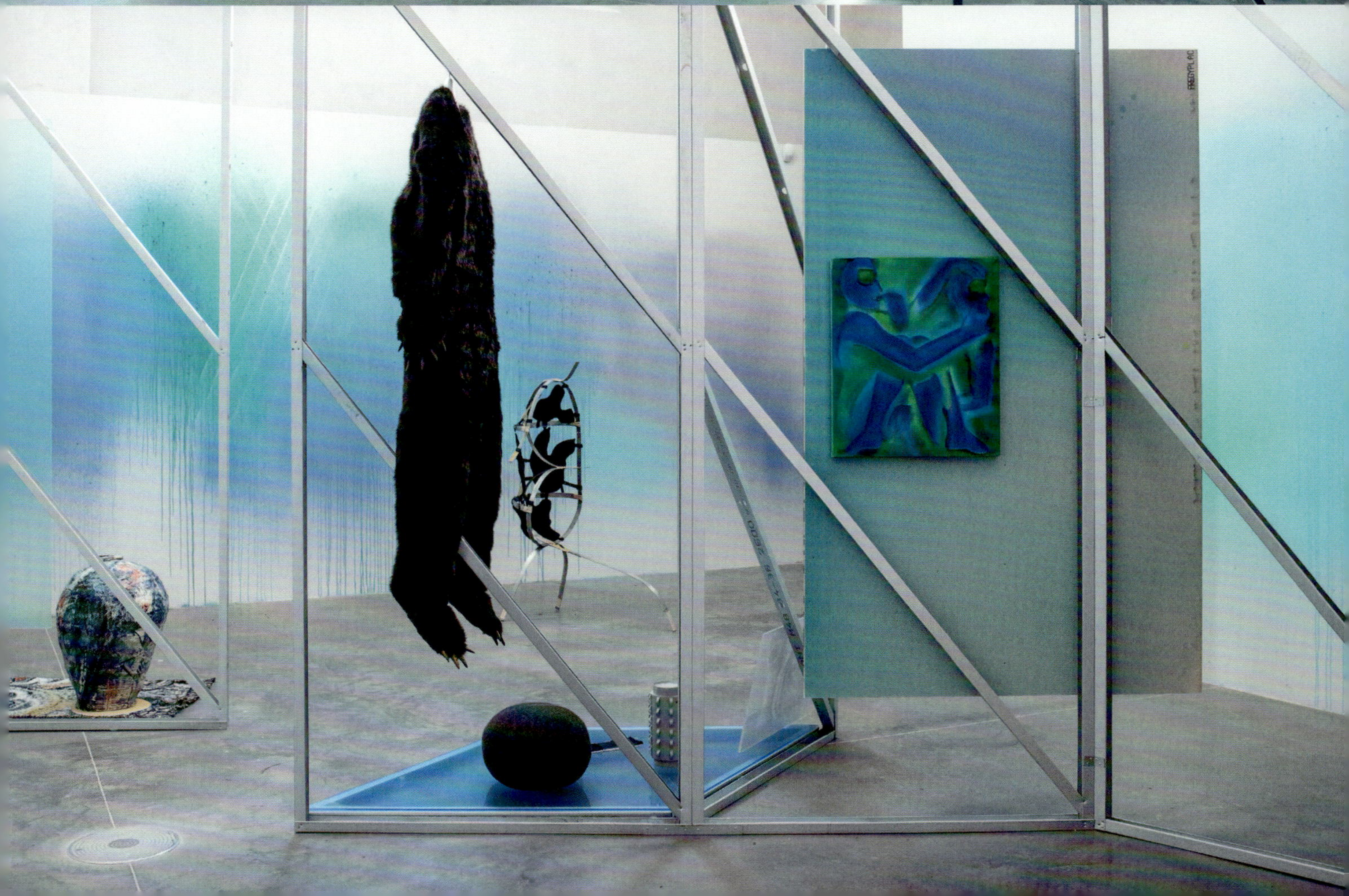

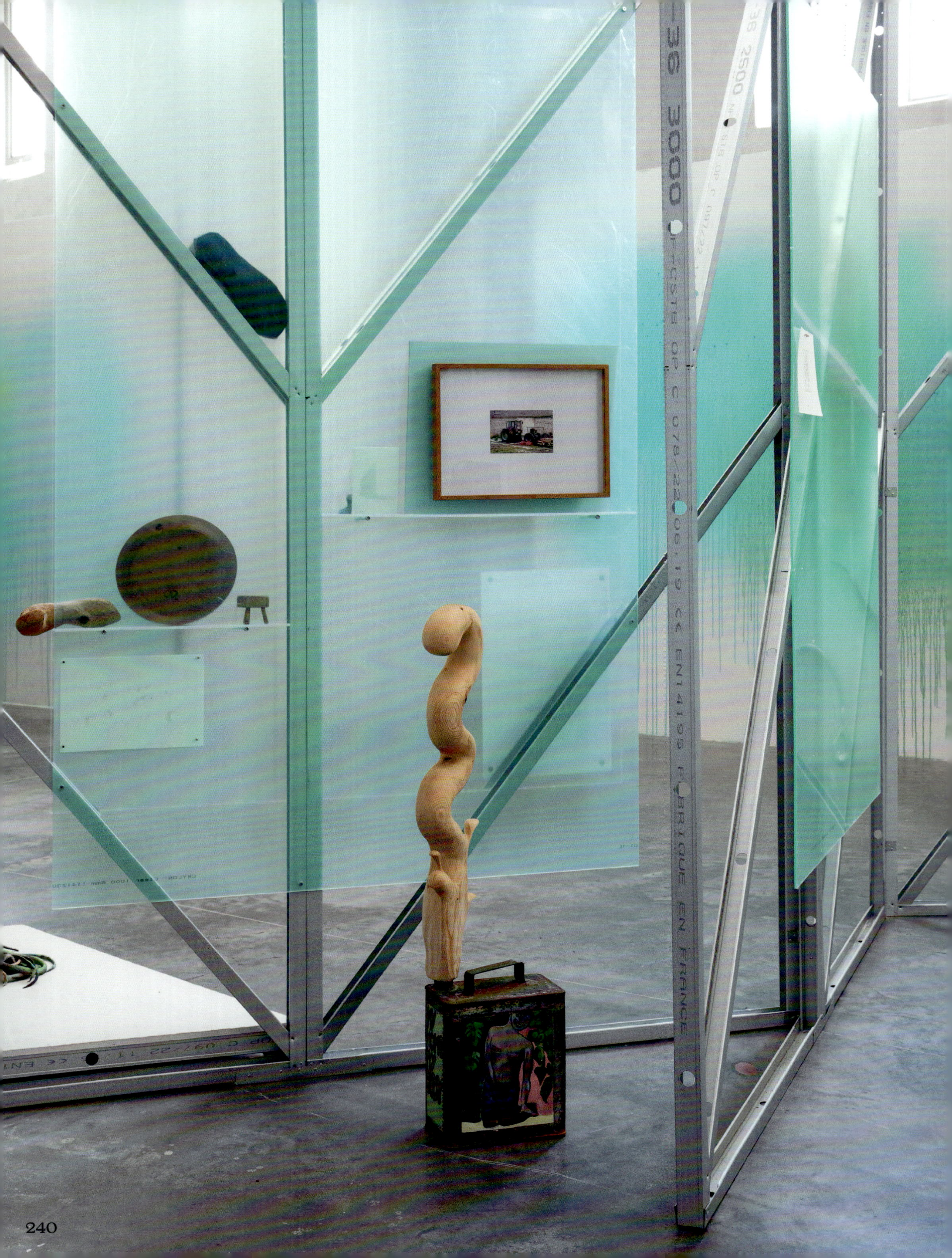
36 3000
2500

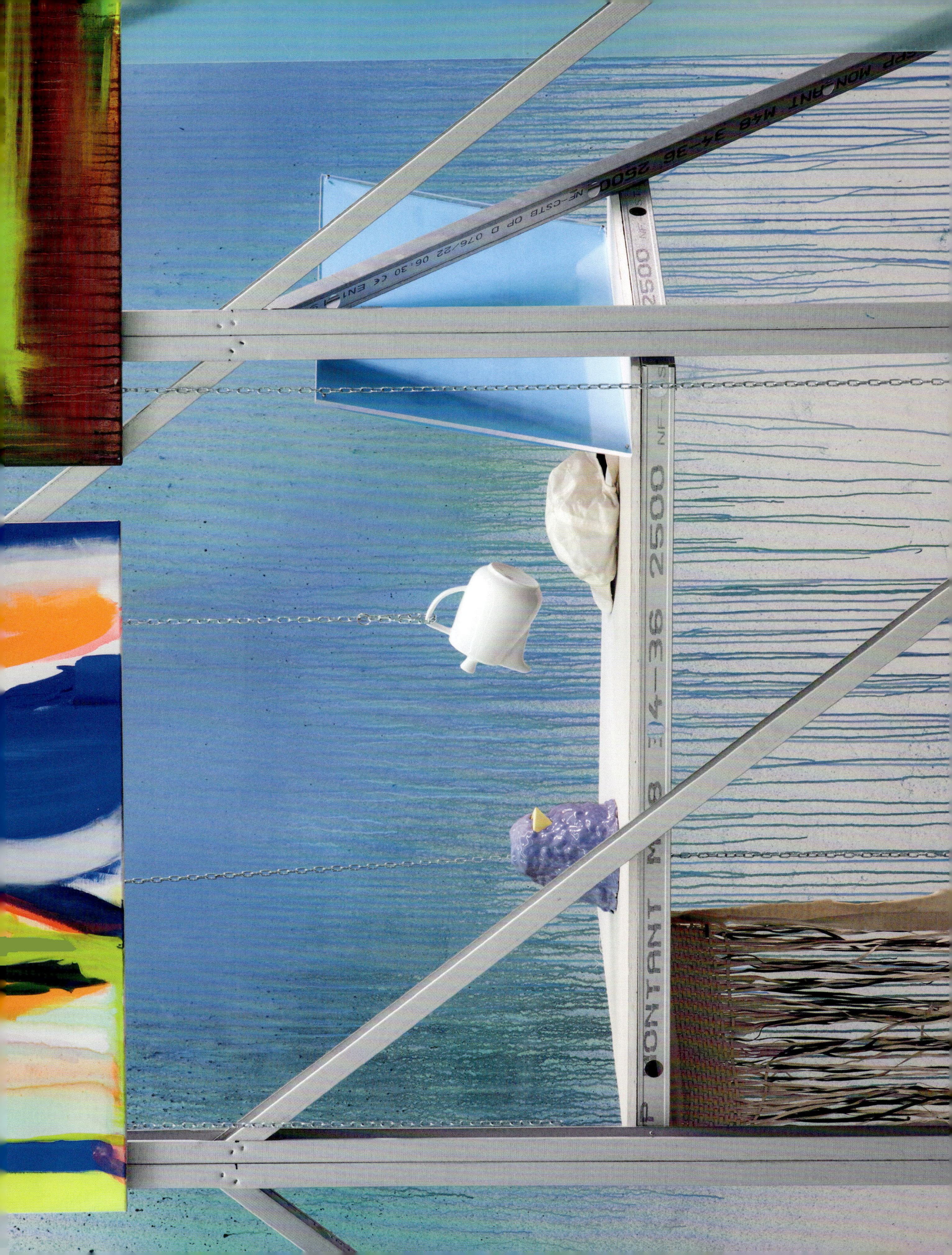
MONTANT M48 34-36 2500

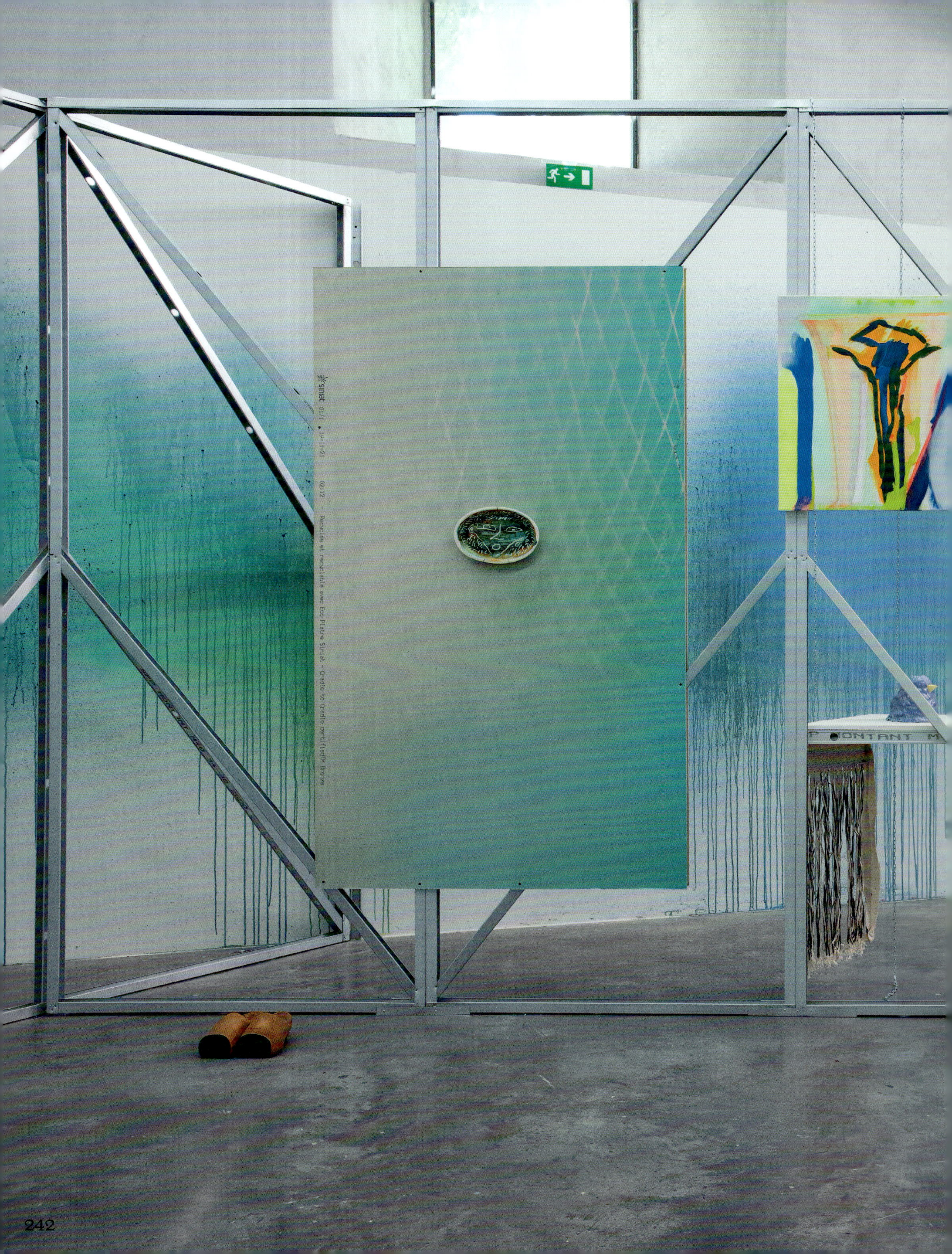

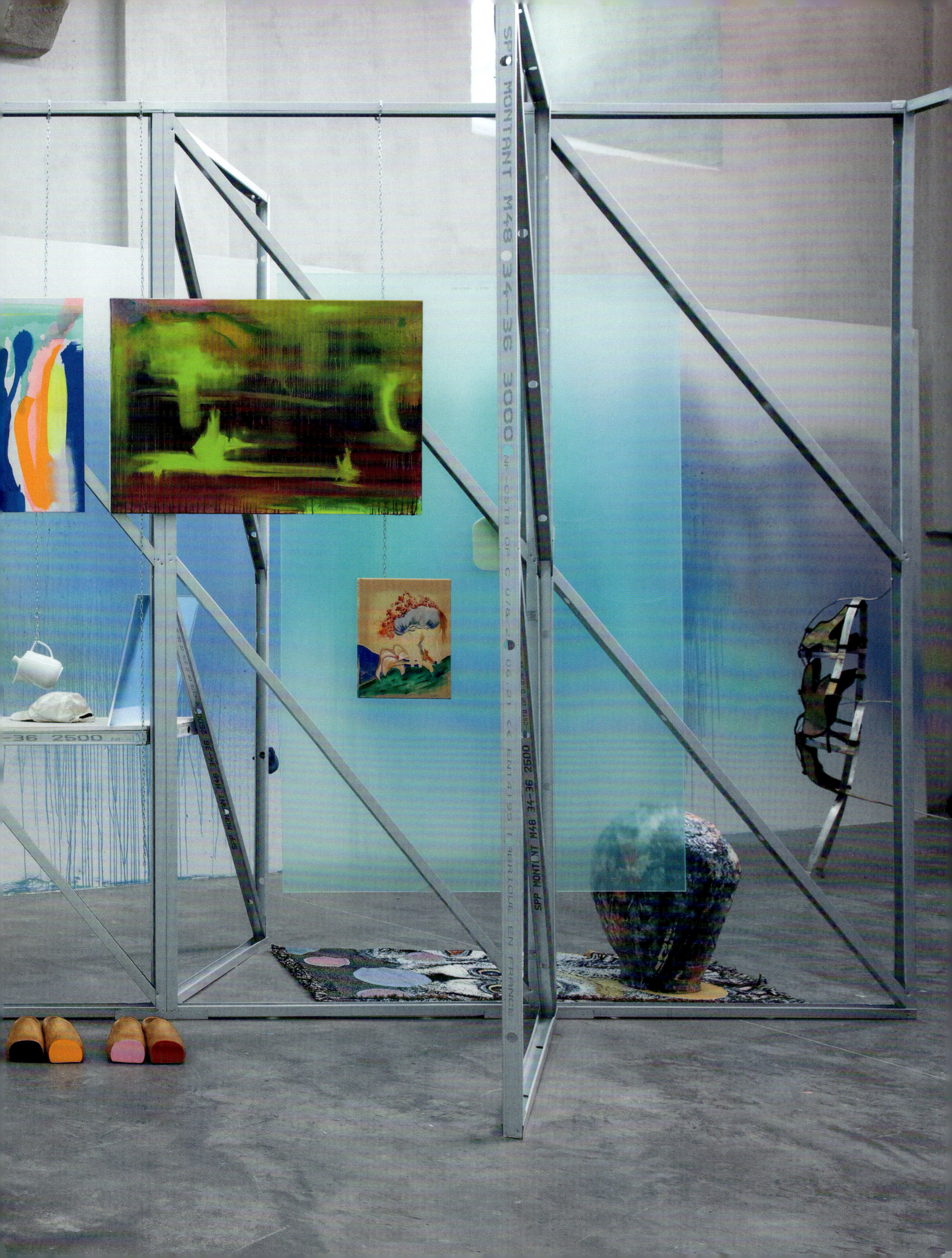
SPP MONTANT M48 34-36 3000
-36 2500

Toutxs à la fois mutantxs et multiples 2023

La Chaufferie, galerie d'exposition de la Haute école des arts du Rhin, Strasbourg, sur l'invitation d'Emmanuelle Castellan avec Lidwine Prolonge, Cyrille Bret et Nicolas Fourgeaud.

Avec les œuvres de Rose-Mahé Cabel et ïan Larue.

Installation évolutive en trois temps, utilisant sangles, anneaux et mousquetons en acier, peinture murale, Plexiglas noir et transparant, polycarbonate, peinture sur coton, bois, peaux de bêtes synthétiques, bande adhésive aluminium.

1 Une peinture murale monumentale accueille un petit tableau de ïan Larue et embrasse l'espace de la grande salle d'exposition. Une sculpture composée de Plexiglas noir et transparent et de polycarbonate, suspendue à travers l'espace sur des sangles avec des éléments métalliques, forme une vitrine futuriste, kinky-SF, pour les *Déesses fossiles*, une série de petites sculptures de ïan Larue. L'autre bout des sangles pend dans l'espace. Des plaques de Plexiglas noir et le *Big Bang*, une peinture de ïan Larue sont entreposées sur des mousses contre un mur.
Un tas formé de peinture sur coton plié (ayant servi de chiffon lors de la réalisation de la peinture murale), de polycarbonate, de bois et de cloche en Plexiglas, sert de vitrine pour la dague en verre de Rose-Mahé Cabel.
Enfin, d'autres sangles terminées par des mousquetons sont répandues sur le sol de la galerie, en attente d'une future utilisation. Elles sont fixées au sol, leur forme et leur emplacement sont prévus pour accueillir le dernier tableau de la performance de Rose-Mahé Cabel deux mois plus tard, à la fin de l'exposition.
À l'étage, six peintures de la série *Le Monde flottant* de ïan Larue sont installées sur du polycarbonate et éclairées par deux sources de lumière colorée et changeante. Le jour du vernissage est l'occasion de la « sortie du cocon », le premier tableau de *Weaving Mutation*, une performance de Rose-Mahé Cabel.

2 Un métier à tisser pour *Weaving Mutation 2* est tendu entre un bout de sangle de la vitrine avec les *Déesses fossiles* et une chaise, la performance se déroule à travers l'espace et sur fond de peinture murale. Des photographies de Jagna Ciuchta, incluant une vue fragmentaire de la même exposition, sont associées aux tableaux de ïan Larue, dont certains ont changé de place. De nouveaux tableaux de ïan Larue, accompagnés de tirages de Jagna Ciuchta, remplacent son *Monde flottant* à l'étage.

3 Les sangles (celles disposées au sol en attente pendant la durée de l'exposition et les bouts tombants de la vitrine avec les *Déesses fossiles*) sont tendues dans l'espace pour accueillir *Weaving Mutation 3*. Une forme tissée par Rose-Mahé Cabel se retrouve ainsi reliée à la sculpture de Jagna Ciuchta (vitrine pour les *Déesses fossiles* de ïan Larue), liée déjà par l'autre bout au métier à tisser de *Weaving Mutation 2*.

Le titre de l'exposition fait écho à *Some Remarks on The Lesbian Body* de Monique Wittig.

All Simultaneously Mutants and Multiples 2023

La Chaufferie, exhibition gallery of the Haute école des arts du Rhin, Strasbourg, at the invitation of Emmanuelle Castellan, with Lidwine Prolonge, Cyrille Bret and Nicolas Fourgeaud.

With works by Rose-Mahé Cabel and ïan Larue.

Evolving installation in three phases, using straps, steel rings and snaphooks, wall paint, black and transparent Plexiglas, polycarbonate, paint on cotton, wood, synthetic animal skins and aluminium adhesive tape.

1 A monumental mural accommodates a small painting by ïan Larue and embraces the space of the large exhibition hall. A sculpture composed of black and transparent Plexiglas and polycarbonate is suspended across the space on straps with metal inclusions and forms a futuristic, kinky, sci-fi vitrine, for *Déesses fossiles* [Fossil Goddesses], a series of small sculptures by ïan Larue. The other end of the straps dangles in space. Plates of black Plexiglas and *Big Bang*, a painting by Larue, are placed on foam against a wall. A pile of paint on folded cotton (used as a rag for the mural), polycarbonate, wood and a Plexiglas bell serve as a display case for Cabel's glass dagger.
Other straps ending in snap hooks are scattered and fixed across the gallery floor, awaiting future use—their shape and location are designed to accommodate the final part of Rose-Mahé Cabel's performance two months later, at the end of the exhibition.
Upstairs, six paintings from Larue's *Le Monde flottant* [Floating World] series are installed on polycarbonate and lit by two sources of colored, changing light. The first part of Cabel's performance *Weaving Mutation* in which the performer comes out of their cocoon takes place on the day of the opening

2 A loom for *Weaving Mutation2* is stretched between a strap from the vitrine with the *Déesses fossiles* and a chair. The performance takes place across the space with the mural as a backdrop. Photographs by Ciuchta, including a fragmentary view of the same exhibition, are paired with Larue's paintings, some of which have been relocated. New paintings by Larue, accompanied by prints by Ciuchta, replace her *Monde flottant* upstairs.

3 The straps laid out on the floor for the duration of the exhibition are stretched across the space to accommodate *Weaving Mutation3*. A form woven by Cabel is thus linked to the sculpture by Ciuchta (itself a showcase for Larue's *Déesses fossiles*). This sculpture is also linked on the other end to the loom of *Weaving Mutation2*.

The title of the exhibition echoes Monique Wittig's *Some Remarks on The Lesbian Body*.

P. 245 Jagna Ciuchta et ïan Larue, *Toutxs à la fois mutantxs et multiples*, avec *Diptyque rouge et La Volcan (bleu)*, 2023, technique mixte sur toile, photographie sur papier haute réflexion, scotch aluminium.

P. 246–247 *Toutxs à la fois mutantxs et multiples (1)*, 2023, vue d'installation dont une vitrine suspendue contenant l'œuvre de ïan Larue, *Déesses fossiles*, 2016, 23 sculptures en cire de bijouterie et techniques mixtes ; ainsi que ïan Larue, *L'invasion des extraterrestres et La terre vue du ciel*, 2023, technique mixte sur toile ; et Rose-Mahé Cabel, *Weaving Mutation 1/3*, 2023, métal, latex naturel, livres, piercings, vidéo en boucle 6' et LED.

P. 248 Vue d'installation.

P. 249 Vue d'installation avec l'œuvre de ïan Larue, *Big Bang*, 2020, tempera et vernis craquelé sur toile.

P. 250–251 Vue d'installation dont une vitrine suspendue contenant l'œuvre de ïan Larue, *Déesses fossiles*, 2016, 23 sculptures en cire de bijouterie et techniques mixtes ; une vitrine au sol avec l'œuvre de Rose-Mahé Cabel, *Dague (Iris)*, 2020, cristal bleu roi ; et Jagna Ciuchta, *From I to You Which is Its Same*, 2022, peinture murale.

P. 252 Vitrine avec l'œuvre de Rose-Mahé Cabel, *Dague (Iris)*, 2020, cristal bleu roi.
Vitrine suspendue avec l'œuvre de ïan Larue, *Déesses fossiles*, 2016, 23 sculptures en cire de bijouterie et techniques mixtes.

P. 253 *Toutxs à la fois mutantxs et multiples (2)*, 2023, vue d'installation avec l'œuvre de Jagna Ciuchta et ïan Larue, *Toutxs à la fois mutantxs et multiples, Préambule avec Sun Tunnels, La Singe et Le Big Bang*, 2023, tempera et vernis craquelé sur toile, photographies sur papier haute reflexion, plaques de Plexi noir, scotch aluminium, crochets, mousses, sangles, anneaux et mousquetons en acier.

P. 254 Jagna Ciuchta, *From I to You Which is Its Same*, 2022, peinture murale, détail.

P. 255 *Toutxs à la fois mutantxs et multiples (3)*, vue d'installation avec Rose-Mahé Cabel, *Weaving Mutation 3/3*, 2022, performance, cordes, costume ; et l'œuvre de Jagna Ciuchta, *Image liquide, Le pli du ventre cosmique*, 2021, photographie.

P. 256 *Toutxs à la fois mutantxs et multiples (2)*, 2023, vue d'installation avec l'œuvre de Jagna Ciuchta et ïan Larue, *Toutxs à la fois mutantx et multiples, avec L'invasion des extraterrestres, La Sangle et La Scorpion*, peinture mixte sur toile, photographies sur papier haute réflexion, scotch aluminium.

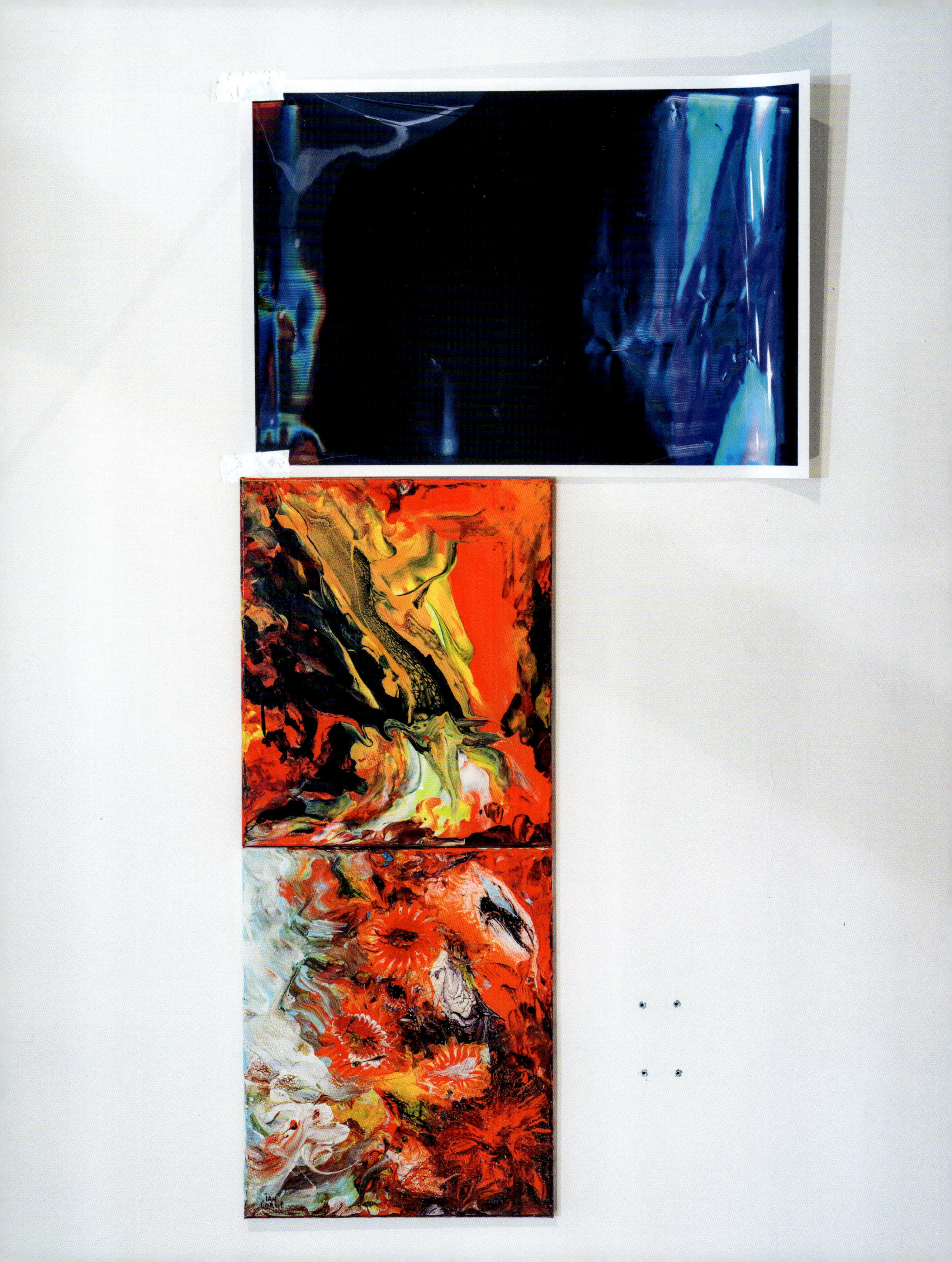

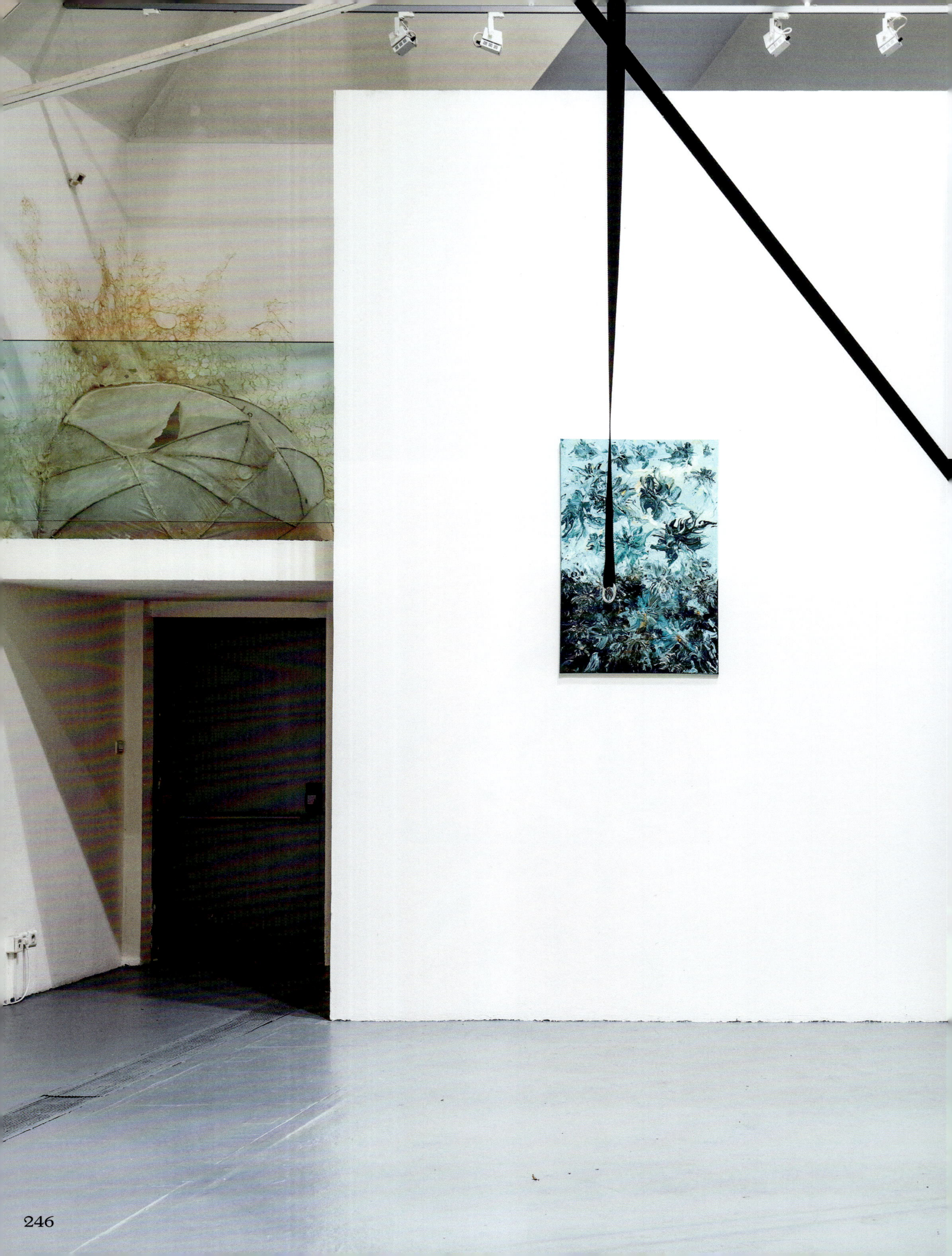

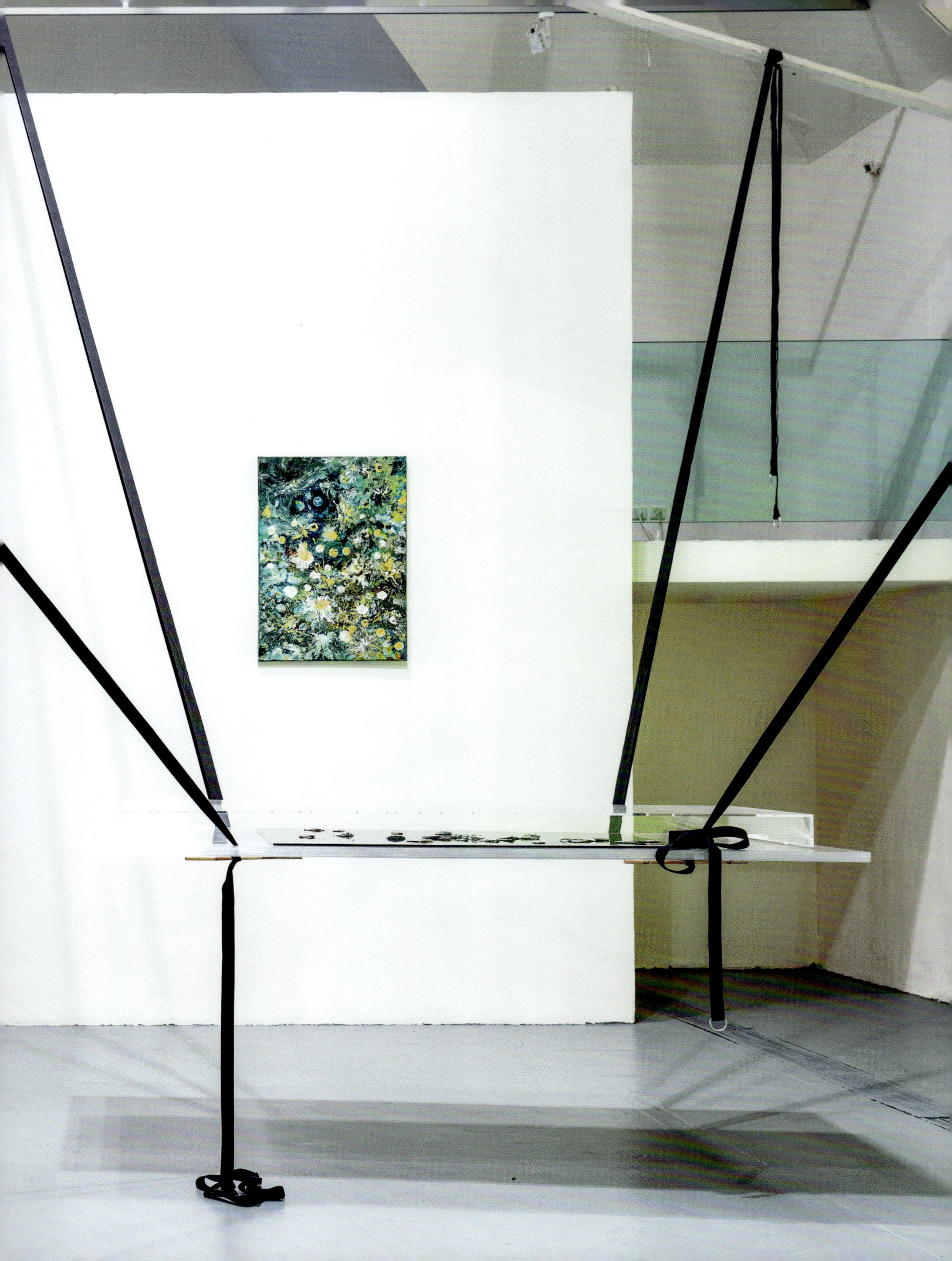

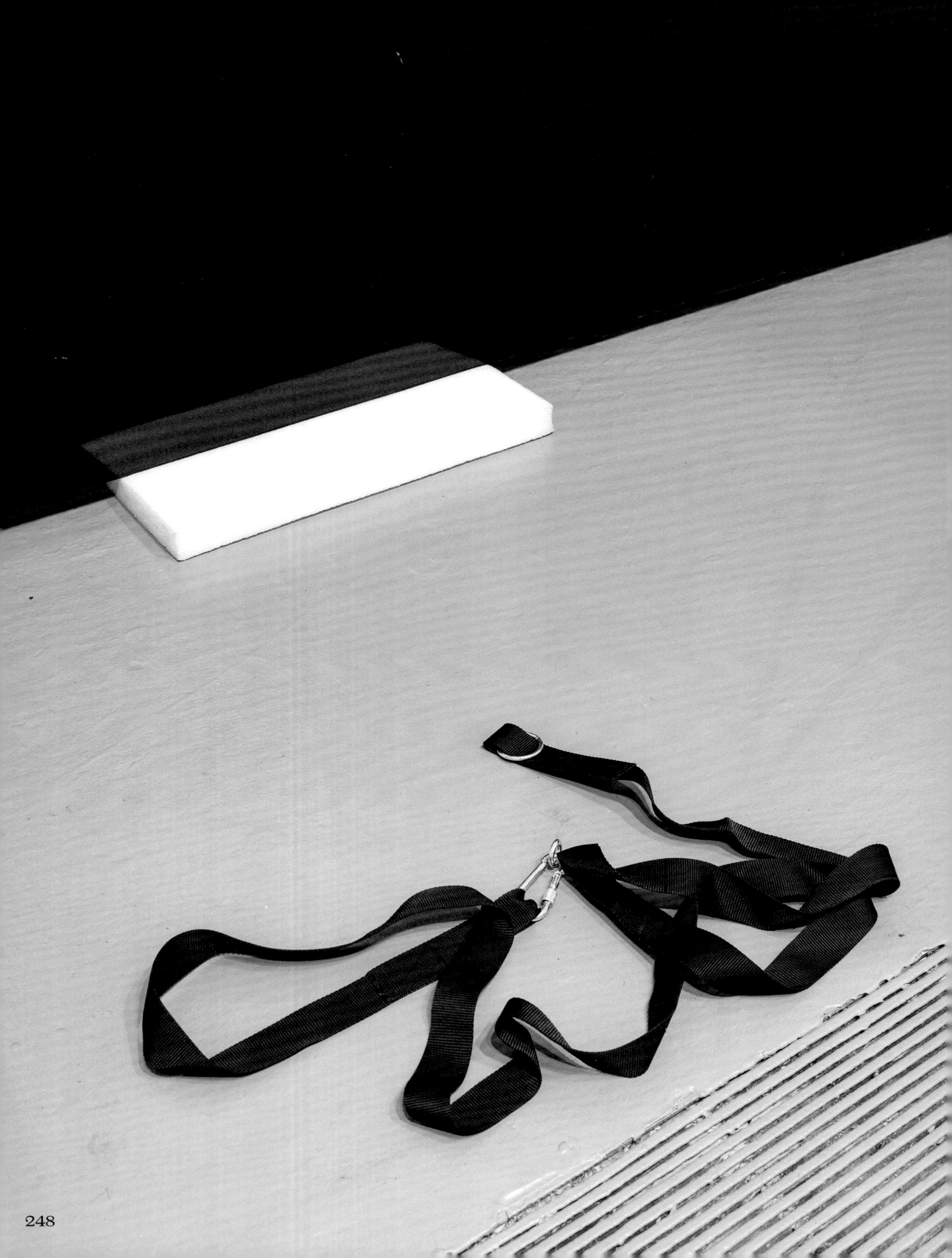

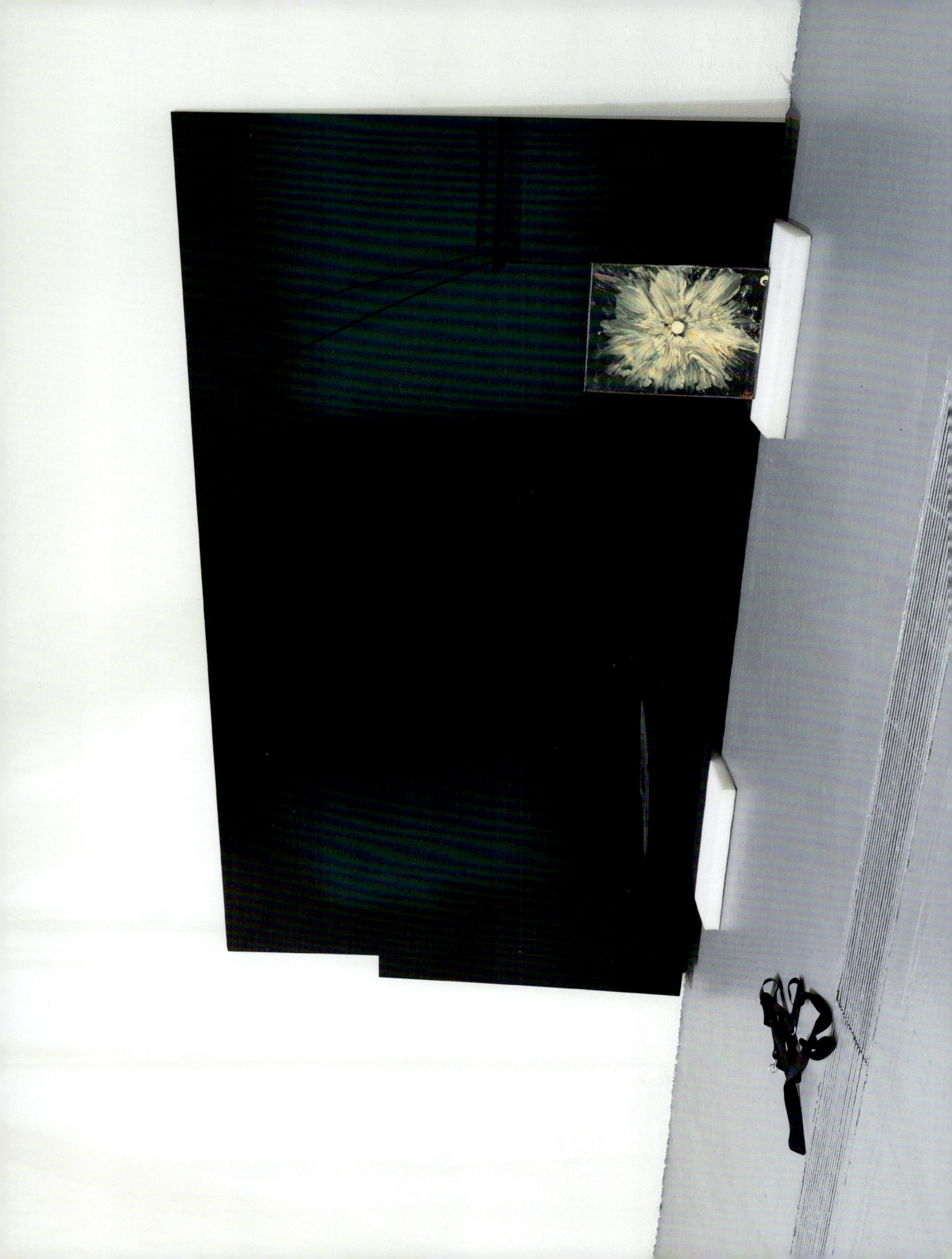

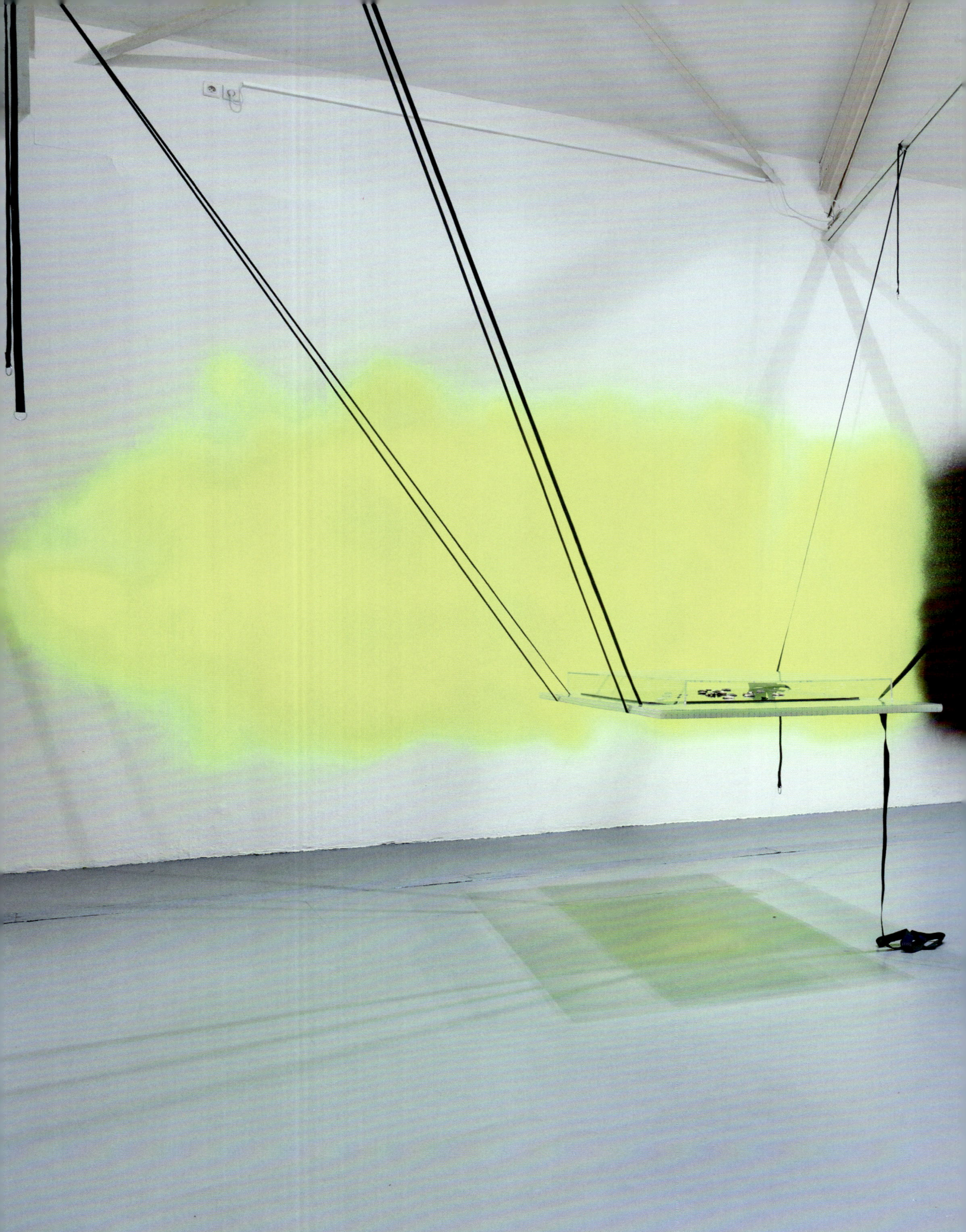

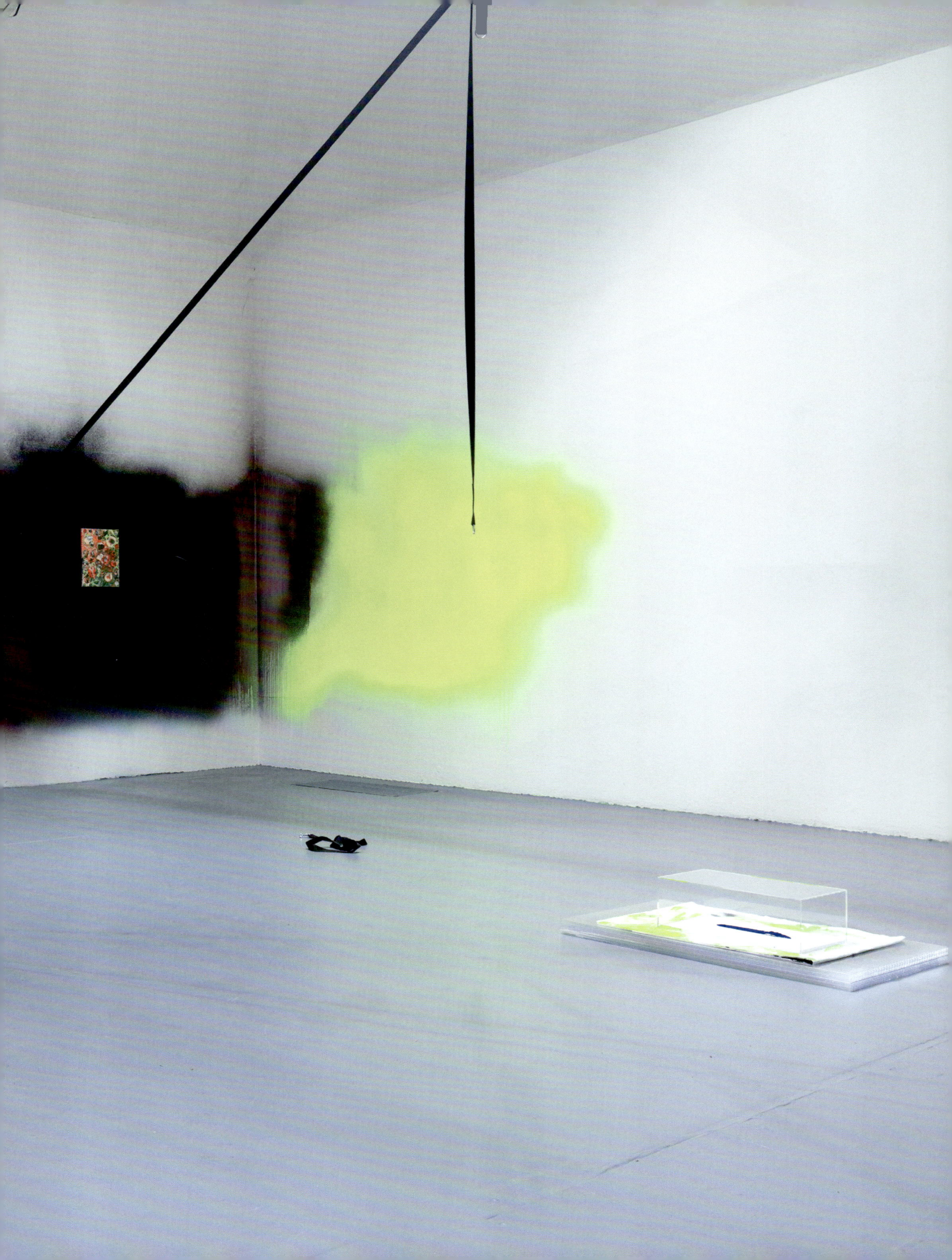

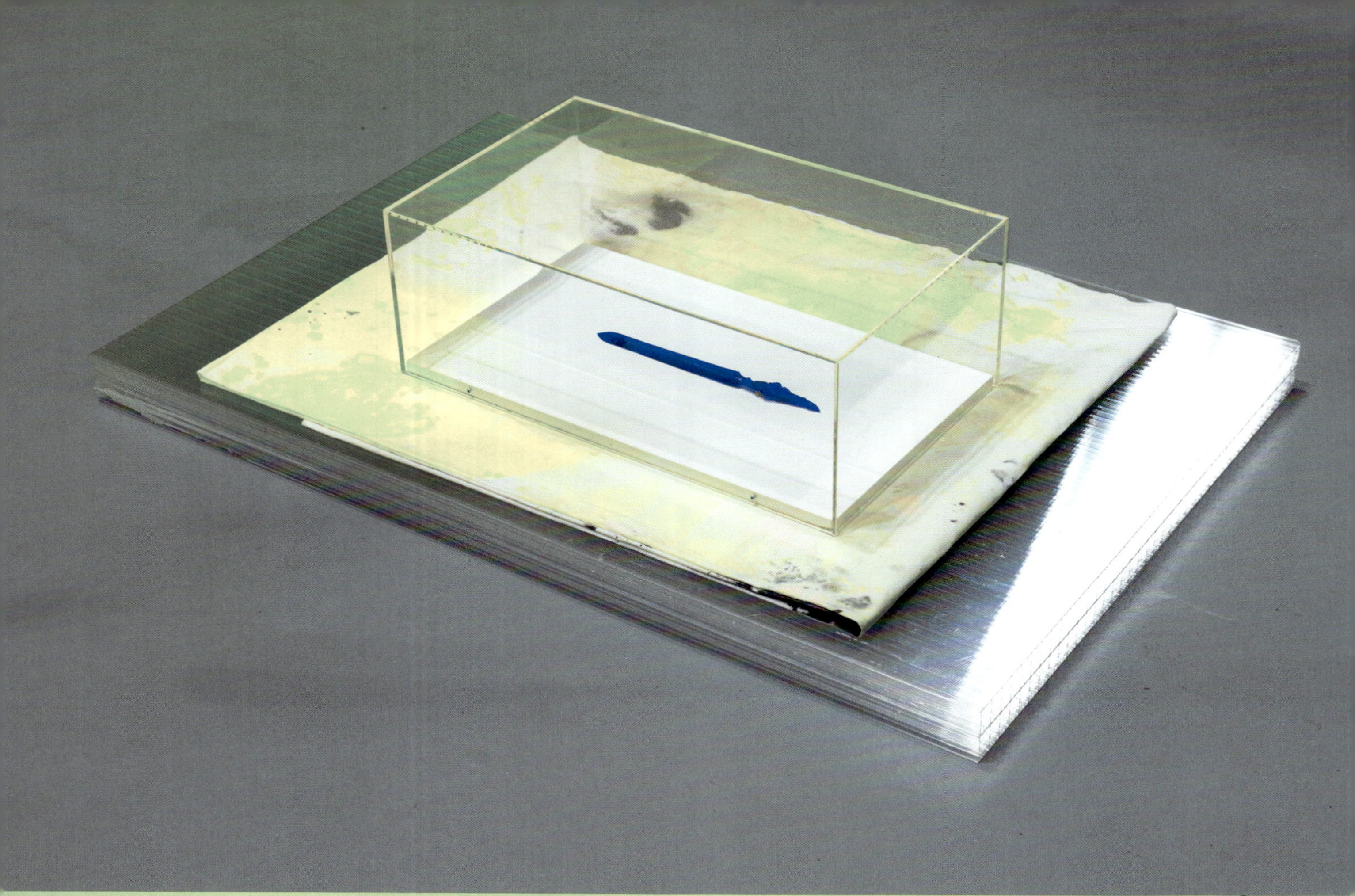

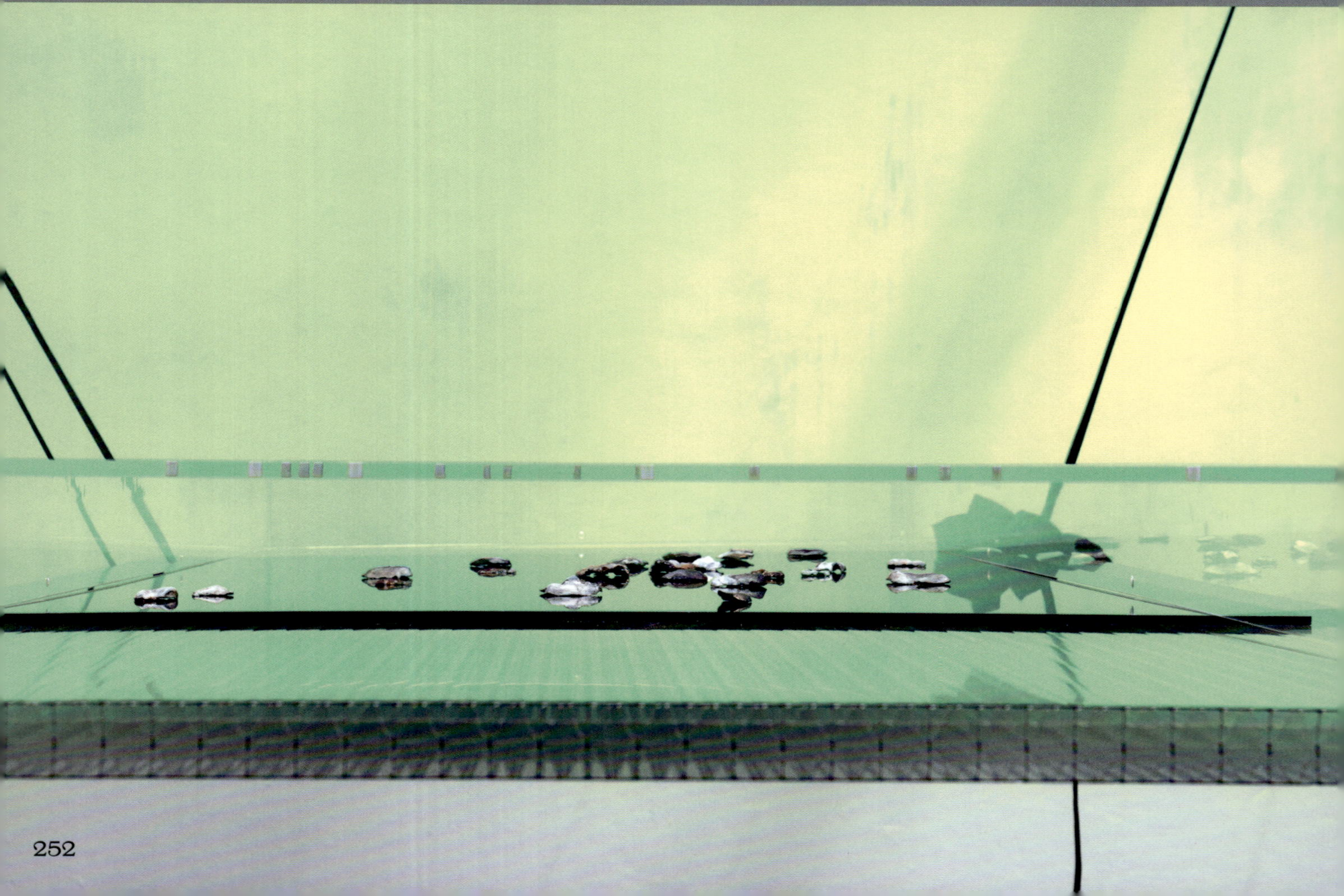

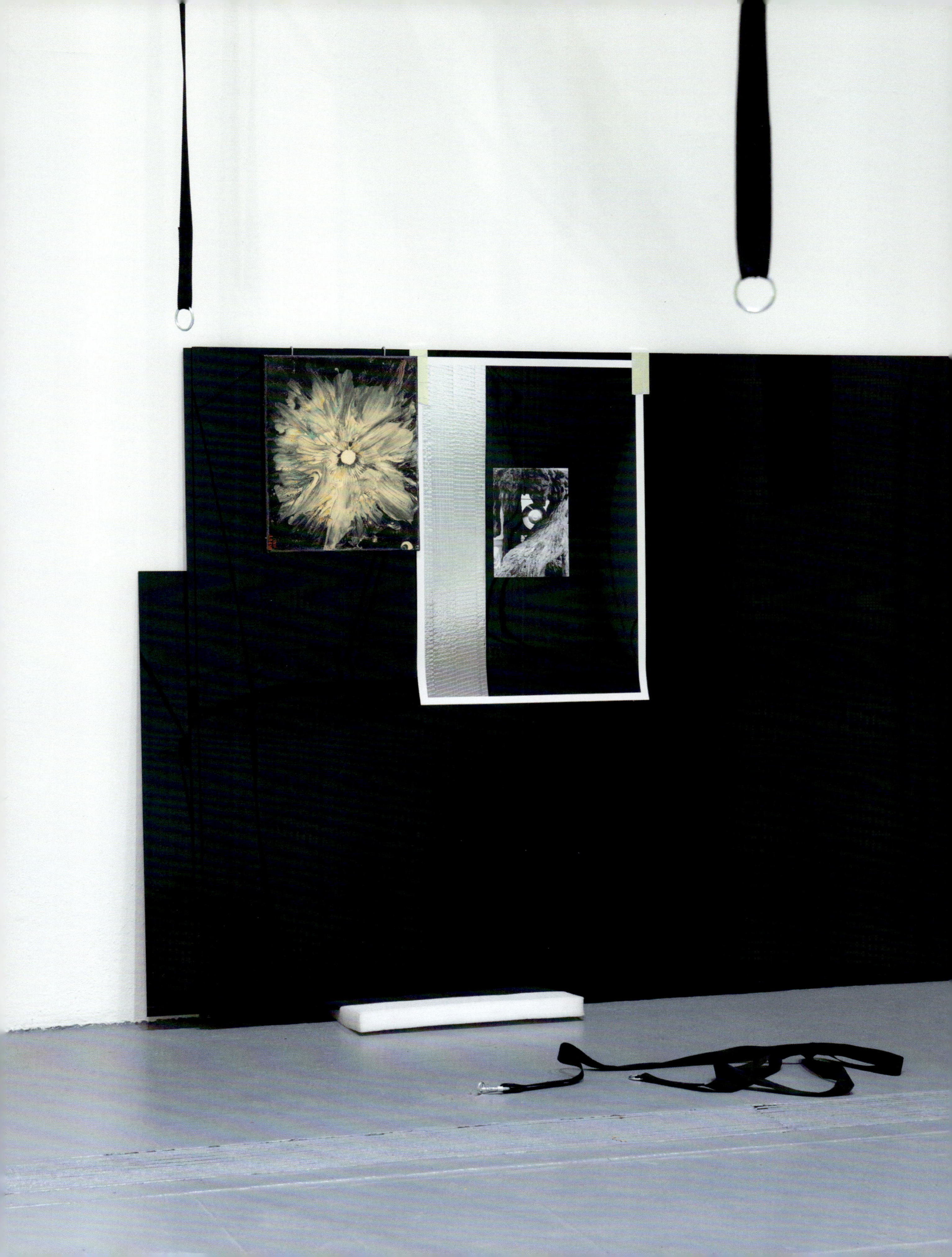

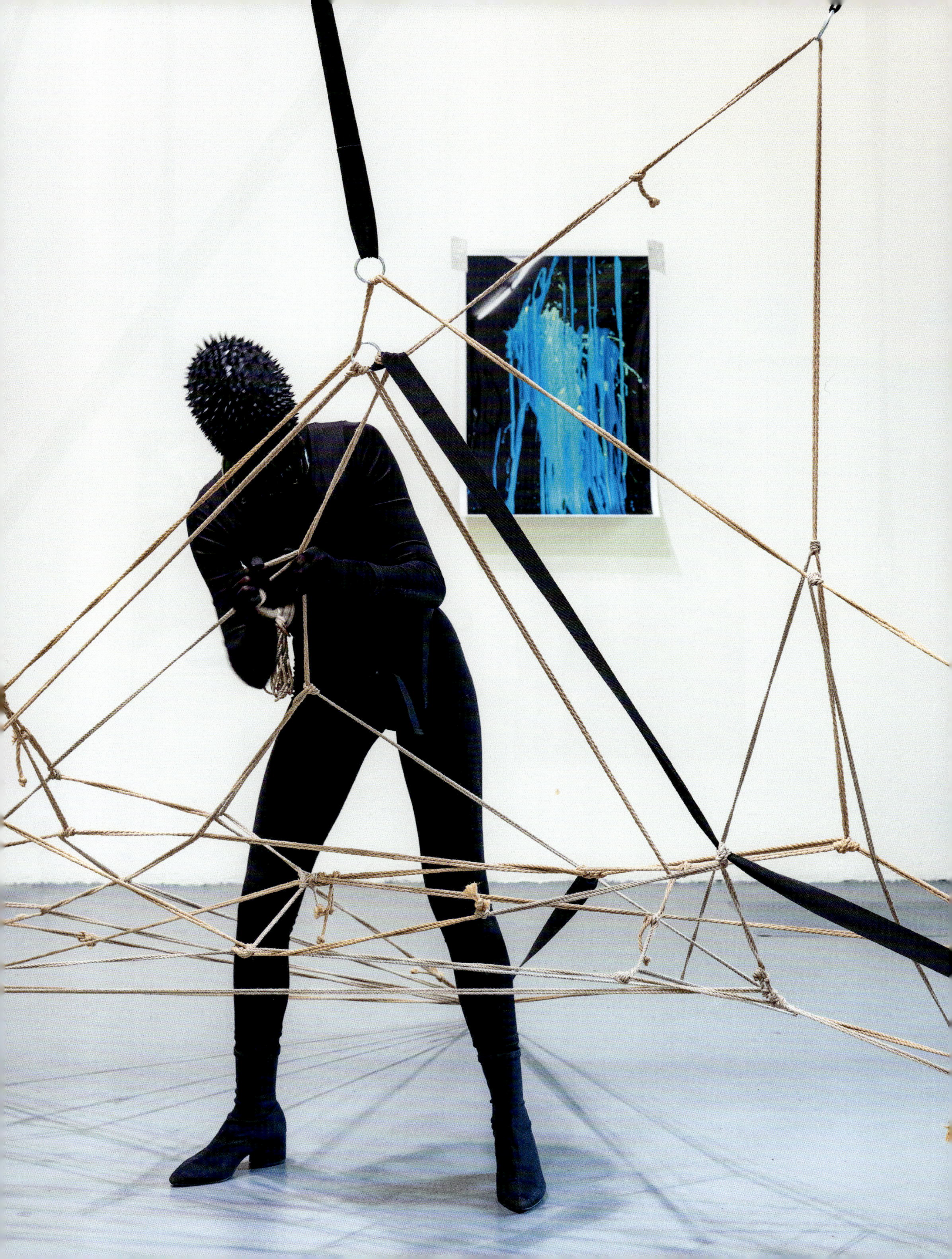

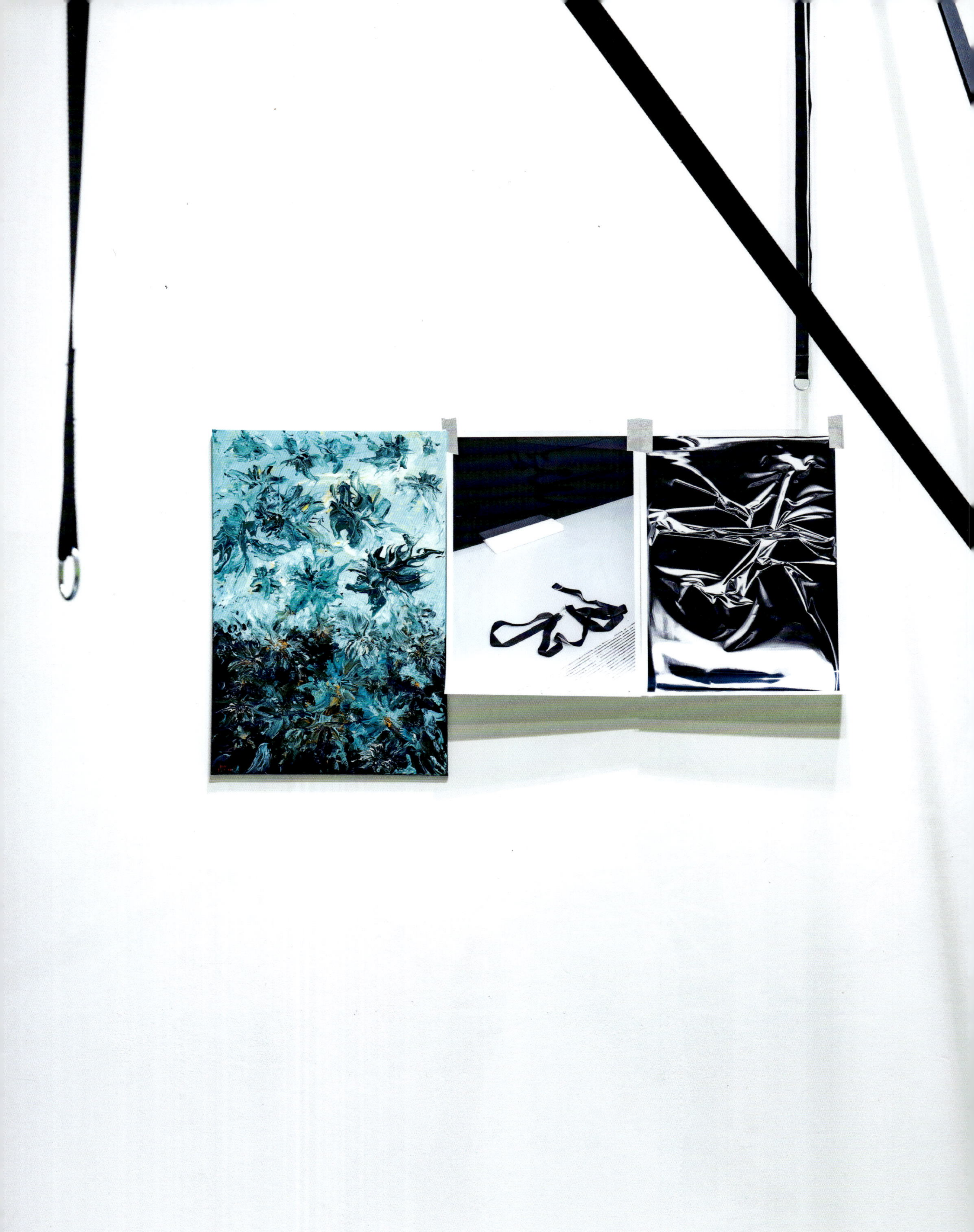